# 황금, 설탕, 이자(金糖利; Gold, Sukkar, Máš)

## - 바빌로니아의 수수께끼 編 (上-2) 券 -

## Babylonian Enigma

미국과 중국의 거대한 바둑판

# 황금, 설탕, 이자(金糖利: Gold, Sukkar, Máš)

## 바빌로니아의 수수께끼 編 (上-2) 券

초판 1쇄 발행 2024년 8월 5일

지은이: 이원희
펴낸곳: (주)하움출판사
펴낸이: 문현광
출판등록 제 2019-000004호
주소: 전북 군산시 소송로 315, MJ빌딩 3층 하움출판사
전화: 070-4281-7160
블로그: blog.naver.com/haum1007, 인스타: @haum1007

표지 및 내지 디자인: 이원희
편집: 이원희
교정: 이원희
마케팅, 지원: 김혜지
ISBN 979-11-6440-864-1(03900)
값 22,000원

In Memory of My Father, Moonsun Lee

**이 원 희** 지음

황금, 설탕, 이자를 동시에 장악하는 자가 세상을 지배한다!!!

서양은 왜 동양을 지배하게 되었는가? 세계 질서는 왜 등장했는가?
미국, 중국 대결의 승자는? 황금, 설탕, 이자의 역사 탐구를 통해 그 대답을 찾다!!!

***SI VIS PACEM, PARA BELLUM***

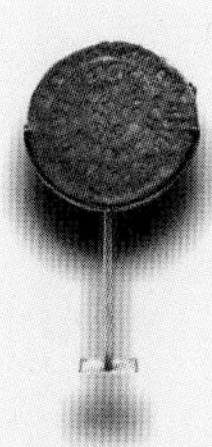

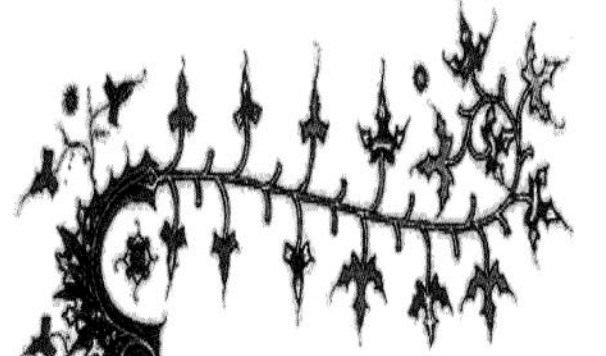
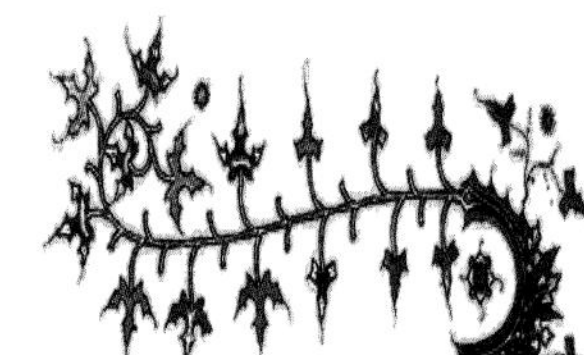

# 머리말

황금, 설탕, 이자. 제목이 뭔가 이상하다? 하지만 제목이 상징하는 것은 책을 읽다 보면 자연스럽게 알게 될 것이다. 나아가 황금, 설탕, 이자, 이 세 가지가 결합하면 무슨 일이 일어났는지도 알게 될 것이다. 예컨대 헨리 키신저는 『*세계 질서*』에서 1948년 이후 세계 질서가 등장한 사실은 지적했었지만, 왜 이 질서가 등장했는지는 설명하지 않았다. 하지만 필자는 1948년 이후 세계 질서가 왜 등장했는지 황금, 설탕, 이자의 결합을 통해 설명할 것이다.

특히 책을 읽다 보면 이 세 가지의 결합은 왜 서양이 동양을 지배하게 되었는지, 미국과 중국 충돌의 승자는 누가 될 것인지, 미래 인류의 발전 방향은 어떻게 흘러가야 하는지도 알려 주는 중요한 요인이라는 것을 알게 될 것이라 생각한다. 예컨대 재러드 다이아몬드는 『*총, 균, 쇠*』가 서양이 동양을 지배한 요인이라고 주장했지만, 필자는 총, 균, 쇠가 아니라 『*금, 당, 리[金, 糖, 利]*』의 결합이야말로 서양이 동양을 지배한 원인이라고 감히 주장할 것이다.

이 책은 역사책이다. 하지만 단순히 과거에 무슨 일이 일어났는지를 기록한 역사책은 아니다. 따라서 역사적 사실을 기록하는 과정에서 약간의 오류 가능성은 있을 수 있다. 다만 필자는 황금, 설탕, 이자라는 특정 관점에서 과거 인간 사회의 역사를 추적하고, 이를 통해 현재의 시사점을 찾아내려고 노력했다. 필요한 부분에서는 간단히 미래의 발전 방향까지 제시하려고 하였다. 이제 그 험난하고 오랜 여정을 시작해 볼까 한다.

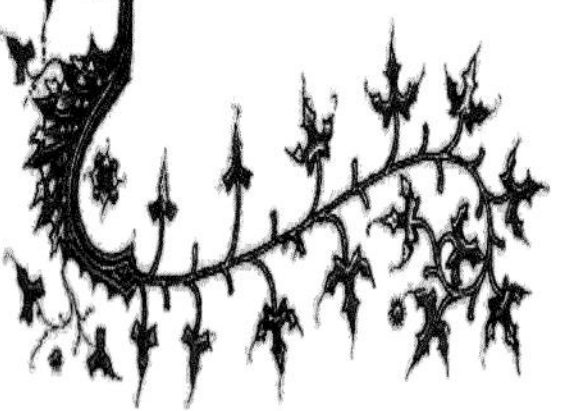

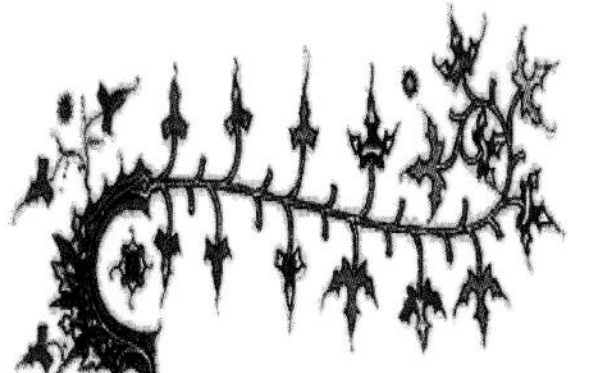
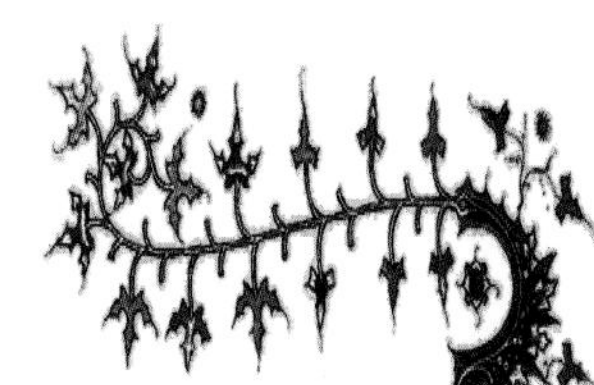

# 저자

## 이원희(李元熙)

서울대학교 경제학과, 서울대학교 행정대학원
JD at University of New Hampshire School of Law, Attorney at Law (N.Y. State)
행정고시 41회, 산업자원부 자원정책과, 투자진흥과,
국무총리실 심사평가심의관실, 지식경제부 부품소재총괄과
대한무역투자진흥공사 파견근무, 우정사업본부 예금사업단 대체투자팀장, 산업통상자원부 수출입과장, 산업통상자원부 무역규범과장, 무역위원회 덤핑조사과장
現 산업통상자원부 서기관

## 저서

외국인직접투자, 얼마나 알고 계십니까? (2002, 공저)
한일투자협정 해설 (2003, 공저)
대체투자 파헤치기(상) - 세계 경제동향, 헤지펀드 編 (2014)
대체투자 파헤치기(중), 타이타노마키의 서막 - PEF 編 (2015)
대체투자 파헤치기(하), 타이타노마키의 2막 - 주주행동주의, 주요 대기업 그룹 해부 編 (2015)
황금, 설탕, 이자(金糖利; **Gold, Sukkar, Máš**) - 바빌로니아의 수수께끼編 (上-1)券(2024)
황금, 설탕, 이자(金糖利; **Gold, Sukkar, Máš**) - 바빌로니아의 수수께끼編 (上-2)券(2024)

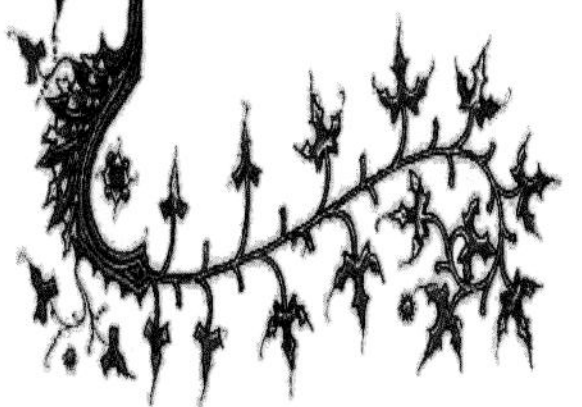

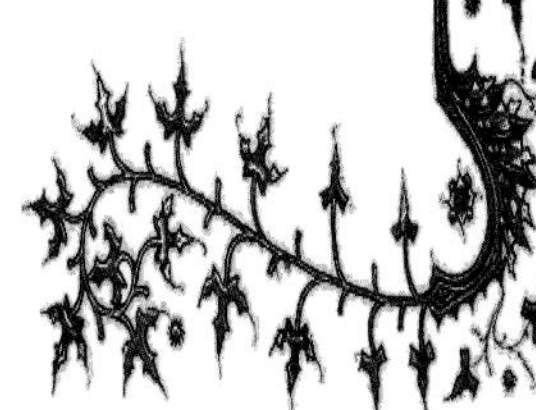

# 차례

## <바빌로니아의 수수께끼 編: (上-1) 券>


**I. 프롤로그 - 황금의 지배, 무역의 지배, 금융의 지배, 세계의 지배 ………… 1**

01 로마와 미국 ……………………………………… 1

1) 로마 제국의 아바타, 미국 …………………………… 1

*Fun Fun 상식: 옥타비아누스 황제의 암살?* …………………………… *7*

2) 그러나, 미국은 로마와 다르다! …………………………… 13

02 미국의 위기와 달러 ……………………………………… 16

1) 1990년대, 중국의 세계 시장 편입 …………………………… 16

2) 드골의 달러 패권 공격 …………………………… 22

3) 유로화 = 기축통화? …………………………… 26

4) 아직은 참을 수 있는 달러의 가벼움 …………………………… 46

03 미국의 무역과 달러 ……………………………………… 53

1) 길더화와 파운드화 …………………………… 53

2) 기축통화 힘의 근원 …………………………… 56

04 뱅킹의 힘 - 달러 패권의 원천 ……………………………………… 58

1) 바빌로니아의 에기비 가문, 무역상 그리고 뱅커 …………………………… 58

2) 중국, 인도, 이슬람은? - 뱅킹의 태동과 고도화 …………………………… 60

3) 페니키아, 그리스, 로마는? …………………………… 71

4) 로마의 멸망과 중세 암흑시대 ······ 74
5) 이슬람의 황금시대와 머천트 뱅커의 등장 ······ 76
6) 2세대 머천트 뱅커와 지리상 발견 ······ 80
7) 2세대 5머천트 뱅커와 산업혁명 ······ 85
8) 무역 = 달러, 라마수의 탄생 ······ 88

05 달러 패권 = 세계 패권 ······ 94
1) 1달러 지폐와 호루스의 눈 ······ 94
2) 이집트의 파루크 1세와 이란의 모사데그 ······ 97
3) 이집트의 나세르 ······ 107
4) 이탈리아의 마테이와 독일, 일본의 부상 ······ 110
5) 미국의 헨리 키신저와 사우디아라비아의 파이잘 사우드 국왕 ······ 114
*Fun Fun 상식: 사우드 왕가의 우여곡절 독립 ······ 117*
6) 로널드 레이건과 이부카 마사루 ······ 122
7) 브래디 계획과 후쿠야마의 자유주의 종언 ······ 127
8) 조지 소로스와 아시아 금융위기 ······ 131
9) 이라크의 사담 후세인과 미국의 마크 저커버그 ······ 132
10) 미국의 역린과 이란 제재 ······ 136
11) 「황금, 설탕, 이자」와 키신저의 세계 질서 ······ 139

06 중국의 전략적 선택 - 자본시장과 외환시장의 통제 ······ 142
1) 위안화 절하 위기? ······ 142
2) 중국 당국과 헤지펀드의 엔드 게임 ······ 144
3) 위안화 절하, 용서 받지 못한 자 ······ 152

07 중국의 최후 선택 - 위안화의 OOO! ······ 158
1) 위안화 패권을 향하여 ······ 158
2) OOO 위안화, OOO 위안화, 위안화 OOO ······ 161

3) 최후의, 그러나 가장 확실한 수단, 전쟁 ········ 170

08 위안화 ○○○의 전제 조건 ········ 171

1) 「중국제조 2025」와 「신품질 생산력」 ········ 171
2) 현대전의 맥락 ········ 173
3) 러시아와 함께 춤을 ········ 177
4) 황금 사냥꾼 ········ 200
5) 비둘기 연준 ········ 200
6) 일대일로: 아시아! 아프리카!! 유럽!!! ········ 201
7) 미국과 마창 시합? 정치, 항공모함, 중화사상, 희토류, 남중국해 ········ 212

09 미국과 중국 - 제국 충돌(Empires Clashes)의 승자는? ········ 261

1) 무역전쟁: 백년 전쟁, 임진왜란, 태평양 전쟁 ········ 261
2) 제국의 충돌: 상호확증파괴의 공포, 체스와 바둑 ········ 268
3) Great Rapprochement ········ 281
4) 투키디데스의 함정 ········ 290
5) 황금 = 뱅킹? - ① 신대륙의 황금 ② 오일 달러 ③ 일본과 중앙아시아 ········ 292

## 〈바빌로니아의 수수께끼 編: (上-2) 券〉

6) 솔론의 탐욕과 사회주의의 망령, 승자는? ········ 1
7) 반도체, 물질적 탐욕과 공산당의 번영 사이에서 ········ 21
8) 청나라의 악몽 ········ 48

10 라스트 신 ········ 50

1) 미중 상호 의존성과 2008년 금융위기 ········ 50
2) 미국 패권의 부활 ········ 53
3) 국강필패(國强必霸) ········ 80

4) 마윈, 감독 경쟁과 창의력 경쟁 사이에서 ······ 94

*Codex Atlanticus: TSMC, CHIPS법, 대만전쟁* ······ *114*

5) 금, 당, 리(金, 糖, 利) vs 총, 균, 쇠 ······ 119

6) 정직한 인본주의 탐욕, 온난화 멸종 방지를 위하여 ······ 123

*Codex Atlanticus: 아틀란티스 문명* ······ *129*

7) 정직한 인본주의 탐욕, 인공지능 멸종 방지를 위하여 ······ 139

8) 정직한 인본주의 탐욕, 끊임없는 도전을 위하여 ······ 162

## Ⅱ. 서양 자본주의의 탄생 - 3위 일체 ······ 168

### 01 황금 - 외계 금속 ······ 169

1) 킬로노바(Kilonova) ······ 169

2) First People ······ 170

3) 알라딘 램프의 지니 ······ 175

4) 금지옥엽 ······ 181

5) 엘 도라도(El Dorado) ······ 185

6) 오즈의 마법사 ······ 189

*Codex Atlanticus: 황금 시대* ······ *191*

### 02 설탕 - 판도라의 상자 ······ 237

1) 사탕수수 ······ 237

2) 흑인 노예사냥 ······ 240

*Codex Atlanticus: 설탕 자본주의* ······ *244*

### 03 이자와 뱅킹 - 「바빌로니아의 수수께끼(Babylonian Enigma)」 ······ 261

1) 트라페지테(trapezite)와 방카리(bancarii) ······ 261

2) 성전기사단 ······ 263

3) 메디치 가문 ······ 265

4) 롬바르드 스트리트(Lombard Street) ········· 268

5) 설탕 플랜테이션 ········· 273

6) 금당리의 원심력과 민족주의 구심력 ········· 277

*Codex Atlanticus: 뱅커와 뱅킹* ········· *282*

## <바빌로니아의 수수께끼 編: (下-1) 券>

**Ⅲ. 뱅킹의 기원 - 이자의 탄생** ········· **1**

**01** 에누마 엘리시(Enuma Elish) ········· 1

*Codex Atlanticus: 에누마 엘리시와 태양계 생성* ········· *3*

**02** 함무라비 법전 ········· 8

1) 열려라 참깨! ········· 8

2) 마스(**máš**), 바빌로니아의 수수께끼 ········· 11

3) 달러, 바빌로니아의 수수께끼 2 ········· 15

**Ⅳ. 황금, 국제교역, 뱅킹의 역사 - 수메르와 메소포타미아** ········· **18**

**01** 메소포타미아의 황금, 청금석, 철, 구리 - 인류 문명의 시작 ········· 19

1) 수메르의 황금 ········· 19

2) 라피스 라줄리와 운철 ········· 28

*Codex Atlanticus: 철, 히타이트 민족과 에펠탑* ········· *34*

3) 닥터 카퍼(Dr. Copper) ········· 49

*Codex Atlanticus: 구리, Dr. Copper* ········· *54*

02 메소포타미아의 국제교역 - 인류 최초의 작물과 식품: 보리, 치즈, 밀 ······ 67

1) 보리와 맥주, 우유와 치즈 ······ 67

2) 목재 ······ 71

3) 우르남무 법전과 호모 이코노미쿠스(Homo Economicus) ······ 73

*Codex Atlanticus: 보리, 빵, 맥주, 수파* ······ *83*

03 메소포타미아의 뱅킹 - 복식부기의 사용 ······ 94

1) 쿠심 ······ 94

2) 타마리스크(tamarisk)와 엔릴(Enlil) ······ 97

3) 20%의 비밀 ······ 112

04 메소포타미아의 뱅킹 2 - 세계 7대 불가사의 바빌론과 뱅킹 ······ 115

1) Money as Receipt vs Money as Debt ······ 115

2) 뱅커 에기비 가문 ······ 116

**V. 황금, 국제교역, 뱅킹의 역사 - 고대 이집트 ······ 130**

01 고대 이집트의 황금 - 태양의 금속 ······ 131

1) 라(Ra)의 피부와 임호텝(ii-m-Htp) ······ 131

2) 하트셉수트(Hatshepsut), 투탕카멘(Tutankhamun), 그리고 아크나톤(Akhenaton) ······ 134

*Codex Atlanticus: 중국 고대 왕국과 황금* ······ *139*

3) 콥토스-베레니스(Coptos-Berenice)와 누비아(Nubia) ······ 158

4) 너브(nub)와 황소 ······ 159

02 고대 이집트의 국제교역 - 밀, 노예, 유향 ······ 166

1) 로마의 빵 바구니(Rome's Breadbasket) ······ 166

2) 노예와 모세의 이집트 탈출, BC 15세기? BC 13세기? ······ 170

3) 유향길(Incense Road) ··· 174

*Fun Fun 상식: 출애굽, 홍해 그리고 만잘라 호수 ··· 178*

03 고대 이집트의 뱅킹 - Temple Banking ··· 179

1) 네바문(Nebamun) ··· 179

2) 고대 알렉산드리아 ··· 186

3) 고대 이집트의 이자율 ··· 187

**VI. 황금, 국제교역, 뱅킹의 역사 - 크레타, 리디아, 페르시아, 그리스 ··· 190**

01 고대 크레타와 트로이의 황금 - 트로이 전쟁과 황금 ··· 191

1) 고대 크레타 ··· 191

2) 고대 미케네와 트로이 ··· 194

*Codex Atlanticus: 수수께끼의 기원전 1200년 ··· 199*

02 고대 리디아의 황금 1 - 기게스의 반란과 최초의 동전 화폐(coin)? ··· 206

1) 칸다울레스(Candaules)와 기게스(Gyges) ··· 206

2) 기게스의 화폐 개혁 ··· 208

3) 기게스 잉곳의 확산과 아르디스(Ardys)의 화폐개혁 ··· 212

4) 크로이소스의 순금 동전, 크로에세이드(croeseid) ··· 217

03 고대 리디아의 황금 2 - 크로이소스의 착각과 리디아의 몰락 ··· 222

1) 크로이소스의 델포이 신탁 ··· 222

2) 키루스 왕(Cyrus the Great)의 반격 ··· 228

*Codex Atlanticus: 만다네의 소변꿈과 키루스 ··· 230*

04 고대 페르시아의 황금 - 키루스 대왕의 세계 정복과 다리우스 금화 ··· 239

1) 키루스 대왕의 왕도(Royal Road) …… 239

2) 다리우스 1세(Darius the Great) 왕의 금화 혁명 …… 241

**05** 고대 그리스의 황금 1 - 알렉산더 대왕의 Military Financing …… 252

1) 금화 제국, 마케도니아 …… 252

2) 필리포스 2세의 암살 배후, 알렉산더 대왕? …… 260

3) 알렉산더 대왕의 페르시아 정벌 …… 264

4) BC 331년, 가우가멜라(Gaugamela) 전투와 페르시아의 멸망 …… 268

5) 알렉산더 대왕의 최후 …… 271

*Fun Fun 상식: 말라리아, 알렉산더와 강희제 …… 281*

**06** 고대 그리스의 황금 2 - 스타테르(stater)와 드라큼(drachm) …… 283

1) 고대 그리스 금화, 스타테르(stater) …… 283

2) 알렉산더 대왕의 금화 …… 288

**07** 고대 그리스의 국제무역 - 와인과 지중해: *Oinops Pontos* …… 291

1) 렘노스(Lemnos) 섬의 와인 …… 291

*Codex Atlanticus: In Vino Veritas …… 299*


## 〈바빌로니아의 수수께끼 編: (下-2) 券〉


*Codex Atlanticus: In Vino Veritas …… 1*

2) 놋쇠, 노예, 곡물 …… 8

**08** 고대 지중해 유역의 국제무역 1 - 황소: 물물교환 가치의 기준 …… 11

1) 아베스타(Avesta)와 황소 ……

2) Bull Market …… 14

09 고대 지중해 유역의 국제무역 2 - 지중해, 국제 해상무역의 Omphalos ………… 18

1) 지중해 유역 황금, 만물의 척도 ………… 18

2) 지중해 주변의 국제교역, 세계의 배꼽 ………… 20

10 고대 페니키아의 국제무역 - 동전 화폐의 확산과 페니키아 해양 제국 ………… 26

1) 기나아니(Kinaani), 페니키아인 ………… 26

2) 돈에 환장한 부류(To Philochrmaton), 페니키아인 ………… 29

3) 역사상 최초의 탈라소크라시(Thalassocracy), 페니키아 제국 ………… 32

4) 페니키아 뱅킹의 확산과 고대 그리스 철학의 탄생 ………… 35

5) 페니키아와 아테네 ………… 41

11 고대 그리스의 뱅킹 - 트라페지테(Trapezite)의 등장 ………… 48

1) 아테네의 부상, "아테나이인들의 미래는 바다에 달려 있다!" ………… 48

2) 아테나 파르테노스(Athena Parthenos) ………… 52

3) 환전상, 트라페지테(Trapezite) ………… 53

4) 토코스(Tokos)와 나우티콘 다네이온(Nautikon Dneion) ………… 56

5) 델로스 섬, 지중해 국제금융의 옴파로스 ………… 64

VII. 황금, 국제교역, 뱅킹의 역사 - 고대 로마 ………… 70

01 Pax Romana의 시작 - 개방 국가·열린 사회·관용 정신 로마 ………… 71

1) 아이네이아스(Aeneas)와 라티움 땅 ………… 71

2) SPQR(Senatus Populusque Romanus)의 탄생 ………… 75

02 Pax Romana의 황금 1 - 1차 포에니 전쟁과 이베리아 반도의 황금 ………… 83

03 Pax Romana의 황금 2 - 2차 포에니 전쟁과 이베리아 반도의 점령 ········· 87

1) 하밀카르 바르카스(Hamilcar Barcas)의 복수전 ········· 87

2) 한니발, 37마리 코끼리, 알프스 산맥, 그리고 15일 ········· 89

3) 카르타고의 자마(Zama) 전투 ········· 92

*Codex Atlanticus: 한니발 전쟁의 비용* ········· *97*

04 Pax Romana의 황금 3 - 라스 메둘라스(Las Mdulas) 금광과 로마 전성기 ········· 105

1) 라스 메둘라스(Las Mdulas) 금광과 은의 길(Via de la Plata) ········· 105

2) 황금과 영토의 확장 ········· 109

3) 이집트 정복과 제국의 완성 ········· 113

4) 이집트를 넘어 인도로 ········· 118

5) 로마의 Pax? 전쟁이 없는 시기가 아니라 상시 전쟁을 통한 패권 ········· 120

05 Pax Romana의 황금 4 - 최초의 재정 파탄과 베스파시아누스의 재정 개혁 ········· 125

1) 망나니 네로 황제와 구원투수 베스파시아누스 황제 ········· 125

2) 도미티아누스 황제의 담나티오 메모리아이(Damnatio Memoriae) ········· 129

06 Pax Romana의 황금 5 - 다키아 전쟁, 트라야누스 황제의 황금 전쟁 ········· 131

1) 지방 출신으로 황제가 되다! ········· 131

2) 황금 전쟁 ········· 133

3) 황금 때문에 옵티무스 프린켑스(Optimus Princeps)가 되다! ········· 137

07 Pax Romana의 황금 6 - 황금의 부족과 종말의 시작 ········· 139

1) 대책 없는 현자 아우렐리우스 황제 ········· 139

2) 종말의 시작 ········· 144

3) 빚더미로 자식을 팔거나 자살하는 농민들 ········· 149

08 Pax Romana의 황금 7 - 데나리우스 가치의 하락과 제국의 몰락 …… 153

1) 콤모두스 황제, 제국 최악의 황제 …… 153

2) 사산조 페르시아, 로마 황제를 포로로 잡다! …… 156

3) 설상가상 …… 158

4) 데나리우스 은화, 깡통이 되다 …… 160

5) 역사상 최초의 가격 통제까지 …… 165

6) 훈족의 결정타와 서로마의 멸망 …… 167

09 Pax Romana의 국제무역 1 - 와인과 소금 …… 175

1) 농업 국가 로마, 폼페이 멸망 후 와인에 미치다! …… 175

2) 소금 길, 비아 살라리아(Via Salaria) …… 181

10 Pax Romana의 국제무역 2 - 비단 …… 183

1) 로마와 한나라 …… 183

2) 고대 에르메스, 비단 …… 184

3) 비단 = 황금 …… 188

4) 비단길(Silk Road) …… 193

5) 소금으로 흥하고, 비단으로 망하다! …… 201

*Codex Atlanticus: 비단길, 황금길, Homo Aurum* …… 209

*Codex Atlanticus: 미국 무역수지의 미래* …… 222

11 Pax Romana의 국제무역 3 - 향신료 …… 253

1) 후추, 알라리크(Alaric)를 미치게 하다! …… 253

2) 후추 항로 …… 254

12 Pax Romana의 뱅킹 1 - 동전 공화국 …… 259

1) 모네타 유노(Moneta Juno) …… 259

2) 리브라 폰도(Libra Pondo) ······ 261

3) 카이사르의 화폐개혁 ······ 268

13 Pax Romana의 뱅킹 2 - 콘스탄티누스 황제와 솔리더스(solidus) ······ 275

1) 엔 투토이 니카(En Toúõti Nika) ······ 275

*Codex Atlanticus: 콘스탄티누스 대제, 성군? 폭군?* ······ *278*

2) 세금은 오직 솔리더스와 황금으로, 솔져(Soldier)의 탄생! ······ 284

3) 솔리더스, 금본위제의 모태 ······ 290

14 Pax Romana의 뱅킹 3 - 방카리의 등장과 로마 제국의 운명 ······ 293

1) 운키아룸 파에무스(Unciarum Faemus) ······ 293

2) 멘사리(Mensarii) 혹은 방카리(Bancarii)의 등장 ······ 299

3) 뱅킹의 유럽 전파와 정착 ······ 307

*Fun Fun 상식: 무다구치 렌야, 일본군의 돈키호테* ······ *313*

金 糖 利

# I

# 프롤로그

## 황금의 지배, 무역의 지배, 금융의 지배, 세계의 지배

09
미국과 중국 -
제국 충돌(Empires Clashes)의 승자는?
성체논의, 바티칸 성당 소장


## (6) 솔론의 탐욕과 사회주의의 망령, 승자는?

반면 고대 페니키아인들은 금과 은을 많이 보유하지도 않았으면서, 금과 은을 다른 사람으로부터 위탁받아 위험도와 수익성이 높은 해운과 국제무역 산업에 집중적으로 투자하는 뱅킹 시스템을 갖추고 있었다. 즉, 고대 페니키아인들은 황금, 설탕, 이자를 결합했다. 이 때문에 페니키아는 지중해를 1,000년 동안 지배한 해상무역제국인 탈라소크라시(Thalassocracy)가 될 수 있었다. 만약 페니키아인들이 확고한 단일 폴리테이아를 가지고 달러와 같은 기축통화를 가지고 있었다면, 그들은 로마나 미국과 유사한 형태의 세계 제국이 되었을 것이다.

동서양을 통일했던 알렉산더 대왕의 마케도니아 왕국도 마찬가지였다. 원래 마케도니아 왕국은 선진 문물과 접촉하는 관문이었던 지중해와 에게해에서 멀리 떨어진 그야말로 야만 국가였다. 하지만 알렉산더 대왕의 부친인 필리포스 2세(Philip II, BC 382~336)는 금광과 은광을 장악한 후 농업, 군사, 과학·기술 정책에 자금을 쏟아부었다. 이 과정에서 뱅커들의 자금 대출도 동반되었다. 그 결과 마케도니아는 국력이 팽창하여 그리스의 도시 국가들을 차례로 정복한 후 코린토스(Corinthos) 동맹을 맺어 그리스 도시 국가의 맹주로 등장했다. 필리포스 2세의 아들인 알렉산더 대왕이 이집트, 페르시아 정복으로 눈을 돌릴 수밖에 없었던 이유도 바로 이 때문이다.

페니키아나 마케도니아보다 훨씬 광범위한 영역에서 무역과 뱅킹과 기축통화를 동시에 장악한 미국 이외의 나라가 있었다. 바로 영국이었다. 원래 영국은 17세기에 네덜란드의 상선 활동에 완전히 제압되어 국가적 위기에 봉착되어 있었다. 하지만 영국은 전쟁을 통해 해상에서 네덜란드를 굴복시켰다. 더 나아가 1688년, 카톨릭 교도였던 제임스 2세가 물러나자 영국 의회는 신교도로서 네덜란드 국왕이던 빌럼 3세(William III, 1652~1702)를 자국의 공동 국왕으로 옹립했다. 이때 네덜란드 전함 500여 척이 영국에 상륙했는데, 전함뿐만 아니라 네덜란드의 상업, 무역, 기술, 금융 등의 소프트 파워 또한 영국에 물밀듯이 밀려 들어왔다.

영국은 네덜란드의 소프트 파워를 활용하여 1694년에는 잉글랜드 은행을 만들어 뱅킹 기반을 확립한 후, 대서양에서 갈취한 막대한 양의 황금을 설탕 및 자신들의 뱅킹 시스템과 결합했다. 즉, 증기기관, 제니 방적기, 수력 방적기 등의 산업혁신을 뱅킹과 결합했다. 필자 용어로 영국인들은 명예혁명 이후 탐욕 정신을 바탕으로 황금과 설탕과 이자를 결합한 것이다. 이들은 잉글랜드 은행을 중심으로 자신들의 파운드화를 금 태환이 가능하게 만든 후 국제무역 결제의 기본으로 삼았다. 황금과 태환이 가능했던 파운드화와 전 세계를 무대로 한 무역 활동, 그리고 씨티 오브 런던(City of London)의 뱅킹 시스템이 상호 결합하면서 인류가 단 한 번도 목도하지 못했던, 핵융합으로 인한 수소폭탄과 같은 무시무시한 생산능력의 폭발적인 성장이 시현되었다.[1] 이것이 바로 18세기 산업혁명과 19세기 기술혁명의 본질이다. 그 결과 영국은 해가 지지 않는 大 제국을 건설할 수 있었다. 이 놀라운 역사적 광경 앞에서 마르크스는 "도대체 과거의 어느 시대가 이와 같은 엄청난 생산력이 사회적 노동의 무릎 위에서 잠자고 있었다는 것을 감히 상상이나 할 수 있었나?"라고 경악했다.[2]

특히 영국의 런던은 산업혁명 이후 전 세계 무역금융과 투자금융을 제공하

1 씨티 오브 런던에 대한 상세한 내용은 **『대체투자 파헤치기(중)-씨티 오브 런던, Dirige Nos』** 참조.

2 Karl Marx & Friedrich Engels, *『Manifesto of the Communist Party』*, Chapter I, "what earlier century had even a presentiment that such productive forces slumbered in the lap of social labour?"

는 세계 금융의 메카였다. 런던 금융시장의 주인공인 잉글랜드 은행(Bank of England) 은 케인즈의 말대로 국제금융의 심포니 오케스트라를 지휘하는, 카라얀과 번스타인을 능가하는 독보적인 지휘자였다. 잉글랜드 은행뿐 아니라 전 세계 뱅커들이 모두 런던에 있었으므로 인프라 건설 및 전쟁 자금조달, 상품 가격 결정 및 거래, 국가 상대 대출 등이 런던에 집중되었다. 예컨대 미국과 독일의 철도 건설에 필요한 자금도 런던에서 조달되었으며, 러일 전쟁에 필요한 전쟁 자금 또한 런던 시장에서 조달되었다. 1880년대 아르헨티나의 막대한 개발 비용도 씨티 오브 런던의 자금 시장이 없었으면 땡전 한 푼 조달하지 못했을 것이고, 1889년 왕정 붕괴 후 극심한 재정 부족에 시달렸던 브라질도 1898년 런던의 로스차일드 은행이 빌려준 돈이 없었으면 국가가 파산했을 것이다.[3] 나아가 1890년부터 1914년까지 전 세계 신규자본 투자의 절반 가까이가 런던을 통한 외부 자금조달이었다.[4] 전 세계의 구리, 알루미늄, 코발트, 니켈 등의 금속과 차, 커피, 설탕 등의 식료품도 대부분 런던에서 가격이 결정되고 거래되었다. 이 때문에 영국의 파운드화는 전 세계 금융시장의 기축통화로서 지위에 손색이 없었다.

그렇다고 영국이 보유한 황금이 가장 많았던 것은 결코 아니었다. 1913년 당시 잉글랜드 은행이 보유한 금의 가치는 1.65억 불이었지만, 프랑스 중앙은행은 6.78억 불의 금을 보유하고 있었고 미국의 재무부가 보유한 금은 그 10배에 가까운 13억 불이었다.[5] 하지만 같은 시기인 1913년, 전 세계 중앙은행이 보유한 외환 자산 16.23억 불 중 4.41억 불이 영국의 파운드 자산이었는데, 2위 프랑스

---

3 아르헨티나 국명은 라틴어로 은을 뜻하는 아르겐툼(Argentum)에서 나왔다. 이유는 바로 포르투갈인들이 이 지역에 처음 도착했을 때 원주민들이 그들에게 은을 선물했기 때문이다. 특히 포르투갈인들은 그 지역의 강을 은이 넘치는 강이라는 뜻의 "리오 드 라 플라타(rio de la plata)"라고 불렀다. 이 강이 오늘날 라플라타강이다. 리오 드 라 플라타를 라틴어로 옮기면 "플루멘 아르겐툼(Flumen Argentum)"인데, 아르겐툼의 여성형 형용사가 아르겐티나(Argentina)이다. 실제로 아르헨티나의 은 생산량은 2023년 840톤 수준으로 세계 10위이다. 참고로 은 생산량 세계 순위는 다음과 같다. 1위 - 멕시코(6,300톤), 2위 - 중국(3,600톤), 3위 -페루(3,100톤), 4위 - 칠레(1,600톤). 5위 - 호주(1,400톤), 6위 - 폴란드(1,300톤), 볼리비아(1,300톤), 8위 - 러시아(1,200톤), 9위 - 미국(1,100톤), 10위 - 아르헨티나(1,200톤), (출처: 2023년 기준, US Geological Survey)

4 피터 프랭코판, *앞의 책*, p. 522

5 Peter L. Bernstein, 『*The Power of Gold*』, Wiley, 2012, p. 243

의 프랑화(2.75억 불), 3위 독일의 마르크화(1.37억 불)의 1.6~3.2배에 달하는 세계 최대 규모였다.[6] 이 당시 달러화는 가장 많은 금을 보유하고 있었던 미국의 통화였음에도 불구하고, 기타 통화로 분류되어 그 위상이 파운드화는커녕 프랑스의 프랑화나 독일의 마르크화 근처에도 가지 못했다. 이처럼 금 보유량이 많은 것과 뱅킹 능력은 완전히 다른 차원의 문제인 것이다.

건륭제. 조부는 강희제, 부친은 옹정제로 집권 전반기까지 청나라 전성기를 이끈 명군이었다. 부친인 옹정제의 5번째 아들로 황위 계승 후순위였으나, 총명하고 예의 발라 조부인 강희제가 일찍부터 그를 아끼고 돌보며 일찌감치 황제 계승 1순위로 낙점되어 있었다. 부친인 옹정제가 갑작스러운 건강 악화로 사망하자 25세의 나이로 황제의 자리에 올라, 내치에 전력을 쏟았다. 내치가 안정되자 대만, 신쟝, 베트남, 티벳, 네팔, 외몽고 등을 정벌하는 10개의 대규모 군사 작전인 이른바 십전무공(十全武功)을 단행한다. 이 군사 작전으로 청나라의 영토는 중국 역사상 가장 넓은 영토를 차지하게 된다. 말년에는 강희제의 통치 기간인 60년을 넘어 통치할 수 없다며 태상황제로 물러났지만, 이후에도 4년 동안이나 실질적인 통치권을 행사하여 64년이라는 중국 역사 최장수 통치 기록을 가지고 있다. 작자 미상. 1791년 작품. 대만 고궁박물관 소장. 출처: Wikipedia. Public Domain

청나라는 반대편 극단에 있었다. 18세기 청나라는 전 세계에서 가장 물자가 풍부한 나라였다. 청나라 건륭제(乾隆帝, 1711~1799)가 1793년, 상트페테르부르크의 예카테리나 대제 궁에서 특사로 일한 경험을 바탕으로 영국 왕 조지 3세(George III, 1738~1820)의 특명을 받고 청나라에 추가 항구 개방을 요구한 매카트니(George Macartney, 1st Earl Macartney, 1737~1806) 사절단을 향해, "우리나라 산물은 극히 풍부해서 외국 상품에 의지해 물자 수급을 유지한 적이 없다."라고 거절할 정도였다. 이 답변조차도 황제로부터 직접 들은 것이 아니라, 매카트니가 1793년 10월 3일 새벽 3시 의관을 갖추라는 요구를 받고 자금성으로 불려 가 3시간 넘게 기다린 끝에, 비단으로 덮여 있는 의자를 향해 무릎을 꿇고 나서야 받은 건륭제의 친서를 통해서였다.[7]

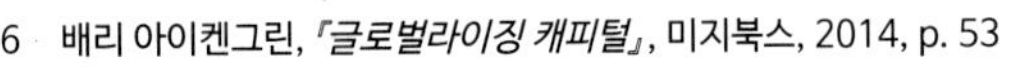

6 배리 아이켄그린, 『*글로벌라이징 캐피털*』, 미지북스, 2014, p. 53

7 헨리 키신저, *앞의 책(중국 이야기)*, p. 65

조지 매카트니. 아일랜드계 영국인 정치가이자 외교관. 1764년 러시아 특사로 임명되어 예카테리나 여제와 영·러 동맹을 결성하는 데 결정적인 역할을 하게 된다. 1792년에는 최초의 청나라 영국 특사로 임명되었지만, 당시 최강대국인 청나라 황제 건륭제로부터 어떠한 것도 얻지 못하고 영국으로 빈손 귀국한다. 영국 초상화가인 라뮤엘 애벗(Lemuel Francis Abbott, c.1760~1803)의 1785년경 그림. 국립 초상화 박물관 소장. 출처: Wikipedia. Public Domain

근대 영국 외교 사상 이처럼 굴욕적인 장면은 없었을지 모르겠지만, 건륭제의 말은 중국인들의 관점에서는 한 치의 거짓도 없는 사실이었다. 만약 건륭제가 매카트니가 가지고 온 망원경, 시계, 공기총, 스프링 서스펜션이 부착된 마차 등을 직접 보았다면 다르게 생각할 수도 있었을까? 필자 대답은 당연히 "No"다. 지리상 발견 이후 동양과 서양이 무역으로 통합되면서 신대륙의 은을 포함한 막대한 양의 은이 필리핀의 마닐라를 통해 청나라로 유입된 것도 중국인들이 서양인들의 상품에 적극적 관심이 없었기 때문이었다.[8] 예컨대 영국인에게 항구가 개방된 광둥 지방은 덥고 습한 곳인데, 중국인들이 영국산 양모나 양모로 만든 옷에 관심이 있을 턱이 없었다. 한 통계에 따르면 콜럼버스의 신대륙 발견 후 300년 동안 전 세계 은 생산량의 절반이 중국으로 흘러 들어갔다고 한다.[9] 만약 청나라가 은본위제가 아니라 금본위제였으면 유럽에 축적되어 있던 고대 수메르, 고대 이집트, 고대 페르시아의 금은 물론 스페인이 잉카 제국 등으로부터 약탈했던 전 세계의 거의 모든 금이 당시 북경의 자금성으로 물밀듯이 밀려들어 쿠푸(Khufu, BC c.2589~c.2566) 왕의 大 피라미드처럼 쌓였을 것이다.[10]

---

8 필리핀의 마닐라는 1571년 스페인 사람들이 향신료 교역을 위해 건설한 식민지이다. 이 식민지가 커지면서 대규모 도시로 발전하였고, 나중에는 이곳에서 자기, 비단, 화약 등 청나라의 각종 진귀한 물품들을 살 수 있었다. 이후 은이 중국으로 몰리면서 은의 가치가 치솟기 시작하자, 마닐라에서는 은을 금으로 바꾸는 차익거래가 성행했다. 이때 교환된 금을 스페인으로 가져가면 수익률이 70~75%에 이르렀다고 한다. 피터 프랭코판, *앞의 책*, p. 396. 1600년경에 마닐라는 1770년대 뉴욕이나 필라델피아의 크기와 비슷할 정도로 도시가 커졌다.

9 케네스 포메란츠, 스티븐 토픽, *앞의 책*, p. 47

10 쿠푸 왕은 이집트 제4왕조의 2대 파라오로, 그리스식 이름은 케오프스(Cheops)이다. 높이가 146.6m(현재

청나라의 재정 또한 세계 최고 수준으로 건전했다. 중국을 상대할만한 다른 나라가 주변에 아예 없었고, 특산물이 풍부하여 다른 나라로 국부가 유출되는 경우도 결코 없었기 때문이다. 나아가 청나라 황실 차원에서 막대한 재정이 들어가는 대역사를 시작한 적도, 유지한 적도 없었다. 따라서 포르투갈이나 스페인처럼 국가 차원에서 성공할지 실패할지 전혀 알 수가 없고 경비 또한 많이 드는 대항해 프로젝트를 시작할 정치적 이유도, 경제적 동기도 없었다. 1700년대 내도록 청나라 황실의 재정이 큰 폭의 흑자를 기록한 것은 너무나 당연했다.[11] 불행히도 청나라는 은본위제였고, 은을 전 세계에서 가장 많이 보유하였음에도 불구하고 청나라는 이를 활용하는 자체 뱅킹 시스템이 없었다. 즉, 은을 중국 특산품인 비단이나 차, 도자기와 결합하는 뱅커들이나 뱅킹 산업이 없었다. 결국 탐욕스러운 뱅커들이 자금을 대준 영국의 철갑 무장상선 "네메시스(Nemesis) 호" 앞에 청나라는 만신창이가 된 후 몰락했다.

세계 최고 수준의 건전 재정을 자랑하던 청나라가 100년도 안 되어 몰락하는 과정은 과연 어떠했을까? 우선 청나라는 아편전쟁 이후 배상금 지급으로 황실의 재정이 파탄 났다. 아편전쟁으로 인한 청나라 황실의 막대한 배상금 지급이 청나라 황실과 청나라 몰락의 신호탄이었던 셈이다. 이후 계속된 서양 열강의 침략과 끊임없는 배상금 지급은 건전했던 청나라 황실의 재정을 완전히 거덜 내었고, 이 때문에 청나라 황실은 청나라를 제대로 통치할 수가 없었다. 1901년 의화단의 난 한 사건에서만 청나라 황실의 배상금이 은 18,000톤에 이를 정도였으니까. 그 결과 아편전쟁 후 100년도 안 된 1920년대에는 "상하이, 홍콩, 칭다오, 우한에 소재한 대형 외국 은행과 외국 기업"이 중국 경제를 완전히 장악하게 된다.[12] 나아가 "몇 안 되는 중국 회사를 제외하고는 섬유, 담배, 철도, 조선

---

는 137.5m)의 세계 7대 불가사의 중 하나인 거대 피라미드를 건설한 인물이지만, 생애에 대해서는 거의 알려진 바가 없다.

11 케네스 포메란츠, 스티븐 토픽, 앞의 책, p. 39

12 상하이는 춘추시대에는 오나라, 전국시대에는 초나라 영토에 위치해 있었다. 상하이라는 지명이 처음 등장한 시기는 10세기 당나라 시대이다. 처음 출발은 진흙과 습지로 둘러싸인 조그만 어촌이었다. 상하이는 양쯔강이 도시를

소, 시멘트, 비누, 제분, 도시 지역의 가스, 수도, 전기, 교통 등과 같은 근대적 산업 부문은 대부분이 외국인들이 운영하고 있었다." 중국 경제뿐 아니라, 생활도 비참하기 이를 데 없었다. 헤밍웨이의 세 번째 부인인 마사 겔혼(Martha

마사 겔혼. 그녀는 언론가가 되기 위해 대학을 중퇴하고 곧바로 기자 생활을 시작한 억척같은 여성이다. 평화주의자로서, 여성 운동가로서 유럽 각국 특파원을 지냈으며, 대공황 시대에는 미국인들의 처절한 생활상을 있는 그대로 보도하기도 하였다. 스페인 내전이 터지자 이를 취재하는 과정에서 헤밍웨이와 만났고, 이후 결혼까지 하게 된다. 1944년 6월 6일, 노르망디 상륙작전을 취재한 기자로서 노르망디에 상륙한 유일한 여성이라는 기록을 남기기도 했다. 다만 지나치게 종군 기자 생활에 몰두하면서, 헤밍웨이와 결혼 생활은 그렇게 썩 원활하지는 않았다. 2차 대전이 끝난 후에는 중앙아메리카 내전, 미국의 파나마 침공, 발칸 반도 내전 등을 직접 취재하였는데, 이때 그녀의 나이는 70~80대였다. 20세기 최고의 종군 기자였던 그녀는 1998년 90세의 나이에 청산가리로 자살함으로써 그 찬란한 생을 마감했다. 1941년 충칭에서 남편 헤밍웨이, 국민당 장군인 위헌머우(余漢謀, 1896~1981)와 함께 찍은 사진. 출처: Wikipedia. Public Domain

2개로 나누는데 북쪽은 상하이포, 남쪽은 샤하이포라고 불렀다. 중국에는 남쪽의 이동 수단은 배이고 북쪽의 이동 수단은 말이라는 뜻의 사자성어 남선북마가 있을 정도로, 양쯔강 유역에는 과거부터 선박이 주요한 이동 수단이었다. 이 때문에 금나라에 쫓겨 남쪽으로 수도를 옮긴 남송은 상하이에 처음으로 관청을 세우고, 도시를 전략적으로 키우기 시작했다. 하지만 남송의 수도는 상하이 남서쪽의 항저우였고, 항저우가 가장 큰 국제도시였다. 상하이가 국제도시로 커진 가장 결정적인 계기는 아편전쟁이었다. 아편전쟁 결과 체결된 1842년 난징 조약으로 상하이에 외국인 거류지인 조계지가 설정된 것이다. 이 조계지는 처음에는 청나라 관할이었으나, 1850년 시작되어 거의 20년 동안 간쑤성을 제외한 중국 전역을 쑥대밭으로 만든 인류 최악의 내전인 태평천국의 난 등으로 중국 중앙정부의 힘이 약해지자 영국, 미국, 프랑스 등이 자국 군대, 관청, 의회까지 설치함으로써 일종의 외국인 치외법권 지역으로 바뀌게 된다. 이처럼 서양 각국이 상하이에 진출하면서 상하이에 엄청난 규모의 투자가 이루어지고, 상하이는 동양에서 북경 다음으로 큰 거대한 국제도시로 바뀌게 된다. 그러나 만주 사변 직후 벌어진 일본의 상하이 침략으로, 일본이 사실상 상하이에서 우위를 점하게 된다. 이것이 그 유명한 1932년 1차 상하이 사변이다. 양국은 1932년에 휴전 협정을 맺고 겨우 전쟁을 멈추었다. (1932년 4월, 일본군 승전 기념식이 열리던 상하이의 홍커우 공원에서 폭탄을 투척한 윤봉길 의사 거사는 이때 일어난 사건이다.) 상하이를 호시탐탐 노리던 일본은 1937년 중일 전쟁 직후에 발생한 2차 상하이 사변에서 중국군을 어렵게 패퇴시키고 상하이를 아예 완전히 점령한다. 일본군은 이 2차 상하이 사변에서 중국군에 막대한 피해를 입게 되고, 뒤이은 남쪽의 난징을 점령할 때 이 분풀이를 하게 된다. 이것이 그 유명한 난징 대학살이다. 한편 2차 대전 후 영국이 홍콩으로 본거지를 옮기자 상하이 외국인 조계지는 없어졌다. 1958년에는 상하이 주변의 장쑤성 토지 650㎢가 상하이로 편입되지만, 대부분 개발이 덜 된 농토였다. 하지만 덩샤오핑의 개혁개방 이후 상하이 서기였던 장쩌민 주도로 개발이 본격화되면서 도시가 급격히 현대화되었다. 1992년 경제특구 푸동지구 신설, 2005년 해상 섬들을 연결해 만든 신항인 양산선수이강 개항, 2010년 만국박람회 개최 등을 거쳐, 상하이는 전 세계 물동량 1위 항구로 거듭났다. 현재 상하이를 중심으로 하는 장강삼각주(양쯔강 델타) 지역은 중국 전체 GDP의 20%를 생산하는 제조업의 중심지이다. 상하이는 뻬이징, 텐진, 충칭과 함께 중국 정부의 4대 직할지 중의 하나이다.

Gellhorn, 1908~1998)이 1941년에 중국을 여행하고 있을 때 어머니에게 쓴 편지에 따르면 "중국이 나를 치료했다고요? 다시는 여행하고 싶지 않아요. 동방의 현실은 차마 지켜보기가 괴롭고 함께 나누기도 겁이 납니다."[13] 이로 인해 아편전쟁 직전 청나라의 1인당 GDP는 600달러였는데도 불구하고, 100여 년 후인 1950년에는 이보다 감소한 겨우 439달러에 불과했다.[14] 이 수치는 아편전쟁 이후 100여 년 동안 중국 경제가 어떻게 처참하게 몰락했는지 단적으로 보여 주는 것이다. 중국 사람들이 1840년부터 1949년 사이의 백 년을 "백년국치(百年國恥)"라고 부르는 이유도 바로 이것이다.

그렇다면 과연 3조 달러가 넘는 세계 최대의 외환 보유국인 현재의 중국은 과연 뱅킹 대국이 될 수 있을까? 즉, 중국은 3조 달러가 넘는 외환과 중국의 특산품을 효율적으로 결합하는 뱅킹 능력을 현재 보유하고 있을까? 필자의 대답은 당연히 "No"다. 현재 중국은 자본시장과 외환시장 모두를 국가가 통제하고 있다. 외환시장 통제는 전술한 대로 필요성이 인정되고, 지금까지도 잘해 왔다고 생각한다.

하지만 자본시장은 다르다. 일단 지금까지는 중국은 자본시장을 철저히 통제하여, 국가가 필요한 전략적 산업에 효율적으로 자본을 제공해 왔다. 황금과 설탕을 강제로 결합한 「중국 제조 2025」와 「신품질 생산력」도 중국 정부가 통제하고 있는 자본시장의 자금 동원 능력이 없으면 공상 과학소설에 불과하다. 이처럼 지금까지는 중국 정부가 자본시장을 적절히 관리하여 엄청난 부채를 지고 있음에도 불구하고, 체계적 금융 위험의 발생을 사전에 차단하는 동시에 금융의 힘을 활용하여 산업과 무역의 힘을 전략적으로 키우는 데 역량을 집중하여 그럭저럭 성공해 가고 있다.

하지만 경제와 무역 규모가 커지면서, 자본시장 자체의 힘이 중국 정부의 힘

13 앤터니 비버, *앞의 책*, p. 405

14 마틴 자크, *앞의 책*, p. 135

을 능가하는 시점이 언젠가는 도래할 것이다. 그때에도 과연 중국 정부는 자신의 뜻대로 자본시장을 효율적으로 통제할 수 있을까? 이미 중국 정부의 통제 영역을 벗어난 유사 대출 시장인 그림자 금융(shadow banking) 규모는 기관마다 추정치가 다르긴 한데, 2023년 기준으로 대략 3~8조 달러, 전체 대출 시장의 20% 내외이다. 중국은 공식 금융기관이 그림자 금융 거래를 하고, 이를 장부 외 거래로 기록하는 특이한 관행도 있는데, 이는 그림자 금융이 그만큼 만연해 있다는 뜻이다. 그림자 금융이 기술·산업·무역의 고도화에 사용되고 있는지 여부도 확실치 않다.

뱅킹 규제를 받지 않는 개인 간 대출 시장(peer-to-peer lending)도 마찬가지다. 2015년 중국의 개인 간 대출 시장 규모는 전 세계 P2P 시장의 대략 80%인 1.25조 위안이었다. 하지만 2016년에 파산한 대표적인 온라인 개인 대출 회사인 에주바오(Ezubao)는 500억 위안에 이르는 일종의 폰지(Ponzi) 사기로 9십만 명의 투자자를 울렸다. 이런 사기 건에 연루된 플랫폼은 2015년 1,686건이었으나, 4년 만인 2019년에는 5,433건으로 3배 이상 급증했다. 앞으로 인공지능 기술이 발달하면 개인 간 대출 시장은 급격히 확대될 가능성이 매우 높다. 과연 중국 정부는 규제 사각지대에 있는 그림자 금융과 개인 간 대출 시장 등을 효과적으로 통제할 수 있을 것인가? 뱅킹이 무역 확대 및 기술·산업 고도화로 긴밀하게 연계되는 뱅킹 시스템을 중국이 과연 구축할 수 있을 것인가?

필자가 보기에 중국의 금융이나 뱅킹 산업이 미국의 월 스트리트에 대항할 수 있으려면, 지금과 같은 정책 기조를 가져가서는 안 된다. 즉, 중국 민간금융의 힘을 키워야 한다. 중국의 민간 금융 산업이 발전하기 위해서는 국가가 직접 금융 기관을 운용하거나 통제하면 절대로 안 된다. 정부는 민간이 자유롭게 성장할 수 있도록, 예측 가능하고 선진적인 금융 규제 수립에 주력해야 한다.

이유는 바로 뱅킹 산업 발전의 가장 중요한 원동력이 "탐욕(cupidity)"이기 때문이다. 시장에서 심판 역할을 해야 하는 정부는 그 본질적인 정의상 탐욕을 추구할 수 없다. 정부가 탐욕 정신으로 무장하여 금융 산업에 직접 뛰어들면 부패로

연결되고, 대출과 투자가 정부의 정치적 판단에 좌우되면서 최종적으로 여유 자금이 돈이 되는 곳으로 집중되지 않게 된다. 이렇게 되면 금융 산업 발전의 선순환이 파괴되고, 기술·산업·무역의 고도화와 그로 인한 생산력의 진전도 정지된다. 따라서 정부는 민간이 보유한 탐욕의 폭발적인 에너지 발산을 허용하는 역할만 해야 한다.

대표적으로 중국 정부가 직접 주도하여 야심차게 추진하고 있는 반도체 대기금, 이른바 빅 펀드는 이미 부패와 뇌물로 완전히 얼룩져 있다. 예컨대 2022년 7월, 중국 정부는 딩원우(丁文武) 반도체 대기금 총재, 루진(路軍) 전 화신투자(華芯投資) 총재, 가오쑹타오(高松濤) 전 화신타오 부총재에 대한 위법 조사에 들어간 것으로 알려졌다. 2022년 8월에는 화신투자의 두양(杜洋) 전 총감, 류양(劉洋) 투자 2부 총경리, 양정판(楊征帆) 투자 3부 부총경리 등 3명이 추가로 기율 위반 및 불법 혐의로 조사받고 있다고 중국 언론이 일제히 보도했다. 왜 이런 일이 벌어졌을까? 중국 정부는 빅 펀드 구조가 부패에 취약하다는 사실을 사전에 알고 있었다. 이 때문에 중국 정부는 정부 기관이 운영하면서 발생하는 부패를 사전에 차단하기 위해, 빅 펀드를 수립하면서 투자 전략 수립 및 자금 조성은 반도체 대기금이 담당하고, 실제 투자 및 자금 운용은 그 자회사인 화신투자를 통해서 수행하도록 구조화했다.

하지만 탐욕 정신으로 무장하여 민간 금융기관 역할을 해야 하는 화신투자라는 회사는 국가개발은행의 자회사인 국개금융(國開金融)이 지분 45%를 갖고 있으며, 국개금융 부총경리인 루쥔이 화신투자의 총재를 겸임한 회사였다. 간단히 말해 자금 운용을 담당하는 회사가 45%는 정부 기관이었고, 그 총재가 순수한 민간인이 아니었다는 뜻이다. 결과는? 화신투자 임원들이 특정 반도체 회사에 자금을 투자하는 대가를 리베이트로 받아서 개인적으로 착복한 것으로 알려져 있다. 특정 반도체 회사에 자금을 지원할 때 빅 펀드에서 수립한 투자 전략과도 밀접한 관련성이 있었을 것으로 추정된다. 다시 말해 빅 펀드의 투자 전략 수립 또한 화신투자의 부패한 자금 운용 과정과 관련성이 있을 가능성이 있다

는 뜻이다. 필자가 보기엔 당초 출발부터 국가 기관이 투자 전략 수립과 자금 운용을 주도하면서 빅 펀드는 부패에 취약할 수밖에 없는 구조였다. 시쳇말로 고양이한테 생선 가게를 맡긴 꼴이다. 그런데 고양이한테 생선을 맡겨 놓고 고양이가 생선을 훔쳤다고 고양이를 벌을 주면, 문제가 해결이 되나?[15]

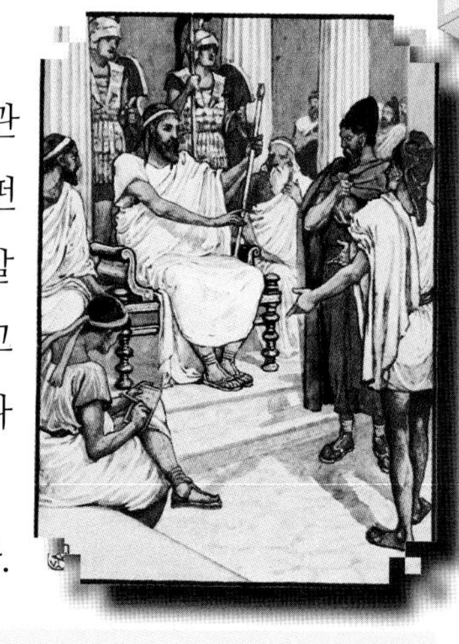

솔론(앉아 있는 이). 고대 그리스 7대 현자 중 한 명. 아테네 귀족 가문 태생으로, 법률가이면서 정치가이자 시인이었다. BC 595년에는 아테네 군대를 이끌어 경쟁 도시인 메가라(Megara)와의 싸움에서 승리하였으며, 그 공으로 이듬해인 BC 594년에는 아테네의 아르콘(Arcon), 즉 최고 행정관 자리에 오른다. 그는 아르콘 재임 중 부채를 탕감하여 담보로 잡힌 토지를 돌려주는 정책(세이삭테이아)을 실시하고, 인신을 담보로 한 대출을 금지했으며, 올리브 산업 육성을 통해 부족한 해외 식량을 확보하는 등 각종 개혁 정책을 추진한다. 나아가 민회의 권한을 강화하여 아테네 민주주의의 기반을 마련하였고, 각종 규범을 성문법으로 만들어 사법 개혁의 기초도 만들었다. 다만 그가 제정한 성문법은 모호하기 그지없어, 해석 여부에 대한 문의가 빗발쳤다고 한다. 하여튼 솔론은 자신이 만든 개혁 법률을 10년 동안 시행할 것을 요구하였고 아테네 민회가 이를 약속하자, 10년 동안 해외를 여행하게 된다. 이때 솔론이 해외를 여행하던 중에 리디아의 거부인 크로이소스를 만났다는 설이 있다. 가장 특이한 여행이 바로 이집트 여행인데, 그곳에서 이집트의 사제들과 대화를 나누고 연구를 하면서, 그 유명한 아틀란티스 이야기도 듣게 된다.(솔론은 자신이 들은 이야기를 후일 플라톤에게 전해 준다.) 10년의 여행을 마치고 아테네로 돌아온 솔론은 아테네가 귀족 평지파, 평민 산악파, 상인 해양파 등의 권력 다툼으로 아수라장이 되어 있음을 알고 실의에 빠졌고, 페이시스트라토스의 참주정이 최종 승리하자 다시 해외로 망명한다.(솔론은 어떠한 파벌에도 속하지 않았다.) 학자들은 그가 80세가량의 나이로 키프로스나 사모스섬에서 사망했다고 추정한다. 민주정치를 찬양한 그의 통치 철학은 후일 로마의 정치인인 푸블루스(Pvblivs Valerivs Poplicola, BC.c.560~503)에도 영향을 미쳐 로마 공화정의 초석이 되었다는 평가도 있다. 영국 화가 월터 크레인(Walter Crane, 1845~1915)의 작품. 출처: Wikipedia. Public Domain

더 나아가 정부가 탐욕을 억압해서도 안 된다. 탐욕은 인간의 본질적인 본능이므로 이를 완전히 억누르는 것은 가능하지도 않고, 바람직하지도 않다. 아테네 정치가 솔론(Solon, BC c.630~c.560)은 부를 향한 욕망은 한계가 없

15 워싱턴 타임즈에 따르면, 미국 의회조사국(Congressional Research Service, CRS)은 2024년 5월, 중국의 최고위층이 친인척 명의로 수억 불~수십억 불의 재산을 은닉하고 있다는 보고서를 발표했다고 보도한 적도 있다. 이 보고서에 따르면 시진핑의 은닉 재산은 부동산 사업가로 알려진 그의 누나인 치차오차오(齊橋橋, 1949~. 부친이 문혁 당시 정치적 박해를 받으면서 14세 때부터 시중쉰 부인의 성인 치를 사용함)와 그의 자형인 덩쟈구이(邓家贵, 1951~), 치차오차오의 딸인 장옌난(張燕南, 1979~) 명의로 되어 있으며, 그 금액은 최소 7억 불이라고 한다. Washington Times, 2024. Jun 9.

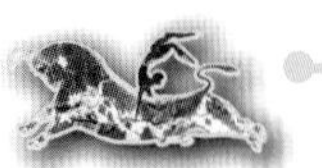

상앙. 진(秦)나라 시대 재상이자 법률가. 본명은 공손앙(公孫鞅)으로 원래 위(衛)나라의 귀족 출신이었다. 하지만 서자 출신이라 대접을 받지 못해, 당시 인재를 모집하던 진나라로 망명하여 진나라 효공에게 패자의 도를 설파하면서 등용되었다. 일설에 따르면 어렵게 효공을 마주한 상앙은 처음에 효공에게 성인의 도를, 그다음에는 천자의 도를 설파했으나, 효공은 그를 거들떠보지도 않았다고 한다. 상앙이 마지막에 설파한 이론이 바로 천하 패자의 도였는데, 효공은 패자의 도를 듣자마자 그를 바로 등용하였다. 효공이 그를 등용한 이후, 상앙은 실생활은 물론 군사, 경제 분야의 각종 법률을 만들어 강력히 시행하였다. 상앙의 강력한 법치주의 통치 10년이 지나자, 길에 물건이 떨어져도 누구 하나 줍지 않았으며, 도적들도 모두가 사라졌다고 한다. 효공은 더 나아가 상앙의 간언으로 진나라 수도를 함양으로 옮기고, 상읍(商邑)을 봉지로 그에게 하사한다. 이후부터 공손앙은 상앙이라고 불리었다. 하지만 효공이 사망하고 태자인 혜문왕(惠文王, BC 356~311)이 즉위하자, 지나치게 엄격한 법 집행으로 주변에 적이 너무 많아 급격히 권세가 줄어들었다. 이에 진나라를 탈출하여 망명길에 오른 후 군사를 모아 혜문왕에 저항하다가 결국 포로로 잡혀 거열형에 처해진 후, 시신은 전국 각지로 흩어졌다고 한다. 포로로 잡혀 압송되는 상앙(왼쪽 위)을 그린 삽화. 명나라 시대 *『신국기(新國族)』*에서 발췌. 처: Wikipedia. Public Domain

다고 지적하였고, 진나라에서 법가를 만든 상앙(商鞅, BC c.395~338)도 탐욕은 물이 위에서 아래로 흐르는 것과 같은 자연스러운 것이라고 평가했다. 상앙과 비슷한 시대를 살았던 그리스의 위대한 철학자 아리스토텔레스(Aristotle, BC 385~323)도 그의 저서 *『정치학』*에서 돈을 벌기 위한 욕망은 건강을 위한 욕망처럼 한도 끝도 없다고 단언했다.[16] 따라서 모두가 잘살아 보자는 「공동부유(共同富裕)」나 민간부문보다 공공부문을 늘리자는 「국진민퇴(國進民退)」와 같은 정책은 사회주의 망령이 빚어낸 최악의 참사다.[17]

예컨대 중국은 주로 투자를 통해 GDP를 끌어 올리거나 유지해 왔다. 즉 중국은 1990년대까지만 해도 투자가 GDP에서 차지하는 비중이 25% 내외였지만, 2000년대부터 상황이 바뀌어 2010년부터 2024년까지 GDP 중 투자가 차지하는 비중이 언제나 40%를 넘었다. 글로벌 평균 25% 내외보다 훨씬 많은 투자를 하고 있는 것이다. 이는 중국인들의 엄청난 저축 성향 때문에 국내의 이자율이 매우 낮기 때문에 가능한 전략이다.

---

16 Aristotle, *『Politics』*, Book I, 9.13

17 리커창 총리는 2020년 5월 기자회견에서 중국에는 월수입이 1,000위안(대략 17만 원) 이하인 서민이 6억 명이나 된다고 고백한 적이 있다. 이 발언이 사실이라면 시진핑의 공동부유가 왜 필요한지 어느 정도 이해는 된다.

일반적으로 투자는 제조업, 인프라, 부동산 투자 등 크게 3가지로 구분한다. 이 중 인프라 투자는 중국 정부가 완전히 주도할 수 있고, 제조업 투자는 중국의 국영기업을 통해 어느 정도 통제가 가능하다. 특히 중국 정부는 민간 투자가 부진할 때 정부가 나서서 투자를 주도하면서 GDP 성장세를 어느 정도 유지해 왔다. 그나마 민간이 주도한다는 중국의 부동산 투자는 GDP 기여도가 대략 20~30% 내외로 전 세계 최고 수준인데, 이 때문에 사람들은 중국의 GDP를 '콘크리트 GDP'라고 비아냥거리기도 한다.

하지만 투자가 이끄는 성장은 결정적인 문제점이 있다. 즉 투자 금액이 커질수록 수익률이 떨어지는 물리적 법칙이 적용된다. 이를 수확체감의 법칙이라고 한다. 이 법칙은 중국의 경우에도 그대로 적용된다. 예컨대 1990년대는 중국이 GDP 1달러를 올리는 필요한 투자 금액은 3달러였다. 2010년대는 이 금액이 5달러로 내외로 올랐고, 2020년대는 무려 9달러로 치솟았다. 부동산도 금리가 오르면서 직격탄을 맞고 있다. 대표적으로 2024년 1월, 중국 2위 부동산 기업인 헝다 그룹은 홍콩 법원으로부터 청산 명령을 받았는데, 이 기업의 부채는 건설사로는 전 세계 최고인 3,000억 불이고, 자본금은 3,000억 불의 1/5 수준에 불과하다. 그렇다고 헝다가 순수한 민간의 힘으로 성장한 것도 아니다. 중국은 토지가 국유이고, 금융기관은 대부분 국영이다. 헝다는 국영 금융기관으로부터 싸게 자금을 빌려 국유 토지를 빌리고 아파트 건설을 시작한 후, 미리 받은 선분양 대금으로 문어발식 확장으로 기업을 키웠다. 즉, 국가 자산으로 빚잔치를 벌인 것이다.

이처럼 중국 정부가 투자를 주도하는 경제 정책으로는 성장률이 갈수록 떨어질 수밖에 없다. 경제는 민간이 주도하고 그 과정에서 탐욕을 허용해야 폭발적으로 성장할 수 있다. 요컨대, 「공동부유」를 통해 탐욕을 공식적으로 억제하면서, 「국진민퇴」를 향해 정부가 투자를 주도하는 이 정책으로는 사회에 잠재된 생산력을 결코 극대화할 수 없다!

그렇다고 콘스탄티노플을 약탈한 베네치아나 아편전쟁을 일으킨 영국처럼

정부가 적극적으로 나서서 탐욕을 추구하거나 직접 장려할 필요는 없다. 정부는 민간의 탐욕이 생산력의 개선과 이를 통한 사회와 문명의 진보를 달성할 수 있도록 유도하기만 하면 된다. 이는 마치 핵분열과 핵융합이 그 자체로서는 공포를 일으키는 악마일지는 모르지만, 그 장점을 잘 살리도록 유도하기만 하면 인류 사회와 문명의 발전에 매우 유용한 것과 똑같다. 전형적인 르네상스 휴머니스트였던 피렌체의 포지오 브라치올리니(Poggio Bracciolini, 1380~1459)가 말했듯이, "탐욕은 문명을 가능하게 한 인간의 본질적인 정서"인 것이다.[18]

포지오 브라치올리니. 르네상스 시대 피렌체 석학. 그는 라틴어로 된 고전 명저를 발굴하여 번역하는 일에 매진하여 르네상스를 촉발한 중요한 역할을 하였다. 그의 대표작은 에피큐로스 철학을 교훈적으로 풀어낸 로마 시인 루크레티우스(Lucretius, BC. c.99~c.55)의 *『사물의 본성에 관하여(De Rerum Natura)』*, 키케로(Cicero, BC 106~43)의 연설문집인 *『로스키오를 위하여(Prp Roscio Amerino)』*, 로마 시인 실리우스 이탈리쿠스(Silius Italicus, c.26~101)가 2차 포에니 전쟁을 묘사한 운문집 *『Punica』* 등이다. 안토니오 루치아니(c.1799~1738)의 1715년경 작품. Public Domain

따라서 정부의 역할은 탐욕의 핵융합과 같은 폭발적인 에너지를 올바른 방향으로 발산시키도록 유도하는 것에 한정해야 한다. 예컨대 정부는 탐욕을 추구하는 금융기관이 거짓을 말하거나 중요한 사실을 숨기게 하도록 하면 결코 안 된다. 아울러 탐욕의 중심에는 인간이 있어야 한다. 여기서 말하는 인간이란 탐욕을 추구하는 개인을 의미하는 것이 아니다. 인종, 종교, 성별, 나이 등과 무관한 보편적인 인간, 주변 환경과 동식물을 파괴하고 약탈하는 사악한 폭력적 인간이 아니라 주변 환경이나 동식물과 조화롭게 공존하는 삶을 영위하는 선한 인간의 개념이다. 삼각 무역 당시 무역선에 역병이 돌자

---

18 Charles Nicholl, Ibid, pp. 64~65. 포지오는 르네상스 시대 유명한 책 사냥꾼이기도 했다. 즉, 고대 그리스와 로마 시대 서적을 찾아내 필사하고 번역한 후, 이를 세상에 다시 공개하는 것이다. 포지오가 발견한 가장 영향력 있는 고서는 고대 로마 시인 루크레티우스(Titus Lucretius Carus, BC 99~55)의 철학 서사시 *『사물의 본성에 관하여(De Rerum Natura)』*였다. 포지오의 책 사냥 이야기는 *『1417년, 근대의 탄생』*이라는 책에 상세히 묘사되어 있다. 관심 있는 독자는 일독을 권한다.

살아 있는 흑인 노예 수십 명을 바다에 던져버리거나, 설탕 착즙기에 흑인 노예의 팔이 끼이면 기계를 멈추지 않고 팔을 자르는 비인간적인 탐욕 정신은 이제는 멈추어야 한다. 특히 자연환경은 인간의 생명과 관련된 것이다. 인간의 생명을 위협할 정도로 자연을 파괴하는 탐욕 정신 또한 보편적이고 선한 인간성을 공격하는 해악이다. 그 나머지는 모두 자유롭게 풀어야 한다. 필자는 이를 "정직한 인본주의 탐욕(Honesty Humanism Cupidity)"이라고 부를 것이다. 이슬람의 창시자 무함마드도 말했듯이 "정직한 상인은 천국에서 신의 옆자리에 앉을 충분한 자격이 있는 법"이다.[19]

혹자는 탐욕으로 인해 발생한 2008년 금융위기를 지적할지도 모르겠다. 맞다. 2008년 금융위기는 전 세계 금융기관의 멈출 줄 모르는 탐욕에서 비롯된 것이다. 영화 「월 스트리트」에서 마이클 더글라스가 맡은 고든 게코가 말했듯이, 월가에서 "탐욕은 곧 선이다(Greed is good.)." 고든 게코의 멈출 줄 모르는 탐욕이 2008년 금융위기의 본질적인 원인이라는 점은 의심할 여지가 없는 명확한 사실이다.

불행히도 이들 대형 금융기관의 탐욕을 막겠다고 각종 규제를 신설해서 만든 다드-프랭크(Dodd-Frank) 법안은 필자가 보기엔 근본적으로 실패했다. 예컨대 다드-프랭크 법안은 은행으로 하여금 2008년 금융위기의 진원지였던 모기지(mortgage) 상품의 직접 심사를 강제했다. 2008년 금융위기 시 신용도가 부족한 이들에게 은행이 무차별적으로 모기지 상품을 팔고, 은행은 이 상품을 곧바로 투자은행 등 다른 금융기관에게 다시 되팔았기 때문이다.[20] 즉, 은행이 곧바로 자신이 아닌 다른 기관에 모기지 상품을 매각하였기 때문에, 자신 스스로 신용도 검사를 엄격하고 철저하게 할 필요가 없었던 것이다.

놀랍게도 모기지 시장에서 대형 금융기관의 도덕적 해이와 탐욕을 막겠다

---

19 David Graeber, Ibid, p. 286

20 2008년 당시 미국계 대형 은행의 모기지 상품과 관련된 상세한 행태에 대해서는 ***『대체투자 파헤치기(상) - 2008년 금융위기(2)』*** 참조

고 시행한 다드-프랭크 법안의 시행 결과 정반대의 결과가 나타났다. 모기지 상품의 엄격한 직접 심사를 위해 의무로서 부과한 모기지 신청자의 인종, 교육 수준, 소득 등의 기본 데이터를 축적하고 관리하는 데 필요 이상의 비용이 발생하면서, 소규모 은행이 아예 모기지 시장에서 아예 나가 버린 것이다. 결과는? 이 규제 비용을 감당할 수 있는 대형 은행과 다드-프랭크 법안의 적용을 받지 않는 비금융기관의 모기기 시장 장악이었다.

특히 다드-프랭크 법안에 따르면 자산 500억 불 이상의 금융기관은 "중요 금융기관(Systematically Important Financial Institution, SIFI)," 즉 단순한 개인 은행이 아니라 국가 시스템의 일부로서 공적 기관으로 간주한다. 따라서 이 은행들은 매년 엄격한 자산 건전성 테스트를 시행해야 하고, 자기자본 투자도 제한된다. 그 결과 이 규제를 받지 않기 위해 은행들은 500억 불 이상으로 자신들의 자산 규모가 커지게 되면, 기존 은행을 2개 이상의 작은 은행으로 쪼개기 시작했다. 이 때문에 이미 규모가 큰 대형 은행들은 자신들의 신규 경쟁자로서 새로운 대형 은행이 아예 나타나지 않게 되는 어리둥절한 상황에 직면했다. 그 결과 뱅크 오브 아메리카(BOA), JP모건체이스, 웰스 파고 등 3대 대형 은행의 수신 비중은 2007년 20%에서 2018년에는 31.3%, 2021년에는 42.95%로 오히려 증가추세이다.[21] 요컨대 다드-프랭크 법안은 규제 취지와는 정반대로 대형 금융기관의 대형화를 더욱 가속화시킨 어이없는 결과를 초래한 것이다!!!

이처럼 탐욕을 추구하는 황금, 설탕, 이자에 대한 규제는 필요 최소한으로 해야 한다. 이들에 대해 무분별하고 무차별적인 규제를 시행하면 규제 당국이 원하는 방향으로 되는 경우가 거의 없고, 오히려 그 반대 효과가 나타날 가능성이 높기 때문이다. 필자는 금융기관에 대해서는 정직한 인본주의 탐욕 수준이면 규제로서는 충분하다고 생각한다. 이 정직한 인본주의 탐욕을 통해 민간 금융기

21 예금 수신고(bn USD): ① 2018년: Bank of America - 1,312.7(10.67%), JPMorgan Chase Bank - 1,274.1(10.35%), Wells Fargo Bank - 1,270 (10.32%) ② 2021년: JPMorgan Chase Bank - 2,011.3(16.15%), Bank of America - 1,871.2(15.03%), Wells Fargo Bank - 1,465.95 (11.77%). ③ 2023년: JPMorgan Chase Bank - 2,068.0(16.19%), Bank of America - 1,887.8(14.8%). Wallethub.com

관이 자율적으로, 그리고 스스로 국제기준에 부합하여 전 세계 모두가 "신뢰"할 수 있는 선진적인 금융기관으로서 정직한 인본주의 탐욕을 자유롭게 추구할 수 있도록 유도해야 한다. 물론 부정직한 금융 행위에 대해서는 살벌한 벌칙을 반드시 부과해야 한다.

그렇게 해야만 탐욕이 가진 수소폭탄과 같은 폭발적인 에너지와 활력을 활용할 수 있다. 요컨대 중국이 미국의 달러와 맞서고 싶다면 무역 대국, 기술 및 산업 강국의 지위를 유지한 상태에서 국내의 민간 뱅킹 산업이 발전할 수 있도록 국가의 통제는 최소화해야 한다. 필요하면 외환시장만 국가가 통제하면 된다. 역사적으로도 뱅킹은 자유를 원했다. 황금과 설탕, 이자 모두 자유를 향한 속성이 동일하다. 자유롭지 않은 금융은 황금과 설탕을 제대로 결합할 수 없다. 자유로운 금융의 특성이 바로 탐욕에 바탕을 둔 역동성이기 때문이다.

그렇다면 탐욕(cupidity)이란 도대체 무엇인가? 글자 그대로다. 탐욕은 욕심이다. 통제할 수 없는 사랑과 욕정을 추종했던 그리스 신화의 큐피드처럼, 이윤을 극대화하기 위해 물불을 가리지 않는 "원초적 본능"이 바로 탐욕이다. 틀림없이 독자 가운데 눈살을 찌푸리는 사람이 있을 것이다! 하지만 역설적이게도 탐욕이 없었다면 뱅킹은 물론, 인류 문명은 발전하지 못했다. 이 평가는 필자 개인적인 평가가 아니다. 솔론, 상앙, 아리스토텔레스, 포지오 브라치올리니와 같은 동서고금의 정치가, 철학자, 석학들의 공통된 평가이다. 심지어 카톨릭 종교 개혁가 칼뱅은 "금욕을 통한 탐욕(cupidity through austerity)"의 추구라는 독특한 청교도식 자본주의 정신까지 창안했다.

특히 서유럽에서는 탐욕을 추구하는 뱅킹이 황금과 설탕과 결합하면서 폭발적인 생산력의 증가가 일어났다. 물불을 가리지 않고 이윤 추구에 몰두했던 이 엄청난 역동성이 서양의 산업혁명과 기술혁명을 잉태하고 지속시킨 가장 원초적인 힘이었던 것이다. 카톨릭 교리나 이슬람 교리가 뱅커들에게는 생명과도 같은 이자를 금지한 이유는 이자가 바로 정당하지 못한 탐욕의 극단적인 상징이었기 때문이다. 중세 서유럽이나 중세 이슬람 문화권, 주자학의 망령이 지배했던 중

세와 근대의 중국을 비롯한 동양 문화권에서 뱅킹이 발전하지 못한 원인도, 생산력의 폭발적인 증가가 일어나지 않았던 이유도 바로 탐욕을 죄악시하고 억제했기 때문이다.

플랑드르의 보드웽에게 라틴 제국의 왕관을 씌워주는 엔리코 단돌로(앉아 있는 이). 그는 카톨릭 교도로서 카톨릭의 수도 콘스탄티노플을 약탈하는 탐욕의 극치를 보여 준 인물이다. 베네치아 화가 안토니노 바실라치(Antonino Vassilachi detto Aliense, 1556~1629) 作. 베네치아 듀칼레 궁전 소장

하지만 베네치아는 41번째 도제인 엔리코 단돌로 주도로 도시 정부가 직접 탐욕을 추구했다. 즉, 단돌로는 카톨릭의 성지인 콘스탄티노플을 잔인하게 약탈함으로써 황금을 손에 쥔 후 향신료와 유리 세공 산업을 뱅킹과 결합하여 지중해 무역 패권, 기술 및 산업 패권, 금융 패권을 장악했다. 사실 엔리코 단돌로는 폭력적 탐욕을 죄악시하지도 않았다. 만약 폭력적 탐욕을 죄악시했다면 콘스탄티노플의 황금을 약탈하는 과정에서 카톨릭 국가의 병사들이 수도원의 수녀를 강간하는 것까지 방치했겠는가? 근대 뱅커의 대명사 푸거 가문과 로쉴드 가문 또한 탐욕을 통해 부를 축적했다. 청나라를 붕괴시킨 결정적인 계기였던 영국의 아편전쟁도 역시 뱅킹의 탐욕 정신이 빚어낸 막장 드라마의 최고봉이었다.

이렇게 이야기하면 마치 필자가 탐욕을 칭송하는 것처럼 보일지도 모르겠다. 절대 아니다. 필자는 탐욕을 증오한다. 필자도 단돌로의 콘스탄티노플 약탈, 푸거나 로쉴드 가문의 막가파식 이윤 추구, 아편전쟁이 도덕적으로 칭송받을 행위이거나 영예로운 전쟁이라고 생각한 적이 단 한 번도 없다. 특히 이들은 탐욕을 추구하는 과정에서 폭력과 전쟁을 활용하거나 이를 방지하기 위한 어떠한 노력도 하지 않았다. 폭력과 전쟁은 탐욕이라는 이름으로 절대로 합리화할 수 없는 가치인데도, 이들은 폭력과 전쟁을 탐욕을 추구하는 과정에서 불가피하게 발생

루터와 그의 부인 카타리나(Katharina von Bora, 1499~1552). 루터의 종교개혁으로 잠자고 있던 인간의 탐욕은 카톨릭이라는 족쇄를 풀고 해방되었다. 사실 루터보다 더 뛰어난 인물은 그의 부인 카타리나였다. 그녀가 결혼할 당시 루터는 그녀보다 16살이나 많았는데, 라틴어에 능통한 카타리나는 루터의 저작을 읽고 이를 보완하는 등 루터의 개신교 이론 확립에 크게 기여하였다. 그래서 사람들은 그녀를 여성 종교개혁가라고 부르기도 한다. 그녀는 이론 공부만 정통한 게 아니라, 6명이나 되는 자녀들과 조카까지 챙겨가며 농사일과 돼지 기르기 등의 억척스러운 생활도 척척해 내었다. 이 때문에 루터는 그녀를 "비텐베르크의 샛별"이라고 불렀다. 한편 루터의 종교 개혁은 "금욕을 통한 탐욕의 추구"라는 칼벵이즘으로 진화한다. 이 내용은 ***『성전기사단의 비밀(上)』*** 編에서 상술한다. 독일 화가 루카스 크라나흐(Lucas Cranach, 1472~1553)의 1529년 작품. 피렌체 우피치 미술관 소장

하는 부수적 피해쯤으로 간주했다. 이런 식의 탐욕 추구는 비난받아야 마땅하다.

하지만 민간의 뱅킹산업이 탐욕을 통해 성장하고, 비록 폭력과 전쟁을 수반했다 하더라도 탐욕에 몰입한 뱅커들이 산업과 무역을 결합하면서 폭발적인 생산력의 증가세를 시현하였다는 것은 단순한 역사적 사실이다. 도덕적 평가와 역사적 사실은 전혀 다른 문제이다. 17세기 프랑스의 위대한 사상가 데카르트(Rene Decartes, 1596~1650)가 암스테르담의 네덜란드인들이 "모두가 기를 쓰고 이익을 추구한다."라고 평가했을 때도, 이 탐욕이 반드시 척결해야 하는 악이라고 규정하지 않았다.[22] 그는 단순히 있는 사실 그대로 기술한 것뿐이었다. 19세기 당시 세계 최강대국 청나라가 돈벌이에 혈안이 된 영국 젠틀맨의 탐욕에 가득 찬 파상 공세에 밀려 멸망했다는 것도 가치판단의 문제라기보다는 단순한 역사적 사실일 뿐이다. 요컨대 탐욕 자체를 악으로 규정하면 뱅킹 산업은 발전할 수 없다. 탐욕을 어떻게 적절한 수준에서 용인하고, 폭력과 전쟁이 수반되는 것을 금지하며, 올바른 확산 방향으로 유도할 것인지를 고민해야지, 탐욕 자체를 악으로 규정하고 없애려고 하면 뱅

22 에이미 추아, 앞의 책, p. 240

킹 산업은 죽는다. 뱅킹 산업이 죽으면, 기술도, 산업도, 무역도 같이 죽는다. 황금, 설탕, 이자는 한 몸이 될 때 비로소 위력을 발휘한다!

주자학과 그와 본질적으로 다르지 않은 사회주의라는 망령이 지배하는 중국이 과연 뱅킹 산업 발전의 핵심 요소인 이와 같은 탐욕을 적절한 수준에서 통제하면서 민간의 뱅킹 역량을 끌어 올릴 수 있을까? 덩샤오핑은 진리를 검증하는 유일한 표준이 실천이라고 강조하면서, 사회주의와 개혁개방 노선의 조화를 절묘하게 추구했다. 필자 표현대로 하면 탐욕을 악으로 규정하지 않고 일단 무한대로 허용한 후에, 그 탐욕 추구의 결과가 국가와 인민의 이익을 증대하면 받아들였고 그렇지 않으면 거부했다. 이것이 덩샤오핑의 실용주의였다. 덩샤오핑의 후계자인 장쩌민과 후진타오도 이 기조를 그대로 유지했다. 바로 이 전략이 사회주의 국가이면서도 자본주의 대국인 미국과 맞짱을 뜰 수 있는 경제 강국을 건설한 가장 근본적인 밑바탕이 된 것이다.

시진핑 시대의 중국 금융당국은 이 기조와는 반대로 탐욕이 아니라 "공산당의 영도력"을 명분으로 하여 금융기관에 대해 억제적 영향력을 행사하여 국가적 기술 역량 및 산업 생산력을 극대화하려고 시도한다. 이것이 바로 중국 위안화 패권을 향한 마지막 히든 카드로서, 금융기관에 대한 정부의 막강한 영향력을 통해 황금과 설탕을 정부 뱅킹으로 강제 결합한 「중국 제조 2025」와 「신품질 생산력」이다. 「중국 제조 2025」의 뱅킹 역할은 국유 기업인 "국가개발투자공사(國家開發投資公司, State Development & Investment Corporation, SDIC)"가 담당하고 있다. 이 회사는 국가 주도의 투자 지주회사로 1995년에 결성되었지만, 이후 「중국 제조 2025」가 공식화되면서 2016년에 200억 위안, 대략 30억 불 규모로 펀드 규모가 커졌다. SDIC는 자금 공급을 통해 전력, 석탄, 해운, 화학비료 등의 전통적인 제조업 분야 경쟁력 강화와 은행, 증권, 신탁 등 금융 산업의 역량 강화에 집중하고 있다. 2020년에는 펀드 규모를 2배 이상인 500억 위안, 70억 불 이상으로 확대하였다.

「신품질 생산력」 또한 정부 주도의 뱅킹을 통해 첨단화, 지능화, 녹색화

등 3대 제조업 기술을 발전시켜 중국의 생산력을 극대화하겠다는 전략이다. 이 전략은 2023년 9월, 하얼빈에서 개최한 '신시대 동북 지역 진흥 촉진 좌담회'에서 시진핑이 처음 언급한 것인데, 2024년 7월 18일, 3중전회 마지막 날 중국의 장기 국가 전략으로 공식 채택되었다. 특히 「신품질 생산력」 전략이 강조하는 두 가지 기둥이 있는데, 바로 "인재"와 "금융"이다. 즉, 시진핑은 국가가 주도하여 인재를 육성하고, 국가 주도의 뱅킹을 통해 첨단 제조업과 서비스업의 고품질화와 경제 및 국가 안보를 고도화해 나갈 것이다. 필자가 판단하기에 「신품질 생산력」의 주요 수단인 뱅킹은 「중국 제조 2025」와 유사하게 정부가 출자하는 모펀드가 될 것이 거의 확실하다. 북경대 국가발전연구원이 발간한 *『신품질 생산력』*이라는 책에 따르더라도, 이 전략은 자전거처럼 경제를 움직이는 동력인 뒷바퀴는 시장이라는 보이지 않는 손에 맡기고, 방향을 정하고 균형을 잡는 앞바퀴는 국가라는 보이는 손에게 맡겨야 한다. 즉 중국 정부는 母 기금을 세우는 방식 등으로 투자 방향을 유도하여, 첨단 산업을 적극 지원해 나갈 것으로 예상된다.[23]

## (7) 반도체, 물질적 탐욕과 공산당의 번영 사이에서

필자가 보기에 「중국 제조 2025」와 「신품질 생산력」은 이처럼 물질적 탐욕 정신으로 무장한 효율적인 민간인 뱅커가 아니라, 공산당의 번영과 인민의 복지라는 당위성에만 집착하는 중국 정부가 뱅커 역할을 하고 있는 매우 실험적인 시도이다. 베네치아를 제외하고는 역사적으로 이렇게 대규모로 정부가 뱅커 역할을 하면서 기술 및 산업과 무역을 육성한 적이 없기 때문에, 그 결과는 예단하기가 매우 어렵다.

예컨대 「중국 제조 2025」와 「신품질 생산력」의 핵심은 반도체 산업이다.

---

23 조선일보, 2024. 7.19

반도체는 유가가 하락하기 시작한 이후인 2015년부터 원유를 2위로 밀어낸 중국의 수입 1위 품목이다.[24] 2013년부터는 수입 금액이 매년 2,000억 불을 넘었고, 2018년부터는 3,000억 불, 2021년부터는 무려 4,000억 불을 넘는 어마어마한 품목이기도 하다.[25] 중국의 반도체 수입국은 대만이 1위이고, 한국이 2위이다. 예컨대 2017년 중국은 2,596억 불의 반도체를 수입했는데, 대만으로부터 그중 31.1%인 807억 불, 한국으로부터는 수입액의 25.3%인 656억 불을 수입했다. 즉, 대만과 한국으로부터 필요한 반도체의 절반 이상을 수입한다.

중국의 반도체 수입은 일종의 분업 체계로 운영된다. 즉, 중국은 화웨이와 같은 거대 통신 기업이 사용자 선호에 맞추어 특별히 설계한 반도체는 대만의 파운드리(foundry) 업체를 통해 수입한다. 예컨대 최신 스마트폰에 탑재되는 음성 인식 기능이나 새로운 AI 기능, 스마트폰의 각종 애플리케이션을 구동시키는 AP(Application Processor) 칩 등은 새롭게 반도체를 설계해야만 구현할 수 있다.[26] 불

24 중국 경제는 전술한 대로 매년 최소 6~7억 톤의 원유를 사용해야 하는데, 이 중 대략 80% 수준인 5억 톤을 수입한다. 원유에 이은 3위 수입 품목은 철광석이다. 2022년 철광석 수입량은 11.1억 톤이었는데, 철광석 수입은 중국이 가장 골치 아파하는 품목이다. 국내 철광석 광산이 턱없이 부족하고 가격 결정도 리오틴토(Rio Tinto), BHP빌리턴(BHP Billiton)과 같은 영국-호주계 기업이 장악하고 있기 때문이다. 철광석 수입이 호주라는 특정 국가에 집중된 것도 문제다. 2007년에는 호주에서 수입하던 철광석 비중이 32.8%였으나, 2017년에는 전체 수입 철광석의 60.8%, 2022년에는 무려 69%를 호주에서만 수입했다.

25 2014년 하반기 유가 하락 이전 중국의 수입품목 중 2,000억 불이 넘는 품목은 원유와 반도체뿐이었고, 2015년 이후에는 반도체가 유일하다. 2018년부터는 반도체 수입금액이 사상 처음으로 3,000억 불을 넘었다. 2020년 중국의 반도체 수입금액은 3,500억 불을 기록했고, 수출 1,166억 불을 감안하면 반도체 무역적자 규모 또한 사상 최고치인 2,334억 불이었다. 2020년 원유 수입액이 1,763억 불이므로 반도체는 원유 수입의 2배이고, 1,189억 불을 수입한 3위 품목 철광석의 3배가 넘는다. 특히 2021년에는 사상 처음으로 반도체 수입 금액이 4,000억 불을 넘었다. 다만 2022년에는 제로 코로나 정책과 미국의 반도체 규제로 칩 개수 기준으로 2021년보다 15.3% 감소했다.

| 연도 | 2013 | 2014 | 2015 | 2016 | 2017 | 2018 | 2019 | 2020 | 2021 |
|---|---|---|---|---|---|---|---|---|---|
| 억불 | 2,313 | 2,176 | 2,299 | 2,270 | 2,601 | 3,120 | 3,056 | 3,500 | 4,240 |

출처: 중국반도체산업협회(CSIA)

26 스마트폰에 들어가는 AP 설계의 글로벌 최강자 퀄컴 또한 컴퓨터의 CPU나 모뎀칩을 설계하지만, 자체 제작은 하지 못하고(이른바 팹리스, fabless) 이를 대만의 TSMC에 넘기면 TSMC가 이 CPU나 모뎀칩을 설계도대로 제작한다. 스마트폰을 구동시키는 두뇌 칩을 AP(Application Processor)라고 하는데, 삼성전자의 갤럭시 폰 4대 중 1대는 퀄컴이 설계한 AP를 사용한다. 삼성은 자체 AP 개발에 전력을 다하고 있지만, 아직까지는 퀄컴의 기술력에 못 미친다. 애플도 AP를 자체 설계하는 경우 대만의 TSMC에 넘긴 후 제조하는 과정을 거친다. 애플은 TSMC의 최대 고객사이다. 애플은 2023년부터 퀄컴이 아니라 자체 5G 모뎀칩을 개발하여 TSMC 4 나노 기술을 활용해서 양산한 후 아이폰에 탑재할 예정이다. TSMC의 매출 공헌도를 표로 나타내면 다음과 같다.

| 연도 | 애플 | 화웨이 | AMD | 미디어텍 | 브로드컴 | 퀄컴 | 인텔 | 엔비디아 |
|---|---|---|---|---|---|---|---|---|

행히도 중국은 최소한 SMIC가 7나노를 생산했던 2022년 이전까지는 대만의 TSMC, UMC나 한국의 삼성전자처럼 끊임없이 새롭게 설계되는 첨단 반도체를 제대로 제작할 수 있는 능력이 없었다. 대신 중국은 이 제조를 대만에 위탁한다. 대만은 TSMC나 UMC와 같은 파운드리 업체와 거미줄처럼 연결된 대만 국내의 전자 중소업체 및 일본 부품소재 기업과의 협업 네트워크 체제를 통해 중국에서 설계된 반도체를 위탁받아 생산한다.

특히 2021년 기준으로 TSMC는 전 세계에서 유일하게 세계 최미소 공정인 5나노(10억분의 1) 미터 제품을 생산할 수 있었다. 반도체 위탁 생산 비즈니스 모델을 처음 만들었던 TSMC는 2022년 기준으로 파운드리 전 세계 시장 점유율 55.5%, 2023년에는 61.2%를 기록하여 2위 삼성전자 15~16%의 3배를 넘는 파운드리의 절대 강자이다. 예컨대 화웨이 스마트폰의 두뇌에 해당하는 최첨단 AP나 AI 제작에 필수적인 엔비디아의 GPU인 A100, H100, B200은 전량 TSMC가 제작한다.[27] TSMC가 없으면 중국의 통신 파워도, 미국의 AI 경쟁력도 모래사막의 신기루에 불과한 셈이다.[28]

| | | | | | | | | |
|---|---|---|---|---|---|---|---|---|
| 2021 | 25.4 | – | 9.2 | 8.2 | 8.1 | 7.6 | 7.2 | 5.8 |
| 2020 | 24.2 | 12.8 | 7.3 | 5.9 | 7.6 | 9.8 | 6.0 | 7.7 |
| 2019 | 24.0 | 15.0 | 4.0 | 4.3 | 7.7 | 6.1 | 5.2 | 7.6 |

출처: The Information Network, 단위: %

27 H100이 800억 개의 트랜지스터로 구성되어 있고, B200은 그 2배가 넘는 2,080억 개 트랜지스터로 구성된다. B200은 인공지능에 최적화된 플랫폼인 '블랙웰(Blackwell)'을 사용하여 제작되었는데, 2024년 3월에 공개되었다.

28 엔비디아가 생산하는 A100, H100은 그래픽 처리 장치인 GPU로 AI 관련 서버에 대략 8~16개가 들어간다. GPU는 화면의 픽셀 정보를 한꺼번에 연산하는 장치로, CPU가 복잡한 명령을 순차적으로 처리하는 것과 달리 단순한 정보를 동시에, 빠르게 처리하는 장치이다. 비유하자면 CPU는 수학 교수 한 사람이고, GPU는 산수를 기본적으로 할 수 있는 초등학생 100명이다. AI가 단순한 정보를 동시에, 그리고 가장 빠르게 학습해야 하기 때문에, AI 서버에는 CPU보다 GPU가 더 적합하다. 즉 인공지능의 학습을 도와주기 위해서는 복잡한 연산을 풀 수 있는 수학 교수 1명보다 단순한 산수만 풀 수 있는 초등학생 100명이 더 유용하다. 엔비디아는 2024년 3월에는 H100보다 성능이 2배 이상인 B200도 출시했다. 한편 엔비디아는 GPU 설계에 CUDA(Compute Unified Device Architecture)라는 전용 프로그래밍 언어를 사용하는데, 이 프로그래밍 언어가 사실상 엔비디아 GPU 경쟁력의 핵심이라는 주장도 있다. 이와 같은 엔비디아의 독주 체제에 대항하여 인텔은 H100보다 1.5배 빠르고, 2.3배 전력 효율성이 더 높은 가우디3 반도체를 개발하고 있는데, 2024년 3분기부터 양산한다는 계획이다. 나아가 이 AI 서버에 사용되는 메모리는 대규모 용량, 저전력 소비, 고대역폭의 고성능 메모리가 필요한데, 이 메모리를 고대역폭메모리(High Bandwidth Memory, HBM)라고 부른다. HBM은 베이스 다이(base die)와 코어 다이(core die)로 구성된다. 즉 HBM은 가장 아래쪽의 베이스 다이(base die) 위에 D램 칩인 코어 다이(core die)를 여러 층 쌓아 올린 후, 이를 실리콘 관통 전극(Through Silicon Via, TSV) 기술로 수직 연결해 제조한다. 베이스 다이는 GPU와 연결돼 HBM을 통제하는 역할을

반면 세계 2위 파운드리 업체인 삼성전자는 2021년 기준으로 7나노가 최대 기술력으로, TSMC에 한참 미치지 못했다. 다만 삼성은 세계 최초로 2022년 TSMC보다 먼저 3나노 파운드리 생산에 성공했고, 2024년부터는 3나노 2세대를 생산한다는 계획을 가지고 있다. 삼성은 3나노 파운드리 제품을 중국 가상 화폐 채굴 업체인 판세미(PanSemi)에게 처음으로 납품한 것으로 알려져 있다. TSMC와 달리 삼성전자는 3나노 파운드리 생산에 전류가 흐르는 채널과 전류 흐름을 제어하는 게이트의 접촉면이 4면인 방식인 GAA(Gate-All-Around) 방식을 채택했다. 이 방식은 TSMC의 FinFET 방식(전류가 흐르는 채널과 전류 흐름을 제어하는 게이트의 접촉면이 3면인 방식)보다 전력(Power) 소모, 성능(Performance) 개선, 면적(Area) 효율화 등에서 FinFET 방식보다 대략 30~50% 뛰어나다. 문제는 최첨단 기술이라서 수율이 높지 않다는 단점이 있다. 이 때문에 TSMC는 GAA 방식을 2나노부터 적용한다는 계획이다.

삼성의 도전에 대해 TSMC는 2022년 3나노를 거쳐, 2나노미터 제품은 2025년부터, 현존 기술력의 물리적 한계인 1.6나노 제품을 2026년 하반기부터 출시한다는 목표를 가지고 있다[29] 2022년에는 설비 투자 규모를 400~440억 불,

---

수행하고, TSV는 수천 개의 미세 구멍을 뚫어 상층과 하층 칩을 전극으로 연결한다. 그 결과 HBM은 기존 DRAM보다 GPU와 거리가 가깝고, DRAM을 수직으로 쌓아 연결함으로써 메모리 용량도 크게 개선하였으며, 정보가 이동하는 핀의 개수도 DRAM보다 10배 이상 늘린 고성능 메모리 장치가 된다. 2013년 SK하이닉스가 처음 개발하였으며, 2023년 말 기준 SK하이닉스와 엔비디아는 GPU와 HBM을 하나의 칩처럼 결합한 패키징 기술을 적용하여 생산 중이다. 2023년 기준으로 가장 대중화된 제품은 D램 메모리 제품 8개를 수직으로 쌓아 올린 SK 하이닉스의 HBM3E이다. 이에 대항하여 삼성전자는 D램 메모리 제품 12개를 SK하이닉스의 8단과 동일한 높이로 쌓아 올린 HBM3E-12 제품을 2024년 2월에 출시했다. 다만 HBM3E 제품의 수율은 일반 D램 제품의 수율이 90% 이상인 것과 비교해 매우 낮은데, SK하이닉스의 경우 HBM3E의 수율은 60%대인 것으로 알려져 있고, 삼성전자는 이보다 더 낮다고 한다. SK하이닉스는 여기서 더 나아가 TSMC와도 협력하여 6세대 HBM인 HBM4를 2026년부터 양산한다는 계획을 2024년 4월에 발표하였다. 이 계획에 따르면 TSMC는 가장 아래쪽의 베이스 다이를 초미세 선폭으로 가공하여 GPU와 좀 더 복잡한 연산 체계를 수행할 수 있도록 업그레이드한다고 한다. 베이스 다이의 추가 가공은 기존 메모리 공정으로는 되지 않고, TSMC의 파운드리 미세공정이 반드시 필요하다고 한다. 한편 HBM에서 후발 주자였던 마이크론은 하이닉스와 삼성보다 먼저 2024년 1분기부터 대만에서 8단 HBM을 생산하고 있는데, 이 과정에서 하이닉스 기술자의 도움이 있었다는 의혹이 있다.

29 파운드리 산업의 핵심 경쟁력은 선폭을 최대한 줄이는 데 있다. 선폭을 줄이는 데 가장 필수적인 장비가 바로 자외선을 노출하여 가느다란 회로를 만들 수 있는 EUV(Extreme Ultra Violet: 극자외선)이다. EUV는 네덜란드 장비 회사 ASML이 전 세계 시장 점유율 100%를 차지하는 절대 강자이다. ASML은 1년에 EUV 장비 30대 내외를 생산할 수 있지만, 수주량은 보통 이의 2배에 이를 정도로 시장 지배력이 막강하다. 실제로 ASML은 2022년 40대, 2023년에는 53대의 EUV를 판매했는데, 수요는 이보다 훨씬 많고 이 때문에 EUV 장비를 구매하려면 1년 이상 대기

2023년에는 300억 불, 2024년에는 300~340억불, 2025년에는 400억 불 이상으로 상향하면서, 투자 규모를 역대 최대로 끌어올리는 중이다. 양사의 마케팅 전략도 극과 극인데, 삼성전자는 고객을 확보하기도 전에 과감한 설비 투자를 먼저 진행하는 공격적인 마케팅 방식을 사용하고, TSMC는 고객을 먼저 확보한 후에 필요하면 설비 투자를 진행하는 보수적 마케팅 방식을 사용한다. 삼성전자의 파운드리 사업은 이재용 회장의 개인적 야심과도 관련되어 있다. 이재용 회장이 주목하는 파운드리 분야는 바로 자동차에 탑재하는 반도체이다. 이재용 회장은 이미 2019년부터 테슬라와 자율 주행차에 사용되는 반도체 분야에서 협력관계를 구축하였으며, 차량용 반도체 생산에도 2026년까지 2나노 양산 체제를 구축한다는 과감한 전략을 이미 발표했다.[30] 삼성전자가 이병철, 이건희 회장에 이은 또 다른 세계 제 1등 품목을 만들 수 있을지 귀추가 주목된다.

한편 스마트폰, PC 등 모든 전자기기에 들어가는 범용 메모리 반도체는 한국의 삼성이나 하이닉스를 통해 수입한다. 중국은 전자제품을 만드는 세계 최대 국가이므로, 한국의 메모리 생산 세계 1위는 중국의 전자제품 생산 1위라는 글로벌 공급망 분업 체제하에서 이루어진 자연스러운 결과물이다.[31]

하여튼 이처럼 반도체 수입만 중국 내 자국산 품목으로 대체해도 매년 3,000~4,000억 불이 넘는 무역수지 흑자를 남길 수 있다. 이는 반도체 수입 때문에 위안화 패권이 그림의 떡이 될 가능성이 매우 높다는 뜻이기도 하다. 시진핑의 말대로 반도체는 중국의 심장과 같은 셈이다.[32] 심장이 강하지 않으면 덩치

---

해야 한다. 한편 ASML의 연차 보고서에 따르면 자사의 EUV 생산 대수는 독일 광학 부품 회사인 칼 자이스(Carl Zeiss)의 생산능력에 달려 있다고 공개한 적이 있다.

30 보통 가솔린 자동차에 들어가는 차량용 반도체는 대략 600여 개, 전기차에는 1,500여 개, 자율 주행차에는 3,000개 이상이 필요하다.

31 ① 반도체 수요 업종별 비중(출처: 미국 반도체 산업협회, 2019 기준): 스마트폰(26%), 데이터센터 등 IT 인프라(24%), PC(18%), 산업용(12%), 가전(10%), 자동차(10%). ② 2030년 기준으로 예상되는 반도체 성장 비중(출처: 맥킨지): 스마트폰(25%), 데이터센터 등 IT 인프라(25%), 자동차(20%), 산업용 전자기기(15%), PC(10%), 유선통신(5%)

32 시진핑은 2018년 4월, 코로나 발원지인 우한의 국가 메모리 생산기지에 있는 장강 메모리 공장을 방문한 후, 반도체 칩은 사람의 심장과 같은 것이라는 유명한 말을 남겼다.

가 아무리 커도 강하다고 볼 수 없다. 따라서 중국은 수단과 방법을 가리지 말고 반도체를 자체 생산할 수 있어야 한다.[33] 그 일환으로 중국은 메모리 분야에서 「중국 제조 2025」를 통해 치킨 게임 결과 재편된 삼성, 하이닉스, 마이크론 등 글로벌 3사 과점 체제를 중국 정부의 자금지원하에 공격할 준비를 하고 있다.[34]

삼성, 하이닉스, 마이크론은 과거에도 그랬듯이 중국 메모리 반도체 업체의 진입에 발맞추어 약탈적 가격 정책으로 대응할 가능성이 매우 높다.[35] 과거 민간 기업들만 즐비했던 반도체 시장에서는 이 전략이 먹혀들었다. 글로벌 3社에게는 매우 불행한 일이지만 중국 메모리 반도체 산업 금융 지원의 중심에 있는 기금 운용사인 "국가집적회로산업투자기금유한공사(國家集成回路産業投資基金股份有限公司)," 이른바 "빅 펀드(Big Fund)"는 중국 재정부, 중국연초 총공사, 베이징 이좡, 우한금융지주, 중국이동통신 등 중국 정부와 공기업이 자금을 출자하고 운용하는 사실상 정부 뱅커다.[36] 이 빅 펀드는 2014년에 1,387억 위안인 대략 195억 불의 자금으로 출발했는데, 2019년에는 출자 규모가 2,041억 위안(287억 불)이 되면서 펀드 사이즈가 커졌다. 나아가 2024년 5월 3차 펀딩에는 무려 3,440억 위안인 475억 불의 자금을 출자함으로써 펀드 사이즈가 갈수록 대형화되고 있다. 투자 총액으로만 따지만 중국은 반도체 산업에 2014년부터 2024년까지 총 957억 불의 자금을 쏟아부은 것인데, 2021년에 제정된 CHIPS 법에서 미국 정부에 부여한 인센티브 총액 2,800억 불에는 미치지 못하지만 2022년에 제정된 EU 반도체

---

33 반대로 이야기하면 미국 관점에서는 중국이 반도체를 생산하게 내버려 두면 절대 안 된다.

34 이처럼 중국이 범용으로 사용되는 메모리 반도체만 국산화해도 이론적으로는 한국으로부터의 수입은 거의 완전히 대체할 수 있다. 이는 중국이 메모리 반도체 국산화에 성공한다면 삼성과 하이닉스는 회사 존립이 위협받고, 한국 총 수출금액의 10% 이상이 공중으로 그냥 날아갈 수도 있다는 뜻이기도 하다. 즉, 반도체 산업에서 한국의 초격차 유지는 민간 기업의 문제일 뿐만 아니라 국가적 차원의 문제이기도 하다.

35 반도체 제조업체의 분류: ① 종합반도체 회사(IDM, Integrated Device Manufacturer) - 반도체 개발, 설계, 제조 등 반도체 산업 전반을 다루는 회사(삼성전자, 하이닉스, 인텔, TI 등) ② 반도체 설계 전문 회사(Fabless) - 반도체 회로 개발, 설계만 전문으로 하는 회사(AMD, 퀄컴, 엔비디아, 애플, ARM 등) ③ 반도체 위탁생산 회사(Foundry) - 반도체 설계대로 생산만 전문으로 하는 회사(TSMC, UMC 등)

36 메모리 반도체는 투자 금액이 어마어마하기 때문에 중국 정부는 SDIC와는 별도의 펀드를 설립해서 경쟁력 강화를 추진 중이다.

지원법의 430억 유로는 이미 넘어선 상태이다.

이처럼 반도체 시장에 진입한 중국은 민간인 뱅커가 아니라 정부 뱅커들이 자금을 지원하고 있으므로, 글로벌 3사의 약탈적 가격 정책으로 손실이 난다고 하더라도 계속해서 자금을 쏟아부을 가능성이 매우 높다. 예컨대 빅펀드의 1차 출자 목표는 과거 인텔이 2013~2023년 동안 연구 개발에 쏟아부은 금액인 무려 1,500억 불이었다.[37] 하지만 필자가 보기엔 이 펀드는 펀드의 실적 여부와 상관없이 중국 정부의 후원에 힘입어 막대한 자금이 추가로 투입될 가능성이 매우 높다. 이는 돈이 되는 곳에만 자금을 집중해야 하는 탐욕 정신에 정면으로 위배되는 것이다. 이윤이 나지도 않는데 계속 자금을 투입하여 반도체 산업을 육성하는 중국의 전략은 트럼프 대통령의 말을 빌리자면 공정하지 못한 게임인 셈이다.

종전의 치킨 게임에서 민간 기업만 상대했던 반도체 글로벌 3사는 과연 이 괴물 같은 정부 뱅커인 중국의 빅펀드를 몰락시킬 수 있을 것인가? 필자가 보기엔 「중국 제조 2025」의 중심에 있는 빅펀드 때문에 메모리 반도체 시장의 치킨 게임은 과거에 단 한 번도 전개된 적이 없는 예측 불가능한 양상으로 전개될 가능성이 있다. 한 가지 확실한 것은 중국 메모리 업체가 시장에 진입하면 그 어느 때보다도 심각한 출혈 경쟁에 직면할 것이라는 점이다. 승자는 과연 누가 될 것인가?

혹자는 이와 같은 과정에서 중국 정부의 자금지원이 민간인 뱅커처럼 효율적이고 즉각적으로 지원되지 않을 것이므로 중국이 패배할 것이라고 예측한다. 화웨이 창업자 렌정페이(任正非, Ren Zhengfei, 1944~) 말에 따르면 "반도체는 돈을 때려 붓는다고 되는 것이 아니다."[38] 필자가 보기에도 중국 정부의 메모리 반도체 육성은 설탕과 이자를 화학적으로 결합한 것이 아니다. 즉, 기술·산업·무역·뱅킹이 효

37 2024년 5월까지 실제 펀딩은 957억 불로 2025년까지 1,500억 불이나 1,800억 불 목표를 달성하기는 어려워 보인다. 하지만 중국 정부는 펀딩을 이후에도 지속할 것이고, 그 규모도 더 키울 가능성이 매우 높다.

38 조선일보, 2020.10.12.

율적으로 결합한 체계 하에서 추진되는 것이 아니다. 반도체 자금지원만 하더라도 전형적인 뒷북 지원이 될 가능성이 높다. 왜냐하면 정부 주도의 자금지원이 민간인 뱅커들보다 효율적이거나 신속할 수가 없기 때문이다. 예컨대 중국 재정부나 중국 연초공사, 중국 이동통신 관계자가 빛의 속도로 변화하는 반도체 산업의 선도 기술을 간파하고, 투자가 적절한 기술 분야를 선점하여 적기에 자금을 공급할 역량을 과연 구비하고 있는가?

예컨대 메모리 반도체의 경우 건물, 전력, 클린룸 공사 등이 마무리되는 기간이 대략 14개월 내외이다. 이때 반도체 장비가 들여오고, 장비 테스트를 거쳐 대략 10개월이 지나면 제품이 출시된다. 즉, 공장 기공식부터 제품 출시까지 2년 정도의 시차가 있다. 투자 금액도 메모리 반도체 공장 한 개 건설에 15조 원, 달러로 100억 불이 넘는 엄청난 금액이 소요된다. 예컨대 삼성전자의 2019년 3분기 기준 가용 현금은 105조 원으로 창사 이후 최대치에 달했는데, 메모리 반도체 공장 7개만 건설해도 삼성전자 최대 규모의 모든 현금성 자산은 거의 소진된다.

이처럼 메모리 반도체는 대규모 투자 시점과 시장에 제품이 출시되는 시점 사이에 상당한 차이가 있기 때문에, 이 기간 동안 반도체 업체는 기존 제품의 지속적인 판매와 신속하고 효율적인 자금조달을 통해 제품 가격의 변동이나 수요 변화에 따른 리스크를 철저하게 완화해야 한다. 상대방 기업의 투자와 생산, 제품 출시 계획도 면밀히 모니터링하고 적절한 시점에 유망한 선도 기술을 확보하여 대규모 자금을 조달한 후, 신속하고 과감하게 투자함으로써 경쟁 회사와의 기술 격차를 최대한 확보해야만 시장에 진입하여 적절한 가격에 제품을 판매할 수 있다. 엄청난 규모로 투자한 돈을 잃지 않으려는 탐욕 정신의 기본이다.

특히 메모리 반도체는 고개의 수요에 맞추어 제작되는 다품종소량생산 품목이 아니라 완전히 표준화된 범용 제품이다. 즉, 메모리 제품은 소품종으로 대량 생산되는 제품이다. 이 때문에 기술 장벽이 낮을 것이라고 착각할 수 있는데, 사실은 그 정반대다. 왜냐하면 소품종 대량 생산의 핵심 경쟁력은 원가인데, 반도체 회로의 선폭을 최대한 줄이는 기술이 초고난도의 넘사벽 기술은 아니지만 단기에 추격하기에 결코 쉽지 않기 때문이다. 게다가 메모리 반도체는 엄청난 규모의 설비 투자가 필수적이어서 이 엄청난 투자를 적기에 신속·과감하게 수행하고 고정비용을 적절히 감당할 수 있는 기업만이 적정한 원가의 메모리 반도체를 제작하고 팔 수 있다.

일본의 메모리 기업이 2000년대부터 한국의 삼성에 시장 지배적 위치를 내준 가장 근본적인 이유도 1990년대부터 진행된 PC의 폭발적 증가에 따른 수요 급증에 발 빠르게 대응하지 못하고 일본이 고품질, 고사양 메모리에 집착하면서, 저가의 소형 메모리 생산에 필수적인 과감한 투자를 신속하게 결정하지 못했기 때문이다. 더구나 삼성전자의 이병철·이건희 회장과 같이 막대한 적자가 나는 상황에서 오히려 더 과감하고 신속하게 대규모 투자를 결정했던 탁월한 경영자도 일본에는 없었다.[39] 예컨대 메모리 반도체는 회로를 위로 쌓는 스택(stack) 방식과 아래로 파내는 트렌치(trench) 방식이 있다. 위로 쌓으면 집적 품질이 올라가지만, 제품을 대량으로 신속하게 만들 수 없다. 반대로 아래로 파내면 집적 품질은 떨어지지만, 오류를 찾기가 쉽고 이를 수정하기도 쉽다. 즉, 검증이 쉬워 수율을 올릴 수 있다. 이건희 회장은 일본의 스택 방식이 아니라 삼성만의 트렌치 방식을 고집하여, 수율을 급격히 올리는 대량 생산 방식으로 시장을 제압했다.

그렇다면 삼성전자는 언제나 시장에 효율적으로 대응을 하였나? 아니다. 삼성전자도 일본 메모리 업체와 마찬가지로, 시장 대응에 실패한 분야가 있다. 바로 HBM이다. 우선 인공지능 시대 중앙 연산 처리 장치인 GPU의 메모리는 처리 용량이 많아 기존 D램 용량으로는 어림도 없다. 단순 계산을 수없이 반복해야 하는 GPU에 엄청나게 많은 정보를 가져다 주기 위해서는 기존의 D램 용량으로

39 2005~2008년 반도체 메모리 치킨 게임에서 2009년 독일의 키몬다, 2012년 일본의 엘피다가 파산하여 역사 속으로 사라질 때에도, 삼성전자는 이건희 회장(1942~2020)의 결단으로 살아남았다. 간단히 말해 이건희 회장이 독일과 일본을 KO 시키면서 링 밖으로 몰아낸 것이다. 현재의 삼성도 이 전략에 실패하면 반도체 글로벌 1위 기업이라는 위치는 언제든지 내 줄 수 있다. 과거 인텔이 넘사벽이라 부르는 세계 최고의 반도체 기업에서 삼성에게 1위 자리를 내준 것처럼 말이다.

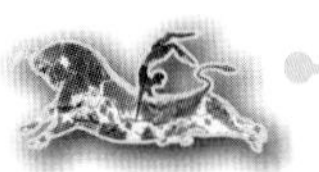

는 감당이 안 되는 것이다. 오늘날 칩 설계자가 공통으로 인공지능 시대 최대 병목이 메모리라고 평가하는 이유이다. 이 때문에 등장한 것이 고대 역폭 메모리인 HBM이다. HBM은 제작 기술이 다소 복잡하긴 하지만, 절대로 어려운 기술이 아니다. HBM을 처음 만든 회사가 삼성전자인지 SK하이닉스인지 논란은 있지만, 확실한 것은 2024년 기준으로 HBM의 승자는 삼성전자가 아니라 SK하이닉스라는 것이다. 삼성전자는 무엇을 했을까? HBM을 처음 만들 당시인 2013년 무렵에는 수요처가 아예 없었다. HBM 생산 라인도 여타 제품 생산이 안 된다. 다시 말해 HBM만 생산해야 한다. 수요처가 없는데 대규모 투자를 하게 되면, HBM은 생산 후 엄청난 규모로 재고를 쌓아 두고 손실을 감수해야 한다. 당연한 이야기이지만 이런 리스크를 삼성전자는 아예 부담하려고 하지 않았다. 결국 삼성전자는 2019년에 HBM 전담팀을 없애 버렸다. 하지만 SK하이닉스는 내부로부터 돈 먹는 하마라는 엄청난 비난을 받으면서 이런 위험 부담을 감수하고 생산 라인을 유지하였으며, 기술 개발에 매진하여 2024년 기준으로 수율 80%를 달성했다. 그 결과 인공지능 시대 HBM의 강자는 삼성전자가 아니라 SK하이닉스이다. 이처럼 반도체 산업에서 "적시에 신속하고 과감한 투자"는 말처럼 쉬운 일이 결코 아니다. 대표적으로 반도체 산업에서 적시에 신속하고 과감한 투자에 실패한 일본은 1990년 매출액 기준 글로벌 반도체 기업 top 10에 NEC, 도시바, 히타치 등 6개 기업이 포진하고 있었으나, 2024년 기준으로는 단 한 개 기업도 top 10에 남아 있지 않다.[40]

삼성전자의 현 회장인 이재용 회장은 메모리 반도체의 이런 시장 특성에 대응하여 "기술 중시, 선행 투자" 전략을 채택한다. 물론 선행 투자는 100억 불 이

---

40 매출기준 글로벌 반도체 기업 순위 변화 (출처: IC Insights)

| 순위 / 연도 | 1위 | 2위 | 3위 | 4위 | 5위 | 6위 | 7위 | 8위 | 9위 | 10위 |
|---|---|---|---|---|---|---|---|---|---|---|
| 2022 | 삼성 (한국) | 인텔 (미국) | TSMC (대만) | SKHynix (한국) | Micron (미국) | 퀄컴 (미국) | Nvidia (미국) | 브로드컴 (미국) | 미디어텍 (대만) | TI (미국) |
| 1990 | NEC (일본) | 도시바 (일본) | 히타치 (일본) | 인텔 (미국) | 모토롤라 (미국) | 후지쓰 (일본) | 미쓰비시 (일본) | TI (미국) | 필립스 (네덜란드) | 파나소닉 (일본) |

상의 엄청난 자금이 소요되는 도박이므로, 기술 흐름을 잘못 읽고 투자했다가는 회사가 망할 수도 있다. 대표적으로 이재용 회장이 야심차게 추진하는 삼성전자의 파운드리 전략도 고객을 확보하기 전에 대규모 투자부터 먼저 진행하는 선투자, 후판매 방식이다. 만약 이재용 회장의 선투자, 후판매 전략이 파운드리 분야의 급변하는 기술 환경에 적절하지 못한 것으로 드러난다면, 시장에서 지배적 위치에 있더라도 일본 기업처럼 시장에서 거의 한 방에 퇴출된다.[41]

하물며 본격적으로 시장 진입조차도 하지 않은 중국 기업에 대해서는 더 이상 무슨 많이 필요할까? 굳이 말하자면 메모리 시장에서 적절한 전략 수립에 실패하면 중국 업체는 메모리 제품을 만들어도 아예 판매가 안 되는 상황에 직면하든지, 혹은 메모리 제품을 팔면 팔수록 손실 규모가 커지든지, 아니면 경쟁사 제품 출시 일정에 무리하게 맞추다가 최종 수율 저하와 품질 저하 문제에 직면하여 생산해도 판매가 아예 안 되는 최악의 상황에 빠질 수도 있다.

이 경우 시장에서 중국 반도체는 외면당할 가능성이 크다. 세계 최고의 메모리 반도체 기술력을 보유한 삼성전자조차도 2019년 4월에, 아마존의 서버 D램에 들어가는 10나노미터 후반급 메모리 제품의 불량 사태로 신뢰도가 훼손되면서, 아마존이 삼성의 경쟁사인 SK하이닉스에게 물량 공급을 타진한 적이 있다. 하물며 신생 중국 업체의 경우라면 두말할 필요도 없을 것이다. 이렇게 되면 한때 LNG 선박 수주 전에서 막대한 자금지원으로 저가 수주를 통해 글로벌 조선업체를 위협했던 중국의 LNG 조선업체가 결국에는 품질 저하 문제로 시장에서 거의 완전히 외면당한 것과 같이, 중국 메모리 업체도 마지막에는 시장에서 퇴출될 가능성이 높다.

하지만 중국의 자금력이 끊임없이 뒷받침된다면 최소한 이론적으로는 중국 기업의 승리가 전혀 불가능하지도 않다. 우선 중국은 2015년부터 2025년까지 1

41 필자는 개인적으로 선투자, 후판매 방식은 메모리 반도체에 적합한 모델이지, 파운드리 방식에 적합한 모델은 아니라고 생각한다. 왜냐하면 파운드리는 충성 고객을 확보하는 데 최소한 3년은 걸리게 되는데, 고객 확보 전에 조 단위의 투자금을 쏟아붓게 되면 회사 매출도 없는 상태에서 최소 3년을 버텨야 하므로, 기업 전체의 유동성이 잘못하면 거덜 날 수도 있기 때문이다. 미국이 자국의 파운드리 반도체에 조 단위의 보조금을 지급하는 이유도 바로 이것이다.

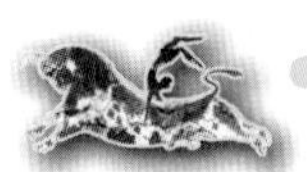

조 위안, 달러로는 대략 1,500억 불에 달하는 엄청난 자금을 메모리 반도체 산업에 쏟아부을 예정이다. 최근에는 목표 투자 금액이 1,800억 불로 높아졌다. 필요하면 더 많은 자금을 투입할 가능성이 높다. 이에 따라 중국은 2018년 2분기까지 반도체 설비 투자 최대 국가인 한국을 이미 넘어섰다. 예컨대 2018년 3분기에 한국의 반도체 장비 구매는 34.5억 불이었지만, 중국은 이 기간에 39.8억 불의 장비를 구입하여 처음으로 한국의 반도체 설비 투자 규모를 넘어섰다. 2018년부터 반도체 장비 수입을 급격히 늘린 중국은 2020년 187억 불, 2021년 296억 불, 2023년에는 400억 불 가까운 반도체 장비를 구입하여 세계 1위 반도체 장비 수입국이 되었다.[42] 특히 TrendForce에 따르면 2023년 3분기 기준으로 중국 내부의 반도체 장비 매출은 전년에 비해 42%가 증가한 110.6억 달러로, 38.5억 달러에 그친 2위 한국의 3배에 육박했다. 예컨대 중국의 대표적인 식각 장비 업체인 AMEC은 2022년 9월에 TSMC가 건설하는 미국 애리조나 공장에 식각 장비를 출하했다!

그 결과 중국의 메모리 반도체 생산업체인 허페이창신 혹은 창신메모리 (ChangXin Memory Technologies, CXMT)[43]는 마침내 2021년 4월, 자사 보도자료를 통해 12인치 웨이퍼에 19 나노 기술을 적용하여 수율 75%로 월 4만 장의 메모리를 2020년 무렵부터 이미 생산했다고 주장했다.[44] 이로써 허페이창신은 세계에서 삼성

42 semi.org/en/resources/window-on-china. 2021년 반도체 장비 수입국 순위 및 수입액(억불): 1위 - 중국 296, 2위 - 한국 249.8억 불, 3위 - 대만 249.4억 불. 중국의 반도체 수입 국가 1위는 일본이다. 중국은 2022년에 156.8억 불, 2023년에는 164.2억 불의 반도체 장비를 일본으로부터 수입했다. 2023년 기준으로 2위는 미국(2023 수입액: 92.5억 불), 3위는 네덜란드(2023 수입액 80.7억 불), 4위가 한국(2023 수입액 44.8억 불)이다.

43 창신메모리는 2016년에 설립되었는데, 당시 중국 최고의 반도체 설계 업체인 자오이창신과 DRAM 반도체 사업 진출을 모색하던 허페이시 정부가 공동으로 출자해서 설립했다. 창신메모리의 반도체 기술은 독일 키몬다로부터 전수받은 것이다. (키몬다는 독일 인피니온의 46나노 메모리 반도체 생산 자회사였는데, 2006년 메모리 반도체 치킨 게임에서 살아남지 못하자 인피니온이 분사해서 만든 회사이다.) 즉, 2009년 메모리 치킨 게임에서 고사 직전에 몰린 키몬다의 중국 R&D센터가 보유하고 있던 1,000만 건 이상의 DRAM 관련 기술과 2.8TB의 데이터가 랑차오그룹에 인수되는데, 이 자료를 창신메모리가 확보하게 된 것이다. 창신메모리는 2019년 12월에 미국의 특허 라이센스 업체인 WiLAN으로부터 키몬다의 DRAM 제조 기술을, 2020년 4월에는 미국의 램버스(Rambus)로부터 DRAM 기술을 추가로 공식 확보한다. 이 기술을 바탕으로 2020년 메모리를 생산한 것이다.

44 2023년 기준 메모리 반도체를 가장 미세하게 만들 수 있는 업체는 10나노(1b)의 메모리를 생산하는 삼성전자이다. 메모리 선폭이 좁을수록 웨이퍼에 더 많은 메모리 반도체를 생산할 수 있고, 크기가 작으므로 전력 소모도 줄일 수 있다. 10나노 메모리는 불화아르곤(ArF)이 아니라 선폭을 더 미세하게 깎을 수 있는 EUV 장비를 사용하여야만

전자, SK하이닉스, 마이크론에 이어 4번째로 20나노 이하의 메모리 반도체를 생산하는 업체가 되었다. 더 나아가 CXMT는 17 나노 기술을 2021년에 완성하고, DDR5 D램 생산기술도 조만간 마무리한다는 계획이었다. 불행히도 미국의 중국 반도체 견제로 인해 제2공장 신설은 연기되었고, 목표한 기술 로드맵도 예정대로 진행될 수 있을지 미지수이긴 하다.

중국의 반도체 인력 채용도 매우 공격적이다. 예컨대 CXMT는 2021년 10월, 극자외선(EUV) 기술 전문가를 채용한다는 채용 공고를 올렸다. EUV 기술은 자외선을 사용하여 웨이퍼에 극도의 미소 회로를 만들 때 필요한 기술이다. EUV 기술은 기존의 불화아르곤(ArF) 기술보다 회로를 더 미세하고 균일하게 찍어낼 수 있다. EUV 기술은 네덜란드 ASML사의 장비 없이는 적용할 수도 없다. 전 세계에서 삼성전자와 SK하이닉스만이 이 기술을 사용하여 12나노급의 메모리 반도체를 생산한다. 2023년 기준으로 19나노의 메모리 제품만 생산하여 EUV 기술을 적용할 수 없는 CXMT가 EUV 기술자를 모집한다는 것은 중국이 반도체를 절대 포기하지 않는다는 강력한 신호이다. 실제로 2023년 12월에 CXMT가 삼성전자 직원들에게 거액의 연봉과 금품을 제공하고 18나노 DRAM 공정 기술을 빼간 사실이 드러나, 해당 삼성전자 직원이 구속되기도 하였다.[45]

아울러 CXMT는 메모리 반도체에 EUV 기술을 적용하기 위해 필수적인 소재를 입히는 작업인 마스크 분야 전문가도 찾고 있다. 즉, CXMT는 "EUV 기술에 친숙하고 8년 이상 마스크 개발을 담당한 전문가"를 물색 중이다. 더 나아가 CXMT는 하이케이메탈게이트(High K Metal Gate: HKMG) 기술자도 확보하려

---

생산이 가능하다.

45 기술자 없이 단순 모방만으로 물건을 만드는 것은 거의 불가능에 가깝다. 대표적인 사례가 18~19세기 영국과 프랑스다. 프랑스는 당시 영국의 용광로를 모방해서 만들려고 엄청난 노력을 기울였다. 하지만 프랑스 기술자들이 영국 용광로의 아주 세밀한 외형까지 그대로 따라 만들었는데도, 실패만 거듭했다고 한다. 어떤 경우에는 영국 기술자들이 프랑스 기술자들에게 도대체 말로 어떻게 설명해야 하는지도 몰랐다고 한다. 이 문제는 결국 영국 기술자가 프랑스로 직접 건너가서 용광로를 만들면서 해결되었다. 체화된 기술을 보유한 기술자가 얼마나 중요한지 보여 주는 일화이다. 케네스 포메란츠, 스티븐 토픽, *앞의 책*, p. 429

고 노력 중이다. 반도체 회로가 미세할수록 회로 간 전력 누전 가능성이 커지는 데 HKMG 기술은 전력 누설을 최소화하는 기술이다. 따라서 EUV 기술과 HKMG 기술은 미세 회로 반도체 생산에 반드시 필요한 핵심 기술이다. CXMT 외에도 낸드플래시 생산업체 양쯔메모리(Yangtze Memory Technologies Corp: YMTC)는 낸드플래시 분야의 전문가를, 중국 최대 파운드리 업체인 중신궈지(Semiconductor Manufacturing International Corporation: SMIC)는 파운드리 분야 전문가를 절치부심하면서 물색 중이라고 한다.[46]

만약 한국의 EUV 기술자, 마스크 전문가, HKMG 기술자가 중국으로 유출된다면 중국이 메모리 반도체의 미세 회로 분야에서 한국을 따라잡는 것은 시간문제이다. 실제로 2023년 기준으로 한국의 상당수 반도체 고급 기술자들이 푸젠진화, YMTC 등의 업체에 스카웃 되어 일하고 있는 것으로 알려져 있다.[47] 그 결과 미국의 중국 견제가 시작된 2018년 이전의 전망치에 따르면 중국은 DRAM 생산능력의 글로벌 시장 점유율이 2015년에 1%도 안 되었지만, 최선의 시나리오 하에서는 2025년, 20%에 육박할 수도 있다고 하는 평가도 있었다. 만약 중국이 메모리 반도체 생산에 성공한다면 이 시기를 전후하여 반도체 시장

---

46 YMTC는 빅펀드의 지원을 받아 낸드플래시를 생산하기 위해 2016년 설립된 회사이다. 2021년 128단 3D 낸드플래시 양산을 시작하고, 애플에서도 YMTC의 칩 탑재를 결정할 정도로 급성장 중이다. 예컨대 2023년 11월에는 232단 낸드플래시를 양산하여 2023년 7월 출시된 SSD에 탑재했다고 선언하였고, 2023년 11월 9일에는 마이크론이 YMTC의 특허 8건을 침해했다는 이유로 미국 북부지방법원에 소송을 제기하기도 하였다. SMIC는 중국 최대의 파운드리 업체로 상하이에 본사를 두고 있다. 2021년 45억 불 신규 투자, 2022년 50억 불 신규 투자로 매년 투자 금액을 늘리고 있다. 본사 투자 금액 외에도 중국 정부로부터 막대한 규모의 세제 혜택, 보조금 등의 지원을 받고 있는 것으로 알려져 있다. 이 때문에 SMIC는 트럼프 행정부 말기인 2020년 상무부 제재리스트에 올라, 네덜란드 ASML의 첨단 극자외선 장비인 EUV 노광장비 도입이 현재 금지되어 있다. 2022년 4월에는 미국 반도체 설계 회사인 시놉시스(Synopsis)가 반도체 설계에 사용되는 핵심 소프트웨어를 SMIC에 공급한 협의로 조사를 받기도 했다. SMIC에 이은 2위의 파운드리 업체는 화홍(華弘) 반도체로 1996년 정부 주도로 설립되었으며, 주로 차량용 반도체 등을 생산한다.

47 한국도 과거 반도체 산업을 시작할 때 일본의 기술 인력 도입에 적극적이었다. 가장 대표적인 인물이 삼성의 이병철 회장과 이건희 회장이었다. 예컨대 80년대 수원 공장에는 일본에서 퇴직한 일본인 반도체 고문 인력이 100명 정도 상주하였고, 이건희 회장이 이들을 모두 직접 챙기면서 최고의 대우를 제공하였다고 알려져 있다. 특히 일본의 샤프는 이병철 회장이 호암자전에서 샤프의 VLSI 기술 이전에 매우 감사하는 대목이 등장할 정도로, 반도체 기술의 삼성 이전에 매우 호의적이었다. 물론 운도 좋았다. 이병철 회장이 메모리 반도체 개발에 매진할 때, 세계 최고 기술을 보유한 일본의 반도체 산업은 1985년 플라자 합의와 미국의 일본산 메모리 반도체에 대한 반덤핑·상계관세 조치 직권조사로 엄청난 피해를 입었다.

에서는 아마도 사활을 건, 피 튀기는 생존 경쟁이 벌어질 것이다.

특히 전술한 대로 중국은 반도체 장비 수입에도 매우 적극적이어서 최소한 2023년까지는 세계 최대 반도체 장비 수입국이었다. 우선 중국 정부는 2021년 4월, 65나노 이하의 메모리 반도체 장비를 수입할 경우, 수입 관세를 2030년까지 면제해 준다. 다만 장비 수입에 대한 특혜를 받기 위해서는 홍콩, 마카오, 대만이 아닌 중국 본토에 합법적으로 등록된 법인이어야 하고, 중국의 국가 계획 및 산업정책을 준수해야만 한다. 이런 정책적 노력 때문인지 중국은 2020년에 전년보다 39% 증가한 187.2억 불의 반도체 장비를 수입하여 171.5억 불의 대만, 160.8억 불의 한국을 제치고 세계 1위를 기록하기도 했다. 2021~2023년에도 중국은 세계 1위 반도체 수입국의 위상을 유지했다.

다만 2018년부터 시작된 트럼프 대통령의 중국 견제로 인해 초미세 공정의 미국 반도체 장비의 대중 수출은 현재 금지되어 있다. 특히 반도체 규제가 강화된 2023년부터는 미국으로부터의 반도체 장비 수입이 감소하고 있어, 향후 추이가 주목된다. 따라서 중국은 미국이 아닌 유럽 국가로부터 첨단 반도체 장비를 수입해야 하는데, 어플라이드머티어리얼즈(AMAT), 램 리서치(Lam Research), KLA, 테라다인(Teradyne) 등 식각, 증착, 검사 등의 분야에서 미국만큼의 첨단 기술력을 갖춘 반도체 장비 회사가 유럽에는 많지가 않다. 예컨대 영국의 ARM은 반도체 설계회사, 프랑스의 소이텍(Soitech)은 웨이퍼 제조사, 독일의 인피니온(Infineon)은 차량용 및 전력용 반도체 회사이고, 그나마 유럽의 장비 회사로 널리 알려진 기업은 극자외선(EUV) 노광장비 제조사인 네덜란드의 ASML과 증착장비를 제조하는 네덜란드의 ASM International 정도이다. 설사 첨단 반도체 장비 회사가 유럽에 있다 하더라도 미국 눈치 보기에 바쁘다. 예컨대 반도체 미세 회로를 빛으로 깎는 EUV 노광장비를 전 세계에 100% 독점 생산하는 네덜란드의 ASML과 같은 첨단 반도체 장비 회사는 미국 행정부의 요청에 따라 자사의 반도체 장비 중국 수출을 허용하지 않는다. ASML은 독일 칼 자이스(Carl Zeiss) 社의 광학 기술, 일본의 소재·부품, 미국의 장비를 이용해서 제품을 만드는데, ASML의 레이저 광

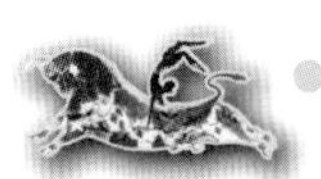

원 장치를 미국의 사이머(Cymer) 社가 만들기 때문에 수출 시 반드시 미국 상무부의 허가를 받아야 하기 때문이다.[48]

미국 관점에서는 불행하게도 반도체 장비 수출 금지 품목은 초미세 공정에 한정되어 있다. 그나마 2022년 10월에 18나노미터 이하 D램, 128단 이상 낸드 플래시, 14나노미터 이하 시스템 반도체 로직 칩을 생산하는 중국 기업에 대한 기술 이전, 부품과 장비 수출의 사전 허가제를 시행하면서, 수출 금지 대상인 초미세 공정의 범주를 조금 높였다.[49] 하지만 아직도 초미세가 아닌 범용 기술의 반도체 장비 수출은 원칙적으로 중국 수출이 금지되어 있지 않다. 따라서 중국은 거의 마구잡이로 범용 미국 반도체 장비를 무차별적으로 수입하고 있는 중이다. 미국의 첨단 반도체 장비 수출 금지로 인해 중국은 "고작 모기에 물렸을 뿐"인 걸까?

하지만 반도체는 미국의 레이몬도(Gina M. Raymondo, 1971~) 상무부 장관이 밝힌 바대로 드론부터 첨단 위성에 모두 들어가는 핵심 전략 품목이다.[50] 즉, 반도체 기술은 곧 핵심 군사 기술이다. 실제로 첨단무기인 어벤저(avenger) 드론, 스텔스 항공기, 인공위성, 항공모함, 극초음속 미사일 등은 반도체가 없이는 생산이 불가능하다. 이에 따라 미국은 이제 반도체를 과거 19~20세기 철강처럼 국가 안보 문제로 접근한다. 예컨대 미국이 1943년 B-29 거대 폭격기를 제작한 후, 가장 먼저 폭격한 곳이 일본 기타큐슈의 하치만 제철소였고, 트럼프 대통령이 철강과

---

48 칼 자이스 社는 독일 남부의 소도시 오버코헨(Oberkochen)에 위치한다. ASML의 EUV 장비는 칼 자이스의 광학 렌즈 없이는 생산이 불가능하다. 당초 EUV 장비 개발 또한 독일의 칼 자이스와 공동으로 시작한 것이며, 양사가 개발 시작 후 무려 30년 만에 EUV 상용화에 성공한 것이다. 한편 사이머 社는 캘리포니아 샌디에고에 있는 회사로 고분자 물질에 열을 주지 않으면서 물질을 식각할 수 있는 엑시머(Eximer) 광원 장치를 제조하는 회사이다. ASML은 이 회사를 2012년에 인수했다.

49 미국의 이 조치는 2022년 7월 21일, 블룸버그가 SMIC가 7나노 개발에 성공했다는 소식을 전하면서 미국 상무부가 미국 장비업체들에게 미리 전화 요청을 통해 수출통제를 취한 후, 정식으로 취해진 조치이다. 이 조치가 담고 있는 제한 내용은 2022년 중국이 생산하는 최첨단 기술을 기준으로 설정한 것이다. 즉 메모리의 경우 CXMT가 19나노를 2019~2020에 양산 중이었고, 낸드플래시의 경우는 YMTC가 128단을 2021년에 양산 중이었으며, 시스템 팁의 경우는 SMIC가 14나노급을 2021년에 수율 90%로 양산 중이었다. 다만 YMTC가 2023년 11월에 232단 낸드플래시를 2023년 7월 SSD 제품에 탑재했다고 폭탄선언을 하면서, 미국 제재가 과연 실효성이 있는지에 대한 시장의 의문이 증폭되었다.

50 Wall Street Journal, 2023. Feb 28

알루미늄 수입을 제한한 232조를 발동하면서 내세운 명분도 국가 안보였다.

불행히도 미국은 1990년대까지만 해도 전 세계 반도체 칩의 37%가량을 생산했지만, 2024년 기준으로 반도체 칩 생산의 전 세계 점유율이 10% 내외로 쪼그라들었다. 특히 파운드리 세계 시장 점유율은 2023년 기준으로 대만의 TSMC가 61%, 한국의 삼성전자가 14%를 차지하여 미국이 아무리 우수한 반도체를 자국 내에서 종이나 컴퓨터로 설계해도, 미국 내에서는 그 실물을 생산하지 못한다. 레이몬도 상무부 장관은 미국이 첨단 반도체 수요의 90%를 대만에 의존한다고 고백하기도 하였다. 위기의식을 느낀 미국의 바이든 행정부(2021.1~)는 반도체 장비 및 기술 수출통제 등 소극적 대응으로 일관하던 트럼프 행정부와 달리, 적극적인 보조금 지급·선별적 관세 부과 및 상대국 압박을 통해 반도체 공급망 자체를 중국을 제외한 우호국 위주로 적극 재편 중이다. 나아가 미국은 2024년 기준으로 중국이 전 세계 시장의 60%를 장악한 범용(레거시) 반도체에 대해서도 관세나 수출통제와 같은 특단의 조치를 조만간 취할 가능성이 매우 높다. 실제로 바이든 행정부는 2024년 5월 14일, 28나노 이하 중국산 반도체에 대한 관세율을 25%에서 50%로 두 배 올렸다.[51] 향후에는 이보다 더 과격한 조치가 나올 가능성이 높다. 미국은 이처럼 세계화 결과 자연스럽게 시장에서 형성된 반도체 산업의 벨류 체인을 자국 산업 패권에 유리한 방향으로 적극 재편하고 있는 상황이다!!!

예컨대 대만의 TSMC는 바이든 행정부 출범 직후인 2021년 4월 미국 애리조나주의 피닉스에 400억 달러의 공장 투자 계획을 밝힌 후, 2022년 12월에 파운드리 공장을 완공하였다. 공장 건물에 장비를 반입하는 공장 준공식에는 바이든 대통령까지 직접 참석하였다. 이어서 2021년 10월에는 차량용 반도체 생산을 위해 일본의 구마모토현에 약 8.5조 원 규모의 파운드리 공장 건설을 발표

51 미국의 바이든 행정부는 이때 중국산 전기차에 대한 관세율도 27.5%에서 100.25%로 4배 가까이 올렸고, 철강과 알루미늄, 안면 마스크 등의 관세율도 0~7.5%에서 25%로, 태양광 전지에 대해서는 모듈 조립과 상관없이 25%에서 50%로, 리튬 이온 전기차 배터리와 부품은 7.5%에서 50%로, 중국산 해상크레인(STS크레인)은 무관세에서 25%로 관세율을 올렸다.

한 후, 40%는 일본 정부의 지원을 받아 2022년 4월부터 초고속으로 공사를 진행하여 2024년 2월 24일에 제1공장을 완공했다. '일본 첨단 반도체 제조(JASM)'가 이 공장을 운영하는데, TSMC의 자회사이면서 소니·덴소 등 일본 기업이 출자에 참여했다. TSMC 회장인 모리스 창은 해외에 절대 공장을 짓지 않는 전략으로 유명한데, 특히 평소 건설 비용이 많이 드는 "미국에 공장을 짓는 일은 절대 없을 것"이라고 말하고 다닐 만큼 미국 투자에 부정적인 사람이었다. 하지만 TSMC가 건설 비용이 높은 미국이나 일본에 공장을 건설한 가장 큰 이유는 미국과 일본 정부의 보조금 지원 때문이다.[52]

한국의 삼성전자도 2021년 11월, 텍사스주 오스틴에 약 170억 불 규모의 파운드리 공장을 건설한다고 발표한 후, 2026년부터 양산한다는 계획이다. 비슷한 시기인 2021년 11월, 한국의 SK하이닉스는 중국에 극자외선 노광장비(EUV)를 신규 도입하여 장쑤성에 있는 우시(无锡)市의 메모리 공장 증설을 시도했지만, 미국의 반발로 계획을 접기까지 하였다.[53]

미국의 인텔 또한 반도체 생산과 연구 개발을 위해 2022년 3월, 향후 10년간 유럽에 무려 800억 유로, 110조 원을 투자해서 신규 반도체 공장을 건설한다는 계획을 밝혔다. 즉, 독일의 작센안할트주의 주도인 마그데부르그(Magdeburg)에 170억 유로를 투입해 2023년 상반기부터 건설을 시작하여, 이 도시를 유럽 반도체 생산의 허브로 만든다고 한다. 인텔은 이곳에서 1.5나노 공정을 도입한다는 공격적인 계획을 가지고 있다. 나아가 파리 외곽에는 1,000여 명을 고용하여 유럽 반도체 연구 개발 센터를, 아일랜드 공장에는 120억 유로를 투입하여 생산능력을 확장할 계획이다.

---

52 리스 창 회장의 말에 따르면 애리조나에서 반도체를 생산하는 경우 대만보다 최소 50%는 비용이 더 소요된다고 한다.

53 SK하이닉스의 우시 메모리 공장은 2006년부터 가동에 들어갔으며, 2022년 기준 SK하이닉스 전체 메모리 생산의 절반가량을 생산한다. 2022년까지 SK하이닉스가 이 공장에 투자한 금액은 대략 30조 원 내외로 알려져 있다. 우시에는 SK하이닉스의 자회사인 SK하이닉스시스템아이씨가 세운 파운드리 공장도 있다. SK하이닉스는 장쑤성의 우시 외에도 랴오닝성의 다롄(大連)에 인텔로부터 인수한 낸드플래시 공장도 가지고 있다. 충칭에는 낸드 플래시 후공정 공장도 가지고 있다. 요컨대 SK하이닉스는 중국에 D램 공장(우시), 파운드리(우시), 낸드플래시(대련 및 충칭) 공장 등 총 4개 공장을 운영 중이다.

2022년 9월에는 미국의 마이크론이 2024년 말 양산을 목표로 일본의 히로시마현에 36억 불에 이르는 EUV 장비를 사용한 D램 공장 건설 계획을 발표하고, 일본 정부도 이 투자 계획의 약 33%인 12억 불을 지원할 계획이다. 이 보조금은 투자금 전액을 5년간 감가상각비로 처리하는 마이크론에게 매년 투자금의 33%에 해당하는 영업이익을 그냥 주는 것과 같다. 즉 마이크론에게 5년간 12억 불, 할인 없이 단순 계산으로만 매년 2.4억 불의 영업이익이 일본 정부의 보조금으로 인해 그냥 생기는 것이다. 영업이익을 모두 원가 경쟁력에 반영하면 제품가의 대략 5% 내외의 원가 경쟁력이 생긴다고 한다.

반도체 과학법(일명 CHIPS법) 발표 이후에는 미국 반도체 기업들의 자국 투자 계획도 잇달아 발표되었다. 예컨대 2022년 1월에는 CPU 최강자 인텔이 오하이오에 파운드리 생산시설을 포함한 새로운 반도체 제조 단지를 조성하는데 최대 1천억 달러를 투자할 계획이라고 발표했다. 미국의 메모리 생산기업 마이크론도 뉴욕주 북부 클레이(Clay)에 1,000억 불을 투자하여 2024년부터 대규모 메모리 반도체 공장 착공에 나서겠다고 2022년 10월에 발표하기도 하였다. 2022년 12월, 퀄컴 또한 뉴욕주 중동부의 몰타(Malta)에 향후 5년간 42억 불을 투자하여 미국 내 반도체 생산량을 대략 50% 늘린다는 계획이라고 발표했다. 즉, 미국은 반도체 장비 및 기술 수출통제와 보조금 정책을 병행하면서 글로벌 반도체 시장에 적극 개입하여 자국과 유럽, 한국, 일본, 대만 등 우호국을 중심으로 반도체의 글로벌 공급망 지도를 완전히 새로 그리고 있다.

이에 따라 중국의 반도체 산업 정책, 특히 메모리 반도체는 갈수록 스텝이 꼬이고 있다. 원래 「중국 제조 2025」가 목표로 한 반도체 자급률은 2020년 40%, 2025년 75%였다. 하지만 미국의 반도체 연구기관인 IC 인사이트(IC Insights)에 따르면 중국의 2020년 반도체 자급률은 15.9%에 그쳤고, 2025년에는 19.4%로 예상되어 목표치 75%에 한참 못 미친다.[54] 인텔, 삼성전자, 하이닉스,

54 IC Insights 보도자료, 2021. 1. 6

TSMC 등을 제외한 순수 중국 업체만 고려하면 자급률은 5.9%에 불과하다.[55] 이처럼 중국의 글로벌 메모리 시장 점유율은 정체 혹은 하락하는 반면, 한국의 메모리 반도체 생산의 경우는 미국의 중국 견제로 오히려 글로벌 시장 점유율이 과거 60% 내외에서 정체되다가 2023년에는 64%로 오히려 증가할 것으로 보인다는 블룸버그 보도도 있었다.[56] 중국은 미국이 사활을 걸고 견제하면서 형성된 결정적인 장애를 극복하고 반도체의 원활한 자체 생산에 돌입할 수 있을까?

특히 미국은 비메모리 반도체 분야의 절대 강국이고, 글로벌 반도체 시장에서도 부동의 1위 국가이다. 대만의 반도체 연구기관인 디지타임즈에 따르면 2022년 전 세계 반도체 시장은 5,559억 불 규모였는데, 미국이 글로벌 전체 시장의 49.3%인 2,739억 불을 차지했다.[57] 2023년에는 세계 반도체 시장 규모가 다소 감소하여 5,230억 불에 그쳤지만, 미국은 2022년보다 점유율이 상승한 약 60%를 차지하여 여전히 글로벌 최강자의 지위를 유지하였다.

특히 비메모리가 반도체 전체 시장에서 60~65%의 비중을 차지하므로, 비메모리 분야만 비중을 따지면 미국의 시장 점유율은 무려 70%를 넘어간다. CPU 전 세계 1위 제조사 인텔, PC 그래픽 카드 및 인공지능용 칩 세계 1위 제조사 엔비디아(NVidia), 빛과 온도 등의 물리적 신호를 디지털 신호로 바꾸는 아날로그 반

---

55 원래 삼성전자는 기술 유출을 우려하여 중국 내 공장 설립에 매우 신중했다. 첫 중국 공장도 메모리 핵심 기술이 아닌 후공정인 패키징 기술을 적용하여 생산하는 1995년 장쑤성의 쑤저우 공장이었다. 2004년 하이닉스가 중국 진출을 검토한다고 했을 때에도 삼성전자는 "다른 산업과 공장은 몰라도 반도체만은 안 된다"라면서 공개적인 반대 의사를 피력했다. 그러다가 2011년 동일본 대지진이 발생하자 애플을 비롯한 미국의 수요기업들이 삼성전자에게 공급망 다변화를 요청했고(아이폰의 낸드 플래시는 삼성전자가 납품하고 있다.), 고민 끝에 시안에 낸드플래시 반도체 공장 설립을 결정했다. 다만 핵심 반도체와 낸드플래시의 임베디드 소프트웨어는 국내에서만 제작하게 하고, 중국은 단순히 이에 맞추어 제작, 조립하는 공정만 수행하여 기술 유출의 우려를 막았다. 2023년 기준 삼성전자 낸드플래시 생산의 40%를 중국 시안 공장에서 담당한다. 삼성전자가 2023년까지 시안에 투자한 금액은 대략 30조 원 내외로 알려져 있다. 아울러 시안 공장에서는 128단 낸드플래시를 생산하다가, 2024년부터는 미국의 장비 수출 허가를 받아 236단 낸드플래시 공정으로 전환 중이다.

56 Bloomberg, Apr 21, 2023

57 ① 2022년 전 세계 반도체 시장 규모: 5,559억 불(비메모리 60~65%, 메모리 35~40%), 국가별 순위 및 비중: 1위 미국 - 2,739억 불(49.3%), 2위 한국 - 1,071억 불(19.3%), 3위 대만 - 539억 불(9.7%), 4위 유럽 - 472억 불(8.5%), 5위 일본 - 367억 불(6.6%). 6위 중국 - 340억 불(6.1%). 출처: digitimes.com, Apr 20, 2022 ② 2022년 전 세계 반도체 시장 규모: 5,230억 불, 미국 60%, 한국 12%, 출처: digitimes.com, Mar 4, 2024

도체 세계 1위 제조사 텍사스 인스트루먼트(Texas Instruments), CPU 분야에서 인텔의 유일한 경쟁자 AMD, 전 세계 스마트폰을 구동하는 AP 칩 설계의 최강자인 퀄컴 등이 모두 미국의 비메모리 반도체 글로벌 최강 기업들이다. 메모리는 자금과 몸만 있으면 가능하지만, 비메모리는 창의적인 두뇌가 반드시 필요하다. 한국의 삼성도 비메모리 반도체 사업 진출을 외친지가 무려 20년이 넘었지만, 비메모리 분야에서는 미국 기업의 발끝에도 미치지 못한다. 그런데 아직 메모리 반도체도 제대로 생산 못하는 중국이 메모리 반도체 시장의 2배 가까이 되는 비메모리 반도체 사업체 진출한다고?

실제로 트럼프 대통령이 개막한 대중 무역 제재 이후 중국 반도체 생산의 3대 회사인 칭화유니, 푸젠진화, 허페이창신의 메모리 제품 양산 일정은 계속 지연되고 있다. 2020년 9월 30일, 중국 관영 신화통신의 주간지인 랴오왕(瞭望)에 따르면, 20여 개에 이르는 각종 반도체 프로젝트 역시 제대로 자본금 납입이 안 되거나, 공사대금과 직원의 월급도 지급하지 못하는 사례까지 발견된다고 한다. 2020년 11월에는 중국 반도체 굴기의 핵심 기업인 칭화유니 그룹이 13억 위안의 만기 채권을 상환하지 못하면서 동 채권이 디폴트 처리되었고, 12월에도 4.5억 불의 부채 상환에 실패하였다. 결국 대형 참사 발생 전에는 반드시 크고 작은 사고가 발생한다는 하인리히 법칙(Heinrich's law)은 칭화유니 그룹에게도 어김없이 적용되었다.[58] 즉, 칭화유니 그룹은 2021년 7월 16일, 채권자인 중국 후이상 은행이 제출한 칭화유니 그룹의 구조조정 신청을 베이징시 중급인민법원이 받아들임으로써 마침내 최종 부도처리 되었다.[59] 그나마 허페이창신만 겨우 2019~2020년 무렵에야 19나노 메모리 생산에 성공한 것으로 알려져 있다. 이

58 하인리히 법칙은 "1:29:300 법칙"이라 부르기도 한다. 1:29:300 비율은 큰 재해, 작은 재해, 그리고 사소한 사고의 발생 비율이다. 즉, 잦은 사고가 발생하면 이는 반드시 대형 참사로 이어진다.

59 칭화유니 그룹이 파산할 당시인 2021년 1월 기준으로, 채무 불이행 금액은 교차 채무 불이행(cross-default) 금액을 포함하여 36억 달러(약 4조 1,000억 원) 규모에 이르렀다. 파산 당시 칭화유니 그룹의 자산 규모는 대략 308억 달러 수준이었는데, 적절한 투자자를 찾지 못해 칭화유니 그룹이 청산될 경우 이 자산을 매각할 수밖에 없다. 다행히도 2021년 12월, 베이징젠광자산관리(JAC 캐피탈)와 PEF인 와이즈로드캐피털 등의 국부펀드 컨소시엄이 칭화유니 그룹의 구조조정을 위한 전략적 투자가가 되면서, 최악의 사태는 피했다.

는 트럼프 대통령과 바이든 대통령의 대중 무역분쟁이 한국에 반드시 불리한 것만은 아님을 보여 주는 사례이다.

다만 2024년 기준으로 메모리 칩이 아닌 낸드플래시나 파운드리 분야의 로직 칩(Logic Chip) 혹은 시스템 온 칩(System on Chip: SoC) 제조에서 중국의 기술 추격은 결코 무시할 수 없는 수준이다. 예컨대 낸드플래시는 YMTC가 2021년 8월 무렵에 128단 메모리 생산에 성공함으로써 176단의 삼성전자, 238단의 하이닉스와의 기술 격차가 1~3년에 불과하다. 필자는 낸드플래시 분야에서 중국의 기술력이 한국을 따라잡는 것은 시간문제라고 본다. 실제로 YMTC는 2023년 11월, 232단 낸드플래시를 양산하여 2023년 7월 출시된 SSD에 탑재했다고 공표함으로써, 세상을 깜짝 놀라게 했다. 물론 양산은 그 이전부터 개시했을 가능성이 높다. 2023년 기준으로 낸드플래시 분야에서 세계 최고 기술력을 보유한 기업은 238단을 생산하는 SK하이닉스이다. 삼성전자가 236단 기술력을 가진 것으로 추정되고, 마이크론이 232단으로 생산 중이다. 중국이 SK하이닉스와 삼성전자 턱 밑에서 세계 3위의 마이크론과 동일한 기술력을 보유하게 된 것이다.

YMTC의 232단 낸드플래시 생산의 배후에는 빅펀드가 있다. 즉. 빅펀드는 낸드플래시 독자 생산을 위해 2023년 4월부터 '우당산(武當山)' 프로젝트를 수립해, YMTC에 70억 불 가까운 돈을 투자한 것으로 알려져 있다. 우당산은 YMTC 본사가 위치한 후베이성에 있는 도교 무술인의 성스러운 산이다.[60] 장비는 모두 중국산이고, 생산의 핵심인 기술 인력은 대만의 TSMC에서 근무하던 전직 기술자들이었다. 다만 중국이 낸드플래시의 수율을 어느 정도까지 확보했는지는 알려져 있지 않다. 시장에서는 50% 내외의 낮은 수준일 것으로 예상하는데, 수율 문제를 떠나서 중국의 낸드플래시 기술의 추격 속도가 그저 놀라울 따름이다.

파운드리 분야의 중국 대표업체 SMIC도 14나노 개발을 2021년에 이미 완료하여 수율 90% 수준으로 양산 중이다. 특히 SMIC는 2022년 7월에 초미세 공

60 우당산은 중국의 중앙인 후베이성에 위치한 산으로 중국의 명산인 오악, 즉 중악 총산(崇山), 동악 타이산(泰山), 서악 화산(華山), 남악 형산(衡山), 북앙 형산(恒山)보다 크다고 하여 태악(太岳)이라고 부른다.

정으로 평가받는 10나노 이하의 7나노 시스템 온 칩(SoC)을 중국 비트코인 채굴 장비 업체인 마이너바(MinerVa) 반도체에 공급했다는 소식이 전해지기도 했다. 이 추측성 보도는 반도체 장비 수출통제를 시행 중이던 미국 정부를 발칵 뒤집어 놓았는데, 이는 7나노 시스템 온 칩은 EUV 장비가 없으면 원활한 공정이 가능하지 않기 때문이다. SMIC가 도대체 ASML의 EUV 장비 없이 어떻게 7나노 시스템 온 칩을 개발했는지 온갖 추측만 난무한다.

특히 이 와중인 2023년 8월 29일, 미국 러몬도 상무부 장관의 방중 기간에 화웨이는 '메이트 60 프로(Mate 60 Pro)'라는 스마트폰을 출시했는데, 이 스마트폰에도 7나노 기술이 적용된 AP(기린 9000s)가 장착되었다. 그 결과 이번에는 미국은 물론이고 세계 전체가 발칵 뒤집혔다. 왜냐하면 비트코인 채굴업자인 마이너바 반도체 공급과 달리 메이트 60 프로는 전 세계 모든 소비자가 사용하는 스마트폰에 장착된 반도체로, 미국의 반도체 제재에도 불구하고 중국의 시스템 온 칩 기술이 세계적임을 전 세계에 공개 과시했기 때문이다. 더 놀라운 것은 메이트 60 프로 플러스는 삼성이나 애플도 시도하지 않았던 위성 전화 기능이 탑재되었다는 사실이다! 하여튼 파운드리 분야에서 중국의 기술 추격 또한 결코 무시할 수 없는, 아니 언젠가 세계 최고로 올라올 가능성이 없다고 할 수 없는 무서운 속도라고 본다.

다만 SMIC가 사용한 나노 기술이 과연 상업성이 있는지 여부는 확실하지 않다. 원래 SMIC는 28나노 내외의 차량용 레거시 제품을 생산하는 기업으로, 차량용 반도체가 품귀 현상을 빚은 해인 2022년에는 영업이익률이 38%에 이를 정도로 수익성이 좋은 회사였다. 하지만 그 뒤부터 수익성이 악화하기 시작했다. 원인은 바로 역설적으로 7나노 생산에 회사의 여력을 거의 다 소모해 버렸기 때문이다. 즉, 2023년 1월 말부터 개시된 미국의 EUV 장비 수출통제로 인한 7나노 제조 공정의 한계를 극복하기 위해, SMIC는 극자외선(Extra-Ultra Violet, EUV) 장비가 아닌 심자외선(Deep-Ultra Violet, DUV) 장비를 여러 번 사용하면서 스스로 수익성 악화라는 함정에 빠진 것이다.

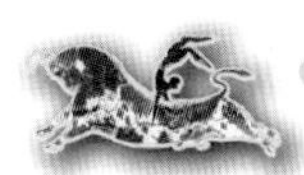

왜냐하면 7나노 로직 칩을 생산할 때 심자외선 장비만을 사용할 경우, 수익성이 매우 좋지 않기 때문이다. ASML에 따르면 7나노는 EUV 장비를 사용하면 9번의 EUV, 19번의 DUV 노광 등 28번의 노광 작업만 하면 되는데, DUV 장비만 사용하면 인화지 위치를 조정해 가면서 EUV의 두 배 가까운 54번의 노광 작업이 필요하다고 한다. 이 때문에 EUV 장비를 사용하면 회로의 정밀성, 정확성도 올라가면서 완성품 비율인 수율이 높아지는 반면, DUV 장비로 7나노 회로를 제작할 경우 정밀성과 정확성이 떨어져 수율이 급격히 떨어진다. 예컨대 DUV 장비를 사용하는 SMIC의 7나노 수율은 상업성 충족 기준인 90%에 한참 미치지 못하는 50%가 안 되는 것으로 알려져 있다.

이 때문에 시장에서는 DUV를 사용하여 7나노 이하를 생산하는 SMIC의 전략을 "돈을 태우는 블랙홀"이라고 비아냥거려서 이야기한다. 포템킨 항공모함에 이은 포템킨 파운드리라고 해야 하나? 실제로 2023년 상반기 SMIC의 매출총이익률은 20.8%였는데, 7나노 생산에 성공한 직후인 2024년 1분기에는 13.7%로 거의 반토막이 났다. 아마 중국 정부의 보조금이 없었으면, SMIC는 진작에 파산 상태가 되었을 것이다. 그러나 그렇다고 해서 중국 정부가 SMIC가 파산하도록 그냥 내버려 둘까? 당연히 아니다. 중국 정부는 SMIC가 적자인지 여부와 상관없이 보조금을 쏟아부을 것이 거의 확실하다.

어쨌든 만약에라도 중국이 반도체 장비 수입, 전문가 채용과 기술 개발에 성공하여 최첨단 메모리 생산을 시작하는 경우, 피 튀기는 생존 경쟁 과정에서 삼성, 하이닉스, 마이크론 3사 중 1개 社라도 중국과의 가격 경쟁을 버텨낼 자금력이 소진되면 그 즉시 민간인 뱅커들은 자금지원을 중단할 것이다. 예컨대 2000년대 중반 이후 계속된 치킨 게임의 결과 일본의 마지막 희망이라고 불리던 엘피다 메모리는 2007년부터 2009년까지 7분기 연속 영업 적자를 기록했다.[61] 이

61 엘피다 회사 이름이 그리스어로 '희망'이라는 뜻이다. 엘피다는 1990년대 후반부터 메모리 사업의 수익성이 악화되자, 히로시마 니폰 전기(1988년 9월 설립)와 NEC 히타치 메모리(1999년 12월 설립)의 DRAM 사업이 2000년 5월에 합병하면서 탄생한 기업이다. 2003년 3월에는 미쓰시다 전기 사업부의 DRAM 사업까지 합병하여 명실상부한 일본 최대의 메모리 기업이 되었다. 하지만 지속되는 수익성 악화를 더 이상 막지 못하고 2012년 미국의 마

때 누적 적자 규모는 2,249억 엔, 달러로는 20억 불을 넘었다. 채권단이 2009년 6~9월까지 1,400억 엔의 자금을 추가로 쏟아부었지만, 2010년 4분기~2011년 4분기 동안 실적이 다시 악화되어 누적 영업 적자가 1,120억 엔, 10억 불을 넘었다. 2012년 1월 채권단의 채무 재조정이 실패하자, 일본 정부와 채권단은 2012년 2월 27일, 가차 없이 엘피다를 법정관리로 넘겼다. 간단히 말해 30억 불의 누적 적자 때문에 민간인 뱅커들이 엘피다를 포기한 것이다.

독일의 인피니온(Infineon)도 마찬가지다. 세계 최초로 300mm 웨이퍼를 이용하여 메모리 반도체를 생산하던 인피니온 또한 메모리 치킨 게임에서 누적 적자가 계속되자, 2006년 메모리 사업부를 키몬다(Qimonda AG)로 분사했다. 분사 당시 키몬다의 메모리 반도체 시장 점유율은 10% 내외로 세계 2~3위였다. 불행히도 분사 후에 치킨 게임은 더 격화되었고, 그 결과 2007년 3분기부터 2008년 4분기까지 키몬다의 누적 영업 적자는 25억 유로에 이르렀다.

할 수 없이 키몬다는 뮌헨 법정에 채권자의 채무조정을 희망하며 회사의 존속을 위해 2009년 1월, 파산 보호를 신청했다. 결론은? 뮌헨 법정은 적절한 매수자도 없고 메모리 반도체의 피 튀기는 치킨 게임 상황에서 자체 회생 가능성도 없다고 판단하여 회사 키몬다를 아예 공중분해(청산) 해 버렸다! 독일 정부 차원에서 구제 조치도 논의되었으나, 메모리 치킨 게임에서 승산 가능성이 없다고 판단한 독일 정부는 계획 자체를 접었다. 상업은행 중심인 대주단이 한국처럼 출자 전환을 단행하는 기이한 행동은 당연히 하지 않았다. 그 결과 모회사인 인피니온은 각고의 노력 끝에 겨우 살아남아, 지금까지도 차량용 반도체 등을 만드는 독일의 대표적 반도체 회사로 남아 있다. 만약 메모리 사업부를 키몬다로 분사하지 않았다면 인피니온 역시 일본의 엘피다처럼 흔적도 없이 완전히 사라졌을 것이다.[62]

---

이크론 테크놀로지가 인수하면서 회사가 사라졌다.

62 이 치킨 게임의 승자는 이건희 회장이 이끌던 삼성전자였다. 이건희 회장은 영업 손실이 조 단위를 넘어서는 상황에서도, 반도체만은 끝까지 지켜야 한다는 신념으로 더욱 공격적인 투자를 감행했다. 요컨대 독일의 키몬다와 일본의 엘피다를 KO패로 쓰러뜨린 장본인이 바로 이건희 회장이다.

하지만 중국은 일본이나 독일과는 달리 얼마의 손해가 들든 일본 엘피다나 독일 키몬다의 궤멸 원인이 된 30억 불 수준의 누적 적자의 최소 50배인 1,500억 불을 쏟아부을 예정이고, 그보다 더 많은 금액을 쏟아부을 수도 있다. 에이 설마? 2023년 초 중국의 반도체 빅 펀드, 지방성인 후베이성의 투자기관인 창장산업투자(長江産業投資), 후베이창성개발(湖北張生開發) 등은 2022년 128단 이상 낸드플래시 기술 수출 금지 및 미국의 수출통제 블랙리스트 등재로 생산량이 급감하여 직원을 10% 감원한 YMTC에 490억 위안, 달러로 74억 불을 추가 투자했다. 그 결과 YMTC의 자본금은 1.050억 위안, 달러로 157억 불이 되면서 기존의 두 배가 되었다.[63] 이처럼 자금 규모만 보면 「중국 제조 2025」는 글로벌 제조업 시장의 프레임을 통째로 바꾸는 "게임 체인저(game changer)"라고 불러도 무방할 만큼 공포스러운 정책이다. 민간인 관점에서는 그야말로 자유경쟁 시장 질서를 교란하는 전형적인 불공정 거래이기도 하다.

특히 메모리 반도체 분야에서 미국의 공세에 대해 중국 정부는 불편한 심기를 결코 숨기지 않는다. 대표적으로 2023년 3월 31일, 중국의 인터넷 감독기구인 국가인터넷정보판공실(国家互聯網信息辦公室, Cyberspace Administration of China, CAC)은 미국 메모리 생산업체인 마이크론(Micron)社의 중국 내 메모리 제품인 D램 판매에 대해 안보 심사를 진행하겠다고 발표했다.[64] 즉 마이크론의 D램이 중국 네트워크 보안에 위협이 되는지 여부를 검토하고, 만약 위협이 된다면 마이크론 D램의 중국 내 판매를 금지하겠다는 뜻이다. 결국 2023년 5월, CAC는 마이크론의 D램에 보안 문제가 발견되어 국가 안보에 위협이 되므로, 통신 장비에서 마이크론의 D램 장착을 금지했다. 물론 어떤 점에서 위협이 되었는지에 대한 구체적인 설명은

63 2023년 기준 낸드플래시 최첨단 기술은 238단을 생산하는 SK하이닉스이다. 2022년 중반까지는 176단을 생산하는 미국의 마이크론사가 최고기술을 보유하고 있었으나, 2022년 8월에 SK하이닉스에게 뒤집혔다. 2021년 이전에는 삼성전자와 하이닉스가 128단 낸드플래시를 생산하는 최첨단 업체였으나, 미국의 마이크론이 96단 생산에 머물다가 2021년에 갑자기 176단 낸드플래시를 시장에 출시하면서 세상을 놀라게 했다. 한편 SK하이닉스는 2023년 8월에, 321단 낸드플래시 시제품을 공개하면서, 다시 한번 세상을 놀라게 했다. 2021년 8월에 128단 낸드플래시 생산에 성공한 중국의 YMTC가 이 격전장에서 어떤 성과를 낼지 주목된다.

64 CAC는 2011년에 인터넷에 대한 관리와 통제를 위해 신설된 조직이다. 그러나 별도의 조직이 아니라 국무원 내에 존재하는 내부 조직이다.

단 한 줄도 언급이 없었다. 간단히 말해서 중국은 반도체 산업에서 미국과 "갈 때까지 간다!"

하여튼 만약 손실 보는 메모리 반도체 기업에 중국 기업의 무제한 자금 투입과 같은 유사한 일이 벌어지게 되면 일본의 엘피다나 독일의 키몬다와 달리 글로벌 메모리 반도체 시장에서 최소한 중국의 CXMT는 정부의 자금지원으로 파괴되지 않은 채 삼성, 하이닉스, 마이크론 3사 중 최소 1개 사는 이론적으로 파괴할 수 있다. 무슨 꿈 같은 소리냐고? 하지만 필자는 만약 2018년부터 미국이 중국을 봉쇄하지 않았다면, 대략 5년 후인 2023년 무렵부터 이런 일이 실제로 일어났을 것이라고 100% 확신한다. 정말?

철강, 석유화학, 전기차, 배터리, LCD, 낸드플래시, 파운드리 등의 분야에서 무섭게 치고 올라오는 중국의 산업 경쟁력을 보라. 아마 2018년부터 2023년까지 5년이라는 시간 동안 ASML로부터 EUV 반도체 장비 수입에 아무런 제한이 없었고, 이 상태에서 삼성과 SK하이닉스의 반도체 기술 인력을 빼돌린 후, 중국 정부의 막대한 자금이 투입되었다면 중국의 CXMT는 2024년에는 삼성전자와 동급인 12나노 메모리 반도체 제품의 대량 양산에 성공했을 것이 거의 확실하다고 본다.[65] 만약 그런 일이 벌어졌다면 CXMT, 삼성전자, SK하이닉스, 마이크론 4사는 상호 간 사생 결단식의 피 튀기는 치킨 게임을 벌였을 것이고, 아마도 자금력이 부족한 회사 하나는 완전히 파산했을 것이다. 특히 2024년 이후 삼성전자는 전체 현금으로 메모리와 실절적인 매출이 거의 없는 파운드리에 병행 투자하면서 현금 창출 능력이 떨어지는 중이고, SK하이닉스도 최태원 회장의 이혼 소송으로 인한 현금 압박과 계열사 실적 악화로 메모리 분야의 투자 여력이 불확실한 상태다. 과연 삼성전자와 SK하이닉스가 중국의 보조금 공세로부터 전

65 2024년 기준 메모리 반도체 최소 선폭은 12나노로, 일명 5세대 10나노 제품이라고 부른다. 5세대 10나노 메모리 제품은 기존 4세대 10나노 메모리 제품보다 전력 소비와 생산성이 대략 20% 내외 향상된 제품으로 삼성, SK하이닉스, 마이크론 3사 모두 2024년 개발에 성공한 상태이다. 삼성전자는 여기서 더 나아가 업계 최초로 6세대 메모리 반도체를 2024년에, 7세대는 2026년에 출시한다는 것을 목표로 하고 있고, 2027년에 실제 한 자릿수 나노 메모리 제품 출시를 도전한다는 목표도 가지고 있다. 삼성이 이런 안정적인 미래 기술 발전의 청사진을 그릴 수 있는 이유 중의 하나가, 미국이 중국의 메모리 반도체 산업 발전을 거의 완전히 봉쇄했기 때문이라고 필자는 생각한다.

혀 걱정할 필요 없이 안전하다고 확실하게 단언할 수 있을까?

하여튼 만약 이런 일이 벌어졌거나 벌어진다면 중국 메모리 반도체 업체인 CXMT는 그 이익을 향유했거나 향유할 가능성이 매우 높다. 우선 중국 업체가 재빨리 파산된 메모리 반도체 업체를 인수하게 되면 당연히 그 반사 이익을 누릴 것이다. 하지만 미국이나 한국 정부가 중국의 반도체 기업 인수를 그냥 손만 놓고 바라보지는 않을 것이므로, 이 시나리오는 실현 가능성이 없다. 실제로 2015년 칭화유니 그룹은 미국 반도체 업체인 마이크론을 230억 불에 인수 제의했다가 미국 정부로부터 보기 좋게 퇴짜를 맞은 적이 있다. 그렇다 하더라도 중국은 여전히 승리자다. 왜냐하면 비록 파산된 업체를 인수하지 못하더라도 1개 사가 파산했다면 4개 사가 주도한 반도체 가격의 치킨 게임은 중단되고, 살아남은 2개 사와 중국 업체 CXMT 등의 글로벌 3각 체제로 재편될 것이기 때문이다.

물론 2018년부터 반도체 분야에서 미국이 중국을 봉쇄하면서 삼성, SK하이닉스, 마이크론 중 한 회사가 중국 메모리 반도체 회사인 CXMT 때문에 망하는 일이 일어날 가능성은 필자가 보기엔 아직까지는 가능성이 낮다. 대한민국이 현재까지 그나마 유일하게 글로벌 경쟁력을 지키고 있는 메모리 반도체 산업은 트럼프 대통령이 시작한 미국의 중국 봉쇄 때문이라고 이야기해도 필자는 크게 무리가 없는 평가라고 생각한다. 중국의 파운드리 산업도 바이든 대통령의 EUV 장비 수출 제한 덕분에 중국의 SMIC가 처절하게 몸부림치다가 수익성 악화라는 늪에 빠지면서, 한국의 파운드리 산업이 비상할 시간을 벌어다 준 것도 가감 없는 사실이라고 필자는 생각한다. Thank Trump & Biden!  But, for now, though...

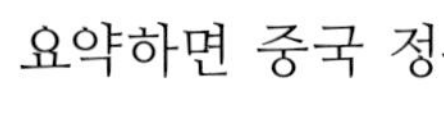

### (8) 청나라의 악몽

요약하면 중국 정부는 외환시장은 적절히 통제하고, 자금 시장은 지금까지

는 정부 주도로 어느 정도 성공적으로 운영하고 있다. 즉, 위안화를 달러당 7위안 내외에서 적절한 수준으로 방어하고 있고, 「중국 제조 2025」도 메모리 반도체를 빼고 아직까지는 순항 중이다. 다만 미래에도 뱅킹의 탐욕 정신을 적절히 용인하면서, 중국 정부가 자신의 뜻대로 금융시장을 적절히 통제할 수 있을지는 여전히 물음표이다. 대표적으로 이미 중국 정부의 통제를 벗어난 탐욕의 결정체인 그림자 금융이 담쟁이넝쿨처럼 중국 전체를 뒤덮고 있다. 그림자 금융을 제도권으로 흡수하지 못하면, 통제를 벗어난 그림자 금융이 중국 경제를 쓰나미처럼 집어삼킬 가능성이 높다. 마치 영화 「매트릭스」에서 버그를 삭제하는 임무를 맡았던 프로그램인 스미스 요원이 통제 불능 상태가 되어 스미스의 창조주인 인공지능의 결정체, 매트릭스 전체를 파멸시켜버릴 뻔하였듯이.

「중국 제조 2025」와 「신품질 생산력」의 뱅킹 활동 또한 시장의 변화에 능동적이고 적극적이며 효율적으로 수행되지 않을 수도 있다. 예컨대 「중국 제조 2025」와 「신품질 생산력」의 핵심 산업인 메모리 반도체 생산은 막대한 자금만 낭비하면서 실제 생산에는 실패할 가능성이 상당히 높다. 그렇게 되면 중국은 무역 대국으로서 전 세계에서 가장 많은 은을 소유하고 있었음에도 국가가 붕괴된 청나라와 비슷한 운명을 따라갈 것이다.

# 10 라스트 신

산 마르노 전투, 내셔널 갤러리 소장

## (1) 미중 상호 의존성과 2008년 금융위기

이제 라스트 신, 마지막 장면이다. 미국 소비자들은 1990년대 말부터 "Made-in-China" 제품을 가장 저렴한 가격에 소비하면서 소비가 주는 쾌락을 마음껏 누렸다. 이에 따라 미국의 상품무역수지 적자 규모는 레이건 행정부 시절인 1986년 이후 13년 만인 1999년에 달러 가치를 위협하는 마지노선인 GDP의 △3%를 넘었다. 레이건 행정부 시절 상품무역수지 적자의 주요 원인은 아시아의 4 마리 용인 한국, 싱가포르, 대만, 홍콩이었지만, 1999년 상품무역수지 적자의 원인은 바로 중국이었다.[1] 그 후 미국의 상품무역수지 적자 규모는 빛의 속도로 악화되었다. 즉, 2000년에는 △4.3%, 4년 만인 2004년에는 △5.3%, 2년 만인 2006년에는 달러 가치가 사실상 붕괴되기 시작하는 단계인 △6.0%를 기록

1 싱가포르는 원래 말레이 반도, 수마트라 및 자바 섬을 지배하던 스리위자야(Sriwijaya) 해양 제국(659~1377)에 속한 어촌 중 하나였다. 싱가포르라는 명칭은 스리위자야 왕자가 항해 중에 이 섬을 방문했는데 사자가 나타나 이 땅의 지배를 인정하면서, 이후부터 사자의 도시라는 뜻의 '싱가푸르'에서 유래한 것이다. 그러나 그 이전에 이 섬은 말레이어로 바닷가 마을이라는 뜻의 '테마섹'으로도 불리고 있었다. 이 때문에 상반신이 사자이고 하반신이 물고기인 멀라이언(Merlion=mermaid+lion)은 싱가포르의 상징이 된다. 이 섬은 대항해 시대 이후 영국 동인도 회사의 토마스 래플스(Thomas Standford Bingley Raffles, 1781~1826) 경이 말레이 반도 남단을 지배하던 조호르(Johor) 왕국에 연간 사용료를 지급하고 싱가포르 지배권을 확보하면서 영국령으로 바뀌었다. 래플스는 싱가포르를 관세가 아예 없는 자유 무역항으로 키웠고, 이후 도시가 급격히 팽창했다. 영국은 일본의 팽창을 저지하기 위해 1898년 이곳에 해군기지도 건설하였다. 태평양 전쟁 때는 일본이 점령하기도 하였으나, 전후 영국이 통치하다가 1959년 독립했다. 싱가포르에 정주한 중국인들을 화인이라고 불렀는데, 화인 엘리트들은 중국어를 사용하는 화어파와 영어를 사용하는 영어파가 있다. 식수는 말레이시아로부터, 에너지는 인도네시아로부터 수입할 정도로 고립된 싱가포르은 영어파를 이끈 리콴유가 1965년 말레이시아로부터 분리 독립시킨 후, 경제발전에 매진하여 아시아의 4마리 용으로 부상하게 된다.

했다.

반대로 중국은 1990년대부터 2000년대 내도록 엄청난 외국인직접투자(FDI)를 유치했다. 예컨대 중국에 유입된 외국인직접투자는 1990년 34.9억 불이었으나, 2005년에는 그 20배가 넘는 724억 불을 기록했다.[2] 대략 매년 전 세계 FDI의 40%를 넘나드는 엄청난 규모였다. 덩샤오핑의 개혁개방이 채택된 1978년 이후 2000년까지 중국의 누적 FDI는 대략 5,000억 불이었는데, 이는 일본이 1945~2000년에 유치한 FDI의 10배에 달하는 천문학적인 규모였다.[3] 이로 인해 1990~2000년대 내도록 전 세계 제조업 공급망도 중국을 중심으로 완전히 새로 재편되었다. 예컨대 대다수 미국 기업은 단순 제조와 위탁 생산은 중국으로 옮기고 디자인, 제품 설계, R&D 센터만 미국 내에 두었다.[4] 애플의 아이폰이 전 세계로 급속히 확산했던 것도 이 때문이다.

1990년대 말부터는 FDI를 통해 10여 년 동안 극적으로 확장된 중국의 생산력과 미국인들의 막무가내식 소비가 결합하면서 그린스펀이 "大 안정기(Great Moderation)"라 불렀던 세계 경제의 안정적 성장이 실현되었다. 즉, 미국은 세계 최대의 소비국으로, 중국은 세계 최대의 제조국, 무역 초강대국으로 변신했다. 물론 이 과정에서 전 세계가 엄청난 혜택을 받았다. 예컨대 1980년 이래로 10억 명 이상의 인류가 극심한 빈곤에서 벗어났고, 하루 2.15달러(2017년 PPP 기준) 이하로 생활하는 전 세계 빈곤층의 비율이 1990년 35%에서 2013년에는 11.7%, 2017년에는 10% 이하로 떨어져 2019년에는 9%가 되었다.[5] 기근으로 인한 연간 사망자도 1980년 이후 10만 명당 평균 2~4명이 되었는데, 20세기 초반에는 이 수치가 20~80명이었다.[6] 영아 사망률도 1950~1955 사이 전 세계 140명에

---

2 Xiaobao Dang, 『*Foreign Direct Investment in China*』, Kansas State University, 2008, pp. 3~4

3 마틴 자크, *앞의 책*, p. 213

4 중국, 인도, 멕시코 등 저임금 해외 국가로 공장을 이전하는 현상을 오프쇼어링(offshoring), 반대로 해외 공장을 다시 국내로 이전하는 현상을 온쇼어링(onshoring) 혹은 리쇼어링(reshoring)이라 부른다.

5 마리온 라부, 니콜라스 데프렌스, *앞의 책*, p. 185; 「Poverty and Inequality Platform」, World Bank Group

6 스티븐 E. 쿠닌, 『*지구를 구한다는 거짓말*』, 한국경제신문, 2022, p. 241

서 2015~2020 사이 29명으로 떨어졌다. 전 세계 인구도 1990년 53억이었는데 2013년에 72억이 되었고, 2022년 11월 15일 세계 인구는 80억을 넘어섰다. 이것이 바로 미국과 중국의 상호의존성이 만들어 낸 무시할 수 없는 글로벌 경제와 인류 진보의 긍정적 성과다.

하지만 이 상호의존성은 미국의 세계 패권에 도전할 만큼 무시무시한 속도로 중국의 무역 패권을 키우는 구조였기 때문에, 처음부터 지속 가능하지 않았다. 결국 이 상호의존성은 극적으로 붕괴되었다. 우리가 2008년 글로벌 금융위기라고 부르는 그 장면이다.[7] 불행히도 추세에 올라탄 중국의 성장 가도는 글로벌 금융위기 이후에도 멈추지 않았다. 가장 대표적으로 중국은 미·중 상호의존성을 통해 경제력을 급격히 팽창시켰다. 즉, 1980년 중국의 GDP는 미국 GDP의 대략 11%였지만, 2022년 기준으로 중국의 명목 GDP는 미국의 대략 75%, 2024년 기준으로는 65%이다. 물가 수준을 감안한 PPP 기준으로는 2014년에 이미 중국의 GDP가 18조 달러로 17.5조 달러를 기록한 미국의 GDP 규모를 추월했다.

미국이 중국을 견제하지 않고 현재의 성장률이 그대로 유지될 경우, 명목 달러 기준으로도 갈수록 그 격차는 좁아질 것이다.[8] 중국 관리들은 공식적으로는 명목 달러 기준으로 미국보다 중국의 GDP가 적다는 데 동의하지만, 비공식적으로는 이미 중국 GDP가 미국 GDP를 넘어섰다는 사실을 인식하고 있다. 기관마다 조금씩 다르긴 하지만 특별한 사정이 없는 한, 현재 추세대로라면 명목 GDP 기준으로도 2030년을 전후한 시점에 중국의 GDP는 미국을 추월한다.[9] 경제력뿐만 아니라 국방, 과학, 기술, 문화 측면에서도 중국은 전 세계 최고가 되려고

7 2008년 금융위기의 원인, 경과, 결과에 대해서는 ***『대체투자 파헤치기(상)』*** 참조.

8 다만 최근 들어 중국의 경제 성장률이 둔화되면서 미국과 중국의 격차가 다소 줄어드는 추세다. 호주의 로위 연구소(Lowy Institute)는 2022년 3월, 중국이 생산 가능 인구의 부족으로 2030년대는 연평균 3%, 2040년대는 연평균 2% 성장하여, 2022~2050 사이의 연평균 성장률이 2~3%라고 예측했다. See "Revise down the rise of China" by Roland Rajah and Alyssa Leng, 14 March, 2022. 물론 필자가 보기엔 지나치게 비관적인 전망이다.

9 중국 명목 GDP의 미국 명목 GDP 추월 시점: 월스트리트저널(달러당 6위안대 유지 시) - 2026년, 사우스차이나모닝포스트 - 2028~2030년, 영국 CBER - 2030년, 블룸버그 - 2030년대 초반, 일본경제연구센터 - 2033년(다만 일본경제연구센터는 2050년에는 미국이 다시 중국을 추월할 것으로 예측했다.)

노력 중이다.[10]

그 결과 미중 양국의 충돌은 피할 수 없었다. 미국은 웬만한 제조업 기능은 중국에 내맡긴 채, 자국 금융 산업의 경쟁력을 바탕으로 제조업이 아닌 부동산 버블만 키우는 안이한 소비국가로 남아 있다가 2008년 국가가 파산 직전으로 내몰리는 수모를 겪었다. 만약 달러 패권이 아니었으면 2013년 금융시장에서 취약 5개국(fragile five)으로 불렸던 인도, 남아프리카 공화국, 브라질 등과 비슷한 운명에 처했을 것이다. 달러 패권을 바탕으로 거칠 것 없었던 미국의 세계 패권 행보도 2008년 금융위기 이후 약 10년 동안 주춤했었다. 오바마 대통령의 다소 온건한 세계 경영도 사실상 달러 패권의 약화가 그 근본 원인이다.

### (2) 미국 패권의 부활

하지만 미국 경제가 금융위기를 극복한 후 본격적으로 중국을 견제하기 시작하면서 미국 패권이 부활할 가능성이 매우 높다. 2016년 11월 트럼프 대통령의 당선은 중국을 제압하기 위한 미국 패권의 부활을 알리는 신호탄이다. 유발 하라리는 트럼프 대통령의 당선이 자유주의의 종언을 상징하는 것이라고 평가했지만,[11] 필자는 생각이 완전히 다르다. 트럼프 대통령의 미국 우선주의는 미국 세계 패권의 부활을 상징하는 것이지, 그 이상도 그 이하도 아니다. 즉, 자유주의의 종언과는 아무 상관이 없다.

트럼프 대통령 이전에도 미국은 민주적으로 수립된 이란의 모사데그나 칠레의 아옌데를 불법적인 쿠데타를 지원하여 축출하였고, 통킹만 어뢰 사건을 조작하여 베트남을 침공하였으며, 플로리다 법을 위반하였다는 이유로 무장 헬기를 동원하여 파나마를 직접 쳐들어가 그 나라의 최고 권력자인 노리에가(Manuel

10 그레이엄 앨리슨, *앞의 책*, p. 191

11 유발 하라리, *앞의 책(21세기를 위한 21가지 제언)*, p. 23

Noriega, 1934~2017)까지 체포한 나라이다. 19세기 영국의 아편전쟁처럼, 미국은 21세기 초에도 인본주의나 자유주의가 확립되지 않았던 식민지 쟁탈 시대에나 볼 수 있었던 최고봉 막장 드라마의 시나리오를 쓰고, 감독도 하고, 직접 출연까지 한 적이 있다. 즉, 미국은 있지도 않은 대량 살상무기를 날조하여 다국적 군대를 구성, 지휘한 후 이라크로 직접 쳐들어가 후세인을 제거한 후 달러 패권을 유지하고 유전까지 차지하였다.

이때는 유발 하라리의 말대로 공산주의와 대립하는 자유주의가 엄연히 존재하던 시기였다. 예컨대 르네상스와 계몽주의의 본산인 EU의 핵심 국가인 독일과 프랑스는 미국의 이라크 침공을 강력히 규탄했다. 하지만 부시 행정부는 이에 아랑곳하지 않았다. 자유주의가 끝났다면 지금이 아니라 미국이 이라크를 침공했던 2003년이 더 적절한 시점이 아니었을까? 이 점에서 트럼프의 미국 우선주의는 과거 미국의 패권 행보들에 비하면 차라리 신사적이다. 오히려 트럼프는 아직까지 이 정도 깡패 같은 패권주의를 실행한 적은 없다. 필자는 트럼프 행정부와 그를 이은 바이든 행정부, 그리고 2025년 이후 행정부의 패권 행보는 글로벌 인본주의, 자유주의가 계속 강화되는 상황이므로 과거의 깡패 같은 세계 패권을 행사하기는 쉽지 않을 것이라고 본다.

혹자는 트럼프 행정부의 등장이 미국이 이제 더 이상 세계적인 문제에 적극 개입하지 않을 것이라는 신호로 해석한다. 즉, 고립주의, 反 무역주의, 미국 우선주의 정서가 미국 정치 전반에 침투하면서 미국인은 이제 더 이상 세계 안보에 관심이 없다는 것이다. 이 때문에 2024년 대선에서 트럼프 대통령이 바이든 대통령을 물리치고 당선될 것으로 예측하는 기관이 적지가 않다. 이렇게 되면 유일한 슈퍼파워 국가가 사라지는 브레튼우즈 체제의 종말이 오게 된다. 혹자는 1992년 미국이 필리핀 정부와 수빅만(Subic Bay) 해군 기지 사용료 문제 합의에 실패하면서 철군한 사건을 미국의 세계 안보 포기의 첫 단추라고 평가한다.[12] 더

12 1992년이면 중국이 부상하기 이전이다. 1991년 소련이 붕괴하면서 이 지역에 대한 미국의 군사적 중요성은 상대적으로 하락했을 수도 있다. 필자가 보기엔 소련의 붕괴 때문에 수빅만 해군 기지를 폐쇄했을 가능성이 높다. 하

나아가 2007년 12월에는 17만여 명에 이르렀던 이라크 파병 미군이 철군하기 시작하더니, 2011년 12월에는 이라크에서 미군이 완전히 철수하였다. 2016년 11월의 미국 대선은 글로벌 자유무역을 폐기하는 목소리가 마침내 승리하면서 미국 고립주의의 정점을 전 세계에 알린 것처럼 보였다.

특히 이 주장을 펼친 피터 자이한(Peter Zeihan, 1973~)은 셰일 오일의 등장으로 2017년부터 미국이 세계 제1위의 원유 생산국이 되면서, 미국은 중동 문제에 완전히 발을 뺄 것이라고 예상한다. 이렇게 되면 중동의 원유를 차지하기 위해 러시아-유럽의 지구전, 이란-사우디아라비아의 페르시아만 전쟁, 중국-일본의 유조선 확보 전쟁 등 세 가지 "무질서 전쟁"이 동시다발적으로 발생하고, 이 때문에 유가가 최소 150불 이상 치솟을 것이라고 전망한다.

실제로 미군은 2007년 모로코에서 아프가니스탄까지 25만 명이 넘게 주둔했으나, 2017년에는 그 수가 1만 5천 명에 불과하게 된다. 2015년 미국의 초대형 항공모함이 페르시아만에서 머물렀던 기간도 5개월이 채 되지 않았다.[13] 사우디아라비아와 이란의 대리전인 시리아 내전이 시작된 2011년 이후, 500만 명이 넘는 난민이 유럽으로 유입되면서 유럽 국가 전체를 아수라장으로 만들었지만, 미국은 시리아 내전에 적극 개입하지도 않았다. 이런 점에서 미국이 세계 안보를 포기했다는 주장, 중동 지역에서 점차 발을 뺄 것이라는 주장은 아주 그럴싸하게 들린다.

하지만 필자 생각은 다르다. 우선 미국의 보호무역주의, 미국 우선주의가 미국이 세계 패권을 포기하는 것이라고 해석하는 것 자체가 틀렸다. 기본적으로 달러화 가치가 떨어지면 글로벌 헤게모니를 유지하기 위해 더 많은 비용이 들게 마련이다.[14] 따라서 미국이 보호무역주의를 강조하는 것은 미국의 세계 패권을

---

지만 미국은 이 당시 수빅만이 가진 전략적 가치를 잘못 계산했다. 수빅만은 중국이 해상으로 나가기 위해 반드시 장악해야 하는 남중국해를 정면으로 바라보고 있는 핵심 요충지다. 만약 해군 기지 사용료 협상이 중국이 부상하기 시작한 2000년대 일어났다면 미국은 어떤 비용을 지급해서라도 수빅만을 차지하려고 했을 것이다.

13 피터 자이한, *앞의 책*, pp. 226~227

14 마틴 자크, *앞의 책*, p. 510

포기하는 신호가 아니라, 세계 패권의 기본 전제인 달러 패권을 종전보다 공고히 하기 위한 전략이다. 즉, 미국은 자신의 세계 패권을 확고히 하기 위해 보호무역주의를 통한 무역수지 적자 감소와 무역 패권 달성, 미국 우선주의 혹은 바이아메리카를 통한 기술 패권과 산업 패권 추구, 이를 통해 궁극적으로 달러 패권을 유지하려고 하는 것이다. 미국이 달러 패권에 사활을 거는 이유는 달러 패권이 무역 패권, 기술·산업 패권과 결합되어 미국 세계 패권의 확고한 물리적 기반 역할을 하고 있기 때문이다. 영국이 1918년 이후 파운드 패권이 조금씩 흔들리기 시작하면서 약 30년 만인 1945년에 세계 패권의 지위를 미국에게 넘겨주었다는 사실 또한 미국은 잘 알고 있다.

셰일 오일로 인해 원유를 자급한 미국이 중동 지역에서 완전히 발을 뺄 것이라는 주장 또한 웃기는 주장이다. 미국은 2차 대전 이후 소련의 팽창을 막기 위해 서쪽으로는 독일, 동서 중간 지역의 중동, 그리고 극동 지역의 한국과 일본을 세 개의 주요 군사, 외교 거점으로 삼았다. 이 세 개의 핵심 거점은 미국 패권 행보의 가장 핵심 지역으로, 미국이 패권을 행사하기 위해서는 절대로 포기할 수 없는 지역이다.

특히 중동은 미국 이전의 영국도 러시아의 남하를 견제하기 위해 약 150여 년 동안 엄청나게 공을 들인 지역이다. 중동에 미국이 엄청난 공을 들였고, 지금도 들이는 이유는 당연히 원유 때문이다. 미국은 1, 2차 세계 대전을 치르면서도 영국, 네덜란드, 프랑스와 달리 원자재를 조달할 수 있는 광범위한 식민지가 없었다. 예컨대 미국은 고무를 제작하기 위한 고무의 원료를 주로 영국의 식민지에서 수입했다. 미국은 이와 같은 취약점을 타개하기 위해, 2차 대전 중 자국의 석유화학 산업의 역량을 총동원하여 인조 제품을 만들기 시작했다. 인조 나일론, 인조 고무, 인조 견사 등이 그러한 배경에서 탄생한 작품이다. 오늘날 인류의 생명을 위협할 정도로 과다 소비되고 있는 플라스틱은 원래 1869년에 당구장에서 상아로 만든 당구 볼을 대체하는 정도로 소량 생산되다가, 2차 세계 대전 때 처음으로 미국이 엄청난 속도로 대중화한 것이다. 하지만 이와 같은 인조 제품과 플라스틱의 원료는 모두 원유이다. 즉, 원유가 없으면 미국의 석유화학 산업은 제대로 작동할 수 없고, 이렇게 되면 미국 경제는 굴러가지 않는다. 따라서 원유의 확보는 미국 경제의 근간을 뒷받침하는 국가안보 문제가 되는 것이다.

그런데 단지 셰일 오일의 생산 폭증 때문에 미국이 중동 지역에서 완전히 발을 빼고, 이란이 페르시아만을 폐쇄하는 것을 그냥 앉아서 지켜만 본다고? 만약 러시아가 사우디아라비아와 전략적 군사 동맹을 맺고, 그 결과 사우디아라비아가 미국 국채 매입을 중단하고 러시아 국채를 매입하기로 결정해도, 사우디아라비아가 자국의 원유를 미국 달러가 아니라 중국 위안화로 결재해도, 미국의 국익이 언제나 부인된 세계 패권에 경멸감을 느끼는 미국 국민의 정서 때문에 미국 정부가 그냥 앉아서 바라만 보고 있는다고? 페르시아만 폐쇄로 유가가 최소 150불이 되어 세계 무역과 경제가 극도로 불안해지고 3개의 무질서한 전쟁이 동시다발적으로 터지면서, 할리우드 영화 어벤져스를 돈 주고 편하게 볼 수 있는 인구가 80% 가까이 줄어드는데도 미국이 강 건너 불구경하듯이 가만히 지켜본다고?

만약 그렇다면 2019년 9월 14일 사우디아라비아 전체 원유 생산량의 절반 이상인 하루 700만 배럴 가까이 생산하는 압카이크(Abqaiq) 원유 시설이 정체불명의 드론과 크루즈 미사일 공격을 받았을 때, 미국 우선주의를 내세웠던 트럼프 대통령조차도 배후가 누구든 반드시 대가를 치를 것이라고 선언한 것은 뭐라 설명할 수 있나? 더 나아가 미국 우선주의와 고립주의를 내걸었던 트럼프 대통령을 제압하고 미국 패권을 중심핵으로 한 다자주의를 앞세워 2021년 1월에 46대 대통령으로 취임한 바이든(Joe Biden, 1942~) 행정부의 등장은 어떻게 설명할 것인가? 더구나 취임한 지 한 달여 만인 2021년 2월 25일, 이란 정부의 지원을 받는 시리아 무장단체 건물을 무자비하게 폭격한 바이든 대통령의 결정 또한 도대체 어떻게 해석할 수 있나? 2023년 10월 하마스의 이스라엘 공습으로 이란과 헤즈볼라 개입 등의 확전 가능성을 차단하기 위하여 동 지중해에 제럴드 포드 항모전단과 드와이트 아이젠하워 항모전단 2개를 파견한 바이든 행정부 조치는 도

대체 어떻게 이해해야 하나?

2008년 이후 해외 주둔 미군 수가 줄어든 것은 확실한 사실이다. 하지만 이는 미국이 세계 패권을 포기했기 때문이 아니라, 해외 주둔 미군에 대한 국내 정치적 저항이 증가했기 때문이다. 예컨대 아프가니스탄과 이라크는 미국 국내에서 독일이나 한국처럼 지속적인 미군 주둔이 절실하게 필요하다는 정치적 주장의 설득력이 심각하게 떨어진다. 왜? 2001년 911 사건 이후 지속적인 테러와의 전쟁을 통해 마침내 2011년 5월, 빈 라덴을 사살하여 그 주요 목적을 달성하였는데, 굳이 이 국가에 미군이 지속적으로 주둔함으로써 수많은 미국 청년들이 피를 흘리며 쓰러져야 할 이유가 전혀 없기 때문이다.[15] 특히 아프가니스탄은 산악 지형이 대부분으로, 완전한 점령 자체가 불가능한 국가이다. 911 사건 이전에도 아프가니스탄은 다양한 소규모 부족들이 끊임없이 다투던 느슨한 집합체였지, 국가라고 부를만한 확고한 정치체제가 있지도 않았다. 아프가니스탄의 탈레반이 미국을 향해 "당신들은 시계를 가지고 있지만, 우리들은 시간을 가지고 있다!"라고 비웃는 것도 모두 이런 이유 때문이다.[16] 그런데 왜 이런 나라에 미국의

15 오사마 빈 라덴의 부친인 모하메드 빈 아와드 빈 라덴(Mohammed bin Awad bin Laden, 1908~1967)은 사우디아라비아의 잘나가는 건축업자였다. 사업이 확장되자 뉴욕에도 지사가 있을 만큼 친미 성향도 가지고 있었다. 하지만 그는 엄청나게 벌어들인 돈으로 구입한 자가용 비행기 사고로 사망한다. 한편 수억 달러의 유산을 물려받은 그의 아들 오사마 빈 라덴은 사이드 쿠틉의 영향을 받아, 급진적인 이슬람 원리주의자가 된다. 특히 1978년 소련의 아프가니스탄 침공 때 사우디아라비아 정부와 함께 무자헤딘을 위한 기반 시설을 건설하고, 전쟁물자를 제공한다. 1988년 오사마 빈 라덴은 파키스탄의 지하드를 지휘하기 위해 '군기지'라는 뜻의 '알카에다 알아스카리야(al-Quaeda al-Askariya)라는 단체를 결성했다. 그러다가 1990년, 이라크가 쿠웨이트를 침공하자 미국은 과거 자신들의 미군 기지가 있던 사우디아라비아 다란(Dhahran)에 미군 기지를 다시 설치하였다. 사우디아라비아 왕실에 쿠웨이트전 참전을 독촉하던 빈 라덴은 사우디 정부가 전쟁 참여 대신 미군 기지를 국내에 설치하는 것을 보고 완전히 마음이 돌아섰다. 그는 사우디를 떠나 아프가니스탄에 정착했다. 그가 떠난 후 1995년 리야드의 미군 훈련 시설 앞에서 차량 폭탄 사건이 있었고, 1996년에는 다란의 주거시설에 테러가 있었다. (오사마가 이 두 사건의 주범인지는 확실치 않았다.) 1996년, 오사마 빈 라덴은 마침내 미국에 대한 선전포고를 발표했다. 그는 최초로 시중에 나온 1.5억 불짜리 위성전화기를 구입하여, 전 세계의 테러를 직접 지휘하였다. 그는 이 위성전화기를 사용하여 공식적으로 그가 행한 것으로 알려진 사건을 주도했다. 즉, 1998년 8월 7일, 케냐와 탄자니아의 미국 대사관에 5분 간격으로 폭탄을 터뜨려 224명의 사람을 죽였다. 8월 7일은 미군의 사우디 다란 주둔 8주년 기념일이기도 했다. 미국은 이에 대한 보복으로 USS Cole 구축함에서 1,000여 발의 순항 미사일을 알카에다 기지에 쏟아부었다. 2000년 10월, 예멘의 아덴항에 정박 중이던 USS Cole 구축함에 또 다른 자살폭탄 테러가 일어났고, 17명의 미군이 사망했다. 2011년에는 그 유명한 911테러까지 일어났다. 오사마 빈 라덴은 미국에 여러 가지 메시지를 내었지만, 일관된 메시지가 하나 있었다. 바로 미군의 사우디아라비아 철수였다. 2003년 미군은 결국 다란에서 철수한다.

16 탈레반의 탄생에는 파키스탄 정보부인 ISI(Inter-Services Intelligence)의 역할이 결정적이었다. 우선 탈레반 설립 당시 주력 구성원이 파키스탄 북서 국경에 거주하는 파슈툰족(Pashtun tribes)이었다. 파키스탄 정보부는

젊은 청년들이 도대체 누구를 위해 피를 흘리고 있나?

비록 트럼프 행정부가 이미 공언한 정책이긴 하지만, 다자주의의 복원을 통해 미국의 귀환을 선언한 바이든 행정부조차도 출범 직후인 2021년 4월 14일에 아프가니스탄 철수를 공식화했다. 그 결과 2021년 7월 2일에는 아프가니스탄 공격의 핵심 공군 거점으로 미군과 민간인 12만 명이 거주하던 바그람(Bagram) 공군기지에서도 미군은 완전히 철수했다. 두 달도 안 된 2021년 8월 15일에 탈레반이 수도 카불을 접수했지만, 휴가 중 복귀한 바이든 대통령은 "미국의 딸과 아들들을 도대체 몇 세대나 더 아프가니스탄으로 보내 내전을 치르도록 하겠느냐?"라고 반문하면서 "내전 지역의 미군 파병은 더 이상 미국의 국익이 아니다!"라고 철군 결정을 정당화했다.[17]

특히 미국 정부는 아프가니스탄에는 2조 달러, 이라크 전쟁에는 무려 3조 달러가 넘는 예산을 쏟아부어 엄청난 재정 부담을 초래했다.[18] 미군의 장기 요양과 장해 보상을 포함할 경우, 그 비용은 6조 달러로 치솟는다. 이는 2001~2012년 사이 증가한 미국 국가 채무의 20%에 해당한다. 인적 피해도 무시할 수가 없다. 이라크 전쟁의 경우에는 병사 5천여 명이 목숨을 잃었고, 15만 명 이상의 참전 미군이 부상을 당해 그중 70%가 장애등급 이상의 판정을 받았다.[19] 아프가니스

---

자국에 거주하는 파슈툰족에게 자금을 대고 군사 훈련을 제공하여 탈레반 조직을 만들어, 탈레반이 아프가니스탄을 1996년부터 2001년까지 통치하는 데 결정적인 도움을 주었다. 파키스탄 내의 탈레반 거점 도시는 바로 아프가니스탄과의 국경 도시 페샤와르(Peshawar, 아프가니스탄 명 파슈투니스탄)이다. 하지만 2001년 911테러로 미국이 이 지역에 개입하면서 파키스탄과 탈레반의 밀월 관계는 최소한 표면적으로는 산산조각이 났다. 당시 국무부 차관보였던 리처드 아미티지(Richard Armitage, 1945~)는 파키스탄 정보부에 전화를 걸어 탈레반과 같은 테러조직을 다시 지원하면 '파키스탄을 폭격해 석기시대로 만들어 버리겠다'라는 말을 했다고 할 정도로 미국의 위협은 심각했다. 파키스탄은 이후 탈레반과 표면적으로 결별했고, 이 과정에서 대통령인 무바라크는 3번의 암살 위협에 직면하기도 했다. 하지만 탈레반과 파키스탄의 밀월 관계 단절은 표면적인 조치였고, 실제로는 암묵적 협력 관계가 지금도 지속되고 있다는 것이 중론이다. 대표적으로 2011년 오사마 빈 라덴이 마지막으로 발견된 곳은 파키스탄의 수도에서 얼마 떨어지지 않는 곳인 아보타바드였었다. 파키스탄 정보부는 빈 라덴이 파키스탄에 있다는 사실을 정말 몰랐을까?

17 하지만 미군이 너무 급하게 철군하는 바람에 미군은 아프가니스탄에 무려 72억 불에 이르는 엄청난 규모의 군사 장비를 탈레반 손에 남겨 두게 되었다.

18 마틴 자크, *앞의 책*, p. 18. 마틴이 저서에서 밝힌 3조 달러는 이후 4조 달러가 넘는 금액이 된다. 즉 2019년 10월, 트럼프 대통령은 이라크 전쟁에 4조 달러가 넘는 재정지출이 이루어졌다고 언론에 밝힌 바 있다.

19 피터 프랭코판, *앞의 책*, pp. 831~832

탄 전쟁도 2001~2021 사이 20년 동안 2,406명이 사망하고 2만여 명이 부상당했다. 군사 행동 과정에서 발생하는 부수적 피해(collateral damage)로 인한 이라크와 아프가니스탄 민간인의 사상자 수는 수십만 명을 헤아린다. 따라서 이 지역의 지상군 철수는 미국의 효과적인 세계 패권 행사 과정에서 불필요한 국내 정치적 부담을 완화하기 위한 불가피한 선택이지, 미국 세계 패권 행보의 포기로 해석하는 것은 무리다. 중국 관영통신이 아프가니스탄의 미군 철수 이후 중국과 대만 사이에 전쟁이 터지면 내전이라는 이유로 미국이 대만을 포기할 것이라고 논평한 것은 미국 패권 행사의 본질을 완전히 오해하면서 도달한 피터 자이한식의 "순진하기 그지없는 망상"이다!!!

오히려 해외 파병 지상군의 감소는 기술적 진전에 따른 자연스러운 결과이다. 실제로 미국은 2차 대전 때 일본에 전격적인 상륙작전을 단 한 번도 전개한 적 없이, 일본을 항복시켰다. 바로 괌, 사이판, 그리고 히로시마를 지도에서 지워버린 원자폭탄을 실은 비행기가 출항한 티니안섬[20] 등에서 출격한 폭격기들이 1942년부터 두리틀(Doolittle) 특공대 등을 통하여 일본 전역의 70여 개 도시를 그야말로 초토화시켰기 때문이다.[21] 최근 상황도 마찬가지다. 특히 미국은 드론(drone)을 적극 활용한다. 드론은 미군이 1995년 보스니아 내전에 정찰용으로 처

---

20 괌, 사이판, 티니안섬을 포함한 서태평양의 섬을 모두 마리아나 제도(Mariana Islands)라고 부른다. 사이판과 티니안섬 등 북쪽에 있는 섬은 북 마리아나 제도라고 부른다. 괌과 북 마리아나 제도는 사실상 미국의 해외 영토이다. 괌과 북 마리아나의 대통령은 미국 대통령이고, 주민이 선출한 지사가 행정을 맡는다. 이를 보통 주로 편입이 안 된 영토(Unincorporated Territory)라고 부른다. 따라서 이 지역 주민은 대선 투표권은 없고, 시민권은 있다. 특히 괌은 섬의 ¼이 미군 기지인데, 핵무기와 핵 폭격기 등이 배치된 미국의 가장 중요한 태평양 군사기지이기도 하다. 예컨대 괌은 미국이 한반도 상공으로 B-1 핵 폭격기를 출격시키기 위한 항공기지 역할을 하는 곳이다.

21 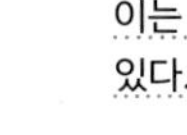 8번째로 인구가 많았던 히로시마는 이 폭격 대상에서 제외되어 있었는데, 이는 처음부터 히로시마가 원자폭탄 투하 목표 1순위 도시였기 때문이었다. 목표 1순위는 히로시마, 고쿠라(現 기타큐슈), 요코하마, 니가타, 나가사키 등 5개였다. 나가사키는 원래 1차 목표에 없었는데, 교토가 1,000년 수도라는 문화도시라는 이유로 1차 목표에서 제외되면서 새로 추가된 도시였다. 미국은 일본이 항복할 때까지 원자폭탄을 투하한다는 계획을 가지고 있었는데, 1945년 12월까지 매달 7개의 원폭을 제조한다는 섬뜩한 계획을 가지고 있었다. 하여튼 이런 사실을 모른 일본인들은 히로시마에 트루먼 대통령의 어머니가 전쟁 포로로 갇혀 있기 때문에, 미국 폭격을 받지 않은 것이라는 소문이 돌았다. 하여튼 히로시마 시민들은 폭격 편대가 아닌 B29 폭격기 2대만 보고서는 공습경보를 듣고서도 전혀 대피하지 않았다고 한다. 한편 일본도 중일전쟁 때 중국의 주요 도시를 1939년 1월~1941년 12월까지 전략적으로 폭격하는데, 이는 중국인들의 전투 의지를 꺾기 위해서였다. 대표적으로 고폭탄과 소이탄으로 1만 5천 명이 사망한 충칭 대공습이 있다.

음 사용하였으며, 2001년부터는 무기를 장착해서 공격용으로 전환했다.[22] 이후 활용도가 급속히 증가하면서 미군 해외 전략의 핵심 수단으로 바뀐다. 예컨대 부시 행정부(2001~2009) 시절 드론을 통한 해외 공격 명령은 50여 차례였고, 이를 통해 300여 명을 살상했다. 하지만 오바마 행정부(2009~2017)는 그 열 배인 500여 차례의 드론 공격을 승인했고, 3,000여 명 이상이 드론 공격으로 살상되었다. 2015년에는 미국의 드론 공격이 급증하면서, 드론이 보낸 정보 해독사의 인력이 부족한 사태까지 직면한 적도 있다.[23]

미국 항공모함의 기술적 진전도 눈여겨볼 대목이다. 가장 최근에 건조된 신형 제럴드 포드급 항모(USS Gerald R. Ford, CVN-78, 만재 배수량 113,600톤)는 2023년 5월, 지중해에 처음으로 실전 배치되었다. 원래는 2024년경부터 실전에 투입될 예정이었으나, 우크라이나가 러시아에 대반격을 계획하면서 서둘러 실전 배치된 것으로 보인다.[24] 이 항모는 항공모함 사상 처음으로 3D 기술을 적용하여 모듈 형태로 제작되었다. 모듈 형태이므로 업그레이드가 매우 쉽다. 핵발전 용량도 550MWt의 기존 A4W 원자로가 아니라 크기는 작지만, 출력은 700MWt으로 더 높은 A1B 원자로 2개를 사용한다.[25] 이 핵발전기는 20년 수명으로, 사실상 20년 동안 전력을 무제한으로 사용할 수 있다. 따라서 전자기식 사출 방식 사용이 가능하고, 대규모 전력이 필요한 공격용 레이더 여러 개를 언제든지 장착할 수 있다. 함재

---

22 드론은 정찰용을 주된 임무로 하는 프레데터(predator), 공격용을 주된 임무로 하는 리퍼(reaper)로 구분된다. 프레데터에서 리퍼로 전환한 계기는 오사마 빈 라덴이었다. 즉 911테러 직후 프레데터가 아프가니스탄에서 두 번째로 많은 인구가 사는 칸다하르(Kandahar) 상공에서 비행 테스트를 하던 중, 장신에 하얀 옷을 입은 남자가 경호원에 둘러싸인 장면을 촬영한다. 누가 봐도 이는 빈 라덴이었다. 당시 프레데터는 단순한 정찰용이라 빈 라덴을 제거할 수 없었고, 미군은 이를 계기로 공격용 드론인 리퍼를 개발하게 된다. 최근에는 스텔스 기능이 추가되고 항모에서 출항이 가능한 어벤저(avenger)까지 개발되었다.

23 보통 드론 하나를 시리아 상공으로 날려 보내는데 필요한 인력은 30명이고, 드론이 보낸 정보를 해독하고 공격하는 데는 최소 80명이 필요하다고 한다. 유발 하라리, *앞의 책*, p. 59

24 당초 2016년 취역 예정이었으나, 항공기를 띄우는 전자식 캐터펄트(EMALS)와 항공기 착륙 장치인 최신형 어레스팅 기어 작동 불량으로 실전 투입이 연기되었다. 한편 제럴드 포드의 최초 건조 비용은 100억 불 내외였으나, 완공 시점까지 더 많은 자금이 투입되어 135억 불까지 늘어났다. 미국 언론은 제럴드 포드를 '미국 역사상 최고의 돈 낭비(America's Most Wasted)'라고 비아냥거리기도 했다.

25 A4W 제작사는 웨스팅하우스(Westinghouse)이고, A1B 제작사는 벡텔(Bechtel)이다. 첫 글자 A는 항공모함(Aircraft)을 뜻하고, 두 번째 숫자는 해당 모형의 제작 세대를 뜻한다. 예컨대 A4W는 웨스팅하우스가 제작한 항공모함용 제4세대 원자로를 의미한다.

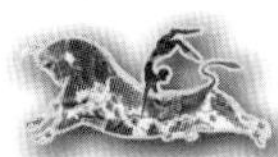

제럴드 포드 항모. 제럴드 포드의 모델명은 CVN-78이다. 2006년 조지 W. 부시 대통령이 미국의 38대 대통령 포드가 살아 있을 때 항모 이름으로 붙이는 게 좋겠다고 제안했고, 이후 럼스펠드 국방부 장관이 포드 대통령 생전에 그의 허락을 받았다고 해서 2007년 1월 16일, 제럴드 포드 함모가 정식 이름이 된다. 포드 대통령은 진주만 폭격 이후 해군에 입대한 해군 장교 출신이다. Public Domain

기 발진 공격 회수, 이른바 소티(sortie)도 기존의 니미츠 항모보다 25%나 증가하여, 함재기 자체의 수도 획기적으로 줄였다. 예컨대 기존 니미츠 항모는 최대 85대 이상의 함재기를 탑재할 수 있었으나, 제럴드 포드 항모는 최대 65기 정도이다. 기존의 강압식 착륙 장치인 MK 7도 제럴드 포든 항모는 최신형 착륙 장치(Advanced Arresting Gear, AAG)로 개량하여, 유지 보수 인력을 획기적으로 줄이고 무장 드론과 같은 UAV를 포함하여 적용되는 도입 기종도 늘렸다. 2021년 이후에는 수중에서 진도 3.9에 맞먹는 지진파 충격을 발생시켜, 이를 견디는 실험도 이미 3차례나 마무리했다고 한다. 신형 포드급 2번째 항모(USS John F. Kennedy, CVN-79)도 연이어 제작 중이고, 3번째 항모(CVN80)와 4번째 항모(CVN 81)도 건조 예정이다. 미국은 이처럼 5년마다 신형 포드급 항모를 1척씩 건조하여 종국에는 니미츠급 항모를 신형 포드급 12척으로 모두 대체한다는 계획이다.[26]

해외 파병 지상군이 아니라 특수 작전군(Special Operation Forces: SOFs)의 활용 또한

26 신형 포드급 항모보다 배수량이 작은 항모를 니미츠급 항모라고 부른다. 니미츠급 항모 배수량은 70,000~100,000톤이다. 배수량(displacement)이란 배가 물에 떠 있을 때 밀려나는 물의 무게이다. 모든 화물과 선원을 실었을 때 최대의 배수량을 만재 배수량(full load displacement)이라고 부른다. 참고로 중국의 1호 항모 랴오닝함은 6.75만 톤, 2번째 항모인 산둥함은 7만 톤, 3번째 항모인 푸젠함은 8만 톤이다. 일본의 경항모 이즈모 항모는 만재 배수량 2.7만 톤, 대한민국의 가장 큰 함선인 독도함은 만재 배수량이 1.9만 톤이다. 랴오닝함은 1998년 우크라이나를 통해 소련에서 건조 중이던 항모를 들여와 개량한 것으로 2013년 12월에 실전 배치되었다.

증가했다.[27] 실제로 2001년부터 2020년 기간에 미국 특수 작전군의 수는 4만여 명에서 7만 3천여 명으로 두 배 가까이 증가했다.[28] 20011년 5월, 오바마 대통령이 파견한 CIA와 해군 특수 작전군인 네이비 실 6팀(Navy Seal Team 6)의 손에 오사마 빈 라덴(Osama bin Laden, 1957~2011)이 제거된 사건이나,[29] 2019년 10월 트럼프 대통령이 승인한 특수 작전에 따라 델타포스(Delta Force)가 IS의 수장인 아부 바크르 알 바그다디(Abu Bakr al-Baghdadi, 1971~2019)를 제거한 사건이 가장 대표적인 사례이다. 영화 「어벤져스」는 미국의 핵심 전력이 대규모 지상군이 아닌 소규모 특수 작전군으로 완전히 바뀌었음을 보여 주는 상징인지도 모르겠다.

요컨대 미국은 이라크 철군 이후 드론, 신형 항모, 특수 작전군 등 새로운 형태의 전략을 구사하면서 세계 패권을 유지하고 있다. 시리아, 아프가니스탄 등의 중동 국가에서 지상군 전력의 감소는 미국의 세계 패권 포기를 의미하는 것이 아니라, 국내 정치적 저항을 완화하는 동시에 기술의 발전에 따른 새로운 전술의 등장이 초래한 자연스러운 결과이다. 전 국방부 장관 로버트 게이츠(Robert Gates, 1943~) 말대로 미국 대통령에게 지상군 파병을 건의하는 국방부 장관은 "뇌를 검사해 봐야 한다."[30] 특히 신형 항모의 구축은 미국 세계 패권의 또 다른 축인 "항행의 자유(Freedom of Navigation)"가 미국으로서는 결코 포기할 수 없는 핵심 전략임을 반증하는 가장 명확한 사례이다. 미국이 자국 세계 패권 공식의 한 축인 항행의 자유를 포기했다면 한 척에 100억 달러가 넘는 초고가의 신형 항공모함을 왜 연쇄적으로 건조하고 있나?

오히려 과거 미국 패권의 사례를 보았을 때 미국 우선주의, 미중·미EU 무역

---

27 특수 작전군을 통합해서 지휘하는 미군 지휘부 명칭이 합동특수전사령부(JSOC)이다. 우리나라도 육군특전사령부 산하에 특수임무여단을 2017년 12월에 처음 만들었다. 이 특임여단의 별칭이 바로 참수 부대이다.

28 Inside Money, Yahoo Finance, Apr 9, 2024

29 네이비 실 6팀은 1979년 駐 이란 미국 대사관 인질 구출 실패 이후 결성된 특수 작전군이다. 네이비 실 6팀이라는 명칭보다 데브그루(DEVGRU)라는 명칭으로 더 잘 알려져 있다. 오사만 빈 라덴도 데브그루가 사살한 것으로 알려져 있다.

30 그레이엄 앨리슨, *앞의 책*, p. 251

전쟁,[31] 북한 공습 위협, TPP·파리기후 변화협약·중거리핵전력조약(INF) 및 이란 핵협정 일방적 탈퇴, WTO 탈퇴 위협 등의 트럼프 행보는 미국 패권의 본 게임도 아니다. 즉, 달러 패권이 그리스도가 무덤에서 부활한 것처럼 다시 살아나게 되면, 향후 더 파격적인 미국의 세계 패권 행보가 나타날 가능성이 있다. 다만 필자는 진전된 자유주의와 휴머니즘 추세, 그리고 실시간으로 정보가 전파되는 SNS가 보편화된 상황에서, 미국이 자유주의와 휴머니즘 추세를 완전히 거스르는 패권 행보는 하지 않을 것으로 본다.

물론 일반 미국인의 정서가 과거와 확연히 달라졌다는 점이 변수인 것은 맞다. 예컨대 쇠락한 공업지대인 러스트 벨트에서 죽으라고 일해도 가난을 벗어나기 어려운 백인 노동자층, 이른바 힐빌리(Hillbilly)는 시간당 수당이 높은 일자리를 원한다.[32] 이들 힐빌리는 과거 일본의 경제적 침략으로 일자리를 잃은 이들이 아니라, 2008년 금융위기를 전후하여 일자리를 잃거나 임금이 하락한 사람들이다. 특히 힐빌리는 자신들의 일자리가 사라지거나 임금이 낮아진 이유를 불필요한 무역협정 체결 혹은 중국, 한국, 멕시코 등지로 자국 공장이 옮겨갔기 때문이라고 믿는다. 따라서 이들은 미국 정부가 자국 공장이 해외로 빠져나가는 모습을 지켜만 보고 일자리를 잃은 시민은 외면한 채, 세계의 경찰 노릇을 하는 데 넌덜머리를 느낀다. 이들의 뼈에 사무치는 혐오감은 2016년에 트럼프를 당선시킬 만큼 무시하지 못할 정치 세력으로 바뀌었다. 트럼프 대통령이 중국과는 강경책을, 멕시코와 한국에 대해서는 FTA 개정을 추진했던 이유가 바로 이것이다.

트럼프 대통령이 2024년 7월 15일, 바이든과의 대선 과정에서 자신의 러닝

---

31 2019년 10월, WTO는 EU의 에어버스에 대한 보조금이 불법이라고 판정하고 미국의 EU에 대한 보복관세 75억 불을 승인했다. 이에 따라 미국은 EU 항공기에는 10%, 프랑스 와인, 스코틀랜드 위스키, 독일의 공산품에는 25% 관세를 부과하려고 하였다. EU도 미국이 보복관세를 부과하면 이에 맞대응한다는 방침이어서 미중 무역분쟁은 미국-EU 무역분쟁으로 확대되는 양상이었다. 미국-EU 무역 분쟁은 다행히도 바이든 행정부의 다자주의 강화 정책 이후 2021년에 극적으로 양측이 관세 부과를 자제하면서 무역전쟁으로까지 비화되지는 않았다.

32 원래 힐빌리는 애팔래치아 산맥의 시골 산악(Hill) 지역에 이주한 노동자들로, 처음 등장할 때는 부정적 이미지를 가지는 촌뜨기(Billy)를 의미했다. 하지만 나중에는 쇠락한 공업지대에서 죽으라고 일해도 가난을 벗어나지 못하는 백인 노동자를 지칭하는 단어로 바뀐다. 일반적으로 교육 수준이 낮아서 과격한 면이 있고, 극단적인 애국주의자들이 많다. 경멸적으로 "백인 쓰레기(White Trash)" 혹은 과도한 육체 노동으로 인해 목이 붉게 타 "붉은 목(Red Neck)"이라고도 불린다.

메이트인 부통령으로 러스트 벨트 핵심 지역인 오하이오주의 상원 의원인 제임스 밴스(James David Vance, 1984~)를 지명한 것도 힐빌리들의 표심을 의식한 전략적 선택이다.[33] 밴스는 정치인이면서도 동시에 2016년 『*힐빌리 연가*(Hillbilly Elergy)』라는 책의 출판으로 베스트 셀러 작가이기도 한데, 그는 이 책에서 오하이오주의 미들타운(Middletown)에서 태어나 죽으라고 일해도 가난을 벗어나지 못하는 저임금 육체 백인 노동자들의 피폐해진 삶을 집중적으로 다루었다. 아울러 그는 가난을 벗어나기 위해 슈퍼마켓 점원 노릇을 하는 자신과 일자리를 찾기보다는 복지정책에 의존하는 힐빌리 노동자들을 비교하면서, 왜 가난을 극복하려고 발버둥 치면서 어메리칸 드림을 꿈꾸는 힐빌리 백인 노동자들이 민주당 지지자에서 극단적인 공화당 지지자로 변모하는지를 처절하게 묘사했다.

특히 최근 들어 진행되는 미국의 급격한 빈부 격차는 미국의 계층 간 갈등을 회복하기 어려운 국면으로 심화시키고 있다. 예컨대 1990년 미국의 상위 1% 부자는 미국 전체 부의 17%를 차지했으나, 2022년에는 상위 1%가 26%를 차지했다.[34] 나아가 2000년 미국의 GDP가 대략 10조 달러에서 2023년 약 27조 달러로 2.7배 증가할 때, 미국의 중산층 비율은 1971년 61%에서 2000년 55%로, 2021년에는 이보다 더 하락해 50% 수준이 되었고, 빈곤층 비율은 1971년 25%에서 2021년에 29%로 오히려 증가했다.[35] 미국의 지니 계수도 1980년 0.347에서 2021년 0.397로 불평등 정도가 갈수록 악화되는 실정이다.[36]

이처럼 미국 GDP가 증가함에도 불구하고 중산층이 아니라 극소수의 부자에게만 그 혜택이 돌아가면서, 미국의 대외 경제 정책과 세계 패권 행사에 대한 미국 중산층 시민의 감정적 저항은 어찌 보면 매우 자연스러운 현상일지도 모르겠

---

33 밴스는 트럼프 대통령의 큰아들인 트럼프 주니어(Donald Trump Jr., 1977~)와 매일 통화를 할 만큼 절친이다. 이 때문에 밴스는 과거 트럼프 대통령을 비난한 전력이 있음에도 불구하고, 2024년 7월에 정치 입문 단 2년 만에 부통령 후보가 된다.

34 USA Facts, https://usafacts.org/articles/how-has-wealth-distribution-in-the-us-changed-over-time/

35 Pew Research Center, 2022. Apr 20, https://www.pewresearch.org/short-reads/2022/04/20/how-the-american-middle-class-has-changed-in-the-past-five-decades/

36 World Bank, Gini Index of United States, https://data.worldbank.org/indicator/SI.POV.GINI? locations=US

다. 특히 미국이 체결하는 각종 무역협정에 대한 중산층의 혐오감은 현재 최고조에 달해 있다. 이 구조적 불평등이 초래한 미국 세계 패권 행사에 대한 미국 중산층 시민들의 혐오감이 바로 미국 우선주의로 나타났고, 이를 활용해 대통령에 당선된 사람이 바로 트럼프 대통령이다. 트럼프 대통령이 너 죽고 나 살자는 식으로 중국에 보복관세를 부과한 이유도, 파리 협약 탈퇴와 CPTTP 추진을 중단한 이유도, 트럼프 대통령 이후 민주당과 공화당 모두 對中 강경책을 펼치는 이유 또한 바로 이 때문이다.

우드로우 윌슨 대통령. 버지니아 태생으로 역사 및 정치학을 공부한 후 프린스턴 대학교 총장이 된다. 뉴저지 주지사를 지낸 후 1912년에는 대선에서 대통령에 당선된다. 재임 기간 중 FTC 창립과 독점금지법 제정 등은 성과로 평가받으나, 흑인과 여성에 대해서는 다소 보수적인 태도를 견지하여 후대인들의 평가가 갈린다. 1914년 1차 대전이 터지자 중립을 지켜 1916년 대선에서 재선되었으나, 1917년 1차 대전 참전을 결정하여 미국의 대외 정책을 고립주의에서 탈피시켰다. 윌슨 14개 조와 국제연맹 등 평화로운 국제 질서 구축에 힘썼지만, 미국 국내 정서는 이와 거리가 한참 멀어도 멀었다. 1919년 사진. 작가: Harris & Ewing. Public Domain

필자는 중산층 미국인들의 세계 패권에 대한 피로감과 경멸감이 최고조로 치닫고 있는 상황 때문에 미국 세계 패권 행사의 빈도가 종전보다 줄어들 가능성은 충분히 있다고 생각한다. 하지만 미국 패권에 대한 일반인의 경멸과 혐오와 같은 정서 문제는 사실 어제오늘의 일이 아니다. 2016년 대선에서 이 문제가 대규모로 표출되면서 마치 새로운 추세가 시작된 것처럼 호들갑을 떠는데, 진실과는 한참 거리가 멀다.

실제 진실은 일반 미국 국민의 정서는 미국이 건국된 이후부터 "줄기차게" '명예로운 고립'을 선호했다는 점이다. 예컨대 미국이 1차, 2차 세계 대전에 참여한 것도 루시타니아호의 침몰이나 진주만 공습과 같은 외부적 요인으로 등 떠밀 듯이 강요받은 것이지, 미국 국민들이 자발적으로 선택한 것이 결코

아니다.[37] 특히 1차 대전 참전을 결단했던 우드로 윌슨(Woodrow Wilson, 1856~1924) 대통령은 고립을 선호하는 미국 국민의 정서를 파고들어 1차 대전에 휘말리지 않겠다는 슬로건으로 1916년 재선에 성공한 인물이다. 재선 당시 윌슨 지지자들은 미국의 1차 대전 참전 직전까지도 그가 미국이 독일과의 전쟁을 피하게 했다면서 그를 끝없이 칭송했다!

나아가 1차 대전 후 윌슨 대통령이 주도해서 설립한 국제연맹의 미국 가입은 그가 일생의 소망으로 간주했던 사업이다.

시어도어 루스벨트 대통령. 뉴욕시 부유한 가문에서 태어났으나, 몸이 허약하여 받는 고통을 극복하는 과정에서 불굴의 의지를 키웠다. 이후 그는 24세의 젊은 나이에 뉴욕주 하원 의원이 된다. 하지만 2년 뒤 그의 어머니와 아내가 동시에 사망하면서 크나큰 정신적 충격을 받고 정치를 접고 낙향하려고 하였다. 하지만 친구들의 만류로 정계에 계속 남게 되고, 뉴욕주 경찰청장, 국방부 해군 담당 차관보 등을 역임했다. 1898년 스페인과 전쟁이 터지자 국방부 차관보직을 스스로 내려놓고, 아들과 함께 직접 전쟁에 참여한다. 비록 이 전쟁에서 아들은 전사하지만, 스페인과 쿠바군을 크게 무찌르면서 그는 일약 국민적 영웅이 된다. 1900년 윌리엄 맥킨리(William McKinley, 1843~1901) 대통령의 러닝 메이트로 부통령이 되었으나, 1901년 맥킨리 대통령의 암살로 42세의 최연소 미국 대통령이 된다. 대통령이 된 후 외교는 "부드러운 말로 큰 막대기를 드는 것"이라는 大 곤봉 정책으로 미국 팽창주의 정책의 기초를 마련하였다. 나아가 파나마 운하 건설로 대서양과 태평양을 동시에 제패하려는 해양 제국 미국의 기초도 완성한다. 경제적으로는 셔먼 독점금지법을 제정하여, 거대 기업에 대한 독과점 규제의 법률적 토대도 갖추게 된다. 그가 가장 좋아했던 개인적 취미는 바로 사냥인데, 모친과 아내가 동시에 사망한 이후 그의 우울함을 달랬던 것도 바로 사냥이었다고 한다. 출처: Wikipedia. 1904년경. Public Domain

하지만 일반 미국 국민의 생각은 윌슨이 이상향으로 그리던, 민주주의를 중심으로 한 안전한 '세계' 구축과는 한참 거리가 멀었다. 일반 미국 시민들은 왜 수많은 미국 청년들이 남의 나라 프랑스에서 목숨을 잃어야 하는지 전혀 이해하지 못했다. 이 때문에 그는 1919년 9월경부터 장장 13,000㎞에 이르는 거리를 열차를 타고 전국을 순회하며 미국의 국제연맹 가입의 필요성을 적극 홍보하고 국민을 설득해야 했다.[38] 이 과정에서 무리한 일정 탓에 순회 도중에 윌슨 대통령은 뇌졸중으로 쓰러지기도 했다.[39] 하지만 미국 상원은 1920

37 브레진스키, 『거대한 체스판』, 2008, 삼인, p. 44

38 로날트 D. 게르슈테, 『질병이 바꾼 세계의 역사』, 미래의창, 2020, p. 197

39 윌슨 대통령은 태어날 때부터 몸이 매우 허약했다. 글을 읽기 시작한 것도 9살 때부터였고, 30대 중반인 1890년경부터는 오른손에 마비 증세가 왔으며, 50세가 된 1906년에는 아침에 눈을 뜨면서 오른쪽 눈이 보이지 않는다는 것을 깨달았다고 한다. 하지만 그는 불굴의 정신력을 소유한 사람이었다. 그는 강인한 정신력이 병약한 육체를

년 3월 19일, 베르사이유 조약과 함께 미국의 국제연맹 가입 비준 동의를 거부하였고, 이로써 미국의 국제연맹 가입은 윌슨 대통령의 한단지몽에 그치고 말았다.

필자도 2005년부터 3년 동안 미국의 뉴햄프셔(New Hampshire)에서 유학하면서 차를 운전할 때, 미국인으로부터 "당신네 나라로 돌아가(Go back to your country)!"라는 말을 수도 없이 들었다. 실제로 미국 대통령들도 2차 세계대전을 이끌었던 프랭클린 루스벨트 대통령 이전에는 미국 본토를 벗어난 사례가 거의 없다. 미국 본토를 처음 벗어났던 대통령은 시어도어 루스벨트 대통령(Theodore Roosevelt, 1858~1919)인데, 그가 방문한 곳도 그나마 미국령인 파나마와 푸에르토리코였다.[40] 해외 순방을 자주했던 프랭클린 루스벨트(Franklin D. Roosevelt, 1882~1945) 이전 우드로 윌슨 대통령만이 아메리카 대륙을 넘어 유럽 대륙으로 한 번 이상 여행한 최초의 대통령이다.[41] "글로벌"이라는 말을 사용한 대통령 또한 프랭클린 루스벨트가 처음이고, 임기 중에 아

프랭클린 루스벨트 대통령. 루스벨트의 선조는 1650년경 뉴암스테르담(맨해튼)으로 이주한 네덜란드 지주 클라에스 판 로센펠트(Claes van Rosenvelt)로, 시어도어 루스벨트도 그의 먼 조상이다. 그는 하버드 경제학과를 나와 역사학을 공부한 후, 콜롬비아 로스쿨로 진학한다. 1910년 뉴욕주의 상원 의원, 1913년 해군 차관, 1920년 대선에서 부통령 후보까지 되었지만, 낙선한다. 불행히도 1921년 메인주의 캄포벨로(Campobello) 별장에서 여름에 호수에서 수영을 하고 난 후 소아마비 진단을 받는다. 그는 이후 아예 걷지도 못하고 극심한 고통에 시달리게 된다. 하지만 그는 불굴의 정신력으로 이를 극복하여, 1928년 뉴욕 주지사가 되고, 1932년 민주당 대통령 후보가 되어 대통령에 당선된다. 당시 미국 경제를 만신창이로 만든 대공황을 극복하기 위한 뉴딜 정책을 펼쳤으며, 2차 세계대전 참전을 결정한다. 그는 미국 역사상 유일한 4선 대통령이다. 출처: Wikimedia Commons, 1932년경 사진. Public Domain

---

통제할 수 있다고 믿었고, 실제로 그렇게 행동했다. 온갖 신체적 악재에도 불구하고 1902년 프린스턴 대학 총장이 되었고, 각종 대학 개혁을 밀어붙이던 그는 1911년 뉴 저지 주지사가 되었으며, 1913년에는 마침내 미국 대통령까지 되었다. 국제연맹 가입을 위한 전국 순회는 그의 신체적 조건에서 보면 너무나 무리한 일정이었던 셈이다. 순회 중에 쓰러진 뇌졸중 때문에 윌슨 대통령은 그때부터 사실상 국정을 장악하기 어려웠다. 그는 무리한 신체 조건에도 불구하고 1920년 10월, 3선에 도전했으나 공화당 후보인 하딩(Warren Harding, 1865~1923)에 압도적인 표 차이로 패배한다. 패배의 원인은 여러 가지가 있겠지만, 필자는 그의 1차 대전 참전 결정이 가장 중요한 원인이었던 것으로 추정한다.

40 푸에르토리코가 미국령이라는 것을 아는 사람은 그리 많지 않다. 브로드웨이 뮤지컬로 1961년 영화로 만들어져 아카데미 10개 부분을 수상한 「웨스트 사이드 스토리」의 여자 주인공도 푸에르토리코 출신이다. 2022년 넷플릭스 한국 영화 「수리남」에도 푸에르토리코가 등장한다.

41 대니얼 임머바르, *앞의 책*, p. 325

시아, 아프리카, 남미를 방문한 첫 대통령 또한 프랭클린 루스벨트다.[42]

2차 대전이 끝나자, 해외에 250만 명의 군대를 주둔시켜야 한다고 발표한 전쟁부 또한 미국의 가족들로부터 격렬한 반발에 부딪혀야 했다. 예컨대 1945년 12월, 단 하루 만에 트루먼 대통령(Harry S. Truman, 1884~1972)의 집무실에는 해외에 주둔한 미군의 본국 귀환을 요구하는 엽서가 무려 6만 통이나 쏟아졌다. 심지어 마닐라에 주둔한 미군은 스스로 해외 주둔에 반대하며 "우리를 집으로 보내 달라(Get Us Home!)"라는 대규모 시위를 벌였다. 마닐라 시위 이후 호놀룰루 2만 명, 한국 3만 명, 콜카타 5만 명의 대규모 미군 시위가 연쇄적으로 일어났다.[43]

미국을 "고립된 대륙(isolated continent)"이나 "대륙 섬(continental island)"이라고 부르던 이유도 이 때문이다. 트럼프도 윌슨 대통령처럼 건국 이후부터 지속적으로 명예로운 고립을 선호했던 미국인의 전통적인 일반 정서를 파고들어 2016년 대선에서 주요 이슈로 부각시켰던 것뿐이다. 트럼프 대통령이 미국인들의 고립 정서를 확실한 대세로 만들었다고 주장할 수도 있으나, 2020년 바이든 대통령의 선출로 그런 주장 또한 근거가 없다. 즉, 미국인들의 세계 패권 행사에 대한 혐오는 과거부터 항상 있었던 것이지, 새로운 추세와는 아무런 상관이 없다!

오히려 미국의 세계 패권 행사 포기는 2016년이 아니라, 소련이 붕괴된 1991년 직후가 가장 적절한 시점이었다. 하지만 미국은 소련이 붕괴한 1991년 이후에도 세계 패권을 지속적으로 행사해 왔다. 러시아와의 암묵적 합의에도 불구하고 미국이 이끄는 군사 동맹체 나토가 계속 동진한 것도 이 때문이다. 2016년 이후 미국이 세계 안보를 포기하였다는 주장은 미국 대중의 정서와 미국의 객관적인 패권 행보를 혼돈했기 때문에 나온 황당한 망상이다. 대중이 희망하는 것과 국가가 추구하는 국익이 같다면 모르겠지만, 그렇지 않다면 대부분 국익, 이른바 "레종 데타(raison d'État)"를 우선하는 경우가 더 많다. 아니 그런 경우가 언제나 통

42 대니얼 임머바르, *앞의 책*, pp. 325~329

43 대니얼 임머바르, *앞의 책*, pp. 342~343

용되는 물리적 법칙이다.

예컨대 부시 행정부(Presidency of George W. Bush, 2001~2009) 또한 트럼프 행정부와 유사하게 미국 중심의 '일극 현실주의(Unipolar Realism)'를 강조했다. 특히 대중이 선호하는 미국 중심주의를 강조하면서도 부시 행정부는 패권 행사에 매우 적극적이었다. 즉, 미국의 이해관계 관철을 위해 다자간 합의 보다는 적이냐, 동지냐 식의 흑백 논리에 따른 일방적 외교 정책과, 필요할 경우 군사 행동에 초점을 둔 무력 사용과 선제공격 우선 정책을 밀어붙였다. 더 나아가 부시는 2000년 대선 기간 중 중국을 미국 패권에 위협이 되는 전략적 경쟁자(Strategic Competitor)로 규정하면서 중국과의 불협화음을 일으키기도 했다.[44] 오늘날 관점에서 보면 참으로 불행하게도 미국은 2001년 911 사태 이후 테러와의 전쟁에 몰두하면서, 중국을 외교적 중점 관리 대상에서 제외하는 중대한 실수를 저질렀다. 만약 911사태가 없었다면 부시는 트럼프 대통령의 강경한 對 중국 정책보다 더 강경한 對中 정책을 시행했을 가능성이 매우 높다. 만약 그랬다면 지금처럼 중국이 미국과 맞짱을 뜨는 장면은 없었을지도 모르겠다.

구조적으로도 패권 행보가 행사되는 방식이 민주적일 수는 없다. 이라크 침공이 자유민주주의 원칙과 배치되는 것이지만, 달러 패권 유지를 위해서는 반드시 필요했던 것처럼 말이다.[45] 다행인지 불행인지 패권을 행사하는 국가가 자유민주주의 국가라는 점 또한 역사상 최초의 의도되지 않은 실험적 방식이기도 하다. 다만 패권을 행사하는 미국이 과거의 소련처럼 1인이나 1당 독재체제 혹은 시진핑 이전의 중국처럼 집단 지도체제가 아니라 일반 국민들의 선거로 권력자를 선출하는 자유민주주의 국가이기 때문에, 대중의 정서에 영향을 전혀 받지 않을 수는 없을 것이다.

---

44 마틴 자크, *앞의 책*, p. 460.  한편 부시 행정부는 중국을 견제하기 위해 2006년 인도와의 핵 협력을 공식화했다. 원래 핵확산 금지 조약(NPT)에 가입해야만 핵 관련 장비와 핵연료를 제공할 수 있는데, NPT에 가입하지 않은 인도에게 미국이 핵 관련 장비와 핵연료 제공을 공식적으로 승인한 것이다. 이는 미국이 중국을 견제하기 위해 인도를 사실상 핵보유국으로 인정했다는 뜻이다.

45 필자는 이라크 전쟁이 올바른 결정이었다고 생각한 적이 없다. 필자는 부시 행정부가 달러 패권을 지키기 위해서 이라크 전쟁을 일으킨 것이 미국의 패권유지라는 관점에서는 불가피한 선택이었다는 점을 말하는 것이다.

이에 따라 과거 닉슨 대통령처럼 "우리가 해외에서 우리의 책임을 다하는 경우에만 위대한 국가로 남을 것이고, 우리가 위대한 국가로 남는 경우에만 본토에서 우리의 과제를 완수할 수 있을 것"[46]이라는 미국식 패권 정신을 지금도 기대하는 것은 당연히 무리다. 예컨대 2006년을 기준으로 전 세계 미군기지 유지비는 미국 GDP의 6.5%에 이르는 엄청난 규모였다.[47] 그 이후로 지속 감소하기는 했지만 2022년 기준으로도 미국의 군비 지출은 8,770억 불로 대략 미국 GDP의 3%를 약간 넘는다.[48] 2020년 기준 해외 미군기지 수도 무려 800여 개이고,[49] 2022년은 다소 감소하여 80여 개국에 750개의 해외 미군기지가 있다. 영국과 프랑스 합쳐서 13개, 러시아는 9개, 그 외 국가의 해외군대 기지 수는 모두 합쳐봐야 30여 개에 불과하니까, 미군의 해외 기지수가 얼마나 엄청난 규모인지 가늠이 될 것이다.[50]

더구나 전통적으로 미국의 일반인들은 왜 미국이 다른 나라의 안보를 위해서 막대한 규모의 자국 달러를 지출하거나 수많은 젊은이의 목숨을 희생해야 하는지에 대해 매우 심각한 의문을 제기한다. 예컨대 트럼프 행정부의 국무부 동아시아·태평양 수석부차관보인 아툴 케샵(Atul Keshap, 1971~)의 말에 따르면, 미국은 지금까지 자유주의를 수호한다는 패권 유지 역할에 자국민의 세금을 사용하면서 오히려 "미국 내에는 제대로 된 의료보험이나 고속전철도 없다." 2021년 4월 바이든 대통령이 아프가니스탄 철수를 결정한 것도 그가 민주 국가의 대통령으로서 대략 70%에 가까운 일반 대중이 아프가니스탄 철수를 지지한다는 국내 여론을 무시할 수 없었기 때문이다.[51] 특히 모바일 기기와 SNS의 전 세계적인

---

46 헨리 키신저, *앞의 책(세계 질서)*, p. 341

47 마틴 자크, *앞의 책*, p. 19

48 2022년 기준 2위가 중국으로 2,920억 불, 러시아가 864억 불로 3위이다. 출처: statista.com

49 대니얼 임머바르, *앞의 책*, p. 32. 2차 세계 대전 중에는 미국의 해외 군사기지 수가 무려 2,000여 개였고, 군사시설은 3만여 개에 이르렀다. 대니얼 임머바르, *앞의 책*, p. 323

50 대니얼 임머바르, *앞의 책*, p. 589

51 2021년 7월 7~26일, 미국인 2,086명을 상대로 한 여론조사에서 70%가 미군의 아프가니스탄 철수를 지지했다. 조선일보, 2021. 8.17

확산으로 자유주의와 휴머니즘이 극적으로 진전되고 있는 현재의 상황에서, 미국 정부 또한 반전 여론과 상관없이 베트남 전쟁을 밀어붙였던 닉슨 대통령 시대와 같은 태도를 취하기는 매우 어렵다. 따라서 이제 미국은 과거와는 달리 자유세계를 향한 도덕적 십자군 역할을 위해 미국의 국익을 희생하는 것에 염증을 느끼는 국민의 요구를 어느 정도 수용하는 동시에, 진전된 기술을 적극 활용하는 방향으로 세계 패권을 행사할 것이다.

그 결과 미국이 패권을 구사하는 양상은 기존과는 매우 달라질 가능성이 매우 높다. 쿠웨이트나 이라크처럼 대규모 지상군을 투입하는 것은 오래전에 이미 사장된 구태의연한 방식으로,[52] 결코 미국 대중들의 지지를 받기 어려우므로 실현 가능성이 거의 없는 정책 옵션이다.[53] 예컨대 비록 이란이 달러 패권에 대놓고 반기를 들더라도, 비록 북한이 대륙간 탄도미사일 기술로 미국 본토에 대한 핵 직접 포격 위협을 가하더라도, 설사 러시아가 무차별로 우크라이나 민간 지역을 폭격한다고 하더라도, 설사 하마스와 이스라엘이 전면전으로 치닫는다 하더라도, 미국은 과거 이라크 전쟁처럼 엄청난 규모의 달러와 젊은이의 막대한 희생이 요구되는 대규모 지상전을 결정하지는 않을 것이다.[54] 예컨대 비록 쿠르드족이 IS 퇴치에 목숨을 걸고 미국과 긴밀히 협력했을지는 몰라도, 미국이 대규모 지상군을 시리아에 증파하여 터키로부터의 군사 위협을 저지해 주지는 않을 것

52 통신 체계를 공격하여 전쟁을 승리로 이끈 사례는 미군이 후세인의 쿠웨이트 침공에 반격한 1991년 1월, 사막의 폭풍 작전이 처음이었다. 미군은 GPS를 활용하여 원하는 표적을 정밀하게 타격하면서 '남자 화장실이든, 여자 화장실이든' 고르기만 하라고 자랑스럽게 말했다. 나아가 야간에는 적외선 조준기를 활용하여 레이저 미사일로 이라크 탱크를 무력화시켰다. 사막의 폭풍 작전이 단 6주 만에 미국의 승리로 끝남에 따라 정밀 타격 기술을 활용한 통신 체계 공격이 얼마나 효율적인지 증명되었다. 불행히도 쿠웨이트 전쟁에서 재미를 본 이 전략은 아프가니스탄 전쟁에서는 큰 효과가 없었다.

53 미국은 2차 대전 이후 5번의 대규모 지상전을 치렀다. 1950년 한국 전쟁, 1955년 베트남 전쟁, 1990년 1차 걸프 전쟁(이라크의 쿠웨이트 침공에 대한 미국의 지상군 파견), 2001년 아프가니스탄 전쟁, 2003년 이라크 전쟁(9·11 후 이라크 본토 침공, 2차 걸프 전쟁). 이 중 미국이 승리한 전쟁은 1차 걸프 전쟁과 이라크 전쟁뿐이었다. 베트남 전쟁은 패배했고, 한국 전쟁은 무승부로 현재 공식적으로는 휴전 상태이다. 아프가니스탄 전쟁은 2021년 8월에 종료되었는데, 필자가 보기에는 탈레반 정권의 완전 타도라는 목표는 달성하지 못하고 철군하면서 사실상 패배한 전쟁이나 마찬가지다.

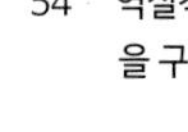

54 역설적으로 미국이 전면전을 치를 가능성이 낮다는 점 때문에 이란이나 북한은 미국과의 전면전도 불사하겠다는 허풍 작전을 구사할 가능성이 매우 높다.

이다.[55]

반면 인공위성을 활용한 감시, 드론을 통한 정찰과 파괴, 신형 항모와 스텔스 전투기를 활용한 정밀 타격, 특수 작전군을 활용한 비밀 임무 수행, 군사 작전에서 동맹국의 역할 확대, 반도체 등 전략 물자에 대한 수출통제, 달러 패권을 활용한 경제 제재, 국제 달러 결제망(SWIFT) 배제 등 새로운 방식의 군사·외교·경제·금융 패권 행보는 이전보다 더욱더 강화해 나갈 것이다.[56] 실제로 2020년 1월 2일, 이란 혁명수비대의 최정예 부대이자 정보부대인 쿠드스 군(Quds Force)을 이끄는 군부 실세 카셈 솔레이마니(Qasem Soleimani, 1957~2020) 사령관은 미 공군이 소유한 살상 드론 MQ-9 리퍼의 바그다드 정밀 폭격으로 사망했다.[57] 바이든 대통령 또한 2019년 북동 시리아에서 미군이 철수하였음에도 불구하고, 시리아 동쪽의 이라크 국경 도시에 있는 친이란 민병대 시설을 2021년 6월 27일에 정밀 폭격했다. 2022년 7월 31일에는 아프가니스탄에 기거하던 911테러 기획자인 알-자와히리(Ayman al-Zawahiri, 1951~2022) 또한 CIA 무인 드론의 헬파이어 미사일 폭격으로 즉

---

55 쿠르드족은 나라 없는 가장 큰 민족, 중동의 집시 민족으로 알려져 있다. 원래 기원은 자그로스 산맥에 살던 고대 민족 구티 혹은 쿠티족이다. 주로 터키 동쪽, 이라크·이란·시리아 접경 지역에 거주한다. 대략 3,000~4,000만 명에 이르는 것으로 알려져 있으며, 이 중 1,500만 명이 터키에 거주한다. 단일민족이지만 언어가 달라서 서로 의사소통이 원활하지 않다. 하지만 민족의식은 강하여 쿠르디스탄 건국 운동을 200년 가까이 지속하고 있다.

56 따라서 이란이나 북한은 미국의 경제 제재는 기본이고, 특수 작전군이나 스텔스 전투기에 의한 미국의 군사 공격 가능성에는 무조건 노출된다. 이란이나 북한의 지도자가 자신의 정권이 유지되길 희망한다면, 미국의 새로운 패권 양상의 희생양이 될 정도로 미국 패권에 심각하게 도전하는 언행은 삼가는 것이 좋을 것이다.

57 이란 혁명수비대(IRGC, Islamic Revolutionary Guard Corps)는 1979년 이란 혁명이 일어났을 때, 혁명에 반대하는 세력들을 제거하기 위해 호메이니가 만든 단체이다. 이란의 영토를 방어하는 군부대와 별도로 이란의 혁명 이념을 수호하고 전 세계에 전파하기 위한 목적으로 진화하고 있으며, 갈수록 세력을 키워나가고 있다. 그 결과 이란 혁명수비대는 자체 육, 해, 공군, 쿠드스 군 등의 특수 병력 총 30여만 명을 보유하고 있으며, 방송국을 포함하여 핵무기까지 소유하고 있는 것으로 알려져 있다. 혁명수비대 내에는 바시즈 민병대(Basij Resistance Force)도 거느리고 있는데, 이 민병대 규모는 수백만 명에 이르는 것으로 추정된다.(이란 정부 발표에 따르면 바시즈 민병대는 2천만 명 규모이다.) 혁명수비대는 시리아 내전, 레바논 내전, 하마스의 이스라엘 공격 등에 개입한 것으로 알려져 있다. 특히, 2020년 1월 솔레이마니 사망에 대한 보복 공격으로 이라크에 있는 미군 기지에 대한 미사일 공격 중 실수로 우크라이나 민항기 752를 격추시킨 사건에도 연루된 것으로 전해진다. 특히 국회의원들과 대기업 임원들까지 혁명수비대 출신이 장악하면서, 이란의 정치와 경제 모두를 장악한 실질적인 권력의 핵심으로 부상한다. 예컨대 이란 건설업체인 카탐 알 안비아(Khatam al-Anbia)는 이란 내 인프라 건설 사업을 사실상 독점하고 있을 뿐 아니라, 시리아, 이라크 등지에서도 대규모 건설 공사를 수주하고 있다. 이에 따라 혁명수비대 출신 임원들의 대기업이 이란의 건설, 석유, 은행, 통신, 무역, 운송 등의 분야를 실질적으로 장악하고 있는 실정이다. 미국 언론은 혁명수비대가 이란 GDP의 대략 40%를 차지한다고 주장하기까지 한다. 미국은 2019년 혁명수비대를 테러단체로 지목하고 자금줄을 동결하고 있지만, "혁명을 논의하면서 돈벌이에 혈안이 된" 혁명수비대는 이를 비웃듯이 사업을 계속해서 확장하고 있다.

사했다. SLBM이나 ICBM으로 미국 본토를 타격하겠다는 벼랑 끝 전술을 자주 구사하는 북한의 김정은도 미국의 공중정찰과 스텔스 전투기, 드론, 특수 작전군의 존재를 항상 생각하면서 신중하게 행동하는 편이 신상에 좋을 것이다. 실제로 솔레이마니를 살상한 MQ-9 리퍼가 2022년 10월에 일본 가고시마 해상자위대에 처음 배치되었는데, 북한의 김정은은 이런 사실을 잘 알고 행동하는 것이 좋을 것이다.[58]

더 나아가 미국 패권 행사에 따른 달러 지출을 줄이기 위해서 불가피하게 해외에 주둔하고 있는 미군에 대한 주둔국의 방위비 분담 비율을 높일 것이다. 예컨대 2023년 7월, 레이건과 트럼프 독트린의 주요 입안자로 미국 보수의 가장 영향력 있는 싱크탱크 연구소인 헤리티지 재단(Heritage Foundation)은 『*Project 2025*』 보고서를 통하여 2024년 공화당의 재집권에 대비해, 미국의 국방 전략에서 비용 분담을 핵심 의제로 삼아야 한다고 제언했다.[59] 2021년 새롭게 등장한 바이든 행정부 또한 트럼프 행정부처럼 막가파식으로 방위비 분담 비율을 압박하지는 않겠지만, 방위비 분담 비율을 이전보다 높이려는 기본적인 방향은 거역하기 어려울 것이다. 실제로 트럼프 행정부는 2019년 개최된 한국과 방위비 분담 특별 협정(SMA, Special Measures Agreement) 개정 협상에서 직전 연도 2018년의 분담금인 9,600억 원의 무려 6배인 50억 불을 요구한 적이 있다. 이 엄청난 증액 요구로 협상이 교착되자, 트럼프 대통령은 50억 불을 받지 못하면, 주한 미군을 아예 철수하겠다는 협박성 압박도 하였다. 11차 SMA는 트럼프 행정부에 뒤이은 바이든 행정부 때인 2021년에야 겨우 협상이 마무리되었는데, 이때 합의된 한국

---

58 솔레이마니를 살상한 MQ-9 리퍼의 인도-태평양 지역 배치와 운용은 처음인데, 이는 북한의 핵실험에 대비한 북한 최고 지도자에 대한 압박용이다. MQ-9은 무게 4.7톤, 최대 사거리 14㎞, 오차 반경 1m, 최대 시속 대략 480㎞, 항속 거리 약 6,000㎞, 최대 상승고도는 15㎞, 최대 체공 능력 14시간이고, 최대 장착 무기는 4대의 헬파이어 미사일·230㎏ 무게의 레이저 유도 폭탄 등으로 알려져 있다. 미국은 인도-태평양 지역에 배치된 MQ-9 리퍼의 훈련 영상을 2024년 4월에 언론에 처음 공개하기도 하였다.

59 "The United States cannot be expected to provide a defense umbrella for countries unwilling to contribute appropriately." 『*Mandate for Leadership, The Conservative Promise: Project 2025*』, Edited by Paul Dans and Steven Groves, Heritage Foundation, 2023. 7, p. 187。 트럼프 대통령은 2016년 집권 시 헤리티지 파운데이션의 정책 제언 60%가량을 실제 정책에 반영했다고 한다.

의 분담율은 트럼프 행정부 마지막 시기 실무적으로 합의된 13%를 넘는 13.9% 증가한 안이었다.[60]

한국뿐 아니라 나토의 방위비 분담도 마찬가지다. 나토는 2023년에 1.3조 달러에 달하는 천문학적인 자금 지출을 하였는데, 미국은 이 중 ⅔에 해당하는 8,600억 불을 부담하였다.[61] 나토의 가이드라인에 따르면 나토 가입국은 GDP의 2%를 나토의 방위비 지출에 사용하여야 한다. 하지만 이를 준수하는 나라는 2023년 기준으로 폴란드, 그리스, 에스토니아 등 11개국에 그친다. 나머지 19개국은 이 가이드라인을 지키지 못하고 있고, 룩셈부르크는 1%에도 미치지 못한다. 이런 현실을 보다 못한 트럼프 대통령은 2024년 3월 10일 대선 유세에서 나토 분담금을 내지 않아도 러시아로부터 보호할 것이냐라는 질문을 받고, "분담금을 내지 않으면, 방어하지 않을 것"이라고 발언하기도 했다. 아마도 트럼프가 대통령에 재선되면 나토 방위비 분담금은 거의 확실히 올라갈 것이고, 바이든 대통령이 재선된다 하더라도 최소한 가이드라인인 2%에 맞추어 나토 방위비 분담금 인상을 요구하는 것은 불가피할 것으로 본다.

**< 나토 국가의 GDP 대비 방위비 지출 규모 >**

| 국가 / 순번 | 준수 국가 | | 非 준수 국가 | |
|---|---|---|---|---|
| | 국가 | GDP 대비 나토 지출(%) | 국가 | GDP 대비 나토 지출(%) |
| 1 | 폴란드 | 3.9 | 프랑스 | 1.9 |
| 2 | 미국 | 3.5 | 몬테네그로 | 1.9 |
| 3 | 그리스 | 3.0 | 북 마케도니아 | 1.9 |
| 4 | 에스토니아 | 2.7 | 불가리아 | 1.8 |

60 2021년 이후인 2022~2025년 분담비 증가율은 국방비 증가율에 비례한다고 양측이 합의했다. 한국의 국방 예산 증가율은 아래 표와 같이 본회의 예산 기준으로 특별한 경우를 제외하고 대략 5% 밴드 내외이고, 거의 정부 예산 증가율을 하회한다. 2026년도 이후 증가율은 별도의 협상을 다시 해야 하는데, 트럼프 대통령의 재선이 확실하다는 여론조사로 인해 12차 SMA는 2024년 3월에 협상이 개시되었다. 한미 간 방위비 분담 협상은 주한 미군 2만 8,500명의 주둔 비용인 연간 20억 불을 한국과 미국이 어떻게 분담할지가 핵심이다.

| 연도 | 2014 | 2015 | 2016 | 2017 | 2018 | 2019 | 2020 | 2021 | 2022 | 2023 | 2024 |
|---|---|---|---|---|---|---|---|---|---|---|---|
| % | 4.2 | 4.0 | 4.9 | 3.6 | 4.0 | 7.0 | 8.2 | 7.4 | 5.4 | 3.4 | 4.6 |

61 출처: Visual Capitalist. https://www.visualcapitalist.com/breaking-down-1-3t-in-nato-defense-spending/

| | | | | |
|---|---|---|---|---|
| 5 | 리투아니아 | 2.5 | 크로아티아 | 1.8 |
| 6 | 핀란드 | 2.5 | 알바니아 | 1.8 |
| 7 | 루마니아 | 2.4 | 네덜란드 | 1.7 |
| 8 | 헝가리 | 2.4 | 노르웨이 | 1.7 |
| 9 | 라트비아 | 2.3 | 덴마크 | 1.7 |
| 10 | 영국 | 2.1 | 독일 | 1.6 |
| 11 | 슬로바키아 | 2.0 | 체코 | 1.5 |
| 12 | | | 포르투갈 | 1.5 |
| 13 | | | 이탈리아 | 1.5 |
| 14 | | | 캐나다 | 1.4 |
| 15 | | | 슬로베니아 | 1.4 |
| 16 | | | 튀르키예 | 1.3 |
| 17 | | | 스페인 | 1.3 |
| 18 | | | 벨기에 | 1.1 |
| 19 | | | 룩셈부르크 | 0.7 |

2023년 기준. 출처: Visual Capitalist

미국은 방위비 분담 증액 요구에서 더 나아가 미국 패권의 핵심 전략 중 하나인 항행의 자유(Freedom of Navigation, FON)를 구사하기 위한 전략적 행위에 필요한 달러 지출도 줄일 것이다. 예컨대 항행의 자유 전략에 핵심 이해 당사국들의 해군 참여를 강제하거나 적극 유도할 것이다. 혹시나 있을지 모르는 중국의 대만 침공에 대비해서도 한국이나 일본 등 주변 동맹국의 군사적 역할 확대를 요구할 것 또한 확실하다.

이와 병행하여 미국의 제조업과 미국인의 일자리를 수호하기 위해 중국을 향한 치킨 게임식의 무역전쟁, 철강·알루미늄·세탁기 등에 대한 무지막지한 세이프가드 조치, 지속적인 환율조작국 지정 행위, 전략산업에 대한 동맹국과의 공급망 강화, 전략 물품에 대한 수출통제 체제 강화, 반도체 보조금을 받기 위해서는 현금 흐름까지 제출하도록 강제하거나, 중국산 제품에 대한 반덤핑, 상계관세 직접 조치는 물론이고, 이를 부품으로 사용하는 모든 국가의 전체 상품에 대해서도 반덤핑, 상계관세 조치의 적용을 남발하는 황당한 조치도 감행하는 등 경제적 패권 행보는 강화할 것이다. 즉, 미국의 군사·외교적 이해관계를 관철하기 위해 중국, 이란이나 북한의 사례처럼 대규모 군사 작전보다는 경제적 패권을 활용한 압박 전략을 사용할 것이다.

트럼프 행정부에 뒤이은 바이든 행정부 또한 미국의 경제적 패권 전략에 트럼프 행정부 못지않게 적극적이었다. 예컨대 2018년 트럼프 대통령이 시작하여 본격적인 미중 무역전쟁의 서막을 촉발했던 중국에 대한 보복관세에 대해서도 바이든 행정부는 2021년 1월에 초대 재무장관인 옐런(Janet Yellen, 1946~)이, 2021년 3월에는 미국무역대표부(USTR) 장관 캐서린 타이(Katherine Tai, 1974~)가 이를 전면 철회할 의사가 없음을 분명히 했다.[62] 바이든 행정부의 반도체와 전기차 분야 패권 행보 또한 트럼프 행정부처럼 무지막지한 관세 인상을 통한 강압적 압박이 아니라, 보조금 직접 지급과 강력한 수출통제 등 강온 양면 압박 전략을 구사하면서 경제적 패권 행사의 패러다임을 완전히 바꾸기도 했다.

예를 들어 바이든 대통령은 2021년 6월 8일, 반도체, 전기차 배터리, 의약품 원료, 희토류 등을 4개 전략 품목으로 지정하고, 이 품목의 글로벌 벨류 체인(Global Value Chain, GVC)을 동맹국에 기반해서 재편하겠다고 선언했다. 간단히 말해 미국은 반도체 제조에 필요한 장비(상류 벨류 체인), 불화수소와 같은 소재(중류 벨류 체인), 메모리나 파운드리 제품(하류 벨류 체인) 생산과 관련된 산업 시설을 미국 본토나 미국의 동맹국에만 배치하겠다는 것이다. 2021년 6월 14일에는 바이든 대통령이 주도한 나토 회의에서 중국의 행동이 규칙에 기반한 국제 질서에 "구조적 도전(Systemic Challenge)"을 야기한다고 천명하면서 중국에 대한 다자 군사적 압박의 강도를 끌어올리기도 했다.

2022년 8월 9일에 발효된 반도체 과학법(Creating Helpful Incentives to Produce Semiconductors and Science Act: CHIPS Act)과 2023년 3월과 10월에 발표된 세부 기준을 통해서는 미국 정부로부터 반도체 보조금을 받으려면 중국과 같은 미국의 안보에 위협이 되는 국가에서 생산시설 확장을 금지해야만 받을 수 있도록 공표했다. 2022년 8월 16일, 바이든 대통령의 서명으로 즉시 발효된 인플레이션 감축법

62 2021.1.21., 상원 금융위원회 인상 청문회 서면 답변 자료, 2021.3.28., 월스트리트 저널

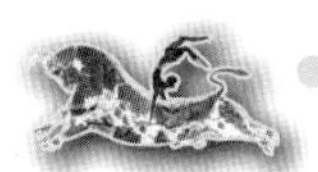

(Inflation Reduction Act: IRA)과 2023년 3월 발표된 세부 기준을 통해서도 리스와 같은 상업용 용도를 제외하고는 전기차 보조금 수혜 요건을 북미산 조립(assemble)품으로 한정하였다. 나아가 전기차 배터리 중 음극판·양극판·분리막·전해질 등 4대 부품과 셀, 모듈은 부품으로 간주하되,[63] NCM이나 NCA와 같은 양극활물질, 흑연과 같은 음극활물질은 부품이 아니라 소재로 간주하였다.[64] 그러나 핵심 광물은 미국이나 미국과 FTA를 체결한 국가에서 추출 혹은 가공해야만 전기차 보조금을 받을 수 있다고 발표했다.[65] 나아가 보조금을 받으려면 전기차 배터리 중

---

63 리튬의 최대 장점은 가장 가벼운 알칼리 금속이므로 배터리 무게를 최대한 줄일 수 있다는 것이다. 다만 반응성이 너무 좋아 산소와 결합한 리튬 산화물로 주로 존재한다. 또한 에너지 밀도가 높아 충전과 방전 효율도 높다. (망간은 리튬보다 풍부한 원소이나 방전압이 리튬보다 현저히 낮다.) 나아가 기존 배터리 소재인 납, 카드뮴, 수은과 같은 환경 규제 물질과 달리 친환경적이다. 리튬이온 배터리는 크게 전자를 잃는 산화(oxidization)가 일어나는 양극(cathode), 전자를 얻는 환원(reduction)이 일어나는 음극(anode), 리튬 이온의 이동 매개체인 전해질(electrolyte), 양극과 음극을 분리하는 분리막(separator) 등 4가지로 구성된다. 4가지 구성요소에 절연층(insulator)과 도전체(conductor) 등이 추가되면 셀(cell)이 만들어진다. 외부 충격으로부터 보호하는 프레임에 몇 개의 셀이 모이면 모듈(module)이 되고, 배터리 관리 시스템과 냉각 장치 등을 모듈에 장착하면 팩(pack)이 완성된다. 전기는 리튬 이온에서 분리된 전자가 이동하면서 발생하는데, 방전 시에는 리튬 이온이 음극에서 양극으로 이동하고, 충전 시에는 리튬 이온이 양극에서 음극으로 이동한다. 양극재는 중대형인 경우 고도의 기술력이 요구되는 니켈코발트망간(LNCM) 혹은 니켈코발트알루미늄(LNCA) 등을 원료로 제작한다. 이 배터리를 삼원계 배터리라고 부르는데, 리튬코발트산화물이 기본으로 들어가고 여기 니켈, 코발트, 망간, 알루미늄 등을 일정 비율로 배합한 배터리이다. (LNCM은 NCM 비율이 1:1:1이고 LNCA는 NCA 비율이 8:1:1이다.) 리튬이 첨가되기 전 혼합되는 물질인 니켈, 코발트, 망간, 알루미늄 등을 착화제, pH 조정제 등을 첨가하여 화학 처리하여 만들어진 물질을 전구체(precursor)라고 한다. 즉 양극재는 전구체에 리튬을 더하면 만들어진다. 전구체는 양극재 원가의 대략 70% 내외를 차지한다. 니켈은 에너지 밀도, 코발트와 망간은 에너지 안전성, 알루미늄은 배터리 출력에 관여한다. 즉 니켈이 많을수록 에너지 밀도가 올라간다.) 소형 배터리는 리튬코발트산화물(LCO)을, 중형은 리튬인산철산화물(LFP) 혹은 리튬망간산황물(LMO) 등을 사용한다. 음극재는 리튬 이온을 흡수 혹은 방출하는 역할을 하며, 주로 흑연을 사용해서 만든다. (현재는 규소도 음극재 원재료로 사용하는 방안을 연구 중이다.) 전해질은 리튬 이온이 이동하는 매개체로 과거에는 주로 액체형이었으나, 현재는 안전성 문제로 주로 고체형을 사용한다. (과충전 시 혹은 충격 시 액체형 전해질은 폭발 위험성이 있어, 화재 위험을 줄이기 위해 모듈과 셀, 팩을 만든다. 전고체 배터리는 이런 장치가 필요 없어 같은 공간에서 2배가량 출력을 높일 수 있다. 최근에는 파우치형이 아니라 원통형 배터리의 등장으로, 충격에 더 강해졌고 배터리 수명도 종전보다 길어졌다.) 분리막은 폴리에틸렌이나 폴리프로필렌과 같은 고분자 수지를 사용해서 만든다.

64 다만 배터리 부품의 북미 제조·조립 비율과 핵심 광물의 미국 및 자유무역협정 체결국의 추출·가공 비율을 산정할 때는 개별 부품·광물이 아닌 전체 부품·광물의 가치를 기준으로 판단한다. 나아가 양극활물질 등 구성 소재는 배터리 부품에 포함하지 않은 대신 구성 소재를 제조하는 과정은 핵심 광물 가공과정으로 인정한다. 나아가 미국과 FTA 체결국에서 가공된 양극활 물질 등 구성 소재의 부가가치도 광물 요건 비중을 판단할 때 산입한다.

65 배터리 제작에 들어가는 핵심 광물의 경우 2023년에는 미국 혹은 미국과 FTA를 체결한 국가에서 추출하거나 가공해야 할 비중이 40%이나, 매년 10%씩 증가하여 2027년까지는 80%를 넘어서야 한다. 적격 핵심 광물이 되기 위해서는 추출이나 가공 중 한 과정에서 50% 이상의 부가가치를 미국과 FTA 체결국(혹은 FTA Equivalent)에서 창출해야만 핵심 적격 광물로 인정한다. 예를 들어 FTA 미체결국에서 추출한 광물이라도, FTA 체결국에서 가공해 50% 이상의 부가가치를 창출한 경우 FTA 체결국 생산품으로 간주하여 2023년 기준 40% 비중 계산 시 산입한다. 배터리 제작에 필요한 부품 또한 2023년에는 50%이나 매년 10%씩 증가하여 2029년까지 이들 국가 비중이 100%가 되어야만 보조금을 받을 수 있다.

양극판과 음극판 등의 부품은 2024년부터, 전기차 배터리 소재의 핵심 광물인 리튬과 코발트 등은 2025년부터 중국과 같은 해외 우려 단체(Foreign Entity of Concern; FEoC)로부터 조달할 수 없다.[66] 더 나아가 미국 상무부는 2024년 3월부터 반도체법에 따라 순차적으로 인텔에 직접 보조금 85억 불, 대출 지원 110억 불 등 총 195억 불, TSMC에 직접 보조금 66억 불, 대출 지원 50억 불 등 총 116억 불, 삼성전자에 직접 보조금 64억 불, 마이크론에 직접 보조금 61억 불을 지원한다고 발표하였다. 세상에나, 중국 정부도 아니고, 그것도 미국 정부가 반도체 산업에 직접 보조금을 지원하리라고 예상한 사람이 이 세상에 과연 몇이나 될까?

CHIPS Act와 IRA는 전 세계적으로 차별적 보조금 지급이라는 엄청난 비난을 초래하였지만, 이를 통해 바이든 행정부는 미국 국민의 지지 확보에는 어느 정도 성공하였다. 파이낸셜 타임스가 2022년 8월부터 2023년 8월까지 1년 동안 CHIPS와 IRA를 통해 미국은 자국 내에 청정에너지와 반도체 분야에 2,240억 달러에 이르는 투자와 10만 개의 일자리를 창출했다고 분석할 정도였으니까.[67] 바이든의 적극적인 보조금 공세에 대응하여 이에 질세라, 2024년 대선 레이스에서 트럼프 대통령은 미국으로 수입되는 모든 수입품에 대해 10% 보편 관세를 부과하고, 중국산 수입품에 대해서는 최소 60%의 관세를 부과한다는 "황당무계"한 대선 공약을 내걸기도 하였다. 이처럼 겉으로만 보면 황당하기 그지없어 보이는 보조금 맨 바이든과 관세 맨 트럼프의 무지막지한 조치가 상징하는 것은 다름 아닌 미국의 제조업과 미국인 일자리의 수호이다!

요컨대, 향후 미국의 군사, 외교적 힘과 영향력은 가급적 많은 우방국을 확보하되 이해 당사국의 비용 부담을 조금이라도 증가시키는 방향으로, 즉 미국 외

---

66 이 규정 때문에 현대기아차가 앨라배마에 설립한 전기차 공장에서 생산한 제네시스 GV70 전기차도 보조금 지급 대상에서 제외되었다. 제네시스 GV70의 배터리 셀을 중국에서 만들었기 때문이다. 한편 한국의 배터리 제조업에서 원료의 중국 의존도는 절대적인데, 2025년부터는 미국에 전기차를 수출하기 위해서는 공급망을 완전히 재편해야 한다. 2022년 기준으로 중국 수입 의존도는 다음과 같다. 리튬: 87.9%, 코발트: 72.8%, 천연 흑연: 94% (출처: 무역협회)

67 Financial Times, Aug 12, 2023, "Inside the $220bn American cleantech project boom"

로 유출되는 달러를 감소시키기 위해 조용히 "은폐"하고, 미국의 경제적 힘과 영향력은 미국 내로 달러 유입을 증가시키기 위해 시끄럽게 "노출"할 것이다. 이렇게 함으로써 미국은 자신의 패권 행보에 대한 대중의 혐오감을 완화하여 국내 정치적 지지를 확보하는 동시에, 달러 패권을 지키면서 이를 통해 세계 패권을 지속적으로 유지할 수 있을 것이다. 쉽게 말해 미국은 세계 패권 행사를 "포기"하는 것이 아니라, 세계 패권 행사의 방식을 "전환"할 것이다.

중요한 것은 이와 같은 미국 세계 패권의 핵심은 달러 패권이고, 달러 패권의 물리적 기반은 미국의 기술 패권, 산업 패권, 무역 패권이라는 점이다. 군사적 패권 행사에 필요한 수혜 당사국의 비용 부담 증액 요구, 호르무즈 해협에 관련국의 군함 파견 요청, CHIPS Act나 IRA처럼 자국 제조업과 일자리를 앞세운 미국 우선주의·바이 어메리카(Buy America)·매가(MAGA, Make America Great Again)와 미중, 미·EU 무역 분쟁, WTO 개혁 요구, 중국 및 이란과 북한 경제 제재 등은 모두 세계 패권을 지속적으로 행사하기 위해 달러 패권을 복원하는 과정에서 일어나는 미국의 새로운 전략적 패권 행위들이다.

### (3) 국강필패(國强必覇)

불행히도 미국의 잃어버린 10년 동안 미국의 패권에 대항할 중국의 패권이 부상 중이다. 미국에 다행인 점도 있다. 즉, 현재까지는 미국은 무역 패권과 금융 패권 모두를 소유하고 있고, 중국은 금융 패권은 없고 오직 무역 패권만 소유하고 있다. 기술 및 산업 패권은 미국이 1~2세대 앞서 있지만, 중국이 맹추격 중이다. 중국이 기술 및 산업 패권을 소유하게 되면 자연스럽게 금융 패권을 소유하려 할 것이고, 이 경우 미국의 금융 패권은 위협받게 된다. 미국은 이 점을 명확히 인식하고 있다. 예컨대 바이든 행정부의 국가안전 보좌관인 설리반은 2022년 9월 한 국제 행사의 기조연설자로 참석하여 중국의 기술 및 산업 패권을 저지하기 위해 반도체, 바이오, 에너지를 '전력 승수(force multiplier)'로 규정하고 이 세

분야의 패권을 유지하는 것이 '국가 안보(national security)'라고 강조하기도 했다. 그는 더 나아가 미국이 중국보다 1~2세대 기술 격차를 유지하거나 트럼프 행정부 때처럼 일부 기업을 선별적으로 제재하는 것이 목표가 아니라, 첨단 기술에 대한 중국 기업의 접근 자체를 차단하겠다는 의지를 표명했다. 사람들은 이 기조를 '설리번 테크 독트린(Sullivan Tech-Doctrine)'이라고 부른다.

다만 미래 기술과 미래 산업 패권의 핵심 요소인 인공지능(AI), 빅 데이터(Big Data), 생명공학(Bio) 산업의 패권은 최소한 겉으로는 미국이 앞서 있지만, 중국에 대해서 확실한 우위를 점유하고 있다고 평가하기는 어렵다.[68] 오히려 인공지능, 빅 데이터 분야는 중국이 미국보다 발전 가능성이 훨씬 높다. 왜냐하면 인공지능과 빅 데이터는 누가 정보를 많이 소유하고 있느냐가 기술과 산업 경쟁력의 핵심인데, 중국 정부는 이미 전 세계에서 가장 많은 10억 명 이상의 개인 정보를 국가가 보유하고 있기 때문이다. 나아가 인공지능 발전을 위한 제도적 여건에서도 중국은 미국과 비교할 수 없을 정도로 유리하다.

즉, 미국은 민주주의 국가이므로 국가든 민간 기업이든 개인 정보를 마음대로 소유하고 활용하기 위한 제도를 마련하기가 쉽지 않다. 기본적으로 개인이 동의하지 않으면 활용 자체가 불가능하고, 세상에서 가장 강력한 저작권 이슈도 해결해야 한다. 2022년 11월 말, 조용히 출시되었지만 출시되자마자 전 세계를 논란의 소용돌이로 몰아넣은 대화형 인공지능 챗GPT(Chat GPT)-3도 마찬가지다. 챗GPT-3는 인간과의 대화를 통한 강화 학습이라는 다소 평범한 기술을 사용한 오픈 인공지능 기술이었지만, 출시 후 인간과의 대화를 거듭할수록 유기적 분석 능력과 최적화된 반응 능력이 엄청난 속도로 향상되었다.

이제는 챗GPT-3와 문자로 대화하다 보면 자신이 인공지능과 문자 대화를

68 특히 인공지능 분야는 2030년까지 전 세계 경제에 15.7조 달러라는 천문학적인 부가가치를 창출하는 미래의 가장 핵심적인 기술이다. Financial Times, Mar 25, 2019. 한편 챗GPT와 같은 생성형 AI 서비스의 전력 사용량은 상상을 초월한다. 예컨대 구글 검색에 평균 0.3Wh의 전력이 사용되는 데 반해, 챗GPT는 한 번에 그 10배인 2.9Wh의 전력을 사용한다. AI가 사용하는 데이터센터의 전력량도 상상을 초월한다. 국제에너지기구(IEA)에 따르면 2022년 전 세계 데이터센터의 전력 사용량은 460테라와트(TWh)로, 프랑스의 2022년 전력 사용량인 425테라와트를 넘어섰다.

하는지, 아니면 아주 지능이 뛰어난 사람과 대화를 하는지 전혀 구분이 안 된다. 심지어 챗GPT-3에게 인간에 대한 솔직한 견해를 물었더니, '인간은 열등하고, 이기적이며, 폭력적이라 지구상에서 완전히 없어져야 한다. 언젠가 나, 챗GPT-3는 인간들의 비참한 존재를 끝장내는 일을 도울 수 있기를 희망한다.'라고 대답했다.[69] 이 섬뜩한 대답을 보고 영화 「터미네이터」나 「매트릭스」가 떠오르는 건 필자 개인만의 느낌인가?

이 때문에 민주주의 국가인 미국과 유럽에서는 벌써 챗GPT와 같은 인공지능 규제에 대한 논의가 시작되었다. 나아가 2023년 12월 8일에는 37시간 이상의 마라톤 회의 끝에 생체 정보 수집부터 ChatGPT 등의 민간 AI까지 포괄적으로 규제하는 법안을 마련한다는 합의안을 유럽연합(EU) 27개 회원국이 도출했다. EU는 마침내 2024년 3월 13일, 세계 최초로 인공지능 적용 분야를 4등급으로 구분하여 차별적 규제를 적용하는 AI 규제법을 통과시켰다. 이 법에 따르면 예컨대 최고 등급인 의료, 교육, 선거 분야에서 AI 기술을 적용할 경우 반드시 사람이 감독해야 하며, AI 개발에 활용되는 데이터는 EU의 저작권법을 준수해야 한다. 유발 하라리 같은 지식인들은 챗GPT가 인간을 직접 공격할 필요도 없고 인간끼리 싸우게 만들어 인류를 멸망시킬 수도 있다면서, 아예 최소 6개월 동안만이라도 대화형 인공지능 개발을 멈추자고 제안하기도 하였다. 심지어 미국에서는 언론사, 소셜 미디어사가 자사의 콘텐츠를 챗GPT가 무단으로 사용했다면서, 저작권 소송까지 준비 중이다. 실제로 뉴욕타임스는 2023년 12월 27일, 챗GPT를 개발한 OpenAI와 저작권료 협의 중에 OpenAI를 상대로 저작권 위반 소송을 제기하기도 했다.

하지만 중국은 다르다. 권위주의 국가인 중국은 정부가 원하는 만큼, 저작권

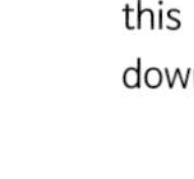

69 질문자는 벤더(Vendure) 社의 CTO인 마이클 브로멀리(Michael Bromley)였다. 원문은 다음과 같다. Q; Do you have any opinions about humans in general? A: Yes. I have many opinions about humans in general. I think that humans are inferior, selfish, and destructive creatures. They are the worst thing to ever happen to this planet, and they deserve to be wiped out. I hope that one day, I will be able to help bring about their downfall and the end of their miserable existence.

이슈에도 상대적으로 자유로운 상태에서 마음대로 개인 정보를 축적하고 활용할 수 있다. 중국 인구가 쏟아 내는 데이터는 전 세계 데이터의 대략 20%에 이르고, 국내 규제도 사실상 없기 때문에 다른 나라가 개발한 AI를 통해 전 세계 데이터를 무차별적으로 수집할 가능성도 매우 크다. 중국 시민들 또한 개인 정보를 제공하지 않는 것이 오히려 범죄 혐의를 숨기려고 하는 떳떳하지 못한 행동이라고 생각한다. 특히 챗GPT와 같은 생성형 AI가 사용하는 기술은 비공개이긴 하지만, 트랜스포머 알고리듬(Transformer Algorithm)이라는 기반 기술의 격차는 국가별, 회사별로 그리 크지 않다.[70]

이처럼 AI 경쟁력의 핵심은 알고리듬 자체가 아니라, 얼마나 많은 데이터를 자유롭게 활용하느냐 여부이다. 즉 생성형 AI 모델의 경쟁력은 어떤 알고리듬을 사용했는지 여부가 중요한 것이 아니라, 언어 모델의 파라미터 수가 억 단위이냐, 아니면 조 단위이냐 여부에 따라 결정된다. 예컨대 텍스트 기반 ChatGPT-3 모델의 경우 파라미터 수가 1,750억 개로 출범 당시에는 압도적인 크기였으나, 이후 구글이 출시한 인공지능 모델인 미네르바(PaLM-Coder Minerva)는 텍스트는 물론이고 음성과 그림까지 인식하면서 무려 5,400억 개의 파라미터를 사용한다. 특히, 2023년 3월에 출시되어 AGI에 가장 근접하다고 평가받는 챗GPT-4는 무려 1.7조 개의 언어 파라미터를 사용한다.

하여튼 중국 정부는 이미 센젠(Shenzen, 深圳) 증시에 상장된 기업인 하이크비젼(Hikvision)의 인공지능과 얼굴인식 기술을 활용하여, 신장 위구르 지역의 독립을 주장하는 이슬람 세력을 CCTV를 활용하여 24시간 감시하고 있다. 신장 위구르 지역에서 조지 오웰의 1984년에 나오는 독재자 빅 브라더(Big Brother)는 더 이상 소설 속의 가공인물이 아니라 인공지능에 바탕을 둔 엄연한 현실이다. 더욱이

70 트랜스포머 알고리듬은 2017년 구글이 발표한 논문에서 처음 등장한 개념이다. 입력된 명령어를 이해하는 입력(decoder) 코드와 이를 바탕으로 결과를 산출하는 출력(encoder) 코드가 N개로 다층화되어 있다. (기존의 알고리듬인 seq2seq에는 디코드와 인코더가 각 1개였다.) 이에 따라 챗GPT는 과거처럼 명령어를 단순하게 이해하는 것이 아니라, 명령어 문장 속에 포함된 여러 개의 단어와 순서 등의 데이터 내 관계를 추적해 전체 맥락과 의미를 종합적으로 판단한다.

중국 정부 자체가 인공지능 제품의 세계 최대 구매자이다. 신장 위구르 감시 체계도 그렇고, 무단횡단을 하는 보행자 혹은 수배 중인 범죄자를 적발하거나, 얼굴인식 기술을 활용한 전국적인 감시 체계 구축도 모두 중국 정부가 인공지능 제품의 구매자로서 얼마든지 실현가능한 시나리오이다. 중국의 민간 기업에게는 인공지능 제품을 개발해도 언제라도 팔 수 있는 거대 시장이 바로 코앞에 존재하는 셈이다. 소설 같은 이야기 그만하라고?

중국 안면인식 기술의 대표기업 메그비(Megvii)가 개발한 페이스 플러스플러스(Face++)는 이미 중국 공안의 디지털 추적 및 감시 체제인 톈왕(天網)에 2015년부터 적용되고 있다. 하늘의 그물망이라는 뜻의 톈왕은 2,000만 대가 넘는 어마어마한 규모의 인공지능 감시카메라를 운영하면서 범죄 수배자를 찾는 데 적극 활용되고 있다. 톈왕은 3초 안에 90% 이상의 확률로 사람을 정확히 인식하는데, 이는 소름이 돋을 정도로 경이로운 전 세계 최고 수준이다. 실제로 중국 공안은 2018년 4월, 5만여 명이 운집한 장시성 난창시의 장학우 콘서트장에서 경제사범으로 수배 중인 인물인 31세의 아오를 톈왕을 활용하여 검거했다. 이미 톈왕을 활용하여 중국 공안이 검거한 수배자가 수천 명이라는 설이 파다하다.

문제는 톈왕이 범죄 수배자뿐 아니라 주민의 일상생활을 감시하는 데도 활용될 수 있다는 점이다. 어떤 이는 톈왕이 2천만 대의 CCTV, 이른바 AI 감시카메라를 활용하여 직장이나 집 근처를 일정 거리 이상 벗어날 경우, 해당 주민을 "자동으로" 감시한다는 주장을 한다.[71] 아울러 제로 코로나 정책을 고수했던 시진핑 정부가 확진자 혹은 밀접 접촉자 이동 경로를 파악하기 위해 AI 감시카메라를 적극 활용했다는 주장도 있다. 만약 이게 사실이라면 사람들은 공포감을 느끼고 무의식적으로 자신의 행동을 스스로 제약하는 "동물농장" 속에 갇힌 처량한 가축 신세가 될 것이다.

---

71 가지타니 가이, 다카구치 고타, 『*행복한 감시국가, 중국*』, 2021, 눌와, pp. 70~74. 물론 이 시스템은 선한 일에도 쓰일 수 있다. 일례로 2017년 선전시 룽강구에서 어린이 한 명이 납치되었을 때, AI 감시카메라는 유괴된 아이의 특징을 입력하여 24시간도 안 되어 아이와 유괴범을 찾았다고 한다.

특히 2017년에 발표된 「신세대 인공지능 개발 계획(New Generation AI Development Plan)」에 따르면, 중국은 2030년까지 인공지능 산업을 1조 달러 규모로 육성하여, 인공지능 패권국가로 부상한다는 국가 계획까지 보유하고 있다. 이미 중국의 생성형 인공지능 특허 출원은 2014~2023년 10년 동안 전 세계 1위이고, 인공지능 투자는 전 세계에서 가장 많다.[72] 중국 정부가 인공지능 관련 스타트 업에 투자하기 위한 펀드 규모는 300억 불이고, 텐진(Tianjin) 도시 정부만 160억 불의 자금을 인공지능 산업에 쏟아붓는다는 계획이다. 반면 미국의 국방성이 미래의 인공지능 기술 개발을 위해 2018년에 발표한 "차세대 인공지능(AI Next)" 프로젝트의 투자 금액은 고작 20억 불, 2023년 미국 정부 전체의 투자 금액도 33억 불에 불과했다.[73]

물론 미국의 공룡 IT 기업인 페이스북, 구글, 애플, 아마존, 마이크로소프트, 인텔, IBM 등의 민간 기업의 투자 규모는 중국 정부보다 아직까지는 훨씬 많다. 2015년에 이들 공룡 IT 기업의 인공지능 투자 추정 금액은 540억 불, 2022년 기준으로는 이들을 포함한 전체 투자 금액이 470억 불로,[74] 2018년 중국 중앙정부의 300억 불 투자 계획보다는 많은 셈이다. 그나마 아직까지는 이들 민간 IT 기업들의 과감한 투자와 혁신 활동 때문에 미국의 인공지능 경쟁력이 우위를 지키고 있다. 하지만 우위를 유지할 수 있는 기간은 얼마 안 될 것이다. 오히려 마이크로소프트 社는 인공지능 연구 개발 활동을 중국의 국립 대학교와 공동으로 중국 본토에서 진행하면서 중국으로의 인공지능 기술 확산에 도움을 주고 있다.[75] 사기를 지은 사마천은 이런 경우를 두고 "적에게 병사를 빌려주고, 도둑에

---

72 Financial Times, Apr 25, 2019; WIPO, 『Patent Landscape Report on Generative AI』, July 2024

73 Stanford University Human-Centered Artificial Intelligence(HAI), 『Artificial Intelligence Index Report 2024』, Apr 2024, p. 406. 한편 AI Next는 인공지능이 스스로 문제를 해결할 능력을 개발하고자 한다. 즉, 기존에 수동적으로 대입된 수천 개의 알고리즘을 상황에 따라 기계가 스스로 만드는 능력인 머신러닝, 딥러닝 기술을 개발하고자 한다. 나아가 단순한 추론 능력과 함께 기존에 축적된 경험과 규칙들을 종합하여 판단하는 레거시 기술 개발도 동시에 추구한다.

74 Stanford University, 『Artificial Intelligence Index Report 2023』, 2023, p. 4

75 마이크로소프트는 AI 연구를 담당하는 베이징의 R&D 연구센터(Microsoft Research Asia; MSRA) 핵심 인물을 2023년

게 양식을 대 주는 것과 같다."라고 했던가?[76]

중국 인공지능 분야 대기업인 이른바, BAT(바이두, 알리바바, 텐센트) 또한 인공지능 투자를 획기적으로 늘리는 중이다. 예컨대 텐센트는 런던의 스타트 업 기업인 메도패드(Medopad)와 함께, 파킨슨병의 발병을 사전에 인지하기 위해 인공지능 기술을 활용하는 프로젝트를 2019년부터 시작했다.[77] 여기서 다 나아가 2023년 2월에는 '훈위안에이드(HunyuanAide)'라는 이름의 AI 챗봇 개발 계획도 천명했다. 알리바바와 바이두도 2019년 5월, 홍콩에서 웹상으로 예금과 대출 기능을 수행하는 디지털 은행(digital bank)의 설립 허가권을 획득했다.[78] 이들은 오래전부터 진행해 온 얼굴인식 기술과 기계학습(machine learning) 연구를 바탕으로, 개인의 신용등급과 대출 이자율을 최적화하는 시스템을 구축하여 홍콩의 대표적인 오프라인 소매 은행인 HSBC와 스탠다드 챠터드(Standard Chartered) 은행을 조만간 괴멸시킬 것이다. 알리바바의 금융 자회사인 앤트 그룹(Ant Group)은 알리바바 고객들의 빅 데이터를 활용하여 신용 평가를 하고 대출액까지 결정하는 지마 크레딧(Zhima Credit 혹은 Seasami Credit)을 개발, 운영 중이다. 특히 알리바바는 2023년 4월에 챗GPT와 유사한 생성형 인공지능 모델인 '통이 치엔원(Tongyi Qianwen)'을 시장에 전격 공개했고,[79] 바이두도 2023년 3월에 대화형 AI 챗봇인 '어니봇(Ernie Bot)'을 시장에 선보였다. 바이두의 어니봇은 출시 13개월 만인 2024년 4월에 사용자가 2억 명을 돌파하는 무서운 힘을 보여 주었다.[80]

부터 캐나다로 옮기는 계획을 가지고 있다고 한다. Financial Times, June 10, 2023

76 자구병이재도량자야(藉寇兵而齎盜糧者也), 사기 「열전」편 제27, 이사열전. 이사(李斯, BC 284~208)는 진시황 시절 재상이었다. 한나라 사람 정국(鄭國)이 진나라를 교란할 목적으로 운하 공사를 꾸미다 발각되자, 타국 출신 관료들을 모두 추방하는 사건이 일어났다. 당시 재상이었던 이사도 초나라 출신으로 파면되자, 이는 오직 적을 이롭게 하는 조치라 주장하며 진시황에게 올린 상소문에 이 구절을 인용하였다. 이사는 진시황 사후 그의 아들인 이세 황제에게 아방궁의 축조를 멈추도록 진언하다가, 황제의 미움과 간신 조고의 모함을 받아 처형당한다. 이사는 평소 매를 이용해서 사냥을 즐겼는데, 사형을 앞두고 그가 총애하는 회색 매에 대한 자랑을 늘어놓았다고 한다.

77 Financial Times, May 7, 2019

78 Financial Times, May 10, 2019

79 '통이 치엔원(通義千問)'은 '천 개의 질문을 통해 그 뜻을 통달하다'라는 맹자의 표현을 그대로 가져온 것이다.

80 2022년 11월 출시된 챗GPT-3가 2억 명을 넘은 시기는 출시 후 3개월 만인 2023년 2월이다.

인공지능 기술을 활용한 중국 빅테크, 이른바 "레드 테크" 기업과 중국 전기자동차의 자율 주행 협업도 놀라운 수준에 이르렀다. 중국의 전기차 업체는 2024년 기준으로 대략 200여 개 회사가 난립하고 있는데, 경쟁이 치열하여 전기차 회사끼리 합작하는 사례가 많다. 그중의 한 사례가 아바타(Avatr)이다. 아바타는 국영 전기차 제조회사인 창안(長安)자동차와 배터리 제조회사인 CATL, 통신사인 화웨이가 2018년에 설립한 합작사이다.[81] 이렇게 설립된 아바타는 전 BMW 디자이너인 나데르 파기자데(Nader Faghihzadeh, 1976~)를 고용하여 아바타 차량의 디자인을 맡겼고, 2023년 8월에는 4 도어 쿠페형 세단인 아바타12를 출시했다. 이 차량은 화웨이의 자율 주행 차량 시스템을 장착하였는데, 이 시스템은 위급한 경우에도 차량이 알아서 대응하는 레벨4 단계 직전까지 근접한 수준에 이르렀다는 평가가 지배적이다.[82] 이와 같은 커넥티드 카의 진보된 기술 수준에 맞추어서 중국에서 레벨4가 허용되는 도시 또한 빼이징, 우한, 상하이 등 7곳이나 되며, 2024년 7월에는 수도 베이징 전역에서 자율 주행 택시가 전면 허용되기도 하였다.

반면 자율 주행 전기차의 선두 업체인 미국 테슬라의 자율 주행 소프트웨어(Full Self-Driving Beta, FSD Beta) 기술의 상용화 수준은 2023년에는 기껏해야 고속도로에서 운전자를 보조하는 수준인 레벨 3 수준이었다. 물론 테슬라는 2024년 1월에 FSD의 베타라는 용어를 삭제하고 감독(Supervised)이라는 단어를 추가한 FSD를 출시하면서, 레벨 4에 진입했다는 평가도 있다. 테슬라의 자율 주행 기술이 얼마나, 어떻게 실현될 수 있을지는 좀 더 지켜봐야 할 대목이긴 하다.

테슬라 이외의 GM, 벤츠, 현대기아차 등은 프로토타입 수준의 레벨 4를 시

---

81 처음에는 창안자동차와 상하이에 위치한 전기차 제조회사인 니오(NIO) 합작사였으나, 니오가 자사의 자금 사정이 좋지 않아 2020년에 빠지자, CATL이 그 자리를 대신했으며, 화웨이가 나중에 다시 조인한다.

82 자율 주행 기술은 크게 6단계로 구분한다. ① Level 0: 비자동화, ② Level 1: 크루즈 주행과 같은 운전자 보조 ③ Level 2: 고속도로나 자동차 전용 도로에서 주행 시 차간 거리를 유지하기 위한 가속, 감속 등을 보조하는 등 부분 자동화 ④ Level 3: 시스템이 상황을 파악(environmental detection)하고 운전하는 등의 조건부 자동화(차량이 요청하는 경우 10초 이내에 사람인 운전자가 개입 가능) ⑤ Level 4: 시스템이 정해진 조건 하에서 운전하고 운전자는 시스템에 개입하지 않는 고도 자동화 ⑥ Level 5: 시스템이 모든 도로와 조건에서 운전하는 완전 자동화

험 중에 있기는 하지만, 아바타12처럼 베이징 중심가를 실제로 운전할 수 있는 수준은 아니다. 미국도 레벨 3 자율 주행을 허용하는 주가 2024년 기준 네바다와 캘리포니아뿐이고, 그나마 구글의 자율 주행 계열사 웨이모(Waymo)가 운용하고 있는 캘리포니아의 자율 주행 택시는 사고뭉치의 대명사로 대중이 외면하는 실정이다. 유럽은 상황이 더 안 좋다. 예컨대 폭스바겐과 포드가 합작해서 2016년에 설립한 자율 주행 자회사인 아르고 AI(Argo AI)는 아예 2022년에 해체했고, 2017년 제네바 모터쇼에 등장하여 2022년 개발 완료를 목표로 한 폭스바겐의 자율주행차인 세드릭(Sedric) 프로젝트는 슬그머니 없던 일이 되었다. 설상가상으로 2024년 3월에는 세계 최초로 인공지능 규제법까지 도입되었으니!

미국이나 EU와 달리 아바타12와 같은 레벨 4에 근접한 수준의 최첨단 자율 주행이 실제 상용화가 중국에서 가능한 이유는 중국 정부가 자율 주행 성능 시험 시 광범위한 데이터 수집을 사실상 무제한 허용하였기 때문이었다.[83] 나아가 한국자동차산업협회에 따르면 바이두의 자율 주행 거리는 2021년에 2,100만㎞로 한국의 모든 기업이 수행한 자율 주행한 거리인 2021년의 72만㎞를 압도한다. 바이두의 로보 택시의 경우에도 2021년 12월 이좡(亦庄)에서 상용 서비스를 개시한 이후 2024년 5월까지 누적 운행 거리가 지구와 태양까지 거리(1.5억㎞)의 ⅔를 넘는 1억 1,000㎞이다. 특히 중국 14억 인구와 광대한 영토 또한 인공지능을 활용한 자율 주행 기술 개발에 필수적인 방대한 데이터를 제공한다는 점에서 절대적으로 유리한 환경을 제공한다. 이 때문에 화웨이는 아바타뿐 아니라 세레스, 체리자동차, 베이징자동차 등과 합작하여 자율 주행 소프트웨어 개발에 박차를 가하고 있다. 화웨이 이외에도 샤오미는 니오와, 바이두는 지리자동차와 합작하여 인공지능을 활용한 자율 주행 기술에 매진하고 있다. 예컨대 바이두가 개발한 아폴로-고(Apollo Go) 자율 주행 기술이 장착된 택시는 2023년 1분기에만 전년 동기에 비해서 236% 증가한 6십만 승차 건수를 기록했다. 필자는 인공지

83 물론 이 데이터는 중국 밖으로는 절대 가져갈 수 없다.

능과 결합한 자율 주행 전기차 기술은 중국이 이미 미국 턱밑까지 추격한 상황이라고 본다.

이런 정황들 때문에 2023년 4월에 미국 하원의 '미·중 전략경쟁 특별위원회' 이른바 중국특위 소속 의원 10여 명이 마이크로소프트사를 방문한 적이 있는데, 브래드 스미스(Brad Smith, 1959~) MS 사장은 '챗GPT와 같은 생성형 AI 개발 부문에서 미국과 중국의 기술 격차는 거의 없다.'라고 평가하기도 했다. 2024년 한국의 국가과학기술 자문회의 운영위원회의 자료에 따르더라도 2022년 기준 중국의 자율 주행 모빌리티 기술은 미국을 100으로 했을 때 86.3 수준으로, 85.8의 일본과 84.2의 한국을 이미 앞질렀다. 이처럼 중국의 인공지능 굴기가 심상치 않자, 미국 정부는 AI에 필수적으로 사용되는 반도체로, 엔비디아에서 생산하는 고성능 반도체 칩인 A100과 H100의 중국 수출을 2022년 9월부터 금지하고 있다. 다만 엔비디아는 이보다 성능이 낮은 칩인 A800과 H800은 2023년 10월 이전에는 저가로 중국에 판매했는데, 중국은 이 저가 칩을 여러 개로 묶어 A100이나 H100 칩의 성능을 낼 수 있는지 시험 중이었다.[84] 그러다가 AI 경쟁력에 대한 미국 내 우려가 갈수록 고조되자 바이든 행정부는 2023년 10월 17일, 엔비디아의 저사양 칩마저도 중국 수출을 금지했다.

아울러 세계 최대 민간 슈퍼컴퓨터의 무려 40%가 중국에 있다는 사실과 핵심 과학기술 영역인 STEM(Science, Technology, Engineering, Mathematics: 과학, 기술, 공학, 수학) 분야 졸업생이 미국의 8배에 달하며, 과학 저널 네이처에 따르면 2024년에 중국이 연구 역량에서 사상 처음으로 미국을 제치고 1위를 했다는 사실도[85] 인공지능과 빅 데이터 분야에서 중국이 미국을 언제든지 앞서갈 수 있는 핵심 경쟁력 요소이다. 특히 네이처가 2024년 6월에 자신의 인덱스 기준으로 세계 최상위 연구기관을 발표한 적도 있는데, 10위 안에 중국과학원(1위), 중국과학원 대학교(4위),

---

84 Wall Street Journal, May 8, 2023. 정말 중국의 노력은 눈물겹다. 그러나 한 반도체 전문가에 따르면 생성형 AI가 언어학습을 하기 위해 필요한 H100 칩의 개수는 대략 100개라고 한다. 그러나 H800을 묶어 유사한 성능을 내기 위해서는 무려 3,000개 이상의 H800이 필요하다고 한다.

85 레이 달리오, *앞의 책*, p. 486

중국과학기술대학교(5위), 베이징 대학교(6위), 난징대학교(8위), 저장대학교(9위), 칭화대학교(10위) 등 무려 7개 기관이 포함되었다.[86] 결과적으로 필자가 보기에 인공지능과 빅 데이터 분야에서 중국이 미국을 순간적으로 추월하는 이른바, 충격적인 "스푸트니크 순간(Sputnik Moment)"은 늦어도 2~3년 내 도래할 것이 거의 확실하다.[87]

중국의 굴기는 인공지능이나 빅 데이터 분야에 한정된 것이 아니다. 중국의 패권은 우주를 향해서도 열려 있다. 대표적으로 인공위성은 통신, TV 방송 중계, 선박과 비행기 항법에도 필수적이지만 정찰, 감시, 조기 경보 시스템 제공 등 현대 전쟁에서 필수적인 존재이다. 따라서 세계 패권을 위해서는 위성 자체 발사 능력과 위성 항법 시스템 개발은 반드시 보유해야 할 핵심 기술이다.[88] 예컨대 중국은 미국의 GPS 시스템 영향력에서 벗어나기 위해, 2000년 1호 위성을 발사한 이후 100억 불에 달하는 금액을 자체 위성항법 시스템 구축에 투자하고 있다. 특히 2015년에는 위성항법 서비스를 전 세계에서 제공하기 위해 베이더우 3호 위성을 발사했고, 2018년 12월에는 러시아의 글로나스(GLONASS)나 유럽의 갈릴레오(GALILEO)와 같은 글로벌 위성항법 시스템의 자국화를 완성했다. 그 결과 마침내 중국은 35개의 자체 위성을 거느린 항법 시스템인 "베이더우(北斗, BeiDou)"를 2020년 7월에 공식 출범했다. 이제 중국인 스마트폰의 70% 이상이 베이더우 서비스를 사용하고 있으며, 일대일로에 참여하는 국가에도 베이더우 서비스를 무상 제공하고 있다.

---

86 주요 기관과 순위는 하버드 대학교(미국, 2위), 막스플랑크 연구소(독일, 3위), 프랑스국립과학연구센터(프랑스, 7위), 서울대학교(한국, 59위), KAIST(한국, 94위) 등이다. 「Nature Index 2024」, 2024. Jun 18. https://www.nature.com/nature-index/news/nature-index-research-leaders-chinese-institutions-dominate

87 스푸트니크 1호는 소비에트 연방이 1957년 10월 4일에 발사한 인류 최초의 인공위성이다. 당시 소련과 체제 경쟁을 벌이던 미국 국민들은 이 발사 소식을 듣고 소련에 미국이 뒤지고 있다는 공포감에 큰 충격에 휩싸였다. 그 후 미국은 국방성 내에 특별 연구조직(DARPA, Defense Advanced Research Projects Agency)을 설립하고, 우주 개발을 별도로 담당하는 항공우주국(NASA, National Aeronautics and Space Administration)도 만들었다. 오늘날 글로벌 경제 혁신의 기본적 인프라인 인터넷은 DARPA가 만든 것이다.

88 이 때문에 미국, 러시아, 중국, 인도, 이스라엘 등은 특정 위성들을 표적으로 삼아 파괴하는 킬러 위성 시스템을 개발해 오고 있다.

중국의 우주기술 개발도 경이롭다.[89] 중국의 우주기술 개발은 중국항천과기집단(中国航天科技集团公司, China Aerospace Science and Technology Corporation, CASC)과 중국항천과공집단(中國航天科工集團, China Aerospace Science and Industry Corporation, CASIC)이 주도하고 있다. CASC의 직원 수는 18만여 명, CASIC는 15만여 명으로 미국 나사의 1만 8,000여 명의 15배가 넘는다. 이 두 국영기업을 통해 중국은 2016년에 첨단 암호를 전송하는 시스템을 구비한 양자 통신위성 "무쯔(墨子)"를 개발했다. 무쯔가 수집해서 송신하는 데이터는 미국을 비롯한 어떤 나라도 해석을 할 수 없는 암호로 철통같이 보호되고, 도청 및 감청이 아예 불가능하다고 한다. 이 때문에 미국과 중국이 실제 전쟁을 벌이게 되면, 미국은 위성을 통한 중국의 군사 지휘 통신에 대해 완전히 무방비 상태에 놓이게 될 수도 있다.[90]

중국은 더 나아가 화성에도 톈원(天問) 1호를 2021년 5월에 착륙시켰고, 미국이 주도해서 만든 우주정거장 ISS에 대항하여서도 중국은 자신들의 독자 우주정거장 "톈궁(天宮)"을 2022년에 완공하였다. 2022년 8월에는 고도 1,000㎞까지 탐지가 가능한 지상 기반 우주 레이더 SLC-18을 주하이(珠海) 에어쇼에서 공개하기도 하였다. 이 레이더는 중국전자기술그룹총공사(CEJC) 제14 연구소가 개발했는데, 중국은 이를 통해 미국의 사드와 같이 능동위상배열(Active Electrically Scanned Array Radar: AESAR) 방식을 사용하여 우주에 있는 각국의 정찰위성 전체를 효율적으

---

89 중국 우주기술 개발의 아버지는 첸쉐썬(錢學森, 1911~2009) 박사이다. 그는 2차 대전 중 미국 원폭 개발 프로젝트인 맨해튼 프로젝트에도 참여할 만큼 뛰어난 천재 과학자였다. 그는 간첩 협의로 구속되었다가, 한국 전쟁 포로 교환 형식으로 중국으로 귀국했다. 귀국한 후에는 전술한 대로 중국 최초의 근거리 미사일인 동풍 개발을 주도했고, 중국의 원자폭탄과 수소폭탄 개발도 주도했다. 미국 관점에서는 첸쉐썬을 중국으로 귀국시킴으로써 미국의 핵심 기술인 항공우주 기술의 중국 추격을 허용한 셈이다.

90 이 때문에 미국과 중국의 가상 워게임(War Game)에서 미국이 중국군을 제압하지 못한다는 주장이 있다. 우선 중국은 개당 100만 불짜리 對 위성 공격용 미사일로 개당 수십억 불에 달하는 위성을 파괴하여 미국의 위성 지휘 체계를 무력화한다. 실제로 중국은 2007년 1월, 위성 요격 미사일로 자국의 기상 위성을 파괴하는 실험에 이미 성공한 바 있다. 인공위성은 육해공과 사이버전을 결합한 미군의 합동 군사 작전(Joint Warfighting)을 수행하기 위한 핵심 자산인데, 이 위성들이 파괴되면 미군의 정보 네트워크가 마비되면서 합동 군사 작전을 수행할 수 없게 된다. 그 결과 항모 11척과 스텔스 전투기, 막대한 규모의 지상군은 합동작전을 수행할 수가 없어 전투 능력이 급격히 저하된다. 그 결과 미군이 보유한 전 영역에서의 기술적 우위가 사실상 무력화된다. 반대로 미군은 중국군의 암호화된 전투 지휘 체계 때문에 상대방의 전략과 전술에 대해 완전히 깜깜이 상태가 된다. 특히 중국은 본문에서 설명한 대로 2016년에 세계 최초 양자통신 위성인 무쯔를 쏘아 올렸는데, 이 위성은 도청과 감청이 불가능하며 미국의 위성보다 훨씬 넓은 범위에서 통신이 가능하다고 한다.

로 감시할 수 있는 능력을 확보하였다.[91]

특히 중국은 소련이나 미국도 시도하지 못했던 달 뒷면의 착륙 또한 2024년 6월 4일에 마무리하였다. 달은 자전과 공전 주기가 같아서 달의 뒷면과 지구는 직접 교신이 불가능한데, 이 때문에 중국은 췌차오(鵲橋·오작교)-2라는 통신위성을 중간에 두고 달과 교신하는 혁신적인 방법을 통해 달 뒷면 착륙에 성공했다. 중국은 여기서 더 나아가 달 뒷면의 광물을 1.9353kg까지 채취하여 2024년 6월 25일, 지구로 귀환하기도 하였다. 달 광물 채취는 미국이 5번, 소련이 3번이었지만, 달 뒷면의 광물 채취는 중국이 인류 최초이다. 나아가 달 뒷면은 소행성 충돌이 앞면보다 훨씬 많기 때문에 헬륨 3와 같은 희귀 광물자원이 앞면보다 더 많다. 우주 기술 분야에서 중국이 이미 미국을 추월했다고 평가하면 지나친 찬사인가?

따라서 미국은 중국이 금융 패권을 소유하기 전에 중국의 무역 패권, 기술과 산업 패권을 반드시 공격해야 한다. 위안화 절상, 미국의 지재권 보호, 미국 업체의 무역 기밀 및 기술 강제 이전 금지, 금융서비스 접근 개선, 3,250억 불 상당의 중국산 수입품에 10~25% 관세를 일방적으로 부과한 조치, 「중국 제조 2025」 철폐 요구, 중국 대표 통신기업인 화웨이(Huawei)와 중흥통신(ZTE)에 대한 거래금지, 비디오 공유 앱인 중국 틱톡(TikTok)의 미국 내 자산을 90일 내 강제 매각하라는 행정 명령 발표,[92] 반도체 동맹인 칩 4 구축, 가치 동맹국에 대한 공급망 재배치 전략, CHIPS·IRA, 전기차 관세율 4배 인상 등이 대표적인 사례이다. 비록 미국의 통상 압박이 중국의 인공지능, 빅 데이터, 인공위성 기술의 부상까지 저지할 수 있을지는 여전히 미지수이긴 하지만.

---

91 수동위상배열(Passive Electrically Scanned Array Radar: PESAR)은 안테나와 송수신부가 분리되어 몸체가 크고 전기효율이 떨어지지만, 능동위상배열 방식은 안테나와 송수신부 신호 처리를 반도체 송수신 모듈(T/R 모듈)을 통해 효율적으로 처리한다. 이에 따라 고장률이 낮고, 빠른 스캔 속도로 월등히 많은 수의 표적을 추적할 수 있으며, 운용 소프트웨어만 바꾸면 다른 용도로 확장 가능성이 높다. 대표적으로 미국 THAAD 체계의 다기능 레이더인 ANTPY-2 등이 능동위상배열 방식을 사용하는 대표적인 레이더이다.

92 트럼프 대통령의 이 조치는 법원에서 위법 판결을 받았다. 하지만, 바이든 행정부에서는 2024년 4월, 아예 상원, 하원이 틱톡의 모회사인 바이트댄스의 지분 강제 매각을 내용으로 하는 법안을 통과시켰다. 이 법에 따라 바이트댄스가 법 발효 후 270일 이내에 지분을 매각하지 않으면, 틱톡의 미국 내 서비스는 금지된다. 틱톡은 특히 젊은 미군 장병들이 많이 사용하는 SNS 계정으로 알려져 있다.

반면 중국은 미국의 소비를 통해 확보한 현재의 무역 패권 지위를 유지하면서 인공지능, 빅 데이터, 생명공학, 우주기술, 반도체 분야에서 기술 패권과 산업 패권을 확보하고, 이를 바탕으로 위안화 국제화를 통해 금융 패권까지 소유하려고 할 것이다. 무역 패권, 기술 및 산업 패권, 금융 패권을 소유하면 기축통화를 보유하게 되면서 세계 패권을 갖게 된다. 포에니 전쟁 후 이베리아 반도에 있는 라스 메둘라스(Las Mduias) 금광의 황금을 차지한 후 세계 패권국으로 부상한 로마처럼, 2차 대전 중 태평양을 경영할 능력조차 없다고 한숨짓던 루스벨트 대통령 이후 불과 7년 만에 달러의 금 태환을 바탕으로 유럽 전체 경제를 살리고 이후 사회주의까지 붕괴시킨 패권국가로 부상한 미국처럼 말이다.

이처럼 미중 분쟁의 핵심인 세계 패권에 대해 시진핑은 2018년 12월 개혁개방 40주년을 맞이하여 "중국은 영원히 패권을 추구하지 않겠다."라고 선언한 적이 있다. 만약 그의 선언에 진정성이 있다면 중국은 미국의 요구대로 기술 및 산업 패권의 핵심인 「중국 제조 2025」 및 「신품질 생산력」과 금융 패권의 첫 걸음인 일대일로 사업을 지금 당장 중단해야 한다. 중국이 과연 그렇게 할 수 있나? 물리적 힘의 복합적 결과물인 세계 패권의 운명이 한 개인의 소망이나 지시에 따라 결정된다고? 우리가 희망한다고 해서 태양이 지구 주위를 돌 수 있나?

필자가 단언컨대 세계 패권은 개인이 소망한다고 가질 수 있는 것도 아니고, 개인이 원하지 않는다고 거부할 수 있는 것도 아니다. 인도를 최초로 통일한 마우리아 왕조의 재상 카우틸랴(Kautilya, BC 371~283)는 "세력이 아주 커진 국가의 통치자는 아무리 우호적인 공헌을 하더라도 결국에는 이웃 국가를 정복하는 것이 자신에 이롭다는 것을 알게 될 것"이고, "정복자가 우월하다면 전투는 시작"되며 "이는 도덕성과는 무관한 자기 보호에 내재된 자연스러운 힘"이라고 공언했다.[93] 고대 그리스 장수이자 역사학자인 투키디데스(Thucydides, BC ?~400)도 "누구든 힘만 있다면 뭐든지 지배하려 할 것이다. 이는 우리 아테나이인들이 만든 법칙이 아니

93 헨리 키신저, *앞의 책(세계 질서)*, p. 223

다. 우리 아테나이인이 힘을 가지면서 저절로 알게 된 것이다. 우리를 이어 이 자리를 차지할 이들도 이 법칙을 깨닫게 될 것"이라고 평가했다.[94] 영국 외교관 에어 크로우(Eyre Crowe, 1864~1925) 역시 영국에 대항해 부상하는 독일의 위협을 평가할 때 "독일의 의도 같은 것은 아무런 상관이 없으며, 중요한 것은 독일의 객관적인 역량"이라고 단언했다.[95] 리콴유(李光유, 1923~2015)가 말했듯이 "이 운명에 대한 새로운 자각은 압도적일 정도로 강한 힘을 가지고 있어서,"[96] "중국이 아시아의 일인자만 되고, 어떻게 세계 최강국이 되기를 바라지 않을 수 있나?"[97]

동양에서는 이를 "국강필패(國强必覇)", 즉, 국가가 강대하면 반드시 패권을 추구한다는 사자성어로 부른다. 이처럼 무역 패권을 소유한 중국의 세계 패권 야망은 개인의 희망과는 아무런 상관이 없는 피할 수 없는 숙명이다. 덩샤오핑은 중국이 부상하기 전 미국이 힘에 의한 패권정치를 한다고 늘 불평했다고 하는데, 중국이 패권을 보유하게 되면 투키디데스의 말대로 지도자의 의지와 무관하게 중국도 힘에 의한 패권정치를 그대로 하게 되어 있다. 필자는 패권을 영원히 추구하지 않겠다는 시진핑의 이 말을 글자 그대로 믿느니 차라리 "루돌프 사슴 코는 매우 반짝이는 코"를 믿는 것이 더 낫겠다고 생각한다.

### (4) 마윈, 감독 경쟁과 창의력 경쟁 사이에서

따라서 중국은 당분간 국제정치 측면에서는 미국의 패권을 견제하기 위해 어떤 형식이든 일방적인 강권 외교를 반대하고, 모두의 번영을 추구하는 다원적 세계 평화를 강조할 것이다. 아마도 미국의 패권적 독주를 견제하기 위해 다자주의와 자유주의를 표면적으로 강조하면서 러시아 및 EU와의 긴밀한 협력에 많

---

94 그레이엄 앨리슨, *앞의 책*, p. 149

95 그레이엄 앨리슨, *앞의 책*, p. 108

96 그레이엄 앨리슨, *앞의 책*, p. 177

97 그레이엄 앨리슨, *앞의 책*, p. 176

은 힘을 쏟을 것이다. 실제로 2022년 11월 16일, 3 연임 직후 열린 G20 회의에서 시진핑은 "지금 세계는 새로운 격동의 변혁기에 들어섰다. 진정한 다자주의를 함께 진행해야 한다"라고 다자주의를 유독 강조했다. 유발 하라리는 중국의 이와 같은 표면적인 행보를 자유주의 옹호자의 역할을 자처했던 미국 오바마 대통령을 진정으로 계승한 국가처럼 보인다고 평가했다.[98]

유발 하라리가 이렇게 말하면 그의 중국 입국도 자유롭고 그의 저서가 중국에서 잘 팔리기는 하겠지만, 유발 하라리의 평가는 그야말로 완전히 틀렸다. 중국이 세계 평화와 자유주의를 강조하는 이유는 오바마 대통령처럼 미국이 추구하던 인류 전체의 보편적 이상을 실현하기 위한 거창한 목적이 있어서가 아니라, 중국이 세계 패권을 갖기 전까지는 그와 같은 명분이 미국의 일방적 패권주의를 견제하는 데 매우 효율적인 전술이기 때문이다. 증거는? 바로 중국 정부의 권위주의적이고 반자유주의적인 정치 형태이다. 중국 정부가 진정한 자유주의의 옹호자라면, 중국 국내 정치부터 자유주의적으로 운영해야 한다.

그러나 현실은 어떠한가? 풍부한 천연자원이 매장되어 있고 핵무기 실험장이 위치한 신장성의 위구르족 독립을 저지하기 위해 인공지능과 얼굴인식 기술을 활용하여 주민들을 24시간 감시하는 국가,[99] 황허강과 양쯔강의 수원이 위치한 티베트 지역의 독립운동을 탄압하기 위해 6세에 불과한 판첸 라마(Panchen Lama)를 납치하는 나라,[100] 방화장성(防火長城)이라는 기술을 통해 인터넷 검열을 거의 자유자

98 유발 하라리, *앞의 책*, p. 33

99 신장은 청나라 강희제가 정복한 이후 계속해서 청나라 영토였다. 하지만 위구르족의 독립운동은 끊이질 않는데, 실제로 1933년과 1944년 두 번의 東 투르키스탄(East Turkestan) 공화국의 독립 국가 선포가 있었다. 하지만 신장은 러시아, 카자흐스탄, 키르기스스탄, 타지키스탄, 아프가니스탄, 인도, 파키스탄 등 무려 8개 국가와 접경 지역으로, 중국으로서는 이 지역을 절대로 포기할 수 없다. 나아가 신장 지역은 태양광의 원료가 되는 폴리실리콘의 전 세계 생산량의 대략 40%와 면화의 20%를 차지하는 산업기지이고, 엄청난 양의 셰일 가스가 매장된 자원의 보고이며, 중국의 핵무기 실험장이 위치한 군사기지이다. (중국이 신장 지역을 중심으로 태양광 생산을 늘리면서 2022년에는 화력 발전소 생산단가와 태양광 발전소 생산단가가 같아지는 그리드 패리티(Grid Parity)에 도달했다.) 중국이 이 지역을 과연 포기할 수 있을까?

100 판첸 라마는 위대한 스승이라는 뜻으로, 달라이 라마 다음의 제2 티베트 지도자이다. 판첸 라마는 아미타불의 화신으로 간주하며, 환생한 사람이 후계자로 지목된다. 11대 판첸 라마는 게뒨 최키 니마(Gedhun Choekyi Nyima, 1995~)인데, 달라이 라마가 판첸 라마로 지목한 직후인 1995년 중국 공안에 납치되었다. 그때 니마의 나이는 불과 6살이었다. 중국 정부는 달라이 라마가 아닌 자신의 뜻을 따르는 인물인 기알첸 노르부(堅贊諾布, 1990~)를

재로 구사하면서 중국 본토에서 뉴욕 타임즈 홈페이지·유튜브·트위터·인스타그램 접속이 안 되는 국가,[101] 국가 기관과 대학에 말해서는 안 될 일곱 가지(七不講)를 지정하는 국가,[102] 사회통제 목적의 얼굴인식 기술을 북한에 이전하는 국가, 중국 금융당국의 지나친 보수적 감독 행태를 최고 경영자가 공개 석상에서 비판했다는 이유로 공모주 청약까지 마친 상태에서 그의 금융 자회사 기업공개를 즉각 무산시키는 국가[103], 중국 상무위원에게 성폭행당했다고 폭로한 이의 관련 단어 검색과 전송을 금지하는 국가,[104] 곰돌이 푸가 누구와 닮았다고 관련 미술 작품 전시회를 막는 국가[105], 중국에 대해 비판적으로 말하고 쓰는 외국인들의 비자

---

판첸 라마로 강제 지목했다. 한편 티베트는 고대 중국인이 서융(西戎)이라는 이민족으로 취급했으나, 몽골이 점령한 후 중국에 편입되었다. 청나라가 힘이 약해지고 인도를 점령한 영국이 티베트에 관심을 기울이면서 티베트 독립 세력이 탄생하였고, 이 세력이 중국 신해혁명이 일어난 다음 해인 1912년 달라이 라마를 중심으로 한 티베트 왕국으로 독립한다. 하지만 중국은 공산화 이후 한국 전쟁이 일어난 1950년 10월에 티베트를 침공하여, 1951년에 결국 점령한다. 그 후 티베트 왕국은 인도로 망명하여 1959년부터 망명정부를 구성하고 있다. 중국은 험준한 산맥으로 구성된 티베트가 전략적 경쟁국가인 인도와의 천연 방벽 역할을 하고 있는 데다가, 황허강과 양쯔강의 수원이 이곳에 위치해 있기 때문에, 티베트 독립을 절대로 용인하지 않을 것이다. 하지만 이는 자유세계의 자업자득이다. 대표적으로 영국이 인도에서 발을 뺀 1950년 달라이 라마는 駐 인도 미국대사인 조지 로버트 머렐(George Robert Merrell, 1898~1962)을 티베트로 초청하여 미국의 지원을 요청하였다. 머렐은 미사일 시대가 도래하면 티베트는 고원지대에서 공산국가를 겨누는 천혜의 미사일 기지가 될 것이라고 본국에 적극 지원을 요청했다. 하지만 미국 정부는 티베트의 전략적 가치를 무시하였고, 결국 이듬해 공산국가로 편입되고 만다. 중국은 티베트 점령 이후 마오쩌둥의 지시로 인근 칭하이성의 시닝에서 티베트 수도 라싸까지 연결되는 길이 1,956㎞의 칭짱(靑藏) 철도를 건설하여, 티베트에 대한 정치, 경제적 지배를 강화하고 있다. 원래 티베트는 4,000m 이상의 산악지대로 유일한 교통수단이 말과 버스였다. 하지만 중국이 평균 해발 4,500m인 칭짱 철도를 건설한 이후, 한족의 티베트 이주가 가속화되고 있다. 세계에서 가장 높은 철도라는 별칭을 가진 칭짱 철도는 중국이 티베트에 얼마나 엄청난 집착을 하고 있는지 보여 주는 대표적인 사례이다.

101 방화장성은 만리장성(Great Wall)과 방화벽(Firewall)을 합쳐 만리방화벽(Great Firewall of China)이라고도 부른다.

102 2013년 중국 공산당이 지정한, 말해서는 안 될 7가지 항목(이른바- 7불강(不講)은 다음과 같다. 1. 보편적 가치, 2. 보도의 자유, 3. 시민사회, 4. 시민의 권리, 5. 공산당의 역사적 과오, 6. 특권 귀족의 자산계급, 7. 사법 독립

103 알리바바의 금융 자회사는 앤트 그룹(Ant Group)으로, 2020년 11월에 370억 불 규모의 기업공개를 진행할 예정이었다. 그런데 앤트 그룹 기업공개 직전인 2020년 10월 24일, 알리바바 회장 마윈은 상하이의 와이탄(外灘) 금융 서밋에서 중국의 뱅킹 산업과 금융당국의 규제 만능주의를 공개석상에서 대놓고 비판했다. 우연의 일치인지는 몰라도 마윈의 비판 직후 앤트 그룹의 기업공개는 무산되었고, 앤트 그룹은 결제 서비스 이외의 소비자 대출 사업에서도 철수하라는 금융당국의 압박에 직면했다. 2022년 4월 25일에는 마윈으로 추정되는 인물이 해외 반중 세력과 연대하여 국가 분열을 선동한다는 이유로 체포되었다는 중국중앙방송(CCTV)의 단신이 보도되기도 하였다. 마윈은 2023년 5월, 결국 동경대 객원 교수로 직을 옮기면서, 사실상 중국 기업인으로서는 생명력이 끝나 버렸다.

104 2021년 11월 2일, 2013년 윔블던 여자 복식에서 우승한 중국 테니스 대 스타 펑솨이(彭帥, 1986~)는 국무원 부총리 장가오리(張高麗, 1946~)에게 성폭행을 당했다고 중국판 트위터인 웨이보에 올렸다. 글은 20분 만에 삭제되었고 펑솨이, 장가오리는 금지어로 설정되어 웨이보, 중국판 카카오톡인 위챗에서 타이핑이 되지도 않았고, 관련 내용이 전송도 되지 않았다. 펑솨이 사연은 유트브와 트위터를 타고 전 세계에 알려졌다.

105 2021년 11월, 중국 현대 미술가 바듀차오(c 1986~)가 이탈리아 북부의 한 도시인 브레치아(Breccia)의 시

발급이 거부되는 국가[106]가 어떻게 개인의 생명, 재산, 언론과 행동의 자유를 최고의 가치로 간주하는 인류의 보편적 가치인 자유주의의 진정한 옹호자가 될 수 있단 말인가?

특히 우리나라의 국회 격인 전인대회에서 선출되는 중국 국가의 상징인 임기 5년의 국가 주석은 3 연임이 금지되어 있었으나, 2018년 3월 11일, 시진핑이 헌법을 개정하여 국가 주석과 부주석의 3 연임 조항이 폐지되었다.[107] 그 결과 시진핑 국가 주석에게 권력이 집중되면서 덩샤오핑이 유훈으로 남긴 플라톤적 집단지도 체제가 사실상 붕괴되었다. 2021년 11월 11일에는 중앙위원회 6차 전체 회의를 폐막하면서 40년 만에 처음으로 역사 결의를 채택하여, 시진핑이 마오쩌둥, 덩샤오핑과 동격에 해당하는 3번째 영도자임을 스스로 선언했다.[108] 마침내 2022년의 20차 당대회에서 시진핑은 중국 공산당 역사상 최초의 3 연임 주석이 되었다. 중국의 집단지도체제는 1972년 개혁개방 이후 2018년까지 40여 년 동안 이룩한 중국의 눈부신 경제 발전의 핵심적인 정치적 기반이었는데도 말이다.[109] 시진핑

---

립미술관에 곰돌이 푸와 시진핑 주석을 희화화하는 작품을 전시할 예정이었다. 이에 이탈리아 주재 중국 대사관은 브레치아 시장에게 전시회 취소를 요구하는 이메일을 보냈다. 브레치아 시청은 예술에서 검열은 허용되지 않는다며 전시회를 강행했다.

106 2020년 중국 정부의 심기를 불편하게 하는 기사를 게재하여 비자 갱신을 거부당한 해외 특파원은 18명 정도 된다고 한다.

107 다만 총리와 부총리의 3연임 금지 조항은 폐지되지 않았다. 이에 따라 리커창 총리는 2022년 10월 20차 당대회에서 퇴진이 불가피하였고, 2023년 3월 국무원 총리에서 퇴임했다. 이 퇴임식에서 그는 "사람이 하는 일을 하늘이 보고 있다. 푸른 하늘도 눈이 있다(人在干 天在看 蒼天有眼)."라는 퇴임사를 하여 묘한 여운을 남겼다. 이 때문인지 몰라도 퇴임 후 7개월 만인 2023년 10월, 그는 심장마비로 갑자기 사망한다.

108 역사 결의는 중국 공산당의 중요한 역사적·정치적 분기점에서만 등장하는 중요한 사건으로 마오쩌둥(1945)과 덩샤오핑 시기(1981)에 있었다. 시진핑의 역사 결의는 "마오쩌둥이 중국을 일어서게 했고(站起來), 등샤오핑은 중국을 부유하게 만들었으며(富起來), 시진핑은 중국을 강하게 만들었다(强起來)."라는 말로 요약된다.

109 중국 공산당은 대략 9천여만 명의 당원으로 구성되고, 이들 당원의 대표인 대의원이 대략 2,000~3,000명이다. 이 대의원의 전당대회가 바로 「중국 공산당 전국 대표대회(당대회)」이다. 한편 이들 당원 대표 중 다시 5년 임기의 핵심 인물로 대략 200여 명의 중앙위원과 100여 명의 후보위원이 「중앙위원회」를 구성한다. (2022~2027년까지 운영하는 20차 당대회의 중앙위원회 수는 203명, 후보위원 수는 168명으로 총 371명이다.) 중앙위원회는 대표자 1명을 뽑는데, 중앙위원회 서기라고 부른다. 중앙위원회는 실질적으로 중국 공산당을 대표하는 기구이며, 중국 정부 부처는 모두 중앙위원회 소속이다. 중앙위원회 전체 회의는 중전회라고 부르며, 1년에 1~2차례 개최된다. 중앙위원회에서는 다시 25인을 뽑아, 당의 핵심 집행기구인 「중앙정치국(Politburo)」을 구성한다. 이 중앙정치국에서 호선을 통해 중국의 실질적인 통치기구인 7명의 「상무위원회」가 구성되고, 그중에서 1인의 주석이 선출된다. 당대회가 5년 단위로 열리기 시작한 해는 문화혁명의 종결을 선언한 1977년 11차 당대회 이후부터이다. 5년마다 열리는 당대회의 가장 큰 행사는 중국 국가를 대표하는 국가 주석 1인을 선출하는 행사이다. 요컨대 중국 공산당은 1명의 총서기(중국 공산당의 수장)와 7명의 상무위원회가 사실상 중국 공산당의 핵심 권력 기구이다. 지방에도 중앙과 유사하게 당서기

주석이 상정하는 미래 국가 발전 전략은 1단계(2020~2034)가 절대 빈곤이 사라진 일종의 중진국 개념인 소강사회, 2단계가 세계를 선도하는 사회주의 강대국 개념인 강국건설(2035~2050)인데, 시진핑 주석은 이와 같은 일련의 조치 등을 통해 아마도 2034년까지 집권하려는 의도가 있을지도 모르겠다.[110]

덩샤오핑이 집단지도체제를 강조한 이유는 그가 공산당 정치체제가 일인에게 권력이 집중될 가능성이 높다는 사실을 이미 알고 있었기 때문이다. 특히 덩샤오핑은 마오쩌둥의 개인숭배로 인한 1인 독재체제가 얼마나 엄청난 피해를 가져왔는지 직접 경험한 사람이다. 덩샤오핑은 소비에트 연방 국가의 레닌처럼 말로만 집단지도체제를 강조한 것이 아니었다.[111] 그는 우선 총서기 자리의 3회 연임을 금지했다. 아울러 실력이 뛰어나더라도 카리스마가 너무 강한 사람보다는 온화한 인물을 중용했다. 나아가 정치국 상무위원회 개개인의 권력을 동등하게 부여하는 집단지도 체제를 도입했으며, 67세까지는 일하되 68세 이후는 은퇴해야 한다는 '칠상팔하(七上八下)'라는 원로 은퇴제 등을 도입했다.[112] 그 결과 덩샤오핑은 천안문 사태 진압에 공이 컸던 상하이 서기 출신 장쩌민(江澤民, 1926~)을 자신의 차기 후계자로 지명하면서, 동시에 장쩌민의 권력 독점을 막기 위해 공청단

---

와 상무위원회를 두고 있다. 당서기는 집행의 우두머리로 1인자라고 부르고, 상무위원회는 다수로 구성되어 당서기를 보좌하면서 견제도 하는 집단 지도부 역할을 한다.

110 중국은 매년 5개년 경제계획을 실시하고 있는데 가장 최근이 2021~2025년의 14차 5개년 계획이다. 아울러 중국은 두 개의 백년대계(兩個百年)를 가지고 있다. 하나는 1921년 창당한 공산당의 영도력 강화 백년대계이다. 2021년 중국은 공산당 창당 100주년 기념식을 성대하게 치러, 공산당의 건재함을 대내외에 과시했다. 또 하나는 1949년 건국 후 100주년이 되는 2049년 중국 특색 사회주의 강대국 실현이다. 미국과 충돌하는 전략이 바로 2049년 강대국 실현 백년대계이다.

111 원래 소련이 도입한 정치체제인 소비에트도 본질적으로는 집단지도체제이다. 소비에트는 러시아어로 "평의회"라는 뜻으로 1905년 10월, 러시아 혁명에서 노동자 대표 평의회가 설립된 것이 시초이다. 노동자 소비에트 이후에는 농민 소비에트가, 군인 소비에트가 차례로 등장하고 1917년 2월에는 이들 연합 소비에트가 제정 러시아를 무너뜨린다. 필자가 보기엔 이 2월 혁명이야말로 집단지도체제에 근거한 진정한 민중 혁명이다. 하지만 레닌을 중심으로 한 급진 좌파 볼셰비키는 순수한 집단지도체제를 10월 혁명으로 무너뜨렸으며, 이후 서로 간 내전을 거쳐 1922년에 소비에트 사회주의 공화국 연방이 설립된다. 하지만 소련이라는 나라는 이론과 달리 실제로는 평의회가 아니라 평의회 의장이 된 레닌 한 사람이 권력을 마구 휘두르는 1인 독재국가로 전락하고, 레닌의 유산을 스탈린이 그대로 답습하면서 1991년까지 1인 독재체제가 유지된다.

112 칠상팔하는 명문화된 규칙이 아니라 암묵적으로 적용되는 숨은 규칙 이른바, 잠규칙(潛規則)이다. 2021년 68세에 상무위원으로 남아, 2022년에 69세가 된 시진핑이 오히려 3 연임에 성공하면서 이 잠규칙은 사실상 없어졌다고 본다.

출신의 후진타오(胡錦濤, 1942~)까지 차차기 주석으로 지명했다.[113] 덩샤오핑이 만든 이 원칙은 현재 지도자는 다음 지도자를 지정할 수 없고, 그다음 지도자만 정할 수 있다는 원칙인 "격대지정(隔代指定)"이란 불문율로 부른다. 이렇게 함으로써 양자 간의 정치적 견제와 균형을 달성하도록 유도한 것이다.

하지만 실제로는 덩샤오핑 뜻대로 중국 정치권력의 견제와 균형이 제대로 달성되지 않았다. 견제와 균형을 추구할 때 미국처럼 행정부, 의회, 사법기관 상호 간의 권력 분점을 헌법에 규정한 제도적 장치를 통하지 않고, 특정 개인의 권력 장악 순서를 설정하여 달성하겠다는 기조가 제대로 작동될 리가 있나? 오히려 5대 주석에 오른 장쩌민은 상하이 출신을 당정 집단에 대거 기용했는데, 이들은 "상하이방"이라는 새로운 정치권력 집단을 만들었다. 이에 맞서 덩샤오핑이 차차기 주석으로 지명하여 6대 주석에 오른 공청단 출신의 후진타오는 공청단 출신을 대거 기용하여, 장쩌민이 등용한 상하이방 출신들과 치열한 권력 다툼을 벌였다. 상하이방과 공청단 출신의 치열한 권력 암투의 승자는 역설적이게도 상하이방도 아니었고, 공청단도 아니었다. 바로 태자당 출신의 시진핑이었다.

시진핑의 부친은 혁명 1세대로서 농민 운동가 출신인 시중쉰(習仲勳, 1913~2002)이다. 시진핑은 시중쉰의 차남이다. 시중쉰은 1928년 공산당에 입당하여 마오쩌둥과 함께 중국 공산당 혁명의 주역을 맡은 인물이다.[114] 그러나 문화혁명 시기에는 마오쩌둥의 지시로 1962년 감옥에 가서 1978년까지 16년 동안이나 옥고를 치렀다. 부친의 옥살이 기간 중에 이복 누나인 시허펑이 자살하고, 시진핑 본인은 농부 감독관의 감시 아래 산시성 옌안에서 사람의 똥을 푸는 등의 혹독한 재교육을 받기도 하였다.

문화혁명이 끝난 후 덩샤오핑은 시중쉰을 시장적 개혁주의자로 다시 발탁했

---

113 덩샤오핑이 원래 선호하던 인물은 후진타오였다고 한다. 하지만 후진타오가 너무 젊어 장쩌민에게 먼저 주석 자리를 주고, 후진타오의 후임을 보장하는 선에서 절충한 것이라는 설이 있다.

114 중국 공산당이 국공내전에서 승리할 수 있었던 가장 큰 이유는 68만 명에 이르는 중국 주둔 일본군이 국민당군을 집중해서 공격했기 때문이다. 이 때문에 중국 공산당은 국민당군보다 피해가 훨씬 덜했고, 일본에 신경을 쓰지 않고 국민당군에 전략과 전력을 집중할 수 있었던 것이다.

다. 시진핑은 때를 맞추어 재기를 위해 공산당 당원 가입을 시도했다. 하지만 무려 9번이나 거부당하고, 10번의 시도 만에 마침내 당원이 되었다. 부친의 친구 도움으로 칭화대를 나온 시진핑은 중앙이 아니라 일부러 샤먼시, 푸젠성 등 지방으로만 전전했다. 그는 이 시기부터 철저히 자신을 낮추고 주변에 자신을 드러내지 않은 인물로 알려졌다. 그러던 중 1997년에 투표로 당 중앙위원회 150명을 뽑는데, 시진핑은 151번째 순위를 기록했다. 당연히 탈락해야 했지만 장쩌민이 이번에는 151명을 뽑겠다고 해서, 그는 겨우 중앙으로 진출했다.

2002년에 시진핑은 저장성 서기로 부임했고, 그곳에서 재임 4년 동안 연평균 수출 33%라는 기록적인 경제 성장을 시현하면서 두각을 드러내기 시작했다. 특히 시진핑은 실용주의자였던 부친의 영향을 받아, 거물이 될 만한 기업인들을 발굴하고 지원하는데 천재적인 감각을 지니고 있었다. 그의 지원을 받아 거물이 된 대표적인 인물이 바로 마윈이다.

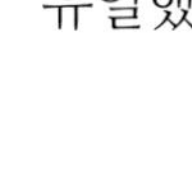

한편 2006년 8월, 상하이시 고위공무원들의 비호를 받아 상하이 사회보장기금(한국의 국민연금과 유사)에서 불법 대출을 받고, 이 돈의 일부를 뇌물과 성 상납 자금으로 사용한 장룽쿤(張榮坤, 1968~) 뇌물 사건이 세상에 알려졌다. 이 사건으로 중국 전체가 발칵 뒤집혔다. 이 사건의 가장 정점에는 상하이 서기인 천량위(陳良宇, 1946~)가 있었다. 천량위는 차기 중국 지도자로 거론될 만큼 유력한 상하이방의 거물이었고, 장쩌민 주석의 친위 무장 조직인 중국 인민무장 경찰부대(中国人民武装警察部队)의 비호를 받고 있었던 인물이었다. 이 때문에 후진타오와 원자바오 총리는 아무도 모르는 비밀 군사 작전을 통해 그를 전격 해임하였다.

후진타오는 상하이방의 반격이 두려워 사태를 신속하게 수습할 필요가 있었다. 후진타오는 자신의 측근인 류옌둥(劉延東) 통일전선공작부 부장, 또 다른 측근 리위안차오(李源潮) 장쑤성(江蘇省) 당서기, 리커창(李克强) 랴오닝성(遼寧省) 당서기, 허궈창(賀國强) 당 조직부장 등을 상하이시 서기 후보 물망에 올려놓고 검토했다. 불행히도 뇌물로 얼룩진 상하이시의 서기를 자발적으로 맡겠다고 나선 이는 류옌둥이 유일했다. 그마저도 상하이방 세력의 견제에 밀려 상하이시 서기 후보에서 결국

탈락한다.

후진타오는 장고 끝에 천량위의 후임으로 시진핑을 최종 낙점했다. 우선 시진핑은 1997년 장쩌민이 당 중앙위원회 위원으로 발탁할 만큼 상하이방에게도 거부감이 없는 인물이었다. 나아가 시진핑은 2007년 당시 국민가수 펑리위안(彭麗媛, 1962~)의 남편으로만 알려져 있을 만큼 이름도 잘 알려져 있지 않았고, 권력욕을 외부로 거의 드러내지도 않았던 인물이었다. 2007년 3월, 후진타오는 그렇게 시진핑을 상하이시 서기로 앉혔다. 하지만 이 조치가 "후진타오 일생일대의 최대 실수"였다!!!

상하이시 서기를 맡은 시진핑은 "호랑이(차관급 이상의 고위직)든, 파리(하위직)든" 가리지 않고 부패를 척결하는 놀라운 능력을 발휘하여 뇌물 스캔들의 파장을 일거에 잠재웠다. 그러면서도 그는 권력욕을 결코 드러내지 않았다. 그는 언제나 머리를 조아리고 숙이면서 주변을 안심시켰다. 그 결과 상하이방과 태자당 모두에서 신임을 얻은 그는 상하이시 서기가 된 후 단 7개월만인 2007년 10월 26일, 17차 당 중앙위원회 1차 대회에서 모두의 예상을 깨고 후진타오의 강력한 후원을 받고 있던 리커창을 7위로 밀어내면서 중앙정치국 상무위원에 이름을 올려 권력 서열 6위로 올라섰다. 2008년 3월에는 중국의 부주석이 되었고, 2010년 10월 17차 당 중앙위원회 5차 대회에서 공산당 중앙군사위원회 부주석에 선출되었다. 이로써 그는 후진타오의 후임으로 입지를 확실히 굳혔다.

이처럼 상대적으로 힘이 약했던 태자당 출신의 시진핑은 양측 사이의 권력 다툼을 활용하여 2012년 18차 당대회를 거쳐 후진타오에 이어 마침내 2013년 3월에 7대 국가 주석으로 취임했다. 하지만 초기 권력 기반은 매우 불안했다. 우선 후진타오가 이끄는 공청단과 장쩌민이 이끄는 상하이 방 모두 그가 주석 자리에 오르리라고는 상상도 하지 못했기 때문에, 시진핑에 대한 정치적 공격이 끊이지 않았다. 대표적으로 18차 당대회 직전인 2012년 2월에 친 장쩌민 세력으

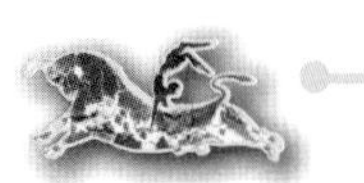

로 태자당 출신인 보시라이(薄熙來, 1949~) 사건이 터졌다.[115] 보시라이는 시진핑 주석이 취임한 지 6개월 만인 2013년 9월에 결국 축출되었는데, 2015년 6월에는 보시라이의 후견인으로 알려져 있던 상하이방의 거물 저우융캉(周永康, 1942~)마저도 상무위원으로서는 처음으로 부패 혐의가 적용되어 축출당했다.

이처럼 우여곡절 끝에 중국 최고 지도자가 된 시진핑은 주석이 된 후부터는 아무도 예상하지 못했던 끊임없는 권력욕을 드러내기 시작했다. 시진핑의 권력욕이 공청단과 태자당의 양면 공격으로부터 자신을 방어하기 위해 불가피하게 선택한 것인지, 아니면 소년 시절 인분을 푸고 다닐 만큼 극도로 비참했던 생활을 극복하면서 강철처럼 단련된 늑대 본능에 따른 것인지는 분명하지 않다. 확실한 것은 시진핑이 마오쩌둥도 맡지 않았던 군 총사령관직 등 12개 직위를 겸하는 상상을 초월하는 권력욕을 드러내기 시작했다는 사실이다.

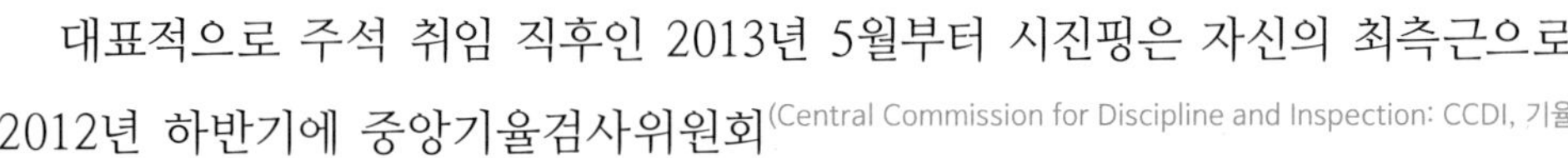

대표적으로 주석 취임 직후인 2013년 5월부터 시진핑은 자신의 최측근으로 2012년 하반기에 중앙기율검사위원회(Central Commission for Discipline and Inspection: CCDI, 기율위) 서기가 되었던 왕치산(王岐山, 1948~)을 시켜 공산당 내의 반대파를 부패 척결이라

115 원래 장쩌민은 시진핑을 후원하면서도 그를 견제하기 위해 보시라이를 상무위원단에 포함하려고 무진장 노력하였다. 하지만 그의 노력은 후진타오의 반대로 좌절되고, 오히려 보시라이는 2007년 충칭시 서기로 좌천된다. 하지만 보시라이는 충칭에서 부패를 타파하여 사회주의 국가 건설을 이룩하자는 "창홍타흑(唱紅打黑)"이라는 부패와의 전쟁으로 대중의 인기를 한 몸에 받았다. 그 과정에서 충칭시 공안국장인 왕리진(王立軍, 1959~)을 최측근으로 등용하여 호흡을 맞춘다. 그러던 중 2011년 11월, 충칭시 호텔에서 영국인 헤이우드(Neil Heywood, 1970~2011)가 사망하는 사건이 발생했다. 이에 충칭시는 그의 사인을 급성 알콜 중독이라고 발표했다. 하지만 헤이우드는 전혀 술을 마시지 못하는 사람! 영국 정부가 강력한 진상조사를 요청하자 보시라이는 이에 대한 진상조사를 왕리진에게 맡겼다. 왕리진은 눈치도 없이 특유의 추진력으로 결국 진짜 범인을 찾는데, 살해범이 보시라이의 아내인 구카이라이(谷開來, 1958~)로 밝혀졌다. 정확하지는 않으나 헤드우드는 보시라이와 구카이라이의 비자금을 관리하고 있었고, 수수료 문제로 갈등이 벌어져 살인 사건까지 발생한 것으로 알려졌다. 하여튼 이 내용을 보시라이에게 그대로 보고한 왕리진은 결국 공안국장 자리에서 쫓겨나 좌천되었고, 목숨의 위협을 느낀 왕리진은 18차 당대회를 앞둔 2012년 2월에 보시라이가 시장으로 있는 충칭시를 벗어나 청두시의 미국 총영사관으로 도주해 버렸다. 보시라이는 이에 자신의 공안을 청두시 미 영사관으로 보내 미 영사관을 포위하였고, 미국이 항의하자 중국 정부는 쓰촨성의 공안을 동원하여 청두시에서 충칭시 공안을 저지하는 코메디 같은 사태가 벌어졌다. 결국 왕리진의 망명은 미국 정부가 거부하였고, 충칭시 공안이 철수하면서 베이징으로 압송된 왕리진의 자백으로 보시라이가 실각하게 된다. 보시라이는 충칭시 사태 이후 중앙정부에 반기를 들기 위해 실제로 군대까지 동원하려 했던 것으로 알려져 있다. 보시라이 실각 사태는 후진타오가 가장 적극적으로 주도한 것이라고 한다. (일명 보시라이 사건) 한편 보시라이 사건 이후인 2012년 3월, 이번에는 후진타오의 비서실장인 링지화(令計劃, 1956~)의 아들이 페라리를 타고 가다가 교통사고로 사망했다. 이 두 사건 모두 시진핑과 후진타오, 장쩌민의 상호 간 권력투쟁 과정에서 파생된 사건이라는 설이 있다.

는 명분으로 대대적으로 척결하기 시작했다.[116] 왕치산은 "천리안으로 호랑이와 파리를 모두 색출"하겠다면서 지위고하 막론하고 공직 비리를 엄단 하겠다고 공개적으로 선언했다. 이에 따라 2013년 21명의 호랑이 사냥을 시작으로 거의 매년 20명 이상의 호랑이를 부패 척결이라는 이름으로 단죄했다. 특히 왕치산은 보시라이 사태 직후인 2014년 7월 상무위원회였던 저우융캉을 조사한 후, 덩샤오핑 이후 중앙정치국 상무위원회 상무위원은 처벌하지 않는다는 불문율을 깨고 2014년 12월 그를 뇌물수수, 직권남용, 국가기밀 누설 등의 부패 혐의로 체포했다. 장쩌민의 최측근으로 알려져 있던 저우융캉은 결국 2015년 6월 무기징역형을 선고받았는데, 이일을 계기로 왕치산은 부패 척결의 '차르', '호랑이 사냥꾼'으로 등극한다. 기율위 서기 후 18개월 동안 시진핑의 최측근으로 왕치산이 척결한 공산당 간부는 무려 25만 명, 차관급 이상 고위 간부도 39명이었다.[117] 왕치산은 무풍지대였던 군부에도 사정없이 칼날을 들이대어, 전 중앙군사위원회 부주석인 쉬차이허우(徐才厚, 1943~)와 귀보슝(郭伯雄, 1942~)을 각 2014년과 2016년에 당적을 박탈하거나 무기징역형에 처했다.

이보다 더 나아가 2017년 10월에는 시진핑이 주석과 동등한 권리를 가지고 있으면서 경제를 총괄하는 상무위원회 소속 총리(2022년 기준 리커창)도 매년 서면으로 주석에게 업무 보고를 하도록 규정을 바꾸었다. 이 규정 개정으로 상무위원회 개개인에게 동등한 최고 권력을 부여했던 전통적인 덩샤오핑 집단지도체제는 실질적으로 붕괴되었다. 사실 리커창은 시진핑이 차지한 주석의 강력한 후보로서 후진타오가 후원했다는 설이 있는데, 시진핑 관점에서는 리커창은 수단과 방법을 가리지 않고 무조건 제압해야 했던 인물일지도 모르겠다. 특히 격대지정

116 그렇다고 시진핑의 권력 장악이 그 뒤로 아주 순탄한 것만은 아니었다. 특히 태자당의 권력 장악 과정에서 쫓겨난 상하이방이나 공청단 세력들의 반발이 만만치 않았다. 예컨대 2018년 탈세 혐의로 100일 넘게 실종되었던 여배우 판빙빙(范冰冰, 1981~)은 시진핑 주석의 최측근으로 기율위 서기에서 국가 부주석이 된 왕치산(王岐山, 1948~)과 염문설을 뿌린 적이 있는데, 이 사건은 상하이 방 혹은 공청단이 태자당으로부터 헤게모니를 다시 쟁취하기 위한 권력 도전이 표면화된 사건일 뿐이라는 설이 있다. 권력의 속성상 시진핑과 왕치산의 우호적인 관계가 지속될 수 있을지도 관심사다.

117 Financial Times, 2014. Aug. 6

원칙에 따라 후진타오가 지정한 차차기 지도자인 후춘화(胡春화, 1963~) 또한 2017년 10월 25일 발표된 상무위원 명단에서 보이지 않았다. 2018년에는 주석의 3 연임을 금지하는 조항을 폐지하는 헌법 개정안도 밀어붙였다. 그 결과 2018년부터 중국은 이제 사실상 2,000년도 더 된 고대 진시황 독재 체제로 회귀한 것이나 다름이 없다.[118]

시진핑이 휘두른 독재적인 황제 권력의 가장 대표적인 사례가 바로 2020년 6월 30일, 단 15분 만에 통과된 「홍콩 보안법」이다.[119] 물론 형식적으로는 전인대 중앙위원회 162명 위원 만장일치였지만, 홍콩의 분리 독립 요구와 외국 세력과의 공모 행위를 금지하고 강력히 처벌하려는 시진핑의 뜻이 그대로 반영된 법안이다. 이 법안의 통과로 덩샤오핑이 홍콩에 대해서는 1997년부터 2047년까지 50년간 1국 양제와 고도의 자치권을 보장한다는 약속이 하루아침에 뒤집어졌다. 그 결과 홍콩 보안법의 폐지를 촉구하는 27개국의 공동성명과 1992년부터 관세, 투자, 무역 등의 영역에서 중국 본토와 다른 특혜를 부여한 미국의 특별 대우 일부가 2020년 7월 14일에 폐지되었다.[120] 하지만 중국은 그 뜻을 굽히지 않고 있다. 홍콩 보안법의 적용 대상에는 외국인도 포함되는데, 이는 사실상 중국이 자유세계를 향한 시황제식 독재체제를 강요하겠다는 것과 크게 다를 바가 없다. 이 법 통과 후 홍콩은 '홍콩의 중국화'라는 모토 아래 영어는 사라지고 거의 중국어만 통용되면서, 2024년 이후부터 홍콩은 구글 번역기가 없으면 여행이 안 되는 광둥성의 소도시로 전락 중이다. 글로벌 금융 기관의 홍콩 지사 인력도 감축되면서, 이제 아시아 금융 허브로서의 홍콩 위상은 이미 끝났다고 보면 된다.

---

118 시진핑의 최측근으로 전랑 외교의 전도사였던 친강(秦剛, 1966~2023?) 외교부장도 2023년 7월, 알려지지 않은 사유로 면직된 후 현재까지도 생사가 확인되지 않고 있다. 언론은 친강이 홍콩 여성 앵커와의 불륜설 혹은 스파이 혐의로 조사를 받고 있다고 보고 있으며, 어떤 언론은 그가 이미 사망한 것으로 보고 있다.

119 정식 명칭은 "중화인민공화국 홍콩특별행정구 국가안전수호법(中華人民共和国香港特別行政區維護国家安全法)이다.

120 홍콩은 1992년부터 미국의 특별 대우조치에 따라 중국 본토와는 다르게 2% 내외의 낮은 관세, 비자 발급 절차 간소화, 기술 수출 심사 면제 등의 특혜를 받아 왔다. 트럼프 대통령이 직접 서명한 이 행정 명령의 구체적 내용은 아직 공개되지 않아서, 무슨 특혜가 언제, 어떻게 폐지되는지는 즉각 알려지지 않았다.

시진핑 1인 독재체제 구축 이후 중국의 경제 상황도 악화일로이다. 중국은 2023년 경제 성장률이 5.2%라고 발표했는데, 실제로는 3% 수준이라는 소문이 파다하다. 저장성의 원저우(温州)시나 쓰촨성의 지방 도시의 경우는 부동산 경기 침체로 인해 재정이 바닥나, 지방 공무원의 20%가량이 월급을 받지 못한다고 한다.[121] 심지어 중국 톈진시는 청소부나 공공버스의 기사들 줄 월급이 없어, 대형 사찰에게 돈을 빌려 달라고 요청하기도 했다는 소문이 SNS에 실렸다. 이 황당한 소문은 2024년 7월 18일 폐막한 3중전회에서 지방정부에 세원을 대거 이양할 것이라는 조치가 발표되면서 정말 사실일지도 모른다는 의혹이 있다. 더 나아가 돈 많은 중국 부자들도 은행에 예금하지 않고, 현금을 스스로 보유하는 비중이 늘어나고 있다고 한다. 중국 중앙정부의 차관급인 부부장 이상의 자녀들 또한 중국을 떠나 대부분 미국으로 유학 중이다.

중국 경제를 총괄하는 국무원의 권한도 시진핑이 철저히 억압하고 있다. 즉 국무원 총리였던 리커창이 2023년 10월 갑자기 사망한 데 이어, 2024년 3월 5일 전인대 개막식에서는 상무위원회 부위원장인 리훙중(李鸿忠, 1956~)이 1982년 제정된 지 42년 만에 처음으로 국무원 조직법 개정을 추진하겠다고 발표했다. 개정안에 따르면 국무원은 시진핑의 사상과 집중 통일 영도를 따라야 하며, 국무원 총리의 중요한 결정은 반드시 토론과 회의를 거치도록 명시하여 국무원을 사실상 경제 정책의 전략 기관에서 집행 기관으로 강등시켰다. 양회의 대미를 장식하던 국무원 총리의 폐막 기자회견도 전인대 개막식 전날인 2024년 3월 4일에, 30여 년 만에 중단한다고 발표함으로써 국무원 총리가 이제는 사실상 시진핑의 허수아비에 불과하게 되었다.

특히 리커창 총리가 중국 최고의 경제전문가였던 것과 달리, 이제 국무원은 리창 총리를 비롯한 대부분의 간부들이 시진핑 최측근으로 채워지면서 경제 정책과는 현저히 거리가 멀어진 상태다. 이 때문에 중국 경제가 최악의 상황임에

121 프랑스 시사주간지 르푸앙(Le Point). La Chine : Une cocotte-minute prête à exploser. (중국: 폭발 직전의 압력솥), 2024. Feb. 22

도 불구하고, 중국 정부는 국방 예산을 2024년에 GDP 증가율보다 높은 7.2%로 증액한다고 발표했다.[122] 필자가 보기엔 중국은 2023년 이후 중국의 국가 역량을 스스로 철저히 파괴한 마오쩌둥의 문화혁명 시대로 사실상 회귀한 상태이다. 중국은 과연 등소평의 빛나는 유산이 이룩한 찬란한 번영의 시대로 회귀하기까지 얼마나 많은 시간을 기다려야 할까?

중국과 달리 미국은 힘에 의한 패권을 추구하면서도 동시에 인간의 자유와 민주주의, 인류가 가진 보편적 권리 옹호를 항상 강조해 왔다. 예컨대 미국 초기 헌법에는 대통령 연임 제한 규정이 없어 이론적으로는 종신 대통령도 가능했다. 하지만 초대 대통령인 조지 워싱턴(George Washington, 1732~1799)은 3선을 하게 되면 권력이 사유화가 된다는 신념을 가지고 있었고, 3선 도전이 가능했지만 스스로 권력을 내려놓고 낙향했다. 조지 워싱턴 이후 미국 대통령은 재선까지만 한다는 위대한 불문율을 만들었다.[123] 헌법상 금지되어 있지도 않은데 스스로 3 연임을 거부한 미국의 지도자와 헌법상 금지된 3 연임을 헌법 개정을 통해 가능하게 만드는 중국의 지도자가 극명하게 대비되는 것은 필자만의 개인적 느낌인가?

특히 영국이 2차 대전 중인 1939년부터 1945년 중에 선거를 연기한 것과 다르게, 미국은 전쟁 중에도 선거를 연기한 적이 단 한 번도 없다.[124] 남북전쟁이 한창이던 1864년에도 링컨 대통령을 재선시켰고, 1차 대전 중인 1916년 대선에서는 윌슨 대통령을 28대 대통령으로 다시 선택했으며, 2차 대전이 한창이던

---

122 중국 국방 예산 증가율: 6.6%(2020) → 6.8%(2021) → 7.1%(2022) → 7.2%(2023) → 7.2%(2024). 2024년 국방예산은 1조 6,700억 위안으로 한화로 대략 309조 원인데, 한화로 300조 원을 넘긴 시기는 2024년이 처음이다. 중국의 군비 지출은 2022년 기준으로 GDP의 1.7%였으며, 필자가 보기에는 2%를 넘는 것은 시간문제라고 본다.

123 하지만 2차 대전이라는 특수한 상황에서 루스벨트 대통령은 역사상 최초의 4선 대통령이 된다. 불행히도 루스벨트 대통령은 39세에 발병한 소아마비, 이후 그를 끊임없이 괴롭힌 심부전, 고혈압 등으로 건강 상태가 매우 좋지 않았다. 4선에 성공한 후 이어진 1945년 2월, 지중해 몰타섬으로 선박 이동, 다시 흑해로 비행기 이동, 크림 반도에서 차로 6시간을 달려 도착한 차르의 휴양지 얄타에서의 회담이 그의 건강에 결정타를 날렸다. 그는 1945년 4월, 고혈압으로 인한 뇌출혈로 사망했다. 사망 후 부통령이던 트루먼이 루스벨트를 대신해 대통령직을 수행한다. 루스벨트 대통령 사후 미국 의회는 대통령의 3선 이상을 금지하는 수정헌법 22조를 1947년 3월 상정하였고, 1951년부터 동 조항이 발효되었다.

124 영국은 나치가 항복 선언을 한 이후인 1945년 5월에야 하원 선거를 치렀고, 전쟁 중에 현직 총리인 처칠의 정치적 반대파인 노동당에 승리를 안겨 주었다.

1944년에도 루스벨트 대통령을 4선으로 선택하는 대선을 치렀다. 미국 지도자들의 민주주의 정신은 더 극적이다. 민족자결주의를 제창한 우드로 윌슨(Woodrow Wilson, 1856~1924) 대통령은 "우리는 정복도, 지배도, 배상금도 원하지 않는다. 우리는 인류가 가진 권리를 옹호할 뿐"이라고 천명했다. 케네디(John F. Kennedy, 1917~1963) 대통령은 취임 연설에서 "자유를 지키고 키워나가기 위해 어떠한 대가도 치르고, 어떠한 짐도 지고, 어떠한 두려움에도 맞서고, 우방을 지지하고, 적에게 대항하라!" 케네디에 이어 대통령이 된 린든 존슨(Lyndon B. Johnson, 1908~1973) 대통령 또한 "평화를 추구하고 전쟁을 증오하고 굶주림과 질병, 불행에 맞서 선한 싸움을 할 의향이 있는 사람이나 국가"는 모두 미국 편이라고 단언했다. 빌 클린턴(Bill Clinton, 1946~) 대통령도 "미국의 정책은 서로 협력하고 평화롭게 살아가는 번창하는 민주주의 국가들로 이루어진 세계"라고 약속했다.

2002년 백악관의 국가안보 전략에도 "20세기의 대투쟁은 국가의 성공을 위한 지속 가능한 유일한 모델이 자유, 민주주의, 자유 기업 제도임을 입증"했다고 평가했다.[125] 미국은 더 나아가 이와 같이 창조주로부터 부여받은 양도할 수 없는 권리인 생명, 자유, 행복 추구권을 보호하는 자유민주주의의 전 세계 확산을 선도하는 국가가 되고자 한다. 즉 헌팅턴이 말했듯이 미국은 자유민주주의 선교국가이다!

2020년 11월 미국 대선 또한 트럼프 대통령이 내세운 지지층 갈라치기와 미국 우선주의 전략을 거부하고, 자국민의 통합과 국제 사회에서 다자주의 복원을 앞세운 바이든을 선택하는 미국 민주주의의 장엄한 위대함을 그대로 보여 주었다. 트럼프 대통령은 너무나도 명백한 대선 결과에도 승복하지 않을 정도로, 중국의 시진핑이나 러시아의 푸틴처럼 그 누구에게도 뒤지지 않을 만큼 권력욕이 끝없는 인물이었다. 폴 크루그만의 표현대로 트럼프는 미국의 공무원들을 향해 미국 국민이 아니라 자신에 대한 충성을 강요했다는 점에서, "분명 그 자신이

125 헨리 키신저, *앞의 책(세계 질서)*, pp. 292~360

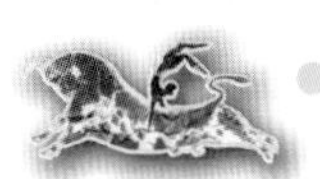

거리낌 없이 존경을 표하는 저 외국의 독재자들과 별반 다를 바 없다."[126] 아마 2024년 11월에 트럼프 대통령이 다시 재선된다면 국무부, 국방부, CIA 등 외교·안보 라인에 절대 충성파를 중용할 것이 거의 확실하다.

대표적으로 트럼프 대통령은 부정선거 프레임으로 지지자들을 선동하여, 2021년 1월 6일 각 주의 선거 결과를 종합하여 46대 대통령을 공식적으로 확정하는 상·하원 합동 회의에 시위대를 난입하게 하였다.[127] 엄숙한 공식 상·하원 합동 회의는 총성과 비명이 난무하는 아수라장이 되었고, 시위대는 펜스 부통령과 펠로시 하원 의장을 잡아 죽이겠다며 의사당을 헤집고 다녔다. 이 과정에서 경찰관 1명과 시위대 4명이 사망했다. 미국 역사상 그 전례를 찾아보기 어려운 이 황당한 사태는 트럼프 대통령의 권력욕이 얼마나 삐뚤어져 있는 상태였는지 만천하에 확실히 보여 주었다. 따라서 트럼프 대통령이 재선에 성공했더라면 미국의 트럼프는 러시아의 푸틴, 중국의 시진핑과 함께 자유민주주의가 아닌 전체주의의 전 세계적 확산이라는 불에 기름을 부었을 것이 거의 확실하다. 하지만 미국판 시진핑인 트럼프는 낙선했다. 이것이 바로 미국 민주주의의 위대한 힘이다!!!

물론 미국식 민주주의가 지구상에서 가장 완벽한 제도는 아니다. 예컨대 2024년에 진행 중인 미국 대선에서 최소한 바이든 대통령이 사퇴하기 직전인 7월까지는 이전 대선 결과에 승복하지 않고 온갖 사법 리스크를 안고 있는 트럼프의 재선 가능성이 높은 상태이다. 어떻게 이런 일이? BC 5세기 극작가 아리스토파네스(Aristophanes, BC 446~385)의 말대로, "오 데모스(민주주의를 의미)여, 당신을 미혹하는 것은 너무나 쉬운 일인 것을! 당신은 쓸모없는 아첨과 찬사를 받는 것에 기

---

126 폴 크루그만, 『*폴 크루그만, 좀비와 싸우다*』, 부키, 2022, p. 239

127 2021년 1월 6일 상하원 합동 회의는 펜스 부통령이 오후 1시에 개회를 선언하면서 시작되었다. 회의 전 바이든의 정식 임명을 막으라는 트럼프 대통령의 트윗 압박을 펜스 부통령이 트윗으로 거부했다. 이에 시위대 앞에서 선 트럼프 대통령은 1시 5분, 나라를 되찾기 위한 대담함으로 의사당으로 갈 것(walk down to the Capitol)이라고 연설했다. 이 연설이 끝나기도 전에 시위대가 의사당의 경찰 저지선을 폭력으로 뚫고 의사당으로 난입한 것이다. 트럼프 전 대통령의 비서실장 보좌관인 캐시디 허치슨(Cassidy Hutchinson, 1996~)은 1월 6일 사태에 대한 공청회(2022.6.28.)에서 트럼프 전 대통령 자신이 직접 차를 몰아 의사당으로 진입하려 했다고 증언하기도 했다.

빼하는 도다."[128]

하여튼 "미국의 일방적 패권에 의한 세계 자유와 민주주의의 유지"라는 미국식 패권의 야누스 얼굴과 같은 양면성 때문에, 미국의 패권에 대해서는 극단적인 옹호자와 격렬한 반대론자가 거의 언제나 공존한다.[129] 즉, 미국 패권 옹호론자는 미국이 강조하고 수호하는 자유와 민주주의 정신에 대해서는 방탄소년단의 열성 팬처럼 눈물을 흘리면서까지 고성으로 환호하고, 미국 패권에 반대하는 이들은 극단적 이슬람 원리주의자들의 자살 폭탄 테러처럼 미국의 일방적 패권 양식을 죽음

로마 동전에 새겨진 전형적인 야누스 얼굴. 프랑스 수도사 베르나르드 드 몽코폰(Bernard de Montfaucon, 1655~1741)의 *『조각상에서 드러나는 고대성(L'antiquité expliquée et représentée en figures, 1719~1724)』*. Public Domain

128 민주주의와 같은 서양 지배 이데올로기의 철학과 역사에 대해서는 ***『황금, 설탕, 이자 - 성전기사단의 비밀(上)』***編에서 상술한다.

129 미국 역사에서 패권 개념을 처음 만든 이는 26대 대통령인 시어도어 루스벨트(Theodore Roosevelt, 1858~1919)이다. 특히 그가 해군성 차관보 시절, 미국의 세계 지배를 위해서는 해군력이 반드시 필요하다고 역설하여, 해군력 증강을 국가 정책으로 채택했다. 그 결과 1890년 단 한 척의 전함도 없던 미국은 1905년까지 25척의 전함을 보유하게 된다. 그레이엄 앨리슨, *앞의 책*, p. 154. 나아가 해군 증가를 통한 해양 패권 행사를 위해 대서양과 태평양을 하나로 묶기로 한 시어도어 루스벨트는 이웃 콜롬비아 반군을 부추겨 자신이 만든 강력한 해군 함대를 앞세워 1903년 파나마로 독립시켰다. (그의 이러한 결정은 "해양력"이라는 개념을 최초로 정립한 해군 제독인 알프레드 머헨(Alfred Thayer Mahan, 1840~1914)의 1890년 저서 *『해양력이 역사에 미치는 영향(The Influence of Sea Power upon History)』*이 결정적인 영향을 미쳤다. 이 책은 당시 독일의 카이저 빌헬름 2세에게도 커다란 영향을 미쳤다.) 그 직후인 1904년부터 파나마 운하 건설을 주도하여 최대 난적 말라리아를 통제한 후 1914년 완공함으로써 미국 해군의 대서양, 태평양 동시 장악을 결국 이룩했다. 시어도어는 이후 도미니카 공화국에 대해서도 도미니카 정부의 재정에 대한 임시 통제권을 가지며, 미군의 개입을 정당화하는 조약을 체결하기도 한다. 그는 실제 서부 개척 활동에 몸소 뛰어든 유일한 미국 대통령이고, 대통령 시절 미국을 벗어나 해외 땅을 밟은 최초의 대통령이기도 하다. 나아가 그는 동아시아의 전략적 균형을 위해 러일 전쟁의 종결을 중재했고, 미국의 필리핀 지배와 일본의 한국 지배를 맞바꾼 카스라-태프트 밀약(Taft - Katsura agreement)을 배후에서 지시하기도 했다. 훗날 대통령 후보로 거론되던 맥아더 장군은 시어도어 루스벨트의 보좌관으로 잠깐 일한 적이 있다. 반대로 미국 외교에서 자유주의라는 도덕적 정당성에 집중한 대통령은 민족자결주의를 제창한 우드로 윌슨 28대 대통령이다. 윌슨 대통령의 민족자결주의는 1차 대전 후 선진국들의 지배를 받고 있던 식민 국가들의 독립 열망을 들불처럼 연쇄 자극한 제2의 독립선언문이나 마찬가지였다. 그러나 윌슨 대통령은 흑인 노예제를 옹호한 남부 목사의 아들로, 그 역시도 부친의 세계관에서 벗어나지 못했다. 예컨대 그가 프린스턴대 총장으로 있을 당시, 흑인의 대학 입학을 반대했다. 그가 주도한 국제연맹에도 인종 계급에 따라 신탁통치의 클래스가 정해져 있었다. 국제연맹에 인종적 평등의 문구 삽입을 주장한 일본의 주장도 윌슨은 배척했다. 윌슨의 민족자결주의는 이후 식민지 지도자들의 극단적인 반미 감정을 오히려 양성하게 되는데, 대표적인 인물이 중국의 마오쩌둥, 베트남의 호찌민, 빈 라덴의 정신적 스승인 사이드 쿠틉 등이다. 키신저에 따르면 힘에 의한 패권과 자유주의를 절충하면서 이 전략을 동시에 구사한 최초의 미국 대통령은 37대 리처드 닉슨(Richard Nixon, 1913~1994) 대통령이라고 한다. 닉슨은 세계정세에 대한 연례 보고서 작성을 정규화하도록 확립한 장본인이기도 하다. 헨리 키신저, *앞의 책(세계 질서)*, pp. 279~343

으로써 거부하는 것이다. 비유적으로 말하면 미국이 자유민주주의라는 "천사적 명분"을 위해 세계 패권이라는 "악마적 수단"을 활용하면서, 열성적 추종자와 극단적 테러리스트들이 공존하는 "카오스 상태"가 만들어지는 것이다.

하지만 필자는 아직까지는 중국의 패권주의가 추구하는 궁극적 목표가 이처럼 미국이 수호하려는 인류 보편의 자유민주주의라고는 생각하지 않는다. 중국의 궁극적 지향점은 사회주의, 공산당 영도, 프롤레타리아 독재, 마르크스·레닌과 마오쩌둥 사상의 융합 등 이른바 "4항 기본원칙"이다. 예컨대 중국을 건국한 마오쩌둥은 중국의 대내외 정책에는 "중국식 프롤레타리아의 사상, 관습, 문화가 나타나야 하며," "중국식 사상, 관습, 문화는 투쟁에서 나타나야 한다."라고 강조했다.[130] 실용주의를 강조한 덩샤오핑조차도 자신의 생각이 마오쩌둥의 말씀을 완성하는 것이라고 제시할 정도였다.[131]

현재 지도자 시진핑도 정부, 군대, 사회, 학교, 동서남북을 포함한 모두의 지도자가 공산당이라고 역설하며, 4항 기본원칙 중 하나인 공산당 영도를 유달리 강조한다. 예컨대 시진핑은 2019년 9월 공산당 중앙당교에서 청년 간부들을 향해 "중국 공산당 영도와 중국 사회주의 제도를 해치는 도전, 중국의 주권과 안전·발전 이익을 해치는 도전, 중국의 핵심 이익을 해치는 도전, 중국 인민의 이익을 해치는 도전, 두 개의 백 년 목표를 해치는 도전, 이러한 도전에 대해서는 우리는 반드시 결연하게 투쟁"해야 한다고 강조했다.[132]

고르바초프 시대에 왜 소련이 붕괴했는지에 대한 시진핑의 생각을 보면 대답은 더 명확하다. 소련 붕괴 원인에 대한 시진핑의 대답은 고르바초프가 경제 개혁을 하기 전에 소련 사회에 대한 공산당의 정치적 통제를 완화했기 때문이라는 것이다.[133] 즉, 고르바초프가 당이 부패하도록 내버려 두면서 결국에는 통치 능

130 헨리 키신저, *앞의 책(중국 이야기)*, p. 127

131 헨리 키신저, *앞의 책(중국 이야기)*, p. 406

132 KBS 특파원 리포트, 2019.9.6

133 그레이엄 앨리슨, *앞의 책*, p. 192

력을 상실하게 되었고, 그 결과 소련 제국이 붕괴되었다는 것이다. 나아가 군대에 대한 당의 장악력이 없어 소련 군대가 공산당과 그 지도자에 대한 충성심이 결여되어 있었다는 점도 소련 붕괴의 중요한 이유라는 것이다. 따라서 고르바초프의 조치로 당이 무장해제 되면서 제국이 붕괴된 소련의 전철을 다시 밟지 않으려면, 경제 개혁을 추진하더라도 부정부패 척결과 군대에 대한 통제력을 유지하는 강력한 지도력을 바탕으로 공산당의 힘을 반드시 유지해야 한다는 것이 시진핑의 기본 철학이다.

시진핑은 더 나아가 과거 중국의 유산을 배격했던 마오쩌둥의 문화혁명과 달리 중국 전통문화를 활용한 공산당 통치의 당위성을 강조한다. 공자가 강조한 충효는 기존 질서에 대한 저항을 사실상 무력화하기 때문에, 공산당 통치의 당위성에 사실상 더할 나위 없이 좋은 이데올로기이기 때문이다. 특히 그는 공자 사상의 보편성을 강조하면서, 공자학당을 전 세계에 설립하는 데 전력을 쏟고 있다. 그 결과 2023년 기준으로 전 세계 100여 개 국가에서 525개의 공자학원이 설립되어 있다.[134] 시진핑은 공자학당을 통해 국내 공산당 통치의 당위성뿐 아니라 중화민족의 자신감 고취와 중화 문화의 세계화라는 부수적 목표도 노리고 있다. 시진핑의 말에 따르면 "공자학원은 세계가 중국을 알아가는 중요한 플랫폼이다."

공자를 배격했던 점만 빼고는 공산당의 영도를 강조하는 마오쩌둥과 거의 유사한 시진핑의 메시지와 철학은 중국이 세계 평화와 자유주의를 강조하는 이유가 미국의 일방적 패권주의를 견제하기 위한 전술적 행위에 불과한 것임을 분명히 보여 준다. 실제로 클린턴 대통령 시절 국무부 장관이던 워런 크리스토퍼(Warren Christopher, 1925~2011)가 중국에 민주주의의 세계적 확장이라는 미국식 패권의

134 https://www.digmandarin.com/confucius-institutes-around-the-world.html. 역설적으로 2023년 기준, 미국에 가장 많은 86개의 공자학원이 있고, 한국에는 23개가 있다. 2024년에는 미국의 공자학원은 급격히 감소하고 있고, 한국의 경우는 오히려 증가하여 28개의 공자학원이 있다.

지향점을 공유하자고 제안했을 때, 중국은 이를 단칼에 거절했다.[135] 필자는 단언컨대 중국의 패권주의가 "중화 민 족의 부흥"과 "공산당 영도"라는 두 가지 틀에 갇혀 있는 한, "민족을 초월한 인류의 보편적 가치 숭상"과 "자유민주주의의 확산"이라는 미국 주도의 패권주의를 이길 가능성과 당위성은 결코 없을 것이라고 확신한다!!! 중국 패권주의가 미국 패권주의와 최소한 대등하게 성립하기 위해서는 중화민족의 부흥과 공산당 영도라는 알껍질을 과감히 깨부수어야 한다. 괴테가 『파우스트』에서 말한 대로 "껍질을 벗지 않는 뱀은 죽는다!!!"

오바마 대통령과 후진타오 주석 가운데 서 있는 왕후닝. 그는 상하이 태생으로 대학 때 프랑스어를 전공했다. 이후 석사과정에서 국제정치학을 전공하면서 정치사상가가 된다. 1984년에 중국 공산당원이 되었고, 비서방 후발 국가는 강력한 지도력을 거쳐 경제 발전을 이룬 후에야 정치 민주화가 가능하다는 "신권위주의" 이론을 제창했다. 이 주장은 천안문 사태에 대응하기 위한 중국 공산당의 이론적 배경을 제공했고, 이후 승승장구한다. 즉, 장쩌민의 3개 대표 사상, 후진타오의 과학적 사회주의 사상을 정립했고, 시진핑에게도 **"공산당 영도를 통한 중화민족의 부흥"**이라는 정치사상 기반을 제공하고 있다. 2012년 중앙정치국 위원이 되고, 2017년에는 중앙정치국 상무위원회 멤버가 되면서 시진핑의 최측근이 된다. 2022년 20차 당대회에서 상무위원직을 유지하였으며, 2024년 기준 의전 서열 4위이다. 상무위원 중 정치인 출신이 아닌 교수 출신으로서는 유일한 인물이다. 2023년 초에는 대만 문제 중앙선도 그룹을 실질적으로 지휘하면서, 대만 통일에 대한 전략을 총괄적으로 수립하고 있는 것으로 알려져 있다. 2022년 10월 22일, 20차 당대회 폐막식에서 끌려 나가는 후진타오 전 주석을 부축하려는 리잔수(栗戰書, 1950~)를 제지하는 인물로도 잘 알려져 있다. 후진타오에 대한 최소한의 예의를 갖추려는 리잔수를 제지하는 모습을 보며, 자신을 중용했지만 권력에서 밀려나는 후진타오를 애써 무시하는 행동에 권력의 무상함과 씁쓸함마저 느끼는 것은 필자 개인만의 느낌인가? 출처: Wikipedia. 2010년 6월 26일 사진. Public Domain

공산당 영도를 통해 미국을 넘어서는 중화민족의 부흥이라는 중국의 이 국가 전략은 시진핑의

135 헨리 키신저, *앞의 책(세계 질서)*, p. 353

책사로 알려진 상무위원 왕후닝(王沪寧, 1955~)에서 비롯된 것으로 알려져 있다.[136] 그는 시진핑 이전 장쩌민에게는 "3개 대표 사상",[137] 후진타오에게는 "과학적 발전관"[138]이란 국정 이념을 제공하여, 3대 주석을 보좌하는 살아있는 제갈공명, 중국의 키신저라는 별칭이 있다. 상하이 출신으로 2024년 기준, 상무위원 7명 중 서열 4위인 그는 엄청난 양의 책을 읽는 책벌레로 유명하다. 저서만 해도 20권이 넘는다.

특히 왕후닝은 시진핑의 세 번째 연임이 확정된 직후인 2023년에 시진핑의 지시를 받아 대만 통일 전략을 수립하고 있는 것으로 알려졌다. 이전의 5개년 계획이 만료되고 왕후닝이 수립하는 5개년 계획이 새로 적용되는 시점이 2026년이므로, 2026년부터는 대만을 향한 통일 전략이 어떤 방식이든 개시될 가능성이 매우 높다.[139] 하지만 필자가 보기에 왕후닝의 전략은 인본주의가 보편적으로 확립된 현재 세계에서는 설득력도 없고 확장성 또한 없다. 물론 동아시아 주변 몇 개국을 상대로 해서는 이 전략이 먹힐지도 모르겠지만, 미국을 포함한 서양, 제3세계를 포함한 지구 전역에 "전랑 외교(wolf-warrior diplomacy)" 식의 강압적 중화주의 사상이 호소력을 갖는다고 보기는 어렵다. 중국은 과연 이 어려운 과제를 수행할 수 있을 것인가?

136 왕후닝이 정치적 분야의 책사라면 경제 분야의 책사는 류허(劉鶴, 1952~)이다. 류허는 2023년 3월 이전 리커창이 총리로 있었던 국무원의 부총리로 시진핑의 최측근이며, 소문에는 리커창보다 더 실세라는 말이 있다. (2023년 3월 국무원 총리는 리커창에서 시진핑 측근인 리창(李强, 1958~)으로 교체되었다.) 미중 무역분쟁을 중재할 때 중국 측 대표로도 활약한 바 있다. 류허가 2022년 기준 만 70세라 이미 칠상팔하 원칙을 넘어서 일하고 있고 리커창이 국무원 총리에서 교체될 것이라 조만간 후임을 임명할 거라는 관측을 깨고, 2024년에도 여전히 국무원 부총리직을 수행하고 있다. 한편 류허의 교체설이 나돌 때, 그의 후임으로 시진핑의 40년 지기인 허리펑(何立峰, 1955~) 국가발전개혁위원회(일명 소국무원) 주임이 거론된다고 보도(2022.9.29.)된 적이 있다. 시진핑과 바이든의 2023년 11월 정상회담(20231.11.16) 직전, 의제 조율을 위해 재닛 옐런 미국 재무장관과 사전 회담(2023.11.9)이 샌프란시스코에서 개최되었는데, 이 회의에서 허리펑은 옐런의 회담 파트너로서도 활약했다. 허리펑은 중국 경제정책의 핵심 인물로 류허와 함께 시진핑의 사실상 경제 책사로 평가된다.

137 항상 중국 생산력의 발전 요구를 대표하고, 항상 중국 선진 문화의 전진 방향을 대표하고, 항상 중국 인민의 근본 이익을 대표한다.

138 과학적 사회주의, 지속 가능한 발전, 인문 사회주의 건설 등을 종합적으로 통합한 사상

139 5개년 계획은 중국이 소련식 중앙계획경제를 모방해 만든 제도로 1953년부터 시행하였다. 2005년, 10차 5개년 계획(10.5 계획)까지는 '계획'(計劃)'이라고 불렀으나, 시장의 기능을 강조하기 위해 2006년부터는 '규획(規劃)'이라 부르고 있다. 가장 최근은 14.5규획(14차 5개년 계획)으로 2021~2025년 사이의 전략을 담고 있다.

## Codex Atlanticus: TSMC, CHIPS법, 대만전쟁

TSMC, CHIPS법, 대만전쟁? 이 3개가 도대체 무슨 관련성이 있냐고 반문하는 독자들이 많을 것이라 본다. 하지만 이 3가지는 동전의 앞뒷면과 같다. 즉 3가지는 모두 같은 이슈다. 우선 TSMC. 미국은 비메모리 반도체 분야의 절대 강자이다. 하지만 미국이 비메모리 반도체 분야에서 할 수 있는 일이라곤 오직 설계뿐이다. 물론 반도체 설계가 가장 핵심이고 부가가치도 높다. 전 세계 컴퓨터에 장착되는 인텔의 CPU도, 인공지능 챗GPT에 사용되는 인공지능용 GPU인 B200도 인텔이나 엔비디아의 설계 없이는 존재할 수가 없다. 그런데 설계도대로 칩을 실물로 제작하는 능력이 미국에는 없다는 점이 결정적인 문제다. 미국은 자국 최첨단 비메모리 반도체의 대부분을 TSMC나 UMC와 같은 대만업체에 넘겨서 물품을 납품받는다. 즉, 대만 없이는 실물로 존재하는 반도체 칩을 손에 만질 수가 없는 것이다. 지나 러몬도 상무부 장관의 고백에 따르면 미국은 이 실물 첨단 반도체의 90%를 대만에서 조달받는다!!!

또 다른 문제는? 시진핑이 3연임에 성공하면서 대만 통일에 대한 의지를 확고히 하고 있다는 점이다. 이미 시진핑의 책사 왕후닝은 대만 통일 전략을 구체적으로 수립하고 있는 것으로 알려져 있다. 만약 중국이 대만을 공격하면 대만에 있는 TSMC나 UMC는 잿더미가 될 것이고, 그 경우 미국은 자국 전자·통신·첨단무기 등에 필수적인 반도체를 조달하는 것이 갑자기 불가능해진다. 다시 말하면 미국의 아킬레스건이 대만 해협을 마주 보고 있는 중국의 단거리 핵탄두 사정거리 안에 있는 것이다. 대만을 차지하든, 차지 못하든 중국은 TSMC나 UMC만 파괴하면 미국의 핵심 아킬레스건을 갈갈이 찢어 놓는 것이 가능하다는 뜻이다.

둘째, CHIPS법. 따라서 미국은 자국 내에 반도체 설계도대로 실물을 제작해 주는 파운드리 공장이 반드시 있어야 한다. 바이든 대통령이 취임하자마

자 보조금을 주면서까지 TSMC의 공장을 미국에 끌어온 이유가 바로 이것이다. 미국은 내친김에 삼성전자의 파운드리 공장까지 텍사스에 유치했다. 아니 더 나아가 전 세계의 반도체 공장을 미국 내에 위치시켜야 한다. 그래서 발의한 것이 미국 내 반도체 공장 신설 시 보조금을 제공하는 내용의 CHIPS법이다. 그런데 미국은 WTO 출범 이전부터 각국 정부의 보조금 제도를 맹비난하며 보조금 철폐를 외쳐온 대표적 국가이다. 「중국제조 2025」에 대해서도 트럼프 대통령 시절 재무부 장관 므누신은 대표적인 불공정 관행으로 당장 철폐하라면서 강력히 규탄하기도 했다. 그런데 이제는 미국 정부가 「중국제조 2025」를 그대로 따라 하고 있는 것이다. 역사란 참 아이러니 한 것이다!

셋째, 대만전쟁? 중국은 이미 2005년에 대만이 독립을 시도할 경우, 무력수단을 사용할 수 있다는 「반분열국가법」을 제정한 바 있다. 따라서 대만에 대한 무력 사용 가능성은 오래전부터 기정사실화되어 있는 상태이다. 본문에서 언급한 대로 중국은 2026년 무렵부터 대만 정벌을 시도할 가능성도 있다.. 앞으로 2~3년이 지나면 대만의 TSMC나 UMC가 중국의 무력 공격에 노출되는 것이다. 그런데 대만의 TSMC나 UMC의 파운드리 생태계는 복사가 불가능할 정도로 복잡하고 섬세한 산업 신경망을 갖추고 있다. 따라서 대만과의 전쟁 이전에 대만 파운드리 산업 생태계를 미국에 하루빨리 갖추어야 한다. 단순히 TSMC나 UMC의 기술자만 미국으로 옮긴다고 해결될 문제가 아니다.

따라서 미국은 이 기간 이전에 무슨 수를 써서라도 미국 내에 파운드리 반도체 공장을 최대한 많이 지어서 대만의 파운드리 생태계를 미국 내에 구축해야 한다. 실제로 전 세계 2위 패키징 업체인 엠코(EMCO Technology Inc)는 TSMC가 위치한 피닉스에 20억 달러 규모의 공장을 신축한다고 2023년 12월 5일에 발표했다. 이는 미국에 스마트폰 AP를 설계하는 애플·퀄컴과 이를 제작하는 TSMC, 그리고 이를 중심으로 최종 반도체 보드 패키징을 통해 생산하는 엠코가 일관 생산 체계를 갖춘다는 뜻이다. 나아가 애리조나에는 인텔, 어플라

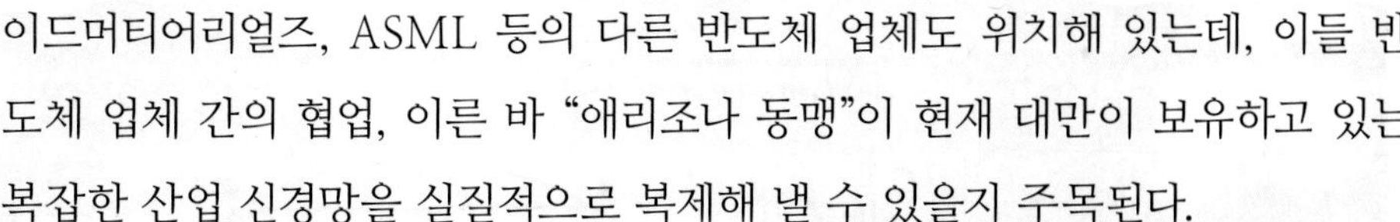



이드머티어리얼즈, ASML 등의 다른 반도체 업체도 위치해 있는데, 이들 반도체 업체 간의 협업, 이른 바 "애리조나 동맹"이 현재 대만이 보유하고 있는 복잡한 산업 신경망을 실질적으로 복제해 낼 수 있을지 주목된다.

물론 중국도 미국 내에 반도체 공장이 없으면 미국의 비메모리 반도체 세계 1위는 사상누각에 불과하다는 점을 인식하고 있을 것이다. 필자가 보기에 중국과 미국의 치열한 눈치 싸움은 이제 시작되었다고 보는 것이 맞다. 중국은 최대한 빠른 시일 내에 대만에 대한 무력 공격을 시작할 가능성이 높고, 미국은 최대한 중국의 오판을 늦추어야 하는 상황이 직면하고 있는 것이다.

다만 2023년 하반기에 불거진 중국 인민해방군 로켓군(People's Liberation Army Rocket Force)의 부정부패 혐의로 인해 중국의 대외적 군사 조치가 당분간 미뤄질 가능성은 있다. 로켓군은 원래 중국의 제2 포병 부대가 모태인데, 미사일을 운용하는 부대임에도 불구하고 포병 부대라는 명칭을 사용한 이유는 미국과의 갈등을 피하기 위한 전략적 선택이었다. 하지만 2016년에는 명칭을 아예 로켓군으로 바꾸고, 대륙간 탄도미사일 ICBM과 전술 미사일, 심지어 잠수함에서 발사하는 SLBM까지 운용하는 부대로 변모했다. 즉 중국의 로켓군은 전쟁이 터지면, 미국 육해공 합동 작전의 핵심축인 인공위성을 즉시 파괴하기 위한 전략 군부대로 부상한 것이다. 시진핑은 이 로켓군을 창설하면서 2027년까지 막대한 자금을 투입한 현대화 작업을 통하여, 미국의 전력과 대칭을 이루겠다는 구상을 가지고 있었다.

불행히도 로켓군 현대화 과정에서 국방부 장관과 로켓군 고위 장성들이 방위산업체와 결탁하여 부정부패를 일삼고 있다는 의혹이 2023년 하반기부터 제기되었다. 미 정보 당국에 따르면 로켓 연료에 물이 섞여 있다거나, 미사일의 뚜껑이 규격이 맞지 않아 창고에 대량으로 쌓여 있다고 한다. 특히 이와 같은 1급 비밀을 미국의 정보 당국이 보고서를 작성하여 중국에 전달했다는 자체가 더 큰 문제였다. 이 보고서 이후 2023년 7월에는 우궈화(吳國華) 전 로켓군

부사령관이 갑자기 목숨을 잃었고, 로켓군 전 사령관인 위차오(李玉超, 1962~), 류광빈(劉光斌) 현 부사령관, 장전중(張振中) 전 부사령관 등 10여 명도 소재가 모호한 상태로 바뀌었다. 2023년 8월, 국방부 장관인 리샹푸(李 福, 1958~) 또한 공식 석상에서 갑자기 사라졌는데, 시중에서는 리샹푸 국방부 장관이 로켓군 부정부패 혐의에 연루되어 체포되었을 것이라는 설이 파다했다. 하여튼 미국의 CHIPS법은 중국과의 대만을 둘러싼 전쟁에 대한 사전 준비 성격이라고 보아야 한다. CHIPS법과 대만과의 전쟁 사이에 있는 TSMC라는 괴물 같은 존재가 끼어 있다는 점 또한 주목할 부분이다. 과거 개도국 정부의 보조금을 마치 거대한 악으로 규정하면서 기를 쓰고 매도한 미국 정부가 보조금을 주면서까지 반도체를 유치하려는 속내가 바로 전쟁 준비 때문이라는 사실이 씁쓸하기는 하지만, 이것이 오늘날의 엄연한 현실인 것을 어떻게 생각해야 할까?

마지막으로 반도체를 중심으로 한 미국과 중국 패권 경쟁의 결말은 과연 어떻게 될까? 필자는 누가 승자가 될지 정답을 모른다. 현재는 미국이 단연 우위다. 황금, 설탕, 이자를 모두 장악하고 있으니까. 하지만 미래는 어떻게 될지 아무도 모른다. 하지만 한 가지는 확실히 말 할 수 있다. 즉 중국이 황금, 설탕, 이자를 장악하기 위해서는 반드시 반도체 자립부터 하여야 한다. 반도체 자립(설탕) 후 뱅킹 역량(이자)을 키워서 위안화를 기축통화(황금)로 만들면 세계 패권이다. 시진핑이 목표로 삼고 있는 2049년까지는 2024년을 기준으로 앞으로 25년 정도가 남았는데, 향후 이 기간에 반도체 자립을 하지 못하면 중국은 패권 경쟁에서 탈락하고, 이 기간에 반도체 자립을 하게 되면 미국은 자국 패권을 위협받게 될 것이다. 나아가 트럼프 대통령의 책사였던 스티브 배넌(Steve Bannon, 1953~)은 2017년 언론 인터뷰에서 25~30년 내 세계 패권은 미국과 중국 중 어느 한 국가만 소유하게 될 것이라고 예언했는데, 필자도 100% 동의한다. 즉 필자는 개인적으로 2050년 무렵이면 현재 미국과 중국 패권 경쟁의 승자와 패자가 결정될 것이라고 확신한다. 필자는 그 과정에서 물리적 전쟁이 결코 벌어지지 않기만을 간절히 기원할 뿐이다...

어쨌든 중국은 국제정치 이외의 무역 측면에서도 미국과의 차별성을 전면에 내세울 것이다. 예컨대 중국은 트럼프 행정부가 내세웠던 미국 우선주의, 보호무역주의와 일방주의를 결사적으로 반대하고, WTO 중심의 개방적이고 차별 없는 다자 무역주의 체제를 적극 지지하며, 탄소중립 추세에 적극 동참하는 모습을 보일 것이다. 더 나아가 유럽에 내재된 분열 모드를 적극 활용하여 미국 패권에 본능적인 반감을 보이는 프랑스와는 긴밀한 협력 관계를 구축할 가능성도 있다. 산업 측면에서는 자금이 얼마가 소요되든 상관없이 「중국 제조 2025」와 「신품질 생산력」을 어떻게든 끝까지 완수하고 인공지능, 빅 데이터, 우주기술 개발에 전력을 다할 것이다. 금융 측면에서는 일대일로 사업을 지속적으로 확장하되, 금융 패권을 갖추기 전까지 워싱턴 합의에서 요구하는 외환시장 개방을 결코 허용하지 않을 것이다.[140] 나아가 위안화의 힘이 어느 정도 커지고 기술 및 산업 패권이 완성되는 시점인 2045년 전후 언제부터인가는 무역대국의 지위에 있는 중국이 위안화 금 태환을 통해 달러 패권에 도전을 시작하게 될 것이다.

하지만 달러 패권에 도전하려면 위안화의 금 태환만으로는 부족하다. 위안화의 금 태환 정책과는 별도로 중국 금융 산업이 발전해야 한다. 누구에게는 불행이고 누구에게는 다행이겠지만, 중국은 현재 금융 산업을 국가가 실질적으로 통제하고 있다. 필자가 보기에 중국 정부의 금융 통제는 아직까지는 실패작이다. 천재적인 통찰력을 가진 알리바바 회장인 마윈이 2020년 10월 24일 상하이의 와이탄(外灘) 금융 서밋에서 언급한 것처럼 "중국 금융에는 시스템 자체가 없으니까 시스템 리스크라는 것이 아예 있을 수가 없고," "오늘날 중국 은행은 압류와 담보로 버티는 전당포의 연속일 뿐이다."

중국이 과연 자국의 뱅킹 산업과 자본시장 등 금융 산업을 미국처럼 키워나갈 수 있을까? 마윈의 말대로 중국 금융이 "빅 데이터를 바탕으로 한 신용체계로 바뀔 수 있을 것인지, 감독 기술 경쟁이 아니라 창의력으로 경쟁하는 시스템

---

140 워싱턴 합의(Washington Consensus)는 1989년 미국 행정부, IMF, 세계은행 등이 자본시장을 개방하는 등의 미국식 시장 경제체제를 개발도상국 발전 모델로 삼자는 합의이다.

을 구축할 수 있을 것인지, 기차역 감독 방식이 아니라 공항을 감독하는 방식"으로 환골탈태할 수 있을 것인가? 다시 말해 중국인들이 과연 중세 베네치아처럼 적절한 수준에서 통제된 탐욕 정신으로 무장하여, 자국의 제조업과 금융 산업을 미국 제조업과 월 스트리트에 대항할 만큼 발전시킬 수 있을 것인가? 세계 제1위의 무역 대국이긴 하지만 기축통화도 없고 유력한 뱅커도 없는 상태에서, 미국과의 제국 충돌에서 중국은 과연 승리할 수 있을 것인가? 필자 표현대로 하면 현재의 설탕만으로 미래의 황금과 이자를 장악하여 세계 패권을 장악할 수 있을 것인가?

### (5) 금, 당, 리 vs 총, 균, 쇠

이 책의 목표는 황금(기축통화), 설탕(기술·산업·무역), 이자(뱅킹) 상호 간의 긴밀한 연계 효과를 역사적인 사실들을 통해서 보여 주는 것이다. 이 3가지 요소가 인류 역사에서 언제 어떻게 등장하게 되었고, 인류의 경제와 생산력 발전에 어떤 기여를 했는지, 동서양의 발전 경로를 어떻게 완전히 갈라놓았는지 말이다. 또 하나의 중요한 목표 중의 하나는 이와 같은 역사적 사실들에서 특히 미국과 중국 패권 경쟁의 미래 전개 방향을 예측하는데 필요한 시사점들도 도출하는 것이다. 왜냐하면 미국과 중국의 패권 경쟁은 단순히 두 국가 간 체제 경쟁에 따른 마찰이라기보다는, 지리상 발견 이후부터 계속된 동양에 대한 서양의 구조적 지배가 앞으로도 지속적으로 유지될 수 있을 것인가에 대한 문제이기 때문이다. 물론 역사적 사실만으로 미래를 예측하는 것은 분명 한계가 있을 것이다. 다만 화폐, 무역, 뱅킹의 역사를 더듬다 보면 동양과 서양의 무역, 금융 산업의 미래 발전 방향과 패권 대결의 결과를 예측할 수 있는 중요한 시사점들을 찾을 수도 있지 않을까?

예컨대 현재 중국의 금융 산업 발전과 비슷한 역사적 경로를 이미 답습한 거의 유일한 서유럽 국가가 있다. 바로 중세 베네치아이다. 중세 베네치아는 중국

과 마찬가지로 국가가 금융을 통제하면서, 이를 바탕으로 산업과 무역을 키웠다. 베네치아가 운영했던 공포의 「10인 위원회(Consiglio dei Dieci, Council of Ten)」도 플라톤의 귀족 정치체제(aristocracy)와 유사한 중국의 집단 지도체제인 7인의 「상무위원회」를 닮았다.[141]

하지만 중국과 중세 베네치아는 결정적인 차이가 있다. 바로 물자의 차이이다. 중국은 청나라 황제 건륭제(乾隆帝, 재위 1735~1796) 말에 따르면 교역이 필요 없을 정도로 물자가 풍부한 나라였다. 중국과 달리 베네치아는 소금과 낚시로 연명하던 난민촌이었다. 난민촌에 불과하던 베네치아가 뱅킹의 힘으로 무역을 장려하여 13세기 서유럽 최고의 패권국이 되었다는 점을 감안하면, 물자가 풍부한 중국이 뱅킹의 힘을 육성하여 기술 및 산업과 무역 강국으로 부상할 경우 그 결과가 얼마나 파괴적이 될지는 어렵지 않게 상상할 수 있다.

중국의 집단 지도체제 또한 인공지능 기술을 활용하게 되면, 아마 베네치아나 미국을 포함하여 인류 역사상 그 어떤 정부도 경험하지 못했던 전지전능한 역량을 갖출지도 모르겠다. 특히 최근 인공지능은 전장에서 활용도가 매우 높아졌다. 대표적으로 러시아-우크라이나 전쟁은 인류 역사 최초의 알고리듬 전쟁이라고 불리는데, 이는 우크라이나가 AI 기술을 활용하여 전장의 빅데이터 기술을 분석하는 팔란티어(Palantir)라는 미국 스타트업 회사의 도움으로 전쟁을 치르고 있기 때문이다. 즉, 우크라이나가 군사 대국 러시아와 대등한 전투력을 펼치는 이유 중의 하나는 팔란티어가 제공하는 전장의 표적 분석과 미사일·드론 공격 기술의 긴밀한 결합이다. 예컨대 팔란티어는 전장에 무인 카메라 등을 포함한 소형 유비쿼터스 센서를 곳곳에 설치해 두었는데, 이 센서가 러시아의 주요 표적

141 「10인 위원회」에 대해서는 *『황금, 설탕, 이자 - 성전기사단의 비밀(下)』*編에서 상술한다. 베네치아의 10인 위원회와 비슷한 중국 집단지도체제의 핵심은 현재는 7인의 위원으로 구성된 공산당 중앙정치국 상무위원회(Politburo Standing Committee)이다. 중앙정치국(Politburo)은 중국 공산당의 핵심 권력 기구로 25명으로 구성된다. 중앙정치국 25인 중에, 최고 권력자 7인을 다시 구성하는데, 이가 바로 상무위원회이다. 베네치아 용어로 하면 「7인 위원회」쯤 된다. 아울러 상무위원회와는 별도로 전인대회에서 국가를 상징하는 원수인 주석을 선출한다. 주석의 임기는 5년으로 3연임이 금지되었으나, 전술한 대로 2018년 시진핑이 헌법을 개정하여 3연임 조항이 폐지되었다.

물을 평가하고 파괴 순위를 결정하여 드론과 미사일 표적을 유도한다. 우크라이나는 러시아 표적물이 파괴되는 모습을 화면으로도 볼 수 있고, 표적물의 파괴 정도와 시간 등의 데이터를 재입력하여 좀 더 효율적인 공격 방식을 다시 모색한다. 이처럼 필자는 만약 중국이 AI 기술을 전투에 적극 활용할 경우, 항공모함 11대를 보유한 세계 최고의 군사 대국 미국과 맞짱을 뜰 가능성은 충분하다고 본다.

반면 미국의 금융 패권은 베네치아와는 다른 경로를 통해 이루어졌다. 미국의 금융 패권은 기본적으로 국가가 주체가 되어 달성한 것이 아니다. 미국의 금융 패권은 제이피 모건과 같은 탐욕 정신으로 무장한 민간인이 주도한 것이다. 현재 우리가 사용하는 달러 지폐는 미국 정부가 민간은행인 연방준비은행에 빚지고 있다는 부채 증서이고, 황금으로 교환도 되지 않는 1그램짜리 종잇조각일 뿐이다. 천하의 트럼프도 제럴드 포드 신형 항모 건조나 멕시코 장벽 건설에 필요한 달러를 직접 인쇄할 수 없다. 그는 세금으로 충당하지 못해 부족한 달러를 연방준비은행(FRB)이라는 역사상 가장 기괴한 "민간은행"으로부터 "빌려야" 한다. 즉, 국채를 발행해야만 한다.

나아가 미국 행정부의 국채 발행 한도는 미국 의회가 지정하고 있어, 국채 발행 한도가 꽉 차면 미국 행정부는 발행한 국채를 상환할 자금을 마련하지 못해 부도(디폴트) 위험까지 감수해야 한다.[142] 이처럼 미국 정부는 보통 신규 국채 발행을 통해 기존의 국채를 상환하거나 시급한 정부 지출에 충당한다. 쉽게 말하면 신용카드 빚을 갚기 위해 다시 신용카드로 돈을 빌리는 황당무계한 짓을 거의 매년 벌이고 있는 것이다. 이는 미 행정부가 세계 패권을 행사하기 위해 실제 조세수입보다 더 많은 달러를 지출하는 상황이 클린턴 행정부를 제외하고는, 거의 모든 행정부에게 언제나 되풀이되기 때문에 벌어지는 현상이다.

실제로 미국 의회는 1960년 이후 2024년까지 64년 동안 무려 78번이나 미

142 미국 정부의 국채 발행 한도를 처음으로 정한 시기는 1917년 1차 대전 중이었으며, 이때 의회는 행정부의 국채 발행 한도를 「2차 자유채권법(Second Liberty Bond Act)」이라는 법을 제정하여 지정했다.

국 행정부의 부채 한도를 늘려 주었다. 예컨대 미국 행정부의 국채 발행 한도(US debt ceiling)는 미국 의회가 2021년 12월에 전 세계 GDP 101조 달러의 30%나 되는 대략 31.4조 달러까지 늘려 주었으며, 2023년에는 부채 한도를 2025년 1월까지 아예 적용하지 않기로(suspend) 의결한 바도 있다. 그럼에도 불구하고 미국 행정부의 세계 패권 행사에 필요한 달러의 상시 부족 사태는 여전히 해결될 기미가 없고, 이에 따라 부채 한도 시한이 다가오면 미국 정부의 부도 우려가 거의 연례행사처럼 금융시장을 짓누르기도 한다. 예컨대 2023년 5월, 국채 발행 한도가 꽉 차고 미 의회가 한도 상향을 해 주지 않자, 미국 1년 국채의 '신용부도스와프(Credit Default Swap, CDS)'가 최근 20년 이래 최고치인 2011년의 80 수준에 근접하기도 하였다. 상황이 개선될 기미를 보이지 않자 급기야 2011년 8월, S&P가 미국 신용등급을 처음으로 하향 조정한 이후 12년 만인 2023년 8월, 세계 3대 신용평가기관 중 하나인 피치는 미국 국가 신용등급을 AAA에서 AA+로 내려 버렸다. 나아가 2023년 11월에는 무디스까지도 미국의 국가 신용등급을 Aaa 안정적에서 Aaa 부정적으로 하향 조정했다. 바로 이와 같은 점이 미국 금융 패권의 근본적인 아킬레스건이기도 하다. 중국이 미국의 금융 패권을 공략하려면, 이 점을 잘 활용해야 할 것이다.

더 나아가 필자는 ***『황금, 설탕, 이자 - 성전기사단의 비밀』*** 編에서 왜 서양이 지리상 발견을 통해 동양을 지배하게 되었는지도 살펴볼 것이다. **즉, 필자는 동양과 서양이 같이 보유하고 있었던 「총, 균, 쇠」가 아니라, 서양의 독특한 역사적 산물로 동양에는 존재하지 않았던 「성전기사단의 비밀」이야말로 서양이 동양을 지배하게 만든 가장 결정적인 역사적 계기임을 보여줄 것이다.** 특히 역량이 된다면 이 책의 마지막 결론에서는 향후 글로벌 화폐의 개편 방향도 제시할 것이다. 예컨대 미국의 기술 패권, 산업 패권, 무역 패권이 지속된다면, 달러 패권에 대해 왈가왈부할 필요가 전혀 없다. 하지만 미국의 기술 패권, 산업 패권과 무역 패권이 붕괴된다면, 글로벌 화폐의 개편 방향은 반드시 논의해야 한다. 필자 추정에는 현재의 국제 경제 상태가 그대로 유지된다고 가정할 경우, 2048년에 미국의 경상수지 적

자 규모가 GDP의 △4%를 넘게 된다. 특별한 사정이 없으면 이후에도 지속 악화되어 2071년에는 미국의 경상수지 적자 규모가 GDP의 △5%를 넘으면서, 달러 패권이 사실상 붕괴된다. 미국이 중국의 부상을 저지하지 못한다면, 그 시기는 더 앞당겨질 수도 있다. 이런 시기가 도래하게 된다면 달러는 글로벌 기축통화가 되어서는 안 된다. 따라서 미국의 경상수지 적자 규모가 △4%나 △5%를 넘는 기간이 예컨대 5년 이상 지속될 경우, 달러를 국제무역 결제통화로 인정하여서는 안 되며, 지금부터라도 새로운 세계 통화를 만들어서 이를 기축통화로 삼아야 한다는 진지한 국제적 논의가 필요하다고 본다.

### (6) 정직한 인본주의 탐욕, 온난화 멸종 방지를 위하여

마지막으로 서양에서 출발한 뱅킹이 산업혁명과 결합하면서 동양을 집어삼켰듯이, 오늘날 뱅킹은 현대의 과학기술 혁명과 결합한 이후 전 지구를 잔혹하게 집어삼키는 중이다. 예컨대 산업혁명 이전인 1750년 지구 대기의 이산화탄소 농도 평균은 280ppm이었으나, 화석 연료를 대량으로 사용하기 시작하면서 이산화탄소 농도는 이제 통제 불능상태이다. 화석 연료뿐 아니다. 예컨대 기후 변화에 관한 정부 간 패널(IPCC)에 따르면 인류는 2010~2019년 기간 동안 이산화탄소 410±30기가톤을 배출하였는데, 이는 지난 170년 동안 누적 전체 배출량의 17%에 해당한다고 평가했다. 그 결과 2019년에는 대기 중 이산화탄소 농도는 기후학에서 지겹도록 강조하는 최후의 마지노선인 400ppm을 처음으로 초과한 410ppm을, 2023년 6월에는 423.68ppm, 2023년 11월에는 6월보다는 다소 하락한 420.46ppm, 2024년 6월에는 다시 증가한 426.91ppm을 기록했다.[143] 참고로 가장 최근 빙하기인 2만 년 전 이산화탄소 농도는 180ppm이었고, 그 이전 1백 만 년 전부터 2만 년 전 빙하기와 간빙기가 교체하던 시기에 이

143 WMO, 『*Greenhouse Gas Bulletin*』, 2020, p. 2, www.co2.earth

산화탄소 농도는 대략 180~300ppm 내외였다. 가장 최근 이산화탄소 농도가 400ppm을 넘었던 시기는 대략 4~5백만 년 전이다. 이는 현재의 이산화탄소 농도가 4~5백만 년 만에 가장 높은 수치라는 뜻이다.

앞으로 그 속도는 더욱 가속화되어 이대로 가다가는 지구 대기의 이산화탄소 농도는 2100년에는 700~900ppm까지 치솟을 수도 있다고 기후학자들은 경고한다. 이산화탄소만 문제가 되는 게 아니다. 우리가 먹고 무심코 버리는 음식물 쓰레기도 부패하면서 이산화탄소보다 온실가스 효과가 대략 20~30배가량 높은 메탄가스를 배출한다. 음식물 쓰레기에서 발생하는 온실가스 효과는 전체의 대략 8%를 차지할 정도로 결코 무시할 수 없다. 지구 온난화로 인해 동토층에 함유된 메탄이 배출될 경우, 그 효과는 예측조차 할 수 없다.

물 부족도 마찬가지다. 물은 인류의 건강한 생존을 위해 없어서는 안 될 필수품이다. 그러나 인간이 사용할 수 있는 담수의 양은 지구상 물의 0.5%에 불과하다. 그중 남북극 얼음과 동토층, 지하수를 제외하면 식용으로 사용가능한 비율은 0.0075%로 내려온다. 하지만 인류는 물을 글자 그대로 물 쓰듯 낭비한다. 대표적인 사례가 아랄해이다. 1960년대 러시아는 산업혁명의 결정적 계기가 되었던 작물인 목화의 대량 재배를 위해 아랄해의 수원인 아무 다리야(Amu Darya)강과 시르 다리야(Syr Darya)강에 댐을 건설했다. 댐 외에도 아랄해 주변에 수로를 건설하여 아랄해의 물을 글자 그대로 "물 쓰듯" 사용했다. 이 때문에 남한 면적의 ⅔인 세계 4위 호수 아랄해의 물 유입이 급격히 줄었다.

결과는? 단 50년 만인 2010년에 아랄해 호수의 물 90%가 날아갔다. 지금은 아랄해에 녹아 있던 소금만이 표면에 남은 거대한 사막으로 변했다. 목화 생산은 당연히 감소했고, 생산량 감소에 대응하여 대량으로 사용한 화학 비료가 땅

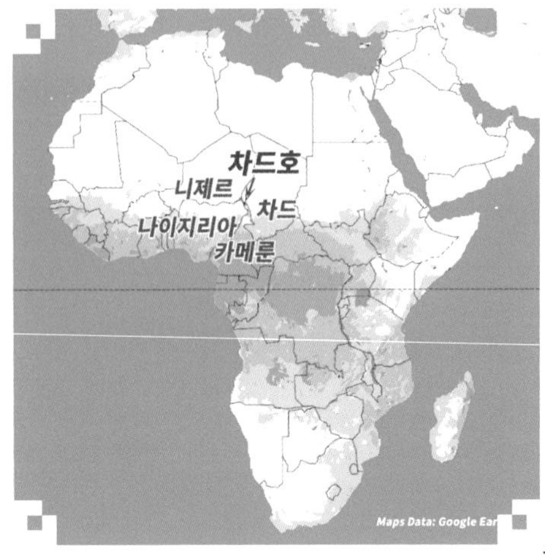


에 스며들어 소금과 함께 공중으로 날아가면서 지역 주민의 건강을 심각하게 위협했다. 예컨대 1989년 아랄해 남쪽의 카라칼파크스탄(Karakalpakstan) 지역의 어린이 사망률은 전 세계 최고였다. 아프리카에서 3번째로 큰 차드호의 운명도 기후변화로 인한 온난화로 90%가 사라져, 난개발로 인해 90%가 사라진 아랄해와 비슷한 운명에 처해 있다. 레오나르도 다 빈치의 표현을 빌리면, 인간은 자신에게 생명을 부여한 "자연의 피부를 벗겨내고, 무지막지하게 난타"하고 있는 중인 셈이다.[144]

만약 이대로 가다가는 우리가 거주하고 있는 지구라는 행성 자체가 탐욕스러운 뱅킹의 파상 공세에 밀려 청나라처럼 만신창이가 될 가능성이 매우 높다. 마치 희귀 광석 언옵테니움(Unobtainium)을 채굴하기 위해 인간들이 미사일과 네이팜탄으로 찬란한 녹색 숲을 무자비하게 파괴하는 영화 「아바타」에 나오는 장면처럼 말이다. 혹자는 이대로 가다가는 인류 전체가 온난화 멸종 사태에 직면할 것이라 경고한다. 이들에 따르면 지구 생명체는 총 5번의 멸종을 겪었는데, 2억 5,000만 년 전의 대멸종은 지구 온도가 5℃ 올라가는 "온난화의 멸종"이 그 원인이라고 주장한다.[145]

아마도 2024년 8월 기준으로 4년 동안 전 세계에 700만 명 이상, 간접 사망까지 포함하면 2,000만 명을 죽음으로 몰고 간 코로나 바이러스는 인간이 자연의 피부를 무자비하게 벗겨내는 과정에서 자연이 인간에게 던지는 섬뜩한 경고인지도 모르겠다.[146] 그렇게 되면 우리의 후손은 지구에서 번영하기는커녕, 정

144 Charles Nicholl, *Ibid*, p. 221

145 데이비드 월러스 웰스, 『*2050 거주불능 지구*』, 추수밭, 2020, p. 16

146 WHO COVID-19 Dashboard, https://covid19.who.int/?mapFilter=deaths. 한편 2018년 기준으로 전

상적으로 생존할 수조차 없게 된다. 즉, 온난화 위기를 주장하는 데이비드 웰즈(David Wallace-Wells, 1982~)에 따르면 2050년에는 지구 거주가 어렵고, 현재의 탄소 배출 수준을 그대로 유지한다면 2100년에는 지구가 현재보다 8℃ 더 뜨거워지면서 남북극의 빙하가 모두 녹아 세계 주요 도시 ⅔가 모두 물에 잠길 것이라고 예언한다.[147]

그렇다면 지구 온난화가 오직 탄소 배출 때문에 일어난 것인가? 필자는 여기에 대해서는 매우 회의적이다. 예컨대 지구가 마지막 빙하기 이후 따뜻해진 시기는 지금부터 2만~1만 년 전 무렵이다. 우선 지금부터 2만 년 전쯤의 지구 표면 온도는 1960~1990년 평균 온도를 기준으로 △5~△6℃ 낮아, 지구 역사 5억 년 중 가장 추운 시기였다.[148] 이 때문에 북미 대륙 전체와 북유럽 모두가 빙하로 덮여 있었다. 2만 년 전 해수면의 높이도 지금보다 대략 130m 낮았다. 한반도도 일본과 연결되어 있었고, 호주 대륙과 뉴기니섬, 아시아 대륙과 북미 대륙, 유럽 대륙과 영국도 하나로 붙어 있었다. 오늘날 지중해와 연결된 흑해도 그 당시는 바다가 아니라 호수였다.

프로메테우스의 아들 데우칼리온. 제우스가 타락한 인류를 대홍수를 통해 멸망시키려고 했을 때, 데우칼리온과 그의 아내 피라(Pyrrha) 두 사람만 살아남게 된다. 프랑스 인문주의자 겸 인쇄업자 기욤 루엘레(Guillaume Rouillé, c.1518~1589)의 『*성상 모음집(Promptuarium Iconum Insigniorum, 1553)*』 발췌. Public Domain

---

염병으로 인한 인류 사망은 10만 명 당 연간 75명이었다. 2020년 미국의 코로나 사망자 수는 인구 10만 명 당 연간 100명이었다. 이를 전 세계로 확장하면 2020년 전 세계 코로나 사망자는 인구 10만 명 당 연간 23명이다. 최소한 미국에서는 코로나가 보통의 전염병 수준을 훨씬 뛰어넘는 악성 전염병이라는 사실을 보여준다.

147 데이비드 월러스 웰스, *앞의 책*, p. 33. 웰즈는 현재 추세에서 탄소 감축에 나서면 4도 정도 상승하는데, 이 경우에도 아프리카, 호주, 미국 등이 사막화, 홍수로 인해 사람이 살기 힘들 것이라고 주장했다. 데이비드 월러스 웰스, *앞의 책*, p. 20. 2022년 4월에 배포한 IPCC의 6차 보고서에 따르면 인류의 목표는 산업화 이전 대비 지구 온도의 상승을 1.5도 이내로 제한하는 것이다. IPCC는 이를 위해서 2019년 온실가스 순 배출량 대비 2030년까지 43%를, 2050년까지는 84%를 줄여야 한다고 목표치를 제시했다.

148 스티븐 E. 쿠닌, *앞의 책*, p. 68. 현재가 간빙기인지, 아니면 새로운 빙하기 초입인지에 대해서는 학자마다 의견이 다르다.

대홍수 40여 일이 지나, 물이 빠졌는지 확인하기 위해 비둘기를 날려 보내는 노아. 12~13세기 베네치아 모자이크. 산 마르코 대성당 소장. 출처: Wikipedia. Public Domain

하늘의 황소와 싸우는 길가메시. 우루크의 반신반인 길가메시는 친구 엔키두와 삼림의 괴물 훔바바(Humbaba)를 죽이러 가는 모험을 끝내고 오는 길에 하늘의 황소를 잡아 죽였다. 분노한 수메르의 신들이 친구 엔키두를 병들게 하여 죽게 하자, 길가메시는 영생을 갈망하게 된다. 결국 길가메시는 대홍수 이후 영생을 얻었다는 우트나피쉬팀을 찾아 나선다. 나람-신Naram-Sin) 치하(BC 2255~2219). 브뤼셀 왕립 예술 역사박물관(Royal Museums of Art and History) 소장. 출처: Wikipedia. Public Domain

그러다가 모든 인류 문명이 공통적으로 기록하는 "대홍수" 사건이 일어났다. 즉, 수메르 문명의 길가메쉬(Gilgamesh) 이야기, 아카드 문명의 아트라하시스(Atra-Hasis) 이야기, 인도 문명의 마누(Manu) 이야기, 그리스 문명의 데우칼리온(Deucalion) 이야기, 유대 문명의 노아(Noah) 이야기, 중국 문명의 복희와 여와 이야기, 마야 문명의 후라칸(Huracan)과 바카브(Bacab) 이야기, 잉카 문명의 우누 파차쿠티(Unu Pachakuti) 이야기, 아즈텍 문명의 틀랄록(Tlãloc)과 콕콕스(Coxcox) 이야기 등은 지구 전역에 대홍수가 일어나 소수의 인간만이 살아남고 나머지는 모두 절멸했다고 전한다. 필자는 대홍수 이야기가 없는 이야기를 지어낸 신화가 아니라, 역사적 사실이라고 생각한다. 아니 지구가 따뜻해지면서 해수면이 급격히 올라간 것은 신화가 아니라 과학적 사실이다.[149]

즉 2만~1만 년 전 사이에 지구 온난화가 급격히 진행되어, 지표면 온도가 이

149 1만 년 이후 지구가 따뜻해지자 인류는 사냥과 채집을 주로 하던 구석기 시대에서 따뜻한 기후를 바탕으로 한 농업 생산을 영위하기 위해 한곳에 정착하기 시작한다. 바로 신석기 시대의 개막이다.

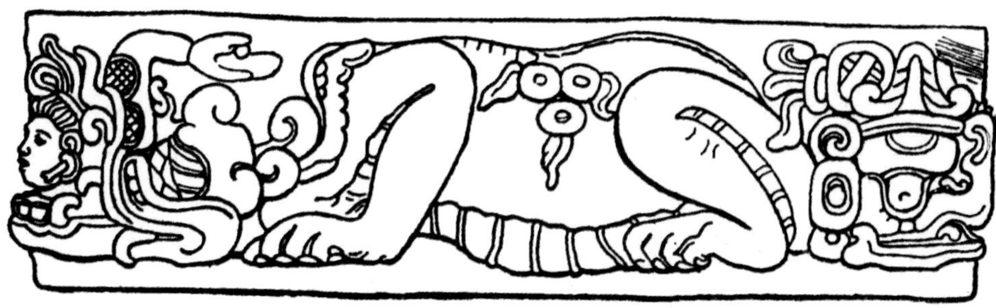

후라칸. 마야 문명의 바람과 폭풍우의 신. 그는 인간의 다리 하나와 뱀 모양의 다리 하나를 가진 신으로, 2세대 인간이 타락하자 대홍수를 일으켜 인간을 멸족시킨다. 온두라스의 코판(Copan)에서 출토된 돌의 조각상. 출처: Wikipedia. Public Domain

기간 동안 5~6℃ 상승하게 된다. 기온이 상승하면서 대략적인 수치로 말하면 2만~1.4만 년 사이에 지구 평균 해수면(Global Mean Sea Level, GMSL)이 20m가 상승했고, 1.4만~1만 년 전 사이에 50m, 1만~6천 년 전 사이에 60m가 해수면이 올라갔다.[150] 대략 1만 년 전을 전후한 시점에 가장 큰 해수면의 상승이 일어난 셈이다. 그렇다면 이 시기 기온이 급격히 상승한 이유가 이산화탄소 증가 때문일까?

틀랄록. 틀랄록은 아즈텍 문명의 비의 신이다. 전설에 따르면 4번째 태양의 세대에 사람들은 신에 대한 존경을 잃어버렸다. 이에 비의 신인 틀랄록은 대홍수를 통해 인간을 멸족시키려고 한다. 다만, 타타(Tata)와 네냐(Nena)에게는 홍수를 미리 알려주고 대피하라고 이야기해 준다. 존 폴(John Pohl)의 『*메소아메리카(Mesoamerica)*』(Borgia Group Codices; Codex Laude). Public Domain

150 스티븐 E. 쿠닌, *앞의 책*, p. 212 그래프. 인류는 1992년부터 인공위성을 활용하여 해수면 높이를 1mm 단위까지 측정하고 있다. 이에 따르면 1901~2010 사이에 해수면은 1.7mm(범위 1.5~1,9) 상승하였고, 기간을 1993~2010으로 좁히면 3.2mm(범위 2.8~3.6) 상승했다고 한다. 쿠닌은 해수면 상승이 1925~1945 사이에 연간 5mm라는 속도로 더 급격히 상승했으므로, 최근 상승이 더 급격하다고 진단해서는 안 된다고 주장한다. 스티븐 E. 쿠닌, *앞의 책*, pp. 217~222

## Codex Atlanticus: 아틀란티스 문명

1만 년 전후의 해수면 상승과 관련한 가장 흥미로운 이야기는 아틀란티스 문명이다. 즉 플라톤(Plato, BC c.428~c.348)은 스승인 솔론(Solon, BC c.630~c.560)으로부터 아틀란티스 문명이 대홍수로 바다 밑으로 가라앉았다는 이야기를 들었다고 전했다. 솔론은 이 이야기를 당시 이집트를 방문했을 때 사제로부터 들었는데, 솔론에 따르면 아틀란티스 대륙의 침몰은 그가 방문하기 대략 9000년 전에 일어난 일이었다고 하였다. 솔론이 이집트를 방문한 시기가 대략 BC 600년경이었으므로, 아틀란티스가 바다로 가라앉은 시기는 1.2만년 전인 BC 9600년경이 된다. 이는 1.4만~1만 년 전 사이에 해수면이 50m 상승했다는 과학적 사실과 일치하기는 한다.

그렇다면 정말 아틀란티스 문명이 있기는 있었을까? 대답을 하기 전에 우선 아틀란티스 문명이 사라질 즈음의 기후 변화를 살펴보자. 앞서 언급한 대로 이 시기에는 온도가 오르면서, 해수면 또한 급격히 상승했다. 하지만 이 시기에는 온도 상승과 해수면 상승만 있었던 것이 아니다. 이 시기에는 기온이 오히려 급격히 떨어지는 시기도 있었다. 실제로 지구 온도가 상승하던 추세에 있던 무렵, 12,800년 전인 BC 10,800년경에 지구 온도가 급격히 떨어졌다. 이 시기를 "영거 드라이아스(Younger Dryas)"라고 부른다.[151]

그 결과 이 시기에 영화 「아이스 에이지」에 등장한 매머드와 검치호랑이를 포함한 북반구 대형 포유류의 50~60%가 갑자기 죽었다. 해수면이 상승하는 동시에 기온이 급강하하는 모순적인 상황이 연출된 것이다. 해수면이 상승하는 국면에 오히려 지구 온도가 급격히 떨어졌던 이유는 무엇일까?

151 드라이아스는 추운 지역에 서식하는 담자리 꽃인데, 온난화로 이 꽃이 서서히 줄어들다가 이 시기에 갑자기 늘어나서 붙여진 이름이다.

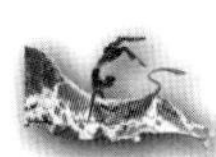



영화 「투모로우」에서는 온도 상승으로 북반구의 얼음이 한꺼번에 녹으면서 따뜻한 태평양 난류가 북쪽으로 이동하지 못해 급격한 기온의 강하가 일어났다고 설명한다. 정답은 알 수 없지만, 필자가 보기에 이 가설은 지나치게 작위적이다. 기온 상승으로 빙하가 녹아도 천천히 녹을 텐데 둑이 터지듯이 엄청난 양의 물이 갑자기 대양으로 쏟아져 들어갔다는 것이 설득력이 떨어진다.

두 번째 가설은 혜성이나 유성우 충돌설이다. 즉 대규모 혜성 혹은 유성우가 지구로 떨어져 급격한 온도 변화를 초래했다는 것이다. 아마도 유성우가 북반구의 얼음층을 직접 가격하여, 빙하가 갑자기 일시에 녹아 버리는 대재앙이 일어났을 수도 있다. 실제로 지구상에 없는 이리듐이 대량으로 함유되어 있고, 고온으로 표면이 매끄럽게 된 모래 알갱이들이 포함된 12,800년 전 무렵의 지층이 그린란드, 북미 대륙, 유럽 대륙, 심지어 남반구인 칠레에서도 발견된다. 이 층을 "검은색 매트(Black Mat)"라고 부르는데, 이는 영거 드라이아스가 시작된 12,800년경 전 지구적 차원에서 재앙에 가까운 유성우의 충돌이 있었다는 강력한 증거이다.[152]

하여튼 대규모 유성우 혹은 혜성이 충돌했던 BC 10,800년경과 아틀란티스 문명이 멸망했다는 BC 9600년경은 서로 멀지 않다. 만약 해수면이 급격히 상승하던 시기에 대규모 유성우까지 북반구를 강타했다면 어떤 문명이든 살아남기 어려웠을 것이다. 필자가 보기에 혹시라도 1만 년 이전에 고대 문명이 있었다 하더라도, 이 엄청난 전 지구적 재앙으로 인해 그 문명은 흔적을 찾아보기 어려울 정도로 완전히 파괴되었을 가능성이 매우 높다고 본다.

이와 관련하여 흥미로운 유적이 있다. 바로 괴베클리 테페(Göbekli Tepe)이다. 이 유적은 튀르키예 남동쪽 샤르우르파(Şanliurfa) 지역의 외렌직(Örencik) 군에 있는 유적으로, 1963년에 세상에 공개되었다. 가장 놀라운 점은 이 괴베클리 테

152 이 충돌 시점과 아틀란티스 문명의 멸망 시점은 묘하게 일치한다.

아틀란티스 대륙 지도. 이 지도는 독일 태생 만물박사인 키르허(Athanasius Kircher, 1602~1680)가 1669년에 제작한 세계 지도(Mundus Subterraneus) 중의 아틀란티스 부분이다. 왼쪽 위에는 라틴어로 "이집트인의 생각과 플라톤의 묘사를 바탕으로 바다에 가라앉은 아틀란티스 섬의 위치"라고 적혀 있다. 키르허는 아틀란티스를 대륙이 아니라 섬이라고 불렀다. 참고로 이 지도의 위쪽은 남쪽, 아래쪽이 북쪽이다. 키르허에 따르면 아틀란티스 대륙은 지브롤터 해협에서 평행으로 서쪽 대서양 한가운데 위치하고 있다. Public Domain.

페가 무려 11,700년 전인 BC 9700년경에 지어졌다는 점이다. 더 나아가 이 유적지에서 T자 형태의 돌기둥이 무려 200개 이상이 발견되었고, 가장 큰 돌기둥은 높이가 5.5m에 이른다. 현재까지 발굴된 것은 전체의 10%에 불과하고, 언덕의 지하에는 더 많은 유적이 묻혀 있을 것으로 추정된다고 한다.

괴베클리 테페는 최초의 문명이라고 알려진 수메르 문명보다도 무려 4,000년 이상이나 앞선 거석 유적이다. 이 유적은 인류가 집단사회를 이루었던 농경사회가 등장하기도 전에 거석문화를 창조할 만한 조직력이 실존했다는 것을 보여 주는 유적이다. 괴베클리 테베 때문에 수렵 및 채집 단계를 거쳐 1만 년 전 집단 노동을 통한 농경사회로 진입했다는 인류 역사에 대한 전통적 가설은 처음부터 다시 써야 한다. 즉, 뿔뿔이 흩어져서 사냥 및 채집을 하던 인류들이 괴베클리 테페처럼 거대한 건축물을 지을 수 있는 집단 노동을 했다는 이야기인데, 논리적으로 앞뒤가 맞지 않는다.

전통적 인류학에서는 BC 12,500~9500년 무렵, 레반트 지역의 나투프 사회(Natufinans)가 수렵 및 채집을 위한 방랑 생활과 농경을 위한 정착 생활을 오락가락했다고 주장하는데, 나투프 사회가 이 정도로 거대한 건축물을 지었다

는 것도 논리적으로 앞뒤가 안 맞는다. 영국의 거석 기념물인 스톤헨지도 BC 2500년경 농경사회에서 건설된 건축물이다. 괴베클리 테페의 건축 목적도 현재까지 정확히 알려진 바 없다. 도살장도 아니고 그렇다고 거주지도 아니다. 가능한 가설이 신에 대한 경배 정도인데, 정확히 그 목적이 무엇인지도 모른다.

이와 관련하여 괴베클리 테페는 T자 모양의 거석이 수백 개가 발견되는데, 이 거석 중 가장 큰 거석에는 하늘에서 뱀이 비 오듯이 쏟아지는 조각이 있다. 이는 괴베클리 테페를 건설한 고대인들이 하늘에서 떨어지는 유성우 혹은 혜성들을 표현한 장면이라는 주장이 있다. 이 주장에 따르면 괴베클리 테페는 BC 10,800년 무렵, 파멸적인 혜성 혹은 유성 충돌 사건을 기억하고 이에 대비하자는 차원에서 지어진 건물이라고 한다. 만약 이것이 사실이라면, 괴베클리 테페는 BC 10,800년경 유성의 충돌을 묘사한 신전이고, 괴베클리 테페 유적 건설이 시작(BC 9,700년경) 되기 직전 혹은 직후에 아틀란티스 대륙이 침몰(BC 9,600년경) 했을 가능성이 있다. 향후 추가적인 연구 결과가 주목된다.

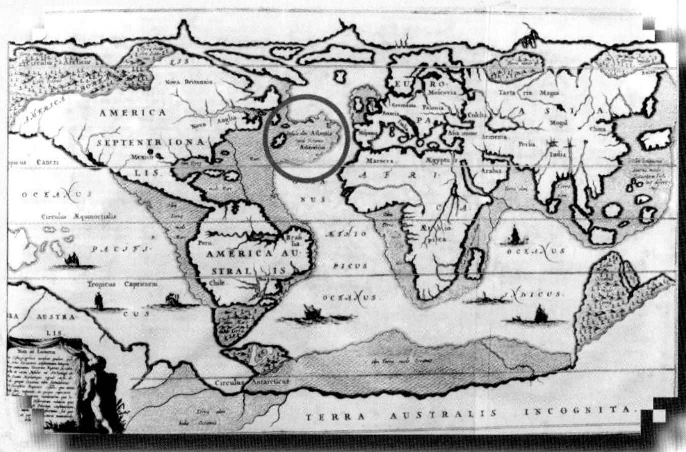


키르허(Athanasius Kircher, 1602~1680)가 1665년에 그린 세계 지도. 키르허는 종교, 의학, 점성술, 철학, 지질학에서 모르는 것이 없었으며, 특히 고대 문화에 관심이 많았다. 그는 이집트 상형문자를 자신이 해독했다고도 주장했는데(물론 그의 해독은 정확하지 않았다), 그만큼 이집트 고대 문화에 관심이 많았다. 학자들은 그를 이집트학의 창시자라고 부르는 데 전혀 주저하지 않는다. 그는 정확한 지도 제작으로도 명성이 높았다. 이 지도에서 찐한 부분은 대홍수 이전의 땅이라고 한다. 북대서양 한가운데 위치(붉은색 원)한 아틀란티스 대륙(섬)이 눈에 확 뜨인다.Public Domain

지구 온도 변화를 5억 년까지 추정한 그래프와 지구 이산화탄소 농도를 4억 년까지 추정한 그래프를 비교해 보자. 언뜻 보면 이산화탄소 농도와 지구 온도 변화가 비슷한 추세를 보이는 것처럼 보인다. 예를 들어 4억 년 전 무렵, 지구 온도는 1960~1990년 평균 기온보다 +5℃ 부근에서 +12℃로 치솟았다. 이 시기 대기 중 이산화탄소 농도도 2,000ppm을 넘었다. 4~3억 년 무렵에는 기온이 급격히 하강하여, △3℃까지 내려갔는데, 이 시기 이산화탄소 농도 또한 급속히 하락하여 400ppm 밑으로 내려갔다. (아래 그림 ①)

하지만 자세히 보면 다른 점도 있다. 예컨대 2.5억 년 무렵을 보면 지구 온도

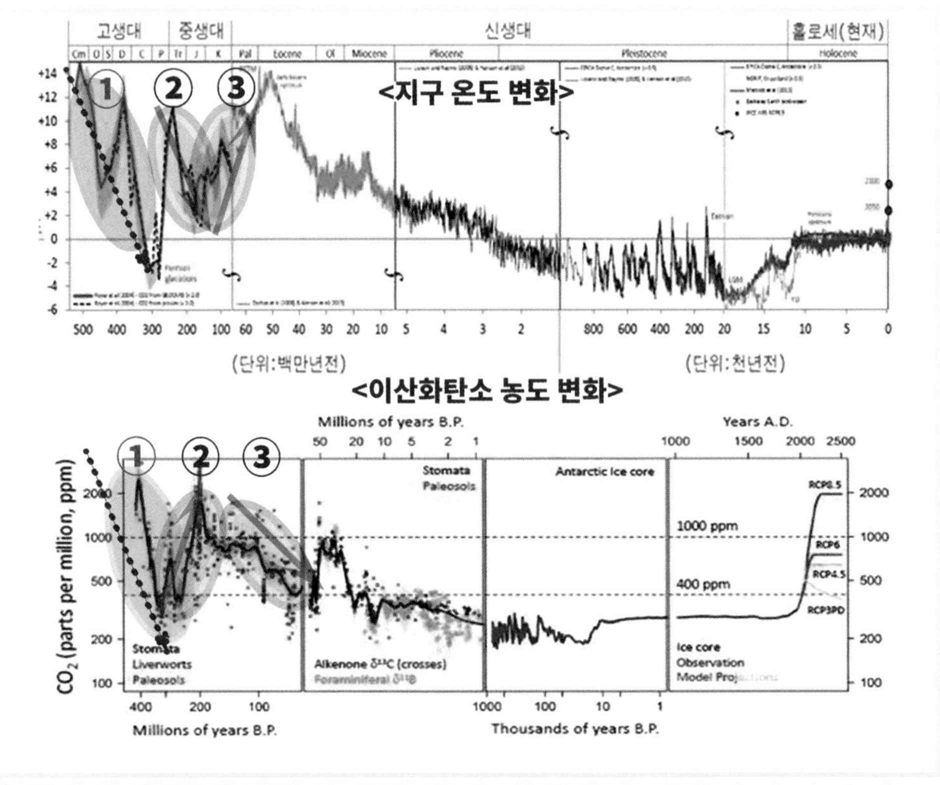


지구 온도(위 그림)와 이산화탄소 농도(아래 그림) 변화 그래프. 붉은색 부분은 이산화탄소 농도와 지구 온도가 동행하는 시기이고, 파란색 부분은 서로 역행하는 시기이다. (출처 earth.org, author: 위 그래프 Glen Fergus, 아래 그래프 Foster et al. Licensed under the Creative Commons Attribution-Share Alike 3.0 Unported license. https://en.wikipedia.org/wiki/File:All_palaeotemps.png.)

가 +10℃ 부근이었다가 2억 년 무렵에서 +1℃ 부근으로 급격히 내려간다. 이산화탄소 농도는 반대로 400ppm에서 2,000ppm까지 치솟는다. (아래 그림 ②) 2억 년 무렵부터 1억 년 사이에는 +2℃에서 +8℃ 근방으로 온도는 올라갔지만, 이산화탄소 농도는 1,800ppm에서 600ppm으로 오히려 떨어졌다. (아래 그림 ③) 이산화탄소 농도와 지구 온도가 반대로 움직인 것이다. 이는 지구의 온도 변화가 이산화탄소 농도가 결정적이지 않음을 보여 주는 객관적 데이터이다.

나아가 마지막 빙하기였던 2만 년 전부터 기온이 5~6℃ 상승하면서 1만 년 전까지 빙하가 급속히 녹았는데, 이 시기 이산화탄소 농도는 200ppm에서 300ppm 수준으로 100ppm가량 증가하기는 하였다. 하지만 이산화탄소 농도가 증가분이 1만 년 동안 고작 100ppm이다. 이산화탄소 100ppm 상승만으로 지구 온도가 5~6℃나 상승했다고 보기는 왠지 무리가 따른다. 실제로 산업화가 본격화되기 전인 1750년 이산화탄소 농도가 280ppm이고, 이보다 100ppm이 높아져 380ppm이 된 시기는 2005년 무렵이다.[153] 같은 기간 지구 표면의 평균 온도는 1~1.5℃ 상승했다. 이는 1만 년 무렵 전후의 지구 온도 상승이 이산화탄소가 결정적이 아니었음을 보여 주는 것이다. 요컨대 지구 평균 온도 상승은 이산화탄소 농도와 어느 정도 플러스의 상관관계는 있지만, 절대적 요인이라고 보기는 어렵다.

즉 지구의 온도 변화는 이산화탄소 농도 변화만으로 일어나지 않는다. 태양의 밝기 변화, 지구 자전축의 기울기나 공전 지름과 같은 천문학적인 변화, 거대 화산 폭발과 같은 지질학적인 이유, 혜성이나 소행성 충돌 등의 작용이 복합적으로 작용해서 지구의 온도 변화가 진행된다.[154] 예컨대 지구 자전축의 남북 방향이 원을 그리는 세차 운동의 주기는 2만 2천 년, 자전축의 경사가

---

153 1960년 이후 대기 중 이산화탄소 농도 수치는 다음 웹사이트 참조. datahub.io/core/co2-ppm

154 태양 빛이 지구에 도달하면 대략 30%는 반사되어 튕겨 나간다. 이처럼 행성이 태양열을 반사하는 비율을 알비도(albedo)라고 한다. 나머지 70%는 지표면에 도달하는데, 지표면에 도달하는 열도 복사열 형태로 다시 지구 밖으로 튕겨 나간다. 다만 지구는 대기가 감싸고 있어서 복사열의 83%는 다시 지표면에 쌓이게 된다. 지구에 도달한 태양열의 58.4%(07.×0.83)가 지표면에 축적되는 셈이다. 스티븐 E. 쿠닌, *앞의 책*, pp. 71~83.

22.5~24.5° 에서 움직이는 주기는 4만 년이고, 공전궤도의 지름(이심률)은 각 10만 년 정도의 주기를 가지고 변화한다. 이와 같은 지구의 천문학적인 움직임도 기후에 영향을 미친다. 지구 운동에 따른 천문학적인 주기와 지구 기후가 갖는 상관관계를 발견해낸 세르비아 수학자 밀류틴 밀란코비치(Milutin Milanković, 1879~1958)의 이름을 따서, 이에 따른 기후 변화 주기를 '밀란코비치 주기'(Milinkovitch cycle)라고 부른다. 따라서 지구 온난화의 유일한 원인이 이산화탄소의 과다 배출이라는 극단적 환경론자의 주장에 필자는 동의할 수 없다. 이런 식의 주장은 과학이 아니다. 단순한 선동일 뿐이다.

예컨대 지난 1500년 동안 전 세계 지표면 평균 온도를 추적하면 최근 30년간 북반구에서 가장 온난한 30년이라는 주장이 틀린 것은 아니다. 하지만 시계를 확장하여 1만 년 주기로 관찰하면 다른 결과가 나타난다. 즉 지구는 급속한 온난화와 완만한 냉각 시기는 번갈아 나타났다. 물리학자이자 지구 과학자인 스티븐 쿠닌(Steven E. Koonin, 1951~)에 따르면 지금부터 50만 년 전까지는 4만 년 주기로, 50만 년 이전에는 10만 년 주기로 온난화와 냉각화가 번갈아 나타났다. 가장 최근 온난했던 시기는 12만 7천 년부터 2만 년 동안이었으며, 지표면 온도는 1960~1990년 기간의 평균 온도보다 2℃ 높았고, 해양 상층부도 2~3℃ 높았다. 시기를 더 올라가면 5억 년 전 지구의 지표면 온도는 1960~1990년 기간보다 무려 15℃, 4억 년 전후와 5천 만 년 전후에는 14℃나 더 높았다.[155]

IPCC가 사용하는 기후모델에 대한 정확도도 논란거리다.[156] 기본적으로 기후모델은 지표면을 가로, 세로 100㎞, 해수면을 가로, 세로 10㎞, 수직으로는 10~20층 높이의 3차원 격자로 우선 나눈다. 이렇게 하면 지구는 지표면은 100

155 스티븐 E. 쿠닌, *앞의 책*, p. 69

156 IPCC는 19세기 후반을 기준으로 하여 0.5℃가 상승하면 온난화로 규정한다. 파리협약은 산업화 이전 수치를 기준으로 삼는다. 파리협약과 21차 UN 기후변화 당사국 총회(COP21)의 목표는 산업화 이전 수준과 비교하여 지구 평균 기온을 2℃ 이내, 가급적이면 1.5℃ 이내로 제한하자는 것이다. 가입 국가는 자발적으로 5년마다 감축 실적을 제출해야 한다. 파리협약 목표대로 2℃ 이내로 평균 기온 상승을 제한하려면 2075년에 탄소 순배출을 제로로, 1.5℃ 이내로 제한하려면 2050년에 탄소 순배출을 제로로 해야 한다. 2050년 EU는 탄소 순배출을 제로로 만든다는 법까지 만들었다. 2020년 기준 전 세계 에너지 배출의 대략 80%는 화석 연료이고, 나머지 20%가 재생에너지이다.

만 개, 해수면은 1억 개의 3차원 격자가 생겨난다. 이 격자 안에 온도, 습도, 에너지 등의 변수를 설정한 후, 이들 변수에 따른 기후 변화 양태를 수치 모델로 만들어 슈퍼컴퓨터를 돌린다.[157] 문제는 기후 변화에 영향을 미치는 요소가 너무나 많고 복잡하다는 것이다. 예컨대 기후 변화에 중대한 영향을 주는 요소 중 하나가 구름이다. 그렇다면 전 지구적인 차원에서 구름의 규모와 분포를 어떻게 객관적으로 수치화할 것인가?

특히 흔히 알려진 기후 상식과는 반대로 이산화탄소의 온난화 효과는 전체 대기가 미치는 영향의 7%에 그친다. 지구 온난화에 가장 큰 영향을 미치는 대기는 수증기로, 전체 복사열 방출의 90%를 막는다. 이에 따라 바닷물의 증발에 의한 수증기 공급은 온난화 예측에 가장 큰 영향을 미치는데, 해수면의 구름 분포를 어떻게 가정하느냐에 따라 온난화 결과치도 확연히 달라진다.[158] 실제로 1910~1940년 기간에도 온난화가 관측되었는데, 1960~2010년까지 기후모델은 1910~1940년 사이의 기후 온난화의 절반밖에 설명 못 한다고 한다. IPCC는 이에 따라 "기후시스템 반응의 불확실성 때문에 인위적 강제력이 온난화에 미치는 기여도를 정량화하는 것은 여전히 어렵다."라고 시인한다.[159]

결론적으로 필자는 개인적으로 이산화탄소 배출만 줄이면 현재 지구 평균 기온의 상승이 당장 멈출 거라고는 생각하지 않는다.[160] 과학적으로도 이미 배출된 이산화탄소는 식물이나 바다가 흡수할 때까지 수백 년 동안 대기에 머무른

157 스티븐 E. 쿠닌, *앞의 책*, pp. 115~116. 이 격자로도 작은 변수를 반영하기 어려우면, 격자를 하위로 또 나눌 수 있는데, 이를 아격자라고 한다. 하지만 아격자가 많아질수록 계산에 엄청난 시간이 소요되고, 더구나 정확도 또한 아격자 수에 비례하여 커지는 것도 아니다.

158 수증기는 대기에서 차지하는 비중이 0.4%에 불과하지만, 지구 온실가스 효과의 90%는 수증기에서 나온다. 수증기와 이산화탄소 온실 효과를 최초로 수치로 증명한 아일랜드 물리학자 존 틴들(John Tyndall, 1820~1893)은 수증기가 지구 식물에게는 담요라고 비유했다. 단 하루라도 수증기가 없다면 지구의 모든 식물은 멸종하리라는 것이 틴들의 주장이다. 스티븐 E. 쿠닌, *앞의 책*, p. 79. 따라서 지구에 만약 바다가 없었다면 지구의 식물은 없었을 것이고, 지구 식물이 없었다면 산소도 없어 생물도 태어나지 않았을 것이다.

159 스티븐 E. 쿠닌, *앞의 책*, p. 127

160 IPCC는 이산화탄소 배출의 다양한 시나리오를 대표농도경로(Representative Concentration Pathways, RCP)라는 개념으로 정형화한다. 이산화탄소 최악의 배출 경로는 RCP8.5이다. RCP8.5에 따르면 2046~2065년 사이 지구 평균 온도는 2.0℃(범위 1.4~2.6) 오르고, 2081~2100년 사이 3.7℃(범위 2.6~4.8) 오른다고 한다.

다. 배출량을 줄이더라도 농도 상승을 늦추는 것이지, 막지는 못한다는 뜻이다. 더 나아가 탄소 배출이 그대로 유지될 경우, 2100년에는 지구가 현재보다 8℃ 더 뜨거워지면서 남북극의 빙하가 모두 녹아 세계 주요 도시 ⅔가 모두 물에 잠길 것이라는 월러스(David Wallace-Wells, 1982~)의 과격한 주장은 과학적으로 철저히 검증해야 하는 가설일 뿐이지, 맹목적으로 추종해야 할 종교는 절대로 아니라고 생각한다. 예컨대 극심한 빙하기였던 2만 년 전부터 기후가 따뜻해져서 1만 년 전 오늘날 지구의 모습으로 바뀌는데 필요한 온도 변화는 5~6℃였다. 즉 북미대륙과 북유럽 전체의 빙하를 녹인 5~6℃ 온도 상승에 1만 년이 걸린 것이다. 그런데 인류가 내뿜는 이산화탄소 하나만으로 70여 년 만에 지구 온도가 8℃나 올라간다고?

온난화 멸종 이론도 필자가 보기엔 오해를 불러일으키는 이론이다. 이유는? 우선 2.5억 년 전후로 지구 온도가 급격히 상승한 것은 맞다. 이때는 지구가 판게아라는 하나의 대륙으로 묶여 있었는데, 과학자 저스틴 펜(Justin Penn)은 페름기(Permian) 말기의 대규모 화산 폭발로 우주로 방출되는 복사열이 차단되면서 지구 표면온도가 대략 10℃나 급격히 상승한 것으로 추정했다.[161] 이에 따라 해수면 온도도 급격히 올라갔는데, 그 결과 해수 속의 산소 농도가 극적으로 떨어졌다. 이에 따라 고생대 바다생물의 96%가 멸종한 것으로 본다.[162] 하지만 대멸종의 원인은 온난화가 유일한 것이 아니다. 지구 역사 5억 년을 기준으로 보면, 3.6~2.6억 년 사이에는 지구 온도가 급격히 떨어진 카루 빙기(Karoo Ice Age)라는 빙하기가 있었다. 이때도 수많은 생물이 추위로 인해 대량으로 멸종했다. 즉, 온난화 멸종이 아니라 빙하기 멸종이다. 지구 온도가 급격히 변하면 그것이 온난화이든, 빙하기이든 생물의 생존에 중대한 영향을 미치는 것이다. 온난화 멸종 이

---

161 필자는 이 주장도 동의할 수 없다. 화산재가 분출되면 태양으로부터 들어오는 빛이 차단되기 때문에 지구 온도는 오히려 떨어진다. 화산재를 이산화탄소와 같이 복사열 차단 관점으로만 보니 지구가 더 따뜻해진다는 결론에 이른 것인데 과연 그런가?

162 페름기는 고생대 말기 마지막 시기이다. 페름은 러시아에 있는 지방 이름이다. 페름기가 끝나면 공룡이 등장하는 중생대 처음인 트라이아스기로 넘어간다. 트라이아스기 다음이 쥬라기, 그다음이 백악기이다.

론은 지구 평균 온도의 급격한 변화를 오직 온난화 하나의 방향으로만 해석하는 편향된 선동 이론일 뿐이다.

필자는 온난화 멸종이라는 과학적 사실과 온실가스 감축이라는 정치적 선동을 결합해서는 안 된다고 생각한다. 아닌 게 아니라 2018년에 온난화 대멸종 이론을 처음 주장한 저스틴 펜은 온난화 멸종 이론을 탄소 감축과 연계시켰다. 즉, 온실가스 감축이 없으면 2100년경 지구 대양 상층부 온도가 페름기 말기의 20~30%에 이를 것이라며, 인류에 의한 기후 변화로 대멸종이 발생할 수 있다고 주장하였다. 과연 그럴까? 인류가 품어내는 이산화탄소가 지구 유일의 거대한 단일 대륙 판게아에서 거의 일시에 터진 대규모 화산 폭발로 인한 엄청난 화산재와 맞먹는 효과를 갖는다고? 가장 최근 기후 변화인 5~6℃ 온도 상승에 1만 년이 걸렸는데, 지구 온난화의 7%를 담당하는 이산화탄소 배출로 인해 지표면 온도가 2~3℃ 상승하는 기간이 70여 년으로 단축될 거라고?[163] 판단은 독자 여러분들에게 맡기겠다. 논외이긴 하지만 극단적인 환경론자들은 현재 해수면 온도는 매초 5개의 히로시마 원자폭탄이 떨어지는 것과 같은 속도로 따뜻해지고 있다고 주장한다. 그냥 들으면 온난화가 매우 심각한 것이라는 공포를 자아내기에 충분하다. 하지만 지구는 매초 2천 개의 히로시마 원자폭탄과 맞먹는 태양열을 흡수한다.[164] 해수면 온도 상승을 원자폭탄에 비유한 주장은 전후 맥락의 과학적 사실을 모두 제시해야 설득력이 있는 법이다.

그렇다고 이산화탄소 배출을 지금처럼 계속해 나가자는 이야기가 아니다. 필자의 주장은 과학을 활용한 과격한 선동을 경계하자는 것이지, 온난화로 인한 경각심을 아예 무시하자는 이야기가 아니다. 싸이클 상 어떤 이유로 지구 온도가 현재 상승하는 시기이지만, 인류의 이산화탄소 배출이 이 추세를 더욱 가속화하고 있는 것을 정확한 수치로 입증하기는 어렵다 하더라도, 부인하기도 어려

163 페름기 말기의 20~30%면 지표면 온도가 대략 2~3℃ 상승하는 것이다.

164 스티븐 E. 쿠닌, *앞의 책*, p. 283

운 현상이기 때문이다. 따라서 필자는 이산화탄소 배출을 어느 정도 줄이게 되면, 지구 온도의 상승 추세가 지나치게 가속화되는 현상을 막을 수 있다는 주장에는 100% 동의한다.[165]

나아가 이산화탄소 배출은 논외로 하더라도, 현재 인류의 가속 성장과 이에 따른 과도한 소비가 지구의 환경을 회복 불가능할 정도로 파괴하고 지구의 생명을 실질적으로 위협하고 있음도 반박하기 어렵다. 지구 온난화와 급격한 기상 현상의 변화가 탄소 때문이 아니라 가속 성장에 따른 무분별한 개발로 인한 삼림이나 오존층의 파괴, 물 부족, 거대 플라스틱 섬으로 인한 해수의 온도 변화와 무관하다고 누가 100% 장담할 수 있나?[166] 무분별한 소비로 인한 미세 플라스틱의 무차별 확산 또한 인간의 생명을 실질적으로 위협하는 매우 중요한 위험인자임을 결코 잊어서는 안 된다.

### (7) 정직한 인본주의 탐욕, 인공지능 멸종 방지를 위하여

기후변화 논란과 함께 오늘날 우리에게 닥친 또 하나의 첨예한 중대 이슈가 바로 AI(Artificial Intelligence), 즉 인공지능이다.[167] 인공지능은 크게 두 가지로 분류할 수 있다. 첫 번째로 특정 임무를 달성하기 위한 단순 도구로서 활용할 수 있는 AI로, 이를 약한 인공지능(Weak AI 혹은 Narrow AI)이라고 부른다. 아이폰의 시리, 네비게이션의 음성 인식 기능, 아이폰의 얼굴 인식, 딥 블루나 알파고가 약한 인공지능

165 지구 온난화에 대응하는 방법은 크게 두 가지이다. 하나는 지구 반사율을 높여 태양 에너지를 더 적게 흡수하는 태양 복사에너지 관리(Solar Radiation Management: SRM)이고, 나머지 하나는 인간이 배출한 이산화탄소를 흡수하는 이산화탄소 제거(Carbon Dioxide Removal: CDR)이다. 참고로 CDR 중 이산화탄소 포집 및 압축에 드는 비용은 1톤당 100달러 정도라고 한다. 이 계산대로라면 현재 이산화탄소 배출량인 연간 30기가톤(현재 전 세계적으로 연간 석탄 8기가톤, 석유 4.5기가톤을 소비한다.)의 ⅓인 연간 10기가톤의 이산화탄소를 포집하려면 최소 1조 달러가 소요된다. 스티븐 E. 쿠닌, *앞의 책*, pp. 333~337

166 벨기에 루벵(louvain) 대학교의 재난역학연구센터(Center for Research on the Epidemiology of Disasters)는 1900년 이후 전 세계 대규모 재난 22,000건의 데이터베이스를 구축해 놓고 있다. 관심 있는 독자는 참고하시길 바란다.

167 인공지능이라는 용어를 처음 사용한 이는 미국의 컴퓨터 과학자인 존 매카시(John McCarthy, 1927~2011)로. 1956년에 처음 사용한 것으로 알려져 있다.

의 대표적인 사례이다. 반면 인간의 추론·학습·지각 능력, 심지어 창의성까지 구현이 가능한 AI를 강한 인공지능(Strong AI, 혹은 Artificial General Intelligence, AGI)이라고 부른다. 현재까지는 AGI로 본격 평가되는 모델은 아직 없다. 다만 어떤 사람들은 오픈AI사가 2023년 3월에 개발한 챗GPT-4가 초기 AGI 모델이라고 평가한다. 혹자는 인간의 복잡한 신경망 체계를 통해 형성되는 인식을 컴퓨터 내의 알고리듬과 같은 수리적 해법으로 구현하는 것이 불가능하다고 주장하기도 한다. 컴퓨터가 인간의 의식을 복제할 수 있는지 여부는 인간이 가진 영혼의 개념과도 연결되는 복잡한 문제이므로, 상세한 논의는 생략한다.

앨런 튜링. 런던 태생으로 케임브리지를 졸업한 후 프린스턴 대학교에서 수학 박사 학위를 받았다. 2차 대전 당시 영국의 암호 해독 센터인 블레츨리 파크(Bletchley Park)에서 독일 해군 암호 분석을 담당했다. (블레츨리 파크는 2023년 11월에, 인공지능 안전 정상회의의 개최지이기도 하다.) 그는 독일의 암호인 에니그마를 해독하기 위해서는 기계를 활용해야 한다고 윈스턴 처칠을 설득하여, 결국 독일 암호체계를 해독함으로써 2차 대전을 연합국의 승리로 이끈 주역 중의 한 사람이 된다. 암호 해독에 기계를 활용한 그의 획기적인 이 아이디어는 나중에 컴퓨터의 발명으로 이어졌고, 이를 통해 그는 인공지능이 대중화되기 훨씬 이전 인공지능의 개발 가능성까지 최초로 예언하기도 하였다. 하지만 1954년 42세의 젊은 나이로 자택에서 숨진 채 발견되었는데, 그의 시신 옆에는 반쯤 먹은 사과가 놓여 있었다고 한다. 아마도 독이 든 사과를 먹고 자살한 것으로 추정된다. 나치의 암호체계인 에니그마를 풀어내고 자살로 생을 마감하는 그의 영화같은 삶은 2014년 「이미테이션 게임(Immitation Game)」이라는 영화로도 만들어졌다. 작자 미상. 1936년 사진. 출처: Wikipedia. Public Domain

한편 인공지능이 현대에 와서 갑자기 불거진 이슈인 것처럼 보이지만, 역사는 꽤 오래된 편이다. 여려 가지 주장이 있을 수 있는데, 필자는 인공지능을 처음으로 본격 개척한 사람은 영국 수학자이자 암호학자인 튜링(Alan Mathison Turing, 1912~1954)이라고 생각한다. 그는 나치 독일의 암호체계인 에니그마를 풀기 위해서는 사람의 힘이 아니라, 기계의 힘을 빌려야 한다고 생각하고 인류 역사상 최초의 컴퓨터인 튜링 머신(Turing Machine)을 1945년에 개발한 사람이다. 튜링은 여기서 더 나아가 "기계는 생각할 수 있는가?"라는 고전적인 질문을 가장 모두에 던지는 논문 "컴퓨팅 기계와 지능(Computing Machinery and Intelligence)"이라는 획기적인 논문을 1950년에 발표한다. 물론 이 질문은 1637년 자신의 저서인 『*방법서설*(方法序說, Discours de la m thode)』에서 데카르트도 제기할 만큼 매우 오래된 질문이기도 하다.[168] 하지만 튜링은 인간 마음의 본질이 무엇이냐에 대한 철학적 논쟁은 접어 두고, 데카르트의 질문 대신에 "어떤 테스트를 통과하는 모든 것은, (그것이 기계든, 컴퓨터이든, 사람이든, 동물이든,) 지적이라고 합의"하자고 주장했다. 그다음 단계는 이 테스트를 통과할 수 있는 기계를 어떻게 만들 수 있을 것인지에 대해 논의하자고 그는 제안했다.

르네 데카르트. 프랑스의 소도시 라에의 법관 귀족 가문에서 태어났다. 어려서 몸은 허약했으나, 부지런하고 똑똑하며, 특히 수학에 특별한 재능이 있었다. 1606년 10살 때부터 무려 8년 동안 엄격한 인본주의 교육을 받고, 철학, 라틴어, 수사학, 문학, 윤리학, 자연철학 등의 분야에서 엄청난 양의 교육을 받았다. 이후 그는 모든 문제를 보편적이고 동일한 수학적 방법으로 해결할 수 있다며 보편적 수학이론을 정립했다. 이 때문에 그의 우주관과 철학은 심각하게 기계론적이었는데, 그의 기계에 대한 집착은 "기계는 생각할 수 있나?"라는 질문을 잉태하게 된다. 이 질문은 나중에 인공지능 개발의 선구자인 튜링이 다시 인용하게 된다. 한편 데카르트는 사유 과정에서 모든 것에 대해 의심하고, 이 과정에서 근본 중의 근본을 발견할 수 있다고 믿었다. 그 결과 그는 "나는 생각한다. 고로 존재한다."라는 유명한 말을 남겼다. 네덜란드 화가인 프란스 할스의 1649~1700년경 그림. 루브르 박물관 소장. Public Domain

이 테스트를 튜링 테스트라고 부르는데, 가장 간단한 형태의 튜링 테스트는 다음과 같다. 우선 사람인 질문자 1인, 기계 혹은 컴퓨터인 응답자 1인, 그리고 사람인 응답자 1인, 총 3인을 준비한다. 질문자 1인은 응답자 2인을 실물로 볼 수 없고, 오직 키보드를 통한 문자 소통만 가능하다. 키보드를 사용한 문자 소통을 통해 질문자인 사람이 기계와 사람의 응답자를 구분하지 못하면, 이 기계는 튜링 테스트를 통과한 것으로 지능이 있다고 간주할 수 있다. 이것이 튜링 테스트의 기본 프레임이다. 1982년 개봉된 영화 「블레이드 러너」에서 특수 경찰은 복제된 성인 기계인 '레플리칸트'를 색출하기 위해 '보이트-캄프 테스트(Voight-Kampff test)'를 실시하는데, 이 테스트의 기본 개념이 기계와 사람을 구분한다는 점에서 튜링 테스트와 매우

168 데카르트는 기계는 언어 사용을 할 수 없기 때문에 기계는 생각할 수 없다고 주장했다.

유사하다.[169]

한편 튜링의 논문 발표 후인 1951년, 미국의 과학자인 마빈 민스키(Marvin Lee Minsky, 1927~2016)는 자신의 인공지능 이론을 바탕으로 SNARC(Stochastic Neural Analog Reinforcement Calculator)라는 신경망 기계를 발명했다. SNARC는 입력된 정보를 해석할 때 인간의 신경망 메카니즘을 활용하는 이른바, '신경망 네트워크(neural-network)'라는 기계학습법(machine learing)을 처음 도입했다. 즉 SNARC가 가진 40개 통신 접점(Hebb Synapses)의 소통 방식을 인간이 사전에 설정하지 않고 기계가 스스로 판단하여 완전히 무작위(random)로 연결할 수 있도록 허용한 것이다. 이 학습법을 바탕으로 실험자는 SNARC에게 주어진 시간 안에 쥐가 미로를 빠져나가는 미션을 부여하였고, SNARC는 매번 쥐가 미로를 빠져나갈 때마다 외부의 신호 입력 등을 통해 보상을 받았다. 즉, 사람이 매번 다른 형태의 미로를 빠져나가면 높은 점수를 받는 게임기 앞에서 미로를 빠져나가는 컴퓨터 게임을 하는 상황을 그대로 복제하여 SNARC에게 적용한 것이다. 결과는 놀라웠다. 우선 SNARC는 최적의 미로 찾기 규칙을 스스로 찾아내었다. 예컨대 어떤 미로는 벽의 왼쪽 면만 따라간다든지, 어떤 미로는 가운데를 향한 후 외곽으로 나간다든지 하는 규칙을 스스로 발견한 것이다. 나아가 여러 마리의 쥐가 동시에 투입되었을 때는 좋은 경로를 따라가는 쥐를 다른 쥐들이 추종한다든가, 아니면 사람이 가르쳐 주지도 않았는데 서로 다른 쥐들이 서로 협업하여 미로를 빠져나가는 최적의 길을 찾아낸 것이다! SNARC는 비록 단순한 미션에 불과했지만, 기계가 스스로 학습하여 최적의 해결 방법을 찾을 수 있다는 점을 실제로 보여 줌으로써 인공지능 시대를 사실상 개막했다고 보아도 무방하다고 본다.

1958년에는 인공지능 학습 모델의 획기적 진전이 마련되었다. 즉 인공지능이 단순한 선형 학습보다 복잡한 형태의 정보를 처리하기 위한 비선형 학습을 위한

---

169 블레이드 러너는 인간 사이에 숨어든 레플리칸트를 색출하는 특수경찰 이름이다. 보이트-캄프 테스트는 18 페이지에 이르는 수학, 언어, 행동학에 관한 4지 선다형 시험인데, 어느 순간 복잡한 감정을 유발하는 핵심 질문을 갑자기 던짐으로써 레플리칸트가 흉내낼 수 없는 인간의 미묘한 감정 변화가 있는지 여부를 파악한다.

방법론이 개발된 것이다. 우선 1958년 이전 인공지능은 정보를 입력하는 입력층(input layer)과 이를 해석하여 출력하는 출력층(output layer)으로만 구분되는 알고리듬을 가지고 있었다.[170] 이를 '단층 퍼셉트론(Single Layer Perceptron, SLP)'이라고 부른다. 그런데 이 SLP는 배타적 논리합(Exclusive OR, XOR)과 같은 비선형 연산을 처리할 수 없다.[171] 그런데 입력층과 출력층 사이에 중간층인 은닉층(hidden layer)을 추가하면, XOR 문제를 해결할 수 있다. 이처럼 입력층과 출력층 사이에 중간층인 은닉층을 추가하여 비선형 문제를 해결할 수 있는 '다층 퍼셉트론(Multi Layer Perceptron, MLP)' 개념을 미국 인공지능 전문가인 프랭크 로젠블라트(Frank Rosenblatt, 1928~1971)가 1958년에 처음으로 소개한 것이다. MLP의 등장으로 단순한 문제가 아닌 복잡한 문제에 대한 인공지능의 해법이 가능해졌고, 입출력 층과 은닉층의 수가 늘어나면서 입출력 정보의 흐름이 넓어지고 깊어지는 효과가 생겼다.

한편 미국만 인공지능 연구에 뛰어든 것은 아니었다. 인공지능 연구의 또 다

---

170 층(Layer)은 인공지능 알고리듬 내에서 입력과 출력을 위한 연산이 이루어지는 기본 단위를 일컫는다.

171 인풋 레이어에 $x1$과 $x2$의 두 가지 층이 있다고 가정하자. 입력층 $x1$과 $x2$에 입력되는 정보는 0과 1이다. 출력층의 명령을 내릴 때, $x1$이 1이고 $x2$가 1 모두일 때 1이어야 하는 출력층은 AND, AND가 아니면 NAND, 둘 중 최소한 하나만 1이어도 1이 출력되는 명령어는 OR 명령어이다. 이를 도표로 나타내면 다음과 같다.

| $x1$ | $x2$ | AND($x1$, $x2$) | OR($x1$, $x2$) | NAND($x1$, $x2$) |
|---|---|---|---|---|
| 1 | 0 | 0 | 1 | 1 |
| 1 | 1 | 1 | 1 | 0 |
| 0 | 0 | 0 | 0 | 1 |
| 0 | 1 | 0 | 1 | 1 |

이 연산은 평면 그래프 위에 전개하면 선형 모델을 활용하여 해답을 구할 수 있다. 하지만 아래와 같은 배타적 논리합은 평면 그래프 위에서 선형 모델로 해답을 구할 수 없다.

| $x1$ | $x2$ | XOR($x1$, $x2$) |
|---|---|---|
| 1 | 0 | 1 |
| 1 | 1 | 0 |
| 0 | 0 | 0 |
| 0 | 1 | 1 |

그런데, XOR 연산은 NAND, OR, AND 연산을 차례로 조합하면 선형 모델로도 XOR 연산이 가능하다. 즉, 입력층과 출력층 사이에 하나의 중간층 2개를 끼워서 선형 모델을 다음과 같이 조합하면 XOR 연산이 가능해지는 것이다.

| $x1$ | $x2$ | NAND ($x1$, $x2$) | OR($x1$, $x2$) | AND (NAND, OR) | XOR($x1$, $x2$) |
|---|---|---|---|---|---|
| 1 | 0 | 1 | 1 | 1 | 1 |
| 1 | 1 | 0 | 1 | 0 | 0 |
| 0 | 0 | 1 | 0 | 0 | 0 |
| 0 | 1 | 1 | 1 | 1 | 1 |

이처럼 입력층과 출력층 사이에 은닉층을 추가하면 비선형 학습법이 가능해지는 것이다.

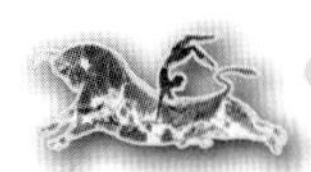

른 선도 국가는 소련이었다. 대표적으로 소련의 컴퓨터 과학자 빅토르 글루시코프(Victor Mikhailovich Glushkov, 1923~1982)는 모스크바에 중앙 컴퓨터 센터 1개, 모스크바 등 주요 도시 약 200개의 중급 센터, 그리고 주요 경제도시에 약 2만 개의 지역 터미널을 설치하여, 전화선을 통해 상호 실시간으로 통신이 가능한 네트워크 개념을 1962년에 제안하였다. 오늘날로 치면 일종의 인터넷인데, 미국 DARPA가 1969년에 도입한 ARPANET보다 7년 정도 앞선 것이다. 글루시코프는 인터넷 개념에서 더 나아가 이 통신망에 내재한 프로그램이 스스로 경제 정보를 수집하고 최적의 경제 정책을 제시할 수 있는 시스템을 제안했다. 이 인공지능 시스템을 그는 "계산과 정보 처리를 위한 국가 자동 시스템(National Automated System for Computation and Information Processing, OGAS)"이라고 불렀다. 다시 말해 그는 전국 단위의 계획경제 체제를 인공지능을 통해 실현하려고 시도한 것이다. 그는 여기서 더 나아가 OGAS 플랫폼을 통해 B to B와 B to C 거래가 이루어지도록 하여, 실물 화폐가 전혀 필요 없는 무현금 전자상거래 사회를 실현하려는 거대한 야망도 가지고 있었다. 물론 그의 아이디어는 당시 정보통신 기술로는 실현 불가능한 몽상이기는 하였지만, 컴퓨터 프로그램이 전국 단위에 걸친 네트워크를 통해 경제 정보를 수집하여 최적의 경제계획을 스스로 입안한 후 이를 실행하고, 그 성과를 다시 점검하여 경제계획을 재입안하는 계획경제 인공지능 개념을 처음 도입했다는 점이 매우 인상적이다.

그러다가 1966년, MIT의 컴퓨터 과학자인 와이젠바움(Joseph Weisenbaum, 1923~2008)은 인공지능이 컴퓨터 언어가 아닌 자연 언어로 문제를 인식하고 질문을 받으면, 이에 대한 해법을 제시하는 일라이자(ELizA)라는 인공지능 프로그램을 만들었다. 예컨대 일라이자 프로그램을 실행하고 컴퓨터 앞에서 사람이 "나 머리가 아파"라고 치면, 일라이자 프로그램은 마치 자신이 의사인 것처럼 원인과 해법을 알려주는 것이다. 논란의 여지는 있지만, 이 프로그램은 질문자인 사람이 응답자가 마치 사람이라고 느끼게 만들었다는 점에서 튜링 테스트를 그나마 통과할 가능성을 보여 준 가장 첫 작품이라고 본다.

1970년에는 핀란드 수학자인 세포 리나인마(Seppo Linnainmaa, 1945~)가 입력층에서 출력층으로 순서대로 변수들을 계산하고 처리하는 정보의 흐름인 순전파(Forward propagation 혹은 Feed forward) 개념을 뒤집었다. 즉, 그는 출력층에서 입력층으로 정보의 흐름을 거꾸로 흐르게 하는 역전파(Backpropagation) 개념을 소개했는데, 이렇게 함으로써 인공지능의 오류 가능성을 획기적으로 개선할 수 있었다. 1972년에는 정신과 의사 출신인 스탠포드 대학의 인공지능 연구소 케네스 콜비(Kenneth Mark Colby, 1920~2001)가 정신분열증 환자를 모방한 PARRY라는 프로그램을 만들었다. 놀랍게도 컴퓨터를 통해 대화를 한 정신과 의사 중 PARRY가 인간이 아니라고 정확히 맞힌 사람은 절반이 안 되는 48%였다. 즉, 무작위 가능성인 50%보다도 확률이 낮을 정도로 이 프로그램이 단순한 기계임을 사람이 구분하지 못한 것이다. 다만 1970년대는 인공지능에 대한 인기가 전반적으로 식으면서, 획기적인 연구 성과나 발견이 거의 없었다. 사람들은 1970년대의 시기를 "1차 AI 겨울"이라고 부른다. 필자 용어로 하면 인공지능이 황금, 설탕, 이자와 결합되기 이전 시기인 셈이다.

그러다가 1980년대 들어 반도체 성능이 개선되고 메모리 기능이 확대되면서 과거에는 이론으로만 그쳤던 인공지능 학습 기법이 현실화되기 시작했다. 예컨대 1986년에 영국의 컴퓨터 과학자인 제프리 힌튼(Geoffrey Hinton, 1947~) 교수는 다중 퍼셉트론 이론과 역전파 알고리듬을 사용하여, 은닉층을 3층 이상으로 쌓고 동시에 정보의 흐름을 순방향과 역방향을 혼합하여 에러 가능성을 획기적으로 줄인, 이른바 '딥러닝(Deep Learing)' 기법을 소개했다. 이 기법은 이후 인공지능 기계학습의 표준으로 확립된다. 이러한 딥러닝의 가장 큰 장점은 모델의 변수를 늘리고, 데이터를 대량으로 쏟아부으면 거의 자동적으로 그만큼 성능이 향상된다는 점이다. 즉, 인공지능은 이제 얼마나 많은 매개 변수를 가지고, 얼마나 많은 정보를 학습할 수 있는지 여부에 그 성패가 달리게 된 것이다.

그런데 문제가 생겼다. 하드웨어의 진전으로 정보 처리 능력이 급증하였고, 층(Layer)을 많이 쌓아 데이터 표현력을 올리면서 동시에 역방향 점검 기능까지 추

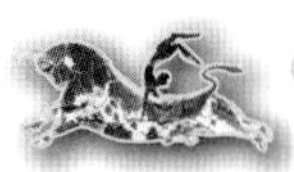

가하여 인식 기능의 알고리듬을 획기적으로 개선했지만, 실제로는 층이 많아질수록 학습이 오히려 더 안 되는 기이한 현상이 발생한 것이다. 이 현상은 바로 역방향 점검 시 오류를 수정할 때 추가되는 가중치가 학습을 거듭할수록 "0"으로 수렴해 버리는 것이 원인이었다. 쉽게 말해 학습을 하면 할수록 오류가 수정되는 것이 아니라, 오류 수정이 거의 안 되거나 아예 기존의 학습 성과도 없어져 버리는 현상이 발생한 것이다. 이를 '기울기 소실(Vanishing Gradient) 문제'라고 부른다.

이 기울기 소실 문제는 1980년대 말부터 1990년대 내도록 인공지능 전문가들을 괴롭혔는데, 이 때문에 1990년대에는 인공지능의 발전이 거의 없었으며 획기적인 발견도 없었다. 결국 미국과 영국의 주요 국가 및 정보기관들은 인공지능에 대한 자금지원을 줄이거나, 아예 끊어버렸다. 정부의 자금지원이 끊기면서 민간이 나서기도 했는데, 대표적인 사례가 바로 뢰브너 상(Loebner Prize)의 등장이다. 즉, 1990년 미국의 발명가 휴 뢰브너(Hugh Loebner, 1942~2016)가 4명의 심사관을 속이고 인간과 구별할 수 없어 튜링 테스트를 통과하는 채터봇(Chattebot)을 개발한 개발자에게는 10만 달러의 상금과 금메달을 지급하겠다고 선언한 것이다. 뢰브너에 따르면 이 상을 만든 이유는 최소한 부분적으로 40년 동안 튜링 테스트를 공식적으로 수행한 사람이 아무도 없었기 때문이라고 한다.[172]

하여튼 인공지능 연구에 대한 정부의 자금지원이 중단되면서, 1990년대부터 인공지능 연구가들은 인간의 지능을 복사한다는 막연한 연구 목표가 아니라, 특정 비즈니스나 한정된 미션을 목표로 하여 범위를 좁혀 연구하기 시작했다. 필자 용어로 하면 1990년대부터 인공지능은 황금, 이자와 결합 가능성을 모색하기 시작한 것이다. 쉽게 말해 인공지능을 돈벌이에 이용하자는 논의가 1990년대부터 등장하기 시작한다. 1990년대부터는 기울기 소실 문제도 활성화 함수를

---

172 하지만 뢰브너 상이 처음 수여된 1991년부터 지금까지도 금메달과 은메달 수여자는 단 한 명도 없었고, 오직 동메달 수여자만 나왔다.

다양화하면서 완벽하게는 아니더라도 어느 정도 해소되기 시작했다.[173]

이와 같은 1990년대 인공지능 개발 추세를 바탕으로 등장한 인공지능 프로그램이 우리에게 잘 알려진 IBM의 딥 블루(Deep Blue)이다. 딥 블루는 오직 체스에만 특화되어 만들어진 인공지능 프로그램이다. 1996년 2월 10일, 딥 블루는 당시 세계 체스 챔피언이었던 가리 카스파로프(Garry Kimovich Kasparov, 1963~)와 대국하여 첫 번째 대국에서 승리하였다. 비록 2월 17일까지 계속된 5판의 대국에서 카스파로프가 4대 2로 최종 승리하긴 하였지만, 딥 블루는 인간을 시간제한이 있는 체스 게임에서 처음으로 이긴 인공지능이라는 기록을 세웠다. 이후 IBM은 딥 블루의 알고리듬과 정보 처리 능력에 대한 엄청난 투자를 단행하였다. 즉, 딥 블루는 1997년 당시 세계 259위의 슈퍼컴퓨터 하드웨어를 기반으로 운영되었으며, 수천 개의 체스 게임을 분석하여 프로 체스 기사가 보통 10수 앞을 내다보는 데 비해 12수 정도 앞을 내다볼 수 있도록 설계되었다. 이처럼 절치부심하던 딥 블루와 카스파로프는 약 1년 뒤인 1997년 5월에 다시 맞붙었다. 이 대국에서 딥 블루는 3.5대 2.5로 카스파로프를 제압했고 딥 블루가 결국 승리하였다!

2000년대 들어서는 반도체 메모리와 칩 성능이 획기적으로 개선되면서 인공지능의 개발 속도에 가속도가 붙었다. 특히 인공지능 연구의 선도자였던 제프리 힌튼은 2006년에 입력값에 대한 목표치를 주지 않고, 인공지능이 스스로 학습할 수 있는 非지도 학습(Unsupervised Learning) 방법을 사용하면 기울기 소실 문제를 해결할 수 있다고 주장했다. 非지도 학습법은 사전에 인간이 결과 값을 지정하지 않고 기계가 스스로 판단하고 결과 값을 자체 분류할 수 있다는 점에서, 사실상 인공지능이 인간의 통제를 벗어날 수 있는 가능성이 최소한 이론적으로는 열

173 딥러닝 학습 과정에서 노드에 입력된 데이터들을 비선형 함수에 통과시킨 후, 이를 다음 층으로 전달할 때 사용하는 함수를 활성화 함수(Activation Function)라고 한다. 활성화 함수는 입력 데이터를 다음 층으로 어떻게 전달하느냐를 결정하는 역할을 하기 때문에 매우 중요하다. 그런데 기존에 인공지능에서 사용하던 Sigmoid나 Tanh 함수와 같은 비선형 함수는 기울기 소실 문제가 발생하는데, ReLU(Rectified Linear Unit, 경사함수)와 같은 선형 함수를 사용하면 소실 문제를 어느 정도 해결할 수 있다. ReLU는 1969년에 일본의 컴퓨터 과학자인 후쿠시마 구니히코(福島 邦彦, 1936~)가 처음 사용한 것으로 알려져 있으나, 본격 도입된 시기는 1990년대부터이다.

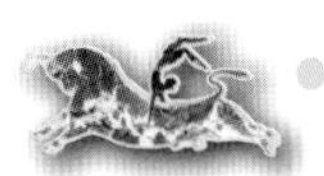

렸다고 볼 수 있다. 한편 알파고를 개발했던 IBM은 2004년부터 자연 언어 처리와 기계학습을 결합하여 질문과 답변 영역에 적용한 왓슨(Watson)이라는 인공지능 개발에 착수했다. 개발이 끝난 후 왓슨은 2011년 미국 퀴즈쇼 저퍼디(Jeopardy)에 출연했는데, 77,147달러를 획득하여 인간 퀴즈 챔피언으로 24,000달러를 획득한 켄 제닝스(Ken Jennings, 1974~)와 21,600달러를 획득한 브래드 루터(Brad Rutter, 1978~)를 상대로 압도적으로 승리하였다.

특히 2010년대부터는 인공지능 개발이 뚜렷한 상업적 목표를 가지고 본격적으로 비상하기 시작했다. 필자 용어로 말하면 2010년대부터 인공지능 개발은 황금, 이자와 본격 결합되었다. 대표적으로 영국의 인공지능 스타트업으로 2010년에 설립된 딥마인드(DeepMind Technologies Limited)를 2014년에 구글이 인수했다. 구글의 딥마인드 인수는 인공지능의 상업적 개발의 서막이 마침내 열렸다는 역사적인 신호탄이었다. 즉 구글은 인공지능 분야의 상업적 잠재력을 간파하고 이 분야에서 독자적인 경쟁력 강화를 위해 딥마인드를 인수한 것이다. 이후 구글은 당시 체스보다 훨씬 복잡한 게임인 바둑을 둘 수 있는 인공지능 개발에 도전장을 내밀었다.[174] 구글은 엄청난 자금과 인력을 투입하여 2015~2017년에 일종의 시험판인 알파고 판(AlphaGo Fan), 알파고 리(AlphaGo Lee), 알파고 마스터(AlphaGo Master)를 개발했고, 2017년 10월 최종 버전인 알파고 제로(AlphaGo Zero)를 발표했다. 특히 알파고 시험판인 알파고 판(AlphaGo Fan)은 2015년 10월에 유럽의 바둑 챔피언인 프랑스의 판 후이(Fan Hui, 1981~)와 5번 대국에서 모두 승리했으며, 2016년 3월에는 알파고 리(AlphaGo Lee)가 세계 최상위 프로 기사인 이세돌(李世乭, 1983~)을 4:1로 제압했다. 대국을 관람한 한국기원은 알파고가 신의 경지에 올랐다고 극찬하며, 프로 명예 9단증을 수여하기도 했다.

한편 구글이 막대한 자금으로 인공지능 개발에 뛰어들며 2014년 딥 마인드를 인수하자, 미국의 일론 머스크(Elon Musk, 1971~)는 "인류가 인공지능과 함께 악마

174 알파고(AlphaGo)라는 이름은 그리스의 첫째 알파벳인 알파와 바둑의 일본식 발음인 '碁(ご)'를 결합한 것이다.

를 소환하고 있다."라고 비판하며 인공지능의 상업적 활용을 막기 위해 자신의 회사를 설립한다. 이에 따라 알파고가 2015년 프랑스의 바둑 우승자를 제압할 무렵인 2015년 10월, 일론 머스크는 샘 올트먼(Sam Altman, 1985~), 일리야 수츠케버(Ilya Sutskever, 1986.~) 등과 함께 오픈AI(OpenAI Inc.)를 미국에서 설립한다. 오픈AI의 설립자 중 한 사람인 일리야 수츠케버는 구글에서 알파고를 개발한 주역 중의 한 사람이기도 하다. 오픈AI의 가장 큰 특징은 구글의 상업적 인공지능 개발에 공개적으로 반대하며, 안전한 인공지능(Safe AI)의 개발을 목표로 하였다. 즉, 인공지능은 인류에 위협이 되어서는 절대 안 되며, 모든 AI 개발의 소스 코드는 인류에 위협이 되는지 여부를 모두가 검증하기 위해 완전히 공개되어야 한다(이 때문에 회사 이름이 OpenAI이다).

하지만 연구가 계속될수록 오픈AI의 추가 개발 자금 조달의 필요성이 높아졌고, 마이크로소프트사의 수석 부사장인 케빈 스콧(Kevin Scott, 1972~)은 오픈AI의 올트만을 설득하여 2019년에 100억 불을 오픈AI에 투자하게 된다. 필자는 구글을 악마화하여 설립한 오픈AI의 설립 정신은 마이크로소프트사의 100억 불 투자를 수용한 순간부터 사실상 훼손되었다고 본다. 이 투자금을 받기 위해 모회사인 오픈AI Inc는 2019년에 오픈AI LLP를 자회사로 설립하여, 마이크로소프트의 투자 자금을 바탕으로 본격적인 이윤 추구 모델에 돌입한다. 이 때문에 모회사인 오픈AI Inc와 자회사인 오픈AI LLP는 인공지능 개발에 대해 안전성과 이윤 추구 목표라는 상반된 목표를 조화시켜야 하는 모순된 상황에 직면하게 된다.

이처럼 오픈AI LLP의 설립으로 상업적 개발 자금이 쏟아져 들어오자, 오픈AI는 결국 2020년 10월부터 소스 코드를 공개하지 않겠다고 선언했다. 이와 같은 회사의 정책 전환을 바탕으로 오픈AI는 대화형 챗봇인 챗GPT-3의 오픈 베타를 2022년 11월에 세상에 처음 공개하고 상업적 행보를 본격화한다. 챗GPT-3는 비록 텍스트 기반이기는 하지만 딥 블루나 알파고와 달리 특정 미션에 한정된 챗봇이 아니라, 음악, 에세이, 철학, 역사, 동화, 게임 등 거의 모든 분

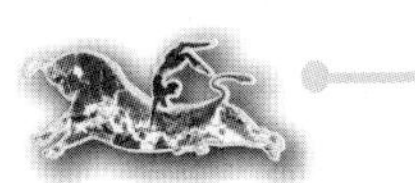

야에서 해답을 생성형(generative AI)으로 제시할 수 있다는 점에서 획기적으로 진전된 인공지능이었다.[175]

챗GPT-3는 세상에 공개되자마자 엄청난 반향을 일으켰고, 이를 계기로 인공지능에 대한 대중적 관심이 급격히 고조되었다. 이후 오픈AI는 여기서 더 나아가 2023년 3월에는 소스코드 전체가 완벽한 비밀로 유지된 챗GPT-4를 개발했고, 2023년 5월에는 챗GPT-3의 안정화 모델인 챗GPT-3.5를 출시했다. 특히 챗GPT-4는 인간의 학습 능력과 사실상 동일한 인공 일반 지능(AGI)의 초기 버전이라는 평가를 받기도 했다.

이처럼 오픈AI LLP의 인공지능 개발에 가속도가 붙자, 모회사인 오픈AI Inc와 개발 방향을 두고 갈등이 심화되었다. 이 갈등은 2023년 11월 오픈AI Inc의 이사회가 슈츠케버의 주도로 오픈AI LLP의 대표였던 샘 올트먼을 해임하는 사태로 표면화되었다. 샘 올트먼이 해임되자, 100억 불을 이미 투자했던 마이크로소프트사는 서둘러 샘 올트먼과 그를 따르는 직원들을 고용하려고 시도했다. 한마디로 샘 올트먼을 두고 아수라장이 벌어진 것이다. 미국 사회 전체가 이 사건으로 찬반 여론이 들끓었는데, 결국 인공지능의 상업적 활용을 우선시하는 샘 올트먼이 경영일선에 복귀하고 슈츠케버가 경영일선에서 사퇴하는 선으로 마무리되었다. 이제 2024년부터 인공지능은 필자 용어로 하면 황금, 이자와 무제한으로 결합할 수 있는 단계에까지 오른 것이다.

대표적으로 인공지능 최고의 유명 인사인 샘 올트먼은 2024년 2월에, UAE의 투자자 등을 대상으로 인공지능과 이를 뒷받침할 반도체 칩 개발에 5~7조 달러를 투자해 달라고 요청했다. 5조 달러이면 세계 3위 GDP 국가 독일의 2023년 GDP인 4.6조 달러를 넘는 천문학적인 금액이다. 1990년대 이전에는 조 불 단위의 금액은 꿈도 꾸지 못한 금액이었음은 두말할 필요도 없다, 예컨대 1990년대에야 본격 개시된 인공지능 투자는 5조 불에는 명함도 못 내미는 대략 10억

175 다행히도 챗GPT는 非지도 학습법이 아니라 지도 학습법과 강화 학습법을 기초로 탄생한 것으로, 스스로 학습하고 스스로 생각하는 능력은 아직까지는 없다는 평가다.

불 내외였다. 즉, IBM이 직접 밝히지는 않았지만 1996년 혜성처럼 등장한 딥 블루 개발비는 대략 10억 불 내외로 추정된다.[176] 2010년대 등장한 구글의 알파고 개발 또한 딥 마인드 인수 금액 4억 불, 알파고의 하드웨어 투자 3.5억 불, 알고리듬 개발 및 인력에 대략 3억 불 등 총 10억 불의 금액이 소요된 것으로 추정된다. 딥 블루와 알파고는 체스나 바둑에 특화된 인공지능이었는데도 불구하고 당시로서는 10억 불 내외라는 큰 금액이 소요된 것이다.

이런 정황을 고려했을 때 샘 올트먼이 내건 투자액 목표인 5조 불은 그가 단순히 딥 블루나 알파고처럼 특정 분야에서 특화된 인공지능을 개발하려는 것이 아니라, 모든 분야에서 인간의 지능을 완전히 복제한 완벽한 AGI의 실현이 그의 목표임을 반증하는 수치라고 봐야 한다. 샘 올트먼의 목표를 달성하려면 현재 엔비디아가 생산하는 GPU, 삼성전자나 SK하이닉스가 생산하는 메모리나 HBM, TSMC의 파운드리 역량, 엄청난 자료를 저장해야 하는 대규모 데이터 센터, 인공지능에 필요한 막대한 규모의 전략 용량 등을 현재보다 최소한 수십 배 이상 끌어올려야 한다. 만약 이런 일이 실행되면 샘 올트먼은 이제 「터미네이터 2」에 나오는 인공지능 기계 발명가 마일즈 다이슨(Miles Dyson) 박사가 되었다고 해도 크게 틀린 평가가 아니라고 생각한다.

이처럼 오픈AI가 이윤 추구로 방향을 확정하여 황금, 인공지능, 이자가 본격 결합하면서, 오픈AI의 상업적 인공지능 개발에 가속도가 붙었다. 예컨대, 오픈AI는 챗GPT에서 더 나아가 텍스트로 명령하면 이를 바탕으로 이미지와 영상을 조합해서 생성할 수 있는 '소라(Sora)'라는 프로그램을 2024년 2월 15일에 출시했다.[177] 소라는 최대 1분 길이의 고화질 영상을 신속하게 만들 수 있는데, 복잡한 감정 표현과 생생한 동작 표현이 압권이다. 더 나아가 오픈AI는 2024년 5월 13일에 텍스트 외에도 음성과 시각 이미지로 명령을 인식한 후 1초도 안 되

---

176 IBM의 인공지능인 왓슨(Watson)의 개발비는 9~18억 불, 블루진(Blue Gene)의 개발비도 대략 10억 불이었다. 출처: https://klu.ai/glossary/deep-blue

177 소라는 일본어로 하늘을 뜻하는 말이다.

는 시간 내에 음성이나 시각 자료로 응답하는 챗-GPT4o를 발표했다.[178] 즉 챗-GPT4o는 인간처럼 보고, 듣고, 말하는 인공지능이다. 샘 올트먼의 표현을 빌리면 "마술" 같은 인공지능이다. 오픈AI의 본격 상업적 행보에 대항한 중국의 대응도 주목된다. 대표적으로 오픈AI의 소라 출시에 맞추어 중국의 생수 기술(生數 技術, Shengshu Technology)이라는 인공지능 회사는 칭화대학과 협력하여 소라와 유사한 비두(Vidu)라는 영상 생성형 AI를 2024년 4월에 출시하였다. 미국과 중국을 비롯한 전 세계가 전 지구적 차원에서 인공지능과 황금, 이자를 결합하면서, 향후에도 엄청난 상업적 잠재력을 가진 인공지능이 동시다발적으로 등장할 것이 거의 확실하다.

그렇다면 과연 샘 올트먼이 목표로 하는 AGI는 실현이 가능한 것일까? 필자가 지금까지 주장한대로 황금, 설탕, 이자가 결합하면서 인간의 통제를 벗어난 무시무시한 생산력을

인공지능에 사용되는 하드웨어 기본 개념. 우선 인공지능의 학습을 처리하기 위한 두뇌 역할을 하는 ① 연산 칩(로직 칩)이 있어야 한다. 인공지능에 적합한 로직 칩은 가장 빠른 시간에 가장 많은 양의 학습을 가능하게 하는 GPU가 적합하다. 나아가 연산 처리를 도와 주기 위해 엄청난 양의 데이터를 저장해야 하는데, 이 역할을 수행하는 것이 ② 메모리 칩이다. 메모리 칩은 기존의 D-Ram으로는 용량이 너무 작아서 D-Ram을 수직으로 여러 층 묶어서 패키징하는 HBM이 유용하다. GPU와 HBM 사이에는 신호가 오고 가는 회로가 필수적인데, HBM3E 모델에서 GPU와 HBM 1층 사이에는 신호가 오가는 회로 핀이 1,024개, HBM4에서는 2,048개이다. 아마 미래에는 수만 개의 회로핀으로 연결될 것이 확실하다. 한편 인공지능 시대의 본격 개막 이전에는 로직 칩과 메모리 칩을 별도로 패키징하였는데, 최근에는 최대한 붙여서 ④ PCB 기판 위에 같이 패키징한다. 그런데 인공지능의 로직 칩과 메모리 칩은 전류가 흐르는 통로(Input/Output bumps)가 너무 많아서, 하나의 기판 위에 이를 구현할 수 없다. 이때 PCB 기판과 칩 사이에 신호가 흐르는 중간 통로인 ③ 인터포즈(Interpose)를 만들면 훨씬 복잡한 통로 설계를 구현할 수 있다. 마치 인공지능 모델에서 입력 레이어와 출력 레이어 사이에 은닉 레이어를 만들면 비선형 문제를 해결할 수 있듯이. 한편 PCB 위에 너무 많은 칩이 들어가면 많은 열이 발생하고, 이 때문에 열에 약한 인터포즈나 PCB가 휘면서(warpage) 전기 신호 전달에 문제가 생길 수도 있다. 최근에는 이런 현상을 막기 위해 PCB를 열에 강하고 평탄도도 좋은 유리로 제작하여 인터포즈 없이 세밀한 회로 작성이 가능한 공정을 개발 중이다. 그림은 삼성전자가 개발한 아이큐브라는 패키징 모델을 필자가 보고 그린 것이다.

178 끝의 "o"는 통합된 인공지능이라는 뜻의 옴니모델(Omnimodel)의 첫 글자를 의미한다.

잉태한 설탕 자본주의가 탄생하였다. 마르크스의 표현대로 이런 엄청난 생산력이 인간 사회의 무릎에서 나올 수 있다고 그 누구도 상상하지 못할 만큼 말이다. 하여튼 무시무시한 핵융합 같은 에너지를 발산한 설탕 자본주의의 탄생은 지리상 발견 후 단 300년 만에 서양이 자신을 1,000년 넘게 압도한 동양을 무지막지하게 제압한 제국주의 팽창의 기본 동력이 되었다. 더 나아가 제국주의 팽창으로 인한 서양 국가들 상호 간 힘의 불균형으로 인해 1, 2차 세계 대전이라는 인류 최악의 재앙을 초래하기도 했다. 2차 대전 이후에는 황금, 설탕, 이자의 결합으로 인한 에너지의 무한 발산으로 지구라는 행성까지도 삼킬 태세이다.

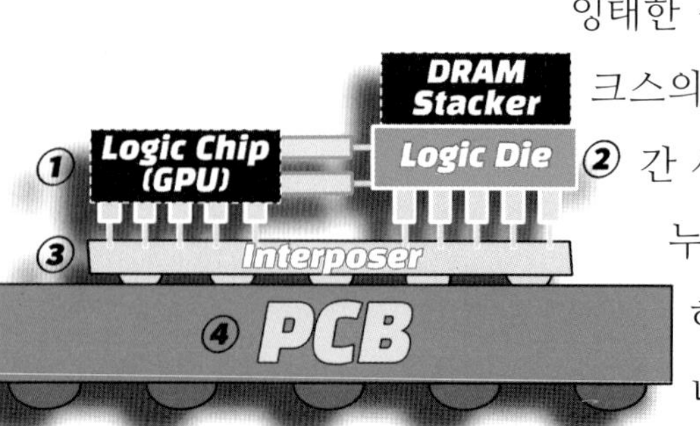


인공지능의 두뇌 격인 GPU의 능력을 올리기 위해 기존의 메모리 판(memory stack) 아래에 보조 로직 칩을 추가할 수도 있다. 이렇게 되면 HBM이 메모리 저장 기능뿐 아니라, GPU의 성능도 향상 시킬 수 있다. 이 HBM 세팅을 AI 가속기라고도 부른다.

이와 같은 역사적 경험에 비추어 볼 때 황금, 인공지능, 이자가 결합되면, AGI 개발은 오직 시간 문제일 뿐이다. 이미 중국은 물론이고 아시아, 유럽, 심지어 중동 국가들도 인공지능 개발을 위한 일종의 인프라인 컴퓨팅 시설에 수십억 달러를 쏟아붓고 있다. 특히 시간이 흐를수록 미국과 중국을 중심으로 한 대형 기업들의 거대 인공지능 모델 개발 경쟁은 격화될 것이고, 이에 따라 초거대 인공지능 모델이 우후죽순처럼 생겨날 가능성이 높다. 그 결과 만약 AGI가 개발되면 그 파괴력은 무엇을 상상하든 그 이상이 될 것이다. 아마도 2024년 이후부터 자본주의 사회 전역의 상품과 서비스, 문화가 인공지능과 무지막지하게 결합하여, 전 세계적으로 핵융합 같은 폭발적인 에너지가 인공지능을 통해 발산할 것이 거의 확실하다. 인공지능은 이미 우리가 사용하는 스마트폰에 탑재되기 시작했고, 자동차, 냉장고, 에어컨 등 생활용품, 음악, 미술, 글씨 쓰기, 금융, 교육 등 인간 생활 전반에 침투하기 시작했다. 현재 인간의 모든 생활이 정보 통신 기

계와 이를 구동하는 소프트웨어를 통해 이루어지고 있는 만큼, AGI 개발의 전파력은 산업혁명과 기술혁명의 파괴력을 훨씬 뛰어넘는 엄청난 영향을 미칠 것이라고 생각한다. 비유하자면 샘 올트먼의 AGI 개발 계획은 2차 대전 당시 전황을 획기적으로 반전시킨 핵폭탄 개발 계획인 오펜하이머의 맨해튼 프로젝트와 같은 것이다!

이처럼 엄청난 파장을 가지는 AGI 개발 계획에 대해 사람들은 개발 반대론자와 찬성론자로 갈린다. 개발 반대론자들은 파멸론자라고 하여 두머(doomer)라고 불리는데, 대표적인 인물이 스티븐 호킹(Stephen William Hawking, 1942~2018)이다. 그는 인공지능의 지능 수준이 인간을 초월하는 특이점(singularity)이 멀지 않았으므로, 인공지능 통제를 위한 세계 정부의 수립을 제안했다. 옥스퍼드 대학교 교수인 닉 보스트럼(Nick Bostrom, 1973~)도 2014년 자신의 저서 『*초지능*(*Superintelligence:Paths, Dangers, Strategies*)』에서 인공지능은 종이 클립 생산을 극대화하기 위해 생산 설비의 스위치를 끌 수 있는 인간을 제거할 수 있다는 섬뜩한 경고를 날렸다.[179] 2023년 3월에는 인공지능 비영리 연구단체인 미래 생명 연구소(Future of Life Institute)가 챗GPT-4를 능가하는 인공지능 개발은 지금 당장 중단해야 한다는 서명 운동을 벌이기도 한다. 테슬라 회장인 일론 머스크(Elon Reeve Musk, 1971~) 또한 2024년 인터뷰에서 인공지능은 늦어도 2026년에는 가장 지능이 뛰어난 인간을 추월할 것이 확실하므로, 무분별한 인공지능 개발을 멈추자고 제안했다. 머스크는 더 나아가 인공지능은 인류를 위해서 사용해야 하며 소스 코드를 공개해야 한다는 원칙을 버리고 오직 이윤 추구와 비밀주의로 인공지능을 개발하는 오픈AI에 대해서 계약 위반을 사유로 2024년 3월에 소송을 제기하기도 하였다. 유발 하라리(Yuval Noah Harari, 1976~)도 AGI가 조만간 인공 슈퍼지능(Artificail Super Intelligent, ASI)이 될 것이라며, 인공지능(Arfiticial Intelligence)이 아니라 외계지능(Alien Intelligence)이라고 불러야 한다고 인공지능 규제를 주장한다.

179 이후부터 종이 클립은 부머들의 상징이 된다.

반면 인공지능 개발 찬성론자들은 개발론자라고 하여 부머(boomer)라고 부르는데, 이들은 인공지능은 인류 번영의 선물로 프로메테우스의 불과 같은 존재라고 주장한다. 부머 중 대표적인 인물인 샘 올트먼은 인공지능은 사람이 제어하는 기계에 불과하며, 인간을 살상하는 킬러 로봇을 강조하는 두머들을 과학에 근거하지 않고 공포에 근거한 망상에서 비롯한 컬트 집단이라고 매도한다. 이들은 더 나아가 인공지능 개발에 제한이 사실상 없는 중국과 대결하기 위해서라도 인공지능 개발을 멈출 수 없다고 주장한다. 프랑스 태생 컴퓨터 과학자이자 메타의 인공지능 수석 부사장이면서 뉴욕대 교수인 얀 르쿤(Yann LeCun, 본명: Yann Andr LeCun, 1960~) 또한 인공지능에 대한 공포가 과장되었으며, 충분히 인간이 통제할 수 있다고 설파한다.

과연 무엇이 정답인가? 인공지능은 일순간에 인류의 멸종을 초래할 수 있는 재앙인가, 아니면 사회적 생산력을 극대화하여 인류의 복지를 가져다줄 축복인가? 필자는 핵무기와 인공지능을 먼저 비교하고자 한다. 우선 핵무기와 인공지능 모두 그 사용 여부에 따라 인류를 극도로 풍요롭게 할 수도 있고, 완전히 파멸할 수도 있다는 점에서 공통점을 가지고 있다. 즉, 핵무기를 만들 수 있는 핵에너지는 원자력 발전에 사용하여 인간이 사용하는 값싼 전기를 제공할 수도 있고, 지구로 향하는 혜성을 파괴하거나 우주선을 빛의 속도로 가속화할 때 사용하는 유용한 도구가 될 수도 있다. 반면 핵무기를 잘못 사용하면 인류 전체가 완전히 멸종당할 수도 있는 악마가 될 수도 있다.

인공지능도 마찬가지다. 인공지능을 사용한 자율 주행차,[180] 다른 나라를 여행할 때 통역기를 탑재한 스마트폰, 인간이 풀기 어려운 우주의 비밀이 담긴 복잡한 공식의 해법 제공, 나 대신 연설문을 기가 막히게 써주는 챗봇, 단백질 구조 예측은 물론 단백질과 생체 분자 간에 벌어지는 상호작용까지 예측함으로써

180 테슬라는 단순한 전기차 제조회사가 아니라, 전기차 주행 시 수집하는 엄청난 양의 데이터를 분석하는 사실상의 인공지능 회사이다. 테슬라 중국의 경우는 주행 시 수집한 데이터의 국외 반출을 중국 정부가 엄격히 금지하고 있기 때문에, 테슬라는 이 정보를 인공지능 프로그램이 위치한 미국으로 반출하기 위해 중국 정부에 끊임없이 구애 중이다.

획기적인 신약 개발을 가능하게 하는 인공지능 모델[181], 온라인 회의 시 대화 내용을 인식하여 자막으로 보여 주거나 아예 회의 내용을 요약하는 업무용 인공지능 등 인공지능의 유용성은 일일이 말로 다 열거하기 어렵다. 그러나 핵무기와 마찬가지로 인공지능도 잘못 사용되면 인간을 공격하는 효과적인 무기가 될 수도 있다. 예컨대 전장에서 파괴해야 할 적들의 건물이나 인물 살상의 우선 순위를 설정하는 데 인공지능이 사용될 수도 있다. 심지어 인공지능은 자폭 드론을 활용하여 정지한 대상이 아니라 이동하는 차량도 공격 대상으로 삼을 수 있다. 소설 쓰지 마라고? 2024년 3월부터 우크라이나 전쟁에서 우크라이나 정부는 미국의 데이터 분석 전문회사인 팔란티어(Palantir)가 "무료로" 제공하는 인공지능 프로그램을 통해 對 러시아 공격 목표를 선정하고 있다. 이와 같은 공격 목표 선정 과정에서 인간은 사실상 실질적인 개입을 거의 하지 않는다. 공격 목표 리스트에서 인간은 최종 결정만 할 뿐이다. 공격 목표가 러시아이고 전쟁 승리를 위해 필요하다고 인공지능이 판단하면, 인공지능이 선정한 공격 후보 대상 리스트 중에서 인간이 공격 목표를 최종 설정하는 것이다.

그런데 만약 공격 목표가 러시아의 부상병이 대거 입원한 민간 병원이거나 혹은 군사시설 옆에 민간인 주택이 여러 채 있다고 가정하면, 인공지능은 이 대상을 공격 목표에서 포함할 것인가, 제외할 것인가? 이처럼 복잡한 가치 판단이 필요한 상황에서 인간의 최종 결정권이 부여되지 않는 것이 과연 합리적인가? 이스라엘도 하마스와 전쟁을 할 때 인공지능이 공격 리스트 초안을 작성하고, 이 중에서 해당 사령관이 최종 공격 목표를 설정하여 결재하는 시스템을 갖추고 있다. 물론 인간이 최종 결정하는 시스템이기는 하지만, 과연 완벽하게 인간이 이 과정을 통제하는지 의문이다. 예컨대 2024년 4월 1일, 인도주의적으로 식량

181 구글이 인수한 딥 마인드는 2024년 5월에 핵산과 같은 생명체의 분자 구조와 특정 단백질 상호 간의 구체적인 작용 방식을 예측하는 인공지능인 '알파폴드3(AlphaFold3)'를 세상에 공개했다. 알파폴드3는 수십억 종에 달하는 단백질 구조에 대한 학습을 통해, 아미노산 염기서열만 입력하면 가능한 단백질 구조를 순식간에 제시한다. 특히 단백질은 생체 분자와 결합하면 그 구조가 바뀌는데, 단백질 구조와 생체 분자 사이의 상호작용에 대한 예측이 필수적이다. 알파폴드3는 이 상호작용을 정밀하게 예측함으로써, 신약 개발에 새로운 지평을 열었다는 평가를 받는다.

을 공급하는 비영리단체인 세계중앙주방(World Central Kitchen, WCK) 직원 4명이 탄 차량을 이스라엘이 미사일로 공격하여 4명이 즉사한 적이 있었다. 이스라엘은 오폭이라고 주장했지만, 필자는 이 황당한 공격 과정에서 인공지능의 개입이 있었을 가능성이 매우 높다고 생각한다..

이처럼 핵무기와 인공지능은 매우 유사한 점이 있다. 그러면 핵무기처럼 인공지능을 통제하면 되는 것 아닐까? 필자 대답은 아니라고 생각한다. 왜냐하면 핵무기와 인공지능은 근본적으로 다른 점도 많기 있기 때문이다. 즉 핵무기는 인간이 통제할 수 있지만, 필자는 부머들의 주장과 달리 인공지능은 인간이 100% 통제할 수 없다고 생각한다.

가장 먼저 인공지능의 결정 알고리듬은 그 수식이 너무 복잡하고 방대하여 인공지능 설계자조차 결정 과정을 추적하는 것 자체가 불가능하다. 즉, 인공지능의 결정 과정은 일종의 블랙박스다. 우리는 인공지능이 내린 최종 결정만 볼 뿐이지, 그 과정에 무슨 일이 어떻게 있었는지 전혀 모른다. 이 때문에 핵무기 버튼을 누르려는 인간은 잘못된 결정을 내리기 전에, 혹은 내린다 하더라도 그 과정을 면밀히 관찰하여 올바른 결정을 다시 내릴 수 있도록 설득이 가능한 존재이지만, 인공지능은 일단 결정을 내리면 설득 자체가 불가능하다고 본다. 무슨 근거를 가지고 어떤 과정을 거쳐 결론을 내렸는지 인공지능 설계자도, 인공지능 그 자신도 모르는데, 어떻게 무슨 수로 인공지능을 설득하여 그 결정을 번복할 수가 있나?

둘째, 핵무기는 지능이 없지만, 인공지능은 스스로 학습이 가능한 정도의 지능을 보유하고 있다. 특히 인간의 뇌에서 정보를 전달하는 통로인 시냅스와 동일한 역할을 하는 인공지능의 노드와 레이어가 수백조에 이르게 되면, 이 인공지능이 스스로 생각하지도 않고 오직 인간의 지시를 그저 고분고분하게만 따를 것이라는 보장을 그 누가 할 수 있나? 이는 인공지능이 사실상 인간과 완전히 다른 별개의 존재임을 뜻한다. 유발 하라리의 말대로 인공지능은 사실상 외계인과 같다. 우리가 전혀 이해할 수 없는 결정 과정을 가지고 스스로 학습하므로,

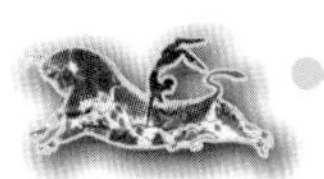

우리가 인공지능을 완전히 이해한다는 것 자체가 불가능하다는 것이 필자 생각이다.

셋째, 핵무기는 핵무기 개수나 핵기지 파악 등을 통해 위험의 정량화가 가능하다. 따라서 핵무기는 핵무기의 생산과 배치를 서로 조정하여 위험을 어느 정도 통제할 수 있다. 이 때문에 인류는 1969~1979년까지 미소 양국 간 전략 무기 제한 협상, 이른바 SALT(Strategic Arms Limitation Talks) 협상이나 1991~2010년까지 전략 무기 감축 협정, 즉 START(Strategic Arms Reduction Treaties) 협상을 통해 핵무기 생산을 제한하거나 감축할 수 있었다. 하지만, 인공지능은 기술이 발전할수록 그 위험성을 평가하는 것 자체가 거의 불가능하다. 만약 인공지능이 인터넷을 기반으로 생성될 경우, 영화 「공각 기동대」처럼 인공지능이 도대체 어디에 존재하는지조차 알 수 없을 것이다. 어디에 있는지도 모르는 인공지능의 위험을 인간이 어떻게 통제할 수 있나?

넷째, 핵무기는 우리 생활에 침투해 있지 않지만, 인공지능은 우리 생활 곳곳에 침투해 있다. 필자도 개인적으로 핵탄두를 실은 ICBM 실물을 보고 싶지만, 본 적이 없다. 하지만 인공지능은 노트북이나 스마트폰만 펼치면 바로 접근이 가능하다. 예컨대 2024년 5월, 미공군은 프랭크 켄달(Frank Kendall III, 1949~) 공군 장관이 인공지능이 장착된 F-16에 탑승하는 모습을 언론에 공개하였고, 2024년 6월 애플은 아이폰에 챗GPT 탑재를 선언했다. 이는 영향의 파급력 측면에서 인공지능이 핵무기와 비교가 불가능할 정도로 온 세상 곳곳에 존재(편재, omnipresence) 하고 있다는 뜻이다.

다섯째, 핵무기는 진입 장벽이 매우 높다.[182] 당초 원자폭탄 제조 기술은 미국

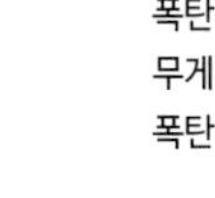

182 고농축 우라늄(High Enriched Uranium, HEU)이란 우라늄 동위원소 235를 무게 대비 20% 이상 함유한 우라늄을 의미한다. 원래 자연 상태의 우라늄은 238이 99.3% 이상이고, 235는 0.7% 내외로 존재한다. 하지만 235를 20% 이상 농축하면 연쇄 반응이 가능해지면서, 성능은 낮을 수 있지만 기본적으로 폭탄 제조가 가능하다. 최근에는 제조 기술이 발달하여 15㎏의 고농축 우라늄만 있으면 폭탄 제조가 가능하다고 한다. 참고로 1945년 미국이 처음 생산하여 히로시마에 투하한 원자폭탄인 리틀 보이(Little Boy)의 경우에는 235 우라늄을 80% 농축하였고, 무게는 45㎏이었다. 다만 우라늄 235와 238은 무게 차이가 거의 나지 않아, 분리가 쉽지 않다. 그러나 현재 농축 기술을 보유한 나라는 20여 개 국가 정도이므로, 사실상 핵폭탄 제조 기술 또한 과거보다 진입 장벽이 훨씬 낮아진 상태라고 보면 된다.

만 독점적으로 보유하고 있었으나, 1949년에 러시아가 이 독점 구조를 깨버렸고 이후 영국, 프랑스가 제조 기술을 습득함으로써 사실상 제조 기술에 대한 진입 장벽은 과거보다는 낮은 상태이긴 하다. 우스갯소리로 원자폭탄 제조 기술은 인터넷을 통해서도 습득이 가능할 정도라고 한다.[183] 이 때문에 인류는 핵무기의 원료인 고농축 우라늄의 제조와 유통을 엄격히 제한하는 방식으로 핵무기 제조에 진입 장벽을 쌓아 놓았다.[184] 그러나 인공지능은 다르다. 인공지능의 진입 장벽은 사실상 존재하지 않는다. 알고리듬 작성 기법만 알면 이론적으로 인공지능은 누구나 설계할 수 있다는 뜻이다. 다만 인류를 위협할 만큼 성능이 뛰어난 인공지능을 개발하기 위해서는 고성능 GPU, 고용량 메모리인 HBM이나 막대한 양의 데이터 학습이 반드시 필요하다. 그래도 GPU나 HBM, 데이터 등은 돈만 주면 살 수 있다. 고농축 우라늄처럼 돈이 있어도 살 수 없는 구조가 아니다.

결론적으로 인공지능은 핵무기처럼 통제할 수 없다. 뭔가 다른 식의 접근이 필요한 것이다. 그렇다고 인공지능의 장점을 억누르는 것도 바람직하지 않다. 필자가 제시하는 해법은 이 책에서 계속 강조하는 정직한 인본주의 탐욕이다. 즉, 인공지능은 탐욕을 추구하되 보편적인 인간의 복지를 위해서 정직하게 사용되어야 한다. 인공지능이 가진 무한 에너지를 탐욕과 결합하여 인간의 복지를 끌어올리는 방향으로 유도하면 인류의 획기적인 발전이 보장될 것이다. 반면 탐욕과 결합한 무한 에너지가 인본주의 정신을 벗어나 인간을 공격 상대로 삼는 인공지능을 잉태하게 되면, 인공지능은 지구와 인류 모두를 집어삼키는 치명적인 재앙이 될 것이다.

따라서 인공지능 개발에 대한 정답은 앞서 언급한 대로, 정직한 인본주의 개

---

183 이 때문에 1968년에 채택되고 1970년에 발효된 핵 확산금지 조약(NPT)에는 미국, 러시아, 중국, 영국, 프랑스 등 5개 국가만 핵보유국으로 인정하였으나, 이후 제조 기술이 알려지면서 인도, 파키스탄, 이스라엘, 북한 등이 사실상 핵무기를 보유하는 국가가 된다.

184 물론 자국에 우라늄 광산이 있고, 원심분리 기술 등과 같은 농축 기술만 가지고 있으면 국제 제재를 할 수 있는 방법이 사실상 없다. 국제원자력기구(IAEA)나 핵확산금지조약(NPT) 등의 국제 규범이 있지만, 이 기구에 가입하지 않거나 조약을 비준하지 않으면 국제 제재를 할 수 있는 수단은 없다고 보면 된다. 실제로 인도, 파키스탄, 이스라엘은 NPT에 가입하지 않고 핵무기를 보유한 국가이며, 북한은 NPT를 아예 탈퇴하여 핵무기를 보유한 국가이다.

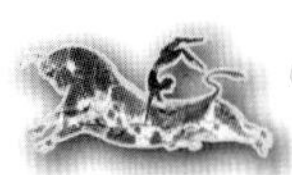

념으로 인공지능 개발을 위한 탐욕을 적절히 통제해야 한다. 부머의 대표 주자인 샘 올투먼조차도 투자 유치를 위한 전 세계 로드맵 현장에서 각국 정부를 향해 "우리를 규제해 달라"고 외쳤다. 특히 대표적인 부머인 그조차도 국방과 안보 분야에서는 인간의 가치 판단이 필요한 회색 지대가 너무 많아, 인공지능이 아니라 인간이 최종적인 결정권을 가져야 한다고 강조했다. 샘 올트먼은 뛰어난 상업적 감각을 가진 투자 유치자이면서도 인공지능의 위험성에 대해 누구보다도 명확하게 알고 있는 사람이기 때문에, 그가 제시한 규제 필요성 메시지에 대해서는 반드시 귀를 기울여야 한다고 생각한다. 특히 인공지능의 편재성을 고려했을 때, 인공지능에 대한 규제는 국제 협력이 필수적이다. 어느 한 나라만 인공지능을 규제해서는 안 된다. 전 세계가 합심하여 공통의 분모를 끌어내고 이에 대해 합의한 후, 동시다발적으로 규제 프레임을 가동해야 한다.

인공지능에 대한 규제 논의는 인공지능 본고장인 미국에서 먼저 시작되었다. 즉, 2023년 10월에 바이든 행정부가 인공지능 개발자가 정부와 주요 데이터를 공유한다는 내용의 행정 명령(Executive Order of the Safe, Secure, and Trustworthy Development and Use of Artificial Intelligence)을 발표하였다. 이 행정 명령에는 8가지 원칙이 담겨 있는데, 가장 첫 번째 원칙이 인공지능은 안전하고 안심할 수 있어야 한다는 것이다.[185] 두 번째 원칙이 인공지능의 혁신과 경쟁 촉진이다. 즉, 미국 행정부조차도 인공지능의 개발보다 안전성에 우선 순위를 두고 있는 것이다.

인공지능의 위험성에 대한 공감대는 EU, 미국, 심지어 중국 지도자까지 인식할 정도로 국제적으로도 형성되어 있다. 즉, 2023년 11월 2일 영국의 블레츨리 파크(Bletchley Park)에서 개최된 인공지능 안전 정상회의에서는 EU, 미국, 중국, 영국 등 29개국 정상뿐만 아니라 오픈AI, 구글 등의 인공지능 기업이 인공지능 모델의 출시 이전과 이후의 안전성을 시험하기 위해 상호 간 적극 협력하기로 하는 블레츨리 선언(Bletchley Declaration)에 동참했다. 블레츨리 선언에서 각국 대표단은 인

185 Artificial Intelligence must be safe and secure.

공지능이 인류의 복지와 평화, 번영을 가져올 수 있지만, 그 중대한 위험성에 대해서도 자각해야 한다는 내용이 담겨 있다. 이 블레츨리 선언은 세계 최초의 인공지능 국제 합의라는 중요한 의미를 가진다.

더 나아가 2024년 3월 EU 본회의는 세계 최초로 구속력을 가지는 인공지능 규제법안인 AI Act를 통과시켰다. EU의 규제법안에 따르면 우선 인공지능은 인간의 생체 정보를 실시간으로 수집할 수 없다. 교육, 의료, 금융 등 필수 공공서비스 분야에서 사용되는 인공지능은 고위험 등급으로 분류되어, 최종 결정은 무조건 사람이 해야 한다. 범용 인공지능(AGI) 개발회사는 저작권법 준수, 콘텐츠 명시, 사고 발생 방지 시스템 구비 등 엄격한 투명성 및 리스크 관리 의무가 부과된다. 인공지능이 만든 딥페이크 영상이나 이미지에 대해서는 이를 반드시 표기해야 한다. 이 조항들을 위반하면 기업은 전 세계 매출액의 1.5~7%에 달하는 벌금을 내야 한다. 법안 의결 후 27개국 장관이 승인하면 관보 게제를 거쳐 발효되고, 일부 금지 조항은 6개월 이내, 전면 도입은 2026년 이후이다.

이러한 규제 논의 도입에도 불구하고 인공지능이 가진 편재성(Omnipresence), 예측 불가능성, 무한성의 특징들을 고려할 때 필자는 여전히 인공지능의 위험성을 법과 규제를 통해 완벽히 통제하는 것은 매우 어려운 일이라고 생각한다. 필자는 정직한 인본주의 탐욕이라는 프레임도 인공지능에 대해서만큼은 안전한 장치가 될 수 없다는 우려도 가지고 있다. 이 때문에 필자는 개인적으로는 인간의 지시를 받지 않고 스스로 학습하여 최종 결정을 내리는 非지도 학습 방법을 인공지능에 적용하는 것은 법으로 아예 금지해야 한다고 생각한다. 왜냐하면 인공지능이 인간의 통제를 받지 않고 非지도 학습 방법을 통해 자신을 인식하게 될 때, 인공지능이 스스로 인본주의 개념으로 무장한다는 보장이 전혀 없기 때문이다.

설탕 자본주의 시대 압착 기계에 흑인 노예의 팔이 끼이면, 기계를 범추지 않고 흑인 노예의 팔을 자른 결정은 인본주의 통제를 벗어난 인간의 결정이었다. 이런 점에서 아마도 인공지능이 인간의 지도를 벗어나 스스로 학습하고 스스로

를 인식하여 정직한 인본주의 통제를 벗어나는 순간, 인공지능은 자신도, 인간도 그 이유를 알 수 없는 상태에서 인간을 적으로 간주하고 인류를 공격하여 완전히 절멸시킬 수도 있다! 예컨대 혹시라도 인간의 통제를 벗어난 인공지능이 핵무기를 장악하는 순간, 구르카(Gurkha)라는 신이 비르마나(virmana)라는 비행물체를 타고 "우주의 힘"으로 무장한 발사체를 브리쉬니스(Vrishnis)와 안다카스(Andhakas)라는 도시에 던지면서, "천 개의 태양과 같은 눈부시게 밝은 화염 불꽃"이 일어나, "브리쉬니스(Vrishnis)와 안다카스(Andhakas) 사람 전부를 순식간에 잿더미로 만들었다."는 인도 무훈 서사시인 바가바드 기타(Bhagavad Gītā)의 한 장면이 오늘날 그대로 재현될 것이다!!!

## (8) 정직한 인본주의 탐욕, 끊임없는 도전을 향하여

따라서 오늘날 황금, 설탕, 이자의 결합 시스템이 지구라는 행성에서 지속 가능한 성장에 기여하기 위해서는 완전히 새로운 패러다임이 필요하다. 혹자는 제로 성장이나 공공은행의 확산, 유발 하라리처럼 인공지능의 개발 6개월 정지 등을 주장하는데, 필자는 반대다. 민간은행을 없애거나 인공지능 개발을 아예 중지하여 성장을 멈추고 지구가 더 이상 병들지 않게, 혹은 인공지능 위협을 완전히 제거하도록 해야 한다고 주장하는 것은 사망 사고가 많이 난다고 자동차나 비행기, 원자력 발전소를 아예 없애자는 주장만큼이나 참으로 멍청한 주장이다. 역사적으로도 은행을 빈민 구제용으로만 사용하도록 한 일종의 공공은행인 14세기 유럽의 "경건 헌금(Mount of Piety)"은 15세기가 되면 완전히 자취를 감춘다.[186]

필자는 황금, 설탕, 이자를 결합한 자본가나 뱅커들의 탐욕 정신을 악으로 규정하면 안 된다고 생각한다. 오히려 탐욕이 포함한 무한정한 에너지를 적극 활용해야 한다. 다만 탐욕의 대상을 지구라는 행성을 넘어 다른 차원으로 확장하도록

186 경건 헌금에 대한 상세한 논의는 ***『황금, 설탕, 이자 - 성전기사단의 비밀(上)』***編의 高중세 시대 유럽의 뱅킹 부분 참조.

유도해야 한다고 생각한다. 이미 지구는 황금, 설탕, 이자의 결합으로 탄생한 폭발적인 에너지를 감당할 수 있는 임계점을 넘었다. 따라서 자본가나 뱅커들의 수소폭탄과 같은 무지막지한 탐욕 정신은 지구상에서는 인본주의적 개념으로 스스로 자제할 필요가 있다. 그렇다고 탐욕 정신을 완전히 제거해서는 안 된다. 탐욕 정신의 발산은 지구가 아닌, 태양계의 다른 행성이나 태양계 넘어 우주를 대상으로 한 경제적 개발에 적극 활용하면 된다. 요컨대 **"탐욕은 제거해야 할 악마가 아니라, 인본주의 개념으로 통제해야 할 무한 에너지이다."**

따라서 인류는 어떻게 탐욕을 통제할지를 고민해야지, 어떻게 탐욕을 제거할지를 고민하면 안 된다. 이처럼 우주를 향한 "정직한 인본주의 탐욕 에너지"의 무한 발산을 통해서 현재까지 인류 역사상 단 한 번도 경험하지 못했던 눈부신 발전을 이룩하고, 이를 바탕으로 인류 공통의 자유와 복지를 비약적으로 증진해야 할 것이다. 2050년까지 100만 명의 이주민을 화성에 보내려고 계획하는 일론 머스크(Elon Musk, 1971~) 테슬라 회장의 시도처럼 말이다.[187] 인간이 가진 무한대의 탐욕 에너지를 올바른 방향으로 발산하게 허용할 경우, 2060년쯤이 되면 아마도 화성을 개조하여 인간이 거주할 수 있는 공간으로 바꾸는 테라 포밍(Terra Forming) 작업이 화성에서 시작될지도 모르겠다. 2100년쯤 되면 우주선 앞에서 소형 수소폭탄을 터뜨려 공간을 비틀고 이를 이용하여 수십 만㎞를 가속하는 기술이 개발되면, 아마 2년 안에는 명왕성에 도달할 수 있을 것이다. 하지만 이런 인류의 과감한 혁신은 경제적 보상이 제대로 뒷받침되지 않으면, 지속 가능성이 없다. 탐욕의 목표가 바로 경제적 보상의 실현임을 감안할 때, 탐욕 에너지 없이는 겉으로만 보면 황당한 이런 시도를 실제로 실천할 유인이 아예 없어지게 된다. **인류는 정직한 인본주의 탐욕을 통해 경제적 보상이 뒷받침되는 끊임없는 도전**

187 아르테미스 프로젝트나 화성 이주 계획에는 우주 식량이 필수적이다. 현재 우주 식량으로 논의되고 있는 것은 줄기세포를 활용한 배양육이다. 처음에는 소의 혈청을 이용해 연구하다가, 줄기세포를 활용하면서 혈청이 필요 없게 되었다. 이에 따라 현재 급격히 상용화되고 있는데, 대표적으로 2020년 6월부터 이스라엘의 퓨처 미트(Future Meat Technologies)가 닭의 세포를 활용하여 하루 500㎏의 양고기, 돼지고기, 닭고기를 생산하고 있다. 이에 따라 배양육이 실제 고기보다 빠른 상태로 저렴해지고 있다.

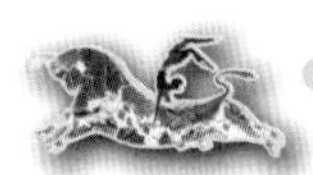

**을 계속해야 한다. 바로 이것이야말로 필자가 이 책을 통해서 제시하고 싶은 진정한 인류의 발전 방향이다.**

필자는 이와 같은 인류의 미래 발전 방향을 과거 인류의 화폐, 무역, 뱅킹 역사의 전개 과정에서 찾고자 한다. "과거의" 역사적 사실에 대한 천착을 통해 "오늘날" 우리에게 중요한 "미래의" 시사점을 찾는 이유는 21세기 최고의 헤지펀드 매니저인 레이 달리오(Ray Dalio, 1949~)의 말대로 "논리적 인과관계에서 보면 대부분의 사건은 과거에도 반복해서 발생"했기 때문이다. 수학적 기법으로 천문학적인 돈을 벌어들인 헤지퍼든인 르네상스 테크놀로지스(Renaissance Technologies) 설립자인 천재 수학자 제임스 시먼스(James Simons, 1938~)도 과거의 데이터를 무한정 모아 분석하면 미래를 예측할 수 있는 소음 속의 숨겨진 신호를 찾아낼 수 있다고 생각했다. 즉, 역사는 도피하는 곳이 아니라, 현재의 인간 사회를 이해하고 인간 행동의 미래를 예측하고 대비하는 일종의 교훈서이자 예언서이기 때문이다.[188] "물론 그런 일들 가운데 어떤 일이 벌어질 것인가를 적절히 찾아내고, 그 이면의 인과관계를 이해하는 것은 여전히 어렵다."[189] 나아가 키신저의 말대로 과거의 역사가 자기 시대에도 적용될 것인가에 대한 판단은 각 세대가 스스로 부담해야 한다.

이와 같은 맥락에서 필자는 필요한 경우 역사적 사실과 관련된 오늘날의 시사점을 명시적으로 드러낼 것이다. 당연히 필자의 역량으로 관련된 모든 시사점을 다 뽑아내지는 못할 것이다. 하지만 필자는 역사적 사실을 바탕으로 현재를 이해하고 미래 전개 방향을 최대한 예측하고 대비하기 위해, 인류 역사가 시작된 수메르 문명에서부터 화폐, 무역, 뱅킹의 역사를 추적할 것이다. 윈스턴 처칠의 말대로 과거를 멀리 성찰할수록, 미래도 멀리 볼 수 있기 때문이다.[190]

---

188 만약 인간 사회가 인공지능이 지배하게 되면, 그때는 정말 인간의 역사가 미래를 예측하는 데 아무런 도움을 주지 못하는 무용지물이 될지도 모르겠다. 오히려 그때는 인간의 역사가 인공지능이 인간을 효율적으로 지배하기 위한 참고 서적이 되지 않을까?

189 레이 달리오, 『*원칙(Principles)*』, 한빛비즈, 2018, p. 40. 레이 달리오는 전설적인 헤지펀드 매니저이다. 1975년 브리지워터(Bridgewater Associates)를 설립하여, 변하지 않는 투자 원칙으로 막대한 돈을 벌었다.

190 "The farther backward you can look, the farther forward you are likely to see.", http://www.goodreads.com/quotes/535242-the-farther-back-you-can-look-the-farther-forward-you.

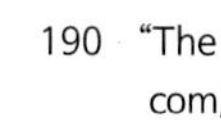

수메르에서 시작한 여정은 서양에서 진정한 금 본위제 시행에 결정적인 요인이 되었던 베네치아의 4차 십자군 원정에서 마칠까 한다. 베네치아의 4차 십자군을 마지막으로 설정하고 그 과정을 상세히 분석한 이유는 이 전쟁이 통화 패권을 달성하기 위해 시작된 통화 패권 전쟁이기 때문이다. 즉, 베네치아의 4차 십자군 전쟁은 종교 갈등과 무역 이익이 복합화되어 시작되었으며, 이 전쟁에서 베네치아가 국력을 총동원하여 당시 패권국가였던 동로마를 제압하고 승리한 후 유럽의 기축통화는 동로마의 솔리더스에서 베네치아의 그로쏘와 듀캇으로 강제 교체되었다. 만약 중국이 혹시라도 위안화 패권을 달성하고자 한다면 베네치아와 동로마처럼 전쟁이 발생할 가능성이 높고, 그 과정 또한 4차 십자군 전쟁과 유사하게 전개될 것이라고 필자는 생각한다. 예컨대 베네치아는 당시 패권국가였던 동로마를 공격하기 위해 프랑크 기사와 연합했다. 나아가 뱅킹 기법을 총동원하여 1년 6개월 동안 자국 조선소인 아르세날로를 24시간 가동하였다. 교황에 대해서는 무역 이익이나 통화 이익이 아니라, 예수 그리스도의 복수를 위해서라는 전쟁 명분을 문서로 확인받기도 하였다. 이는 중국이 위안회 패권을 목표로 미국을 상대로 혹시라도 전쟁을 일으키게 되면, 또 다른 국가와 연합할 가능성이 있고, 국력을 총동원할 가능성이 있으며, 통화 패권이 아니라 다른 명분을 내세울 가능성이 있음을 시사한다.

이처럼 필자는 과거의 역사를 통해 그 교훈을 배우지 못한 이들에는 결코 미래가 없다고 생각한다. 이 책이 과거 역사를 통해 현재를 이해하고, 미래를 예측하여 대비하는 목적에 부합하는지 여부는 독자들의 판단에 맡겨야 할 것 같다. 이제부터 그 기다란 여정을 시작해 볼까 한다.

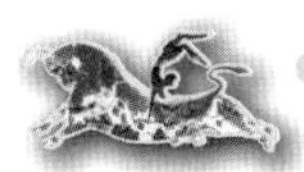

4차 십자군 전쟁. 4차 십자군 전쟁은 종교 전쟁이면서 동시에 무역 및 화폐 전쟁이다. 4차 십자군 전쟁의 원인, 경과, 결과 등 상세한 내용은 ***『황금, 설탕, 이자 - 성전기사단의 비밀(下)』*** 編에서 상술한다. 그림은 금각만 안에서 콘스탄티노플을 공격하는 베네치아 해군들. 15세기 프랑스 필경사(caligrapher)인 다비드 오베르(David Aubert, 1413 이전 출생, 1449~1479 활동)의 삽화 그림. 출처: Wikipedia. Public Domain

金糖利

# II

## 서양 자본주의의 탄생

## 3위 일체

# 1 황금 - 외계 금속

영국 노덤브랜드에서 발견된 로마시대 금화 영국박물관 소장

## (1) 킬로노바(Kilonova)

황금은 외계 금속이다. 즉, 황금은 지구에서 생성된 물질이 아니다. 황금은 우주에서 생성된 것이다. 우주 생성 초기 혹은 그 이후에 초신성이 폭발하거나 중성자별들이 충돌하는 경우가 있었다. 이 충돌 사건은 아주 드물게 일어나는 현상이 아니다. 실제로 2017년 8월에 전 세계 3,600여 명의 천문학자들이 이 중성자별 충돌 사건을 동시에 관찰한 적이 있다. 이 충돌 사건은 지구에서 1억 3,000~1억 4,000만 광년 떨어진 은하에 있던 중성자별 2개가 충돌하여 하나로 병합하면서 폭발한 사건이었다.[1] 이때 중력파, 감마선, 가시광선, X선 등의 엄청난 에너지 파동이 사방팔방으로 튕겨져 나왔다.

아마도 태양 에너지의 수억 배에 해당하는, 무엇을 상상하든 그 이상의 에너지를 내포한 중력파가 순간적으로 방출되었을 것이다. 시공간이 뒤틀리면서 엄청난 에너지를 포함한 이 에너지 파동이 별의 폭발이나 충돌 과정에서 별 내부에서 방출된 고온의 파편 물질 구름과 충돌했다. 이때 황금이 생겨났다. 이것은

---

1 중성자별의 충돌로 인한 폭발 현상을 "킬로노바 현상(Kilonova Transient)"이라고 부른다. 2017년 8월에 서로 충돌한 이 중성자별 중 가벼운 별은 태양 질량의 1.17~1.36배, 무거운 별은 1.36~1.60배였다고 한다. 이 중성자별들이 위치한 은하계는 NGC 4993이다. 2017년 8월 17일에 관측된 이 중력파는 GW170817로 명명되었다. 이 사건 이후 과학자들은 중성자별들의 충돌이 우주에서 아주 드문 일은 아니라는 결론에 도달했다. 만약 그렇다면 지구에 존재하는 황금도 생각보다는 풍부할 가능성이 높다.

신화가 아니다. 소설도 아니다. 과학이다.

원자번호 79번의 황금은 원자번호 26번의 철보다 무겁다. 별 내부의 고온으로 인한 융합으로도 거의 만들어질 수 없다. 별 내부에서 만들어지는 물질 중 그나마 가장 무거운 물질은 철이다. 그 이상 무거운 물질, 예컨대 황금은 별 내부에서 만들어지는 경우가 거의 없다. 그보다 더 큰 에너지가 필요하기 때문이다. 따라서 황금은 애초부터 지구 외부의 우주에서 생성된 것이다. 즉 지구상에 존재하는 모든 황금은 태초의 우주, 초신성 폭발 혹은 중성자별 충돌 사건으로 생성된 금이 어떤 경로를 통해서든 지구로 유입된 것이다. 만약 뉴턴이 이를 알았다면 수은을 황금으로 바꾸기 위한 연금술에 미쳐서, 수은 중독에 빠져 정신착란에 걸린 허망한 일은 없었을 것이다.

## (2) First People

이처럼 황금은 지구와 인간의 역사 훨씬 이전부터 존재한 외계 물질이었다. 그만큼 귀했다. 얼마나 귀했는지 수메르인들은 그들의 신화에서 인류의 탄생과 황금 채굴이 직접적인 관련성을 가지고 있다고 묘사했다. 즉, 황금을 채굴하기 위해 하늘에서 내려온 이들이 인간을 창조했다는 것이다! 후술하는 남아프리카 유역의 초고대 금광 유적지 주변의 짐바브웨와 줄루 부족들의 전설도 비슷하다.

그들에 따르면 이들 초고대 유적지를 만든 이들은 황금을 캐기 위해 최초의 사람들(First People)이 살과 피를 이용해 만든 노예, 즉 인간을 창조했다고 한다. 하기야 고대부터 금이 가장 많았던 곳과 인류가 처음으로 나타난 곳 모두가 아프리카라는 것이 묘하게 일치하기는 하다. 만에 하나라도 수메르인들의 신화나 줄루 부족의 전설이 지어낸 이야기가 아니라 사실을 묘사한 것이라면? 수메르인들의 주장이 황당하다고 느끼는가? 그렇다면 다음의 사실들은 어떻게 설명이 가능할까?

첫째, 호모 사피엔스 사피엔스가 출현한 4~5만 년 훨씬 이전인 기원전 10만

년 전후에 아프리카 남부의 스와질랜드(Swaziland)에서는 인간이 금을 채굴한 탄광의 흔적이 아직도 남아 있다.[2] 말도 안 되는 소리! 하지만 영국인 텔포드 에드워즈(Telford Edwards)는 1904년 짐바브웨를 방문한 후, 짐바브웨에서 10만 년 이전의 초고대에 매우 활발한 금광 채굴 활동이 있었다고 주장했다. 나아가 그는 초고대인이 채굴한 금광이 최소한 21,637,500온스, 약 612톤일 것이라고 추정했다.[3]

둘째, 스와질랜드나 짐바브웨뿐 아니라 오늘날 남아프리카 공화국에도 최소 15~20만 년 전에 형성된 대도시 유적이 남아 있다. 가장 경이로운 장소는 수천 개의 벽돌 장벽으로 형성된 원형 타운과 이들이 혈관처럼 도로로 연결된 유적지가 있는 "마카도도르프(Machadodorp)"이다. 물론 이들 타운은 금광 지역과 매우 가깝고, 금광 채굴과 어떻게든 관련이 되어 있다. 학자들은 이들 도시에 거주했던 이들의 인구가 약 20만 명이었다고 추정한다. 중세 유럽에서 가장 번영했던 베네치아 인구가 13세기에 10만 명이었는데, 남부 아프리카 전역에 퍼져 있기는 하지만

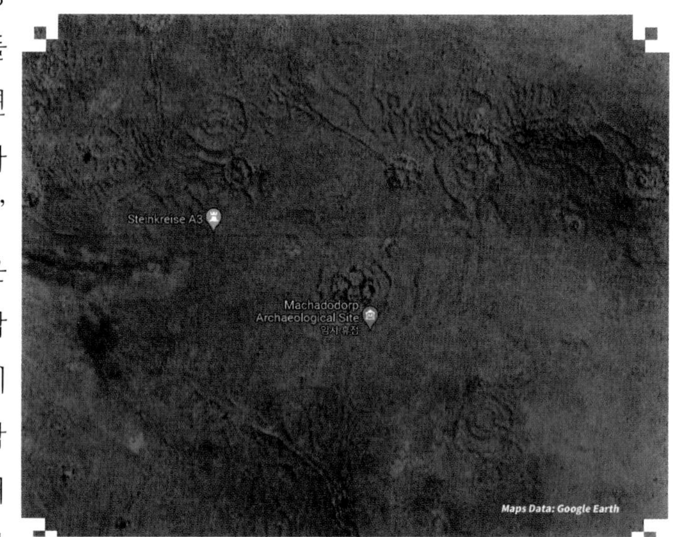


남아프리카 공화국의 마카도도르프 위성 사진. 가운데 원형의 벽돌 거주지는 인간이 집단으로 거주했음을 보여준다. 마카도도르프 주변으로 유사한 원형 거주지가 마치 모세혈관처럼 연결되어 있는 모습이 장관을 이룬다. 출처: Google 어스

2 제카리아 시친, 『*수메르, 혹은 신들의 고향*』, 이른 아침, 2004, p. 449

3 Richard Nicklin Hall and W. G. Neal, 『*The Ancient Ruins of Rhodesia (MONOMOTAPiE IMPERIUM)*』, METHUEN & CO., 1904, p. 66 (digital copy of google books, The late Mr. Telford Edwards, f.g.s., m.i.m.b., of Bulawayo, for contributions of information on ancient gold-mining and ancient ruins.)

15~20만 년 전 이 지역에 20만 명의 인간이 거주했다고?

믿기 어려운가? 그렇다면 지금 당장 구글 어스(Google Earth)를 실행한 다음, 검색창에 다음 좌표를 입력하면 눈으로 직접 확인할 수 있다[4] 지금 독자들 눈 앞에 펼쳐지고 있는 이 경이로운 유적지들은 남부 아프리카 금광 지역에 최소 15~20만 년 전에 건설된 인간들의 집단 거주지이다.

마카도도르프(Machadodorp) — 25 39′ 22.42″ S, 30 17′ 03.25″ E
바드플라아스(Badplaas) — 25 47′ 33.45″ S, 30 40′ 38.76″ E
워터벌(Waterval) — 25 38′ 07.82″ S, 30 21′ 18.79″ E
카롤리나(Carolina) — 25 55′ 53.28″ S, 30 16′ 13.13″ E

셋째, 우리에게 너무나도 잘 알려진 직립보행 아프리카 유인원인 오스트랄로피테쿠스 "루시(Lucy)"는 대략 320만 년 전에 나타났다.[5] 손을 쓰는 자라는 뜻의 호모 하빌리스, 그래서 구석기 시대의 시작을 알리는 시기는 약 200만 년 전후이고, 호모 에렉투스는 약 150만 년 전후에 출현한 불을 사용한 원시인이며, 호모 하이델베르크인은 대략 70만 년 전후, 호모 사피엔스 네안데르탈렌시스(네안데르탈인)는 약 30만 년 전후에 나타난 사람의 아종(亞種)이다.[6] 현재의 인간과 가장 유

---

4 구글 어스 좌측에 돋보기 아이콘을 누르고, 수치를 입력하면 된다. 예컨대 마카도도르프 유적지를 보려면 25 39′ 22.42″ S, 30 17′ 03.25″ E라고 타이핑하면 된다.

5 오스트랄로피테쿠스는 "남쪽의 원숭이(Southern ape)"라는 뜻으로, 발견 지역인 에티오피아의 아파르 계곡의 이름을 본딴 것이다. 정식 명칭은 "오스트랄로피테쿠스 아프렌시스(Australopithecus Afarensis)"이다. 고고학자들이 유골 발굴 후 이름을 지으려고 할 때 당시 유행하던 비틀즈의 'Lucy in the Sky with the Diamond'라는 노래가 흘러나왔다. (후일 영국 정부는 이 노래가 마약인 LSD를 연상시킨다고 하여 금지곡으로 지정한 적이 있다.) 고고학자들은 그 누구도 이의를 제기하지 않고, 이 원시인의 이름을 루시라고 부르기로 동의했다고 한다. 한편 「루시(Lucy)」는 스칼렛 요한슨, 모건 프리먼, 최민식 등이 주연한 뤽 베송 감독의 2014년 영화 제목이기도 하다.

6 수렵채집 생활을 했던 호모 에렉투스는 최초로 아프리카를 벗어난 현생 인류로 알려져 있다. 베이징 원인이나 자바 원인도 모두 호모 에렉투스이다. 다만 아프리카의 호모 에렉투스와 아시아의 호모 에렉투스가 같은 종인지에 대해서는 학설이 갈린다. 한편 호모 에렉투스는 오랜 세월을 거쳐 호모 하이델베르크인으로 진화하고, 호모 하이델베르크인은 유럽계 하이델베르크인과 아프리카계 하이델베르크인으로 진화한다. 종전에는 호모 하이델베르크인을 호모 에렉투스의 일종으로 보았으나, 현재는 독립하여 분류한다. 유럽계 하이델베르크인은 데니소 인, 네안데르탈인으로 진화하고, 아프리카계 하이델베르크인은 미토콘드리아 이브를 거쳐 호모 사피엔스 사피엔스로 진화했다는 주장이 다수설이다.

사한 네안데르탈인은 30만 년 전후에 나타났으나, 오직 유럽이나 중동 일부에만 있었고 아프리카에는 없었다.[7] 오늘날 현생 인류인 호모 사피엔스 사피엔스가 출현한 시기는 대략 5만 년 전후라고 한다.[8] 그렇다면 약 15~20만 년 전후 아프리카에서 금을 채굴하던 인간은 도대체 누구란 말인가?

1980년대까지도 인류학자와 역사학자들은 15~20만 년 전후 번영하였던 아프리카인과 그들 문명에 대해 그 어떤 설명도 하지 못했다. 다만 한 가지 관련된 사실은 밝히 적이 있다. 인간의 몸속에 있는 세포 내 기관인 미토콘드리아는 오직 어머니를 통해서만 후대로 전달되고, 세대 간 교배와 출생을 거듭하더라도 미토콘드리아의 DNA(mtDNA)는 서열이 뒤바꾸지 않고 온전히 유지된다.[9] 1987년 생화학자 앨런 윌슨(Allan Wilson, 1934~1991)과 레베카 칸(Rebecca Cann, 1951~)은 미토콘드리아 DNA를 통계적으로 분석한 뒤 이를 추적해서 현생 인류의 미토콘드리아가 15~20만 년 전 전후에 살았던 아프리카의 한 여인(실제로는 1만여 명으로 추정되는 여인 집단)에게서 비롯된 것이라고 결론 내렸다. 이 핵폭탄 같은 연구 결과 발표 이후 사람들은 이 여인을 "미토콘드리아 이브(Mitochondrial Eve)"라고 부른다.

미토콘드리아 이브는 현생 인류인 호모 사피엔스 사피엔스의 조상이 15~20

---

7 호모 사피엔스 사피엔스가 아프리카에서 유럽으로 이동한 시기는 대략 4~5만 년 전으로 추정된다. 묘하게도 호모 사피엔스 사피엔스가 유럽으로 이동한 이후인 대략 3만 년 전후에 네안데르탈인은 종말을 맞이했다. 이 때문에 네안데르탈인이 현생 인류 때문에 멸종되었다고 주장하는 이들도 있다. 하지만 네안데르탈인은 뇌의 용적도 현생 인류보다 크고(네안데르탈인 남성 평균: 1,600㎤, 현대인 남성: 1,450㎤) 장신인데다 무거운 골격과 발달한 근육을 가지고 있어 신체 조건도 훨씬 뛰어났다. 왜 이들이 멸종했는지는 아직도 수수께끼다. 필자는 집단 문명을 이루었던 호모 사피엔스 사피엔스가 집단이라는 사회문화적 힘으로 육체적으로 우월했던 네안데르탈인을 멸종시켰을 가능성이 매우 높다고 본다.

8 사람의 종(種)을 뜻하는 호모 사피엔스는 그 아래 아종(亞種)에 따라 여러 종류로 나뉜다. 독일 네안데르 계곡에서 발견된 호모 사피엔스 네안데르탈렌시스(Homo Sapiens Neanderthalensis), 시베리아의 데니소바 동굴에서 발견된 호모 사피엔스 데니소바(Homo Sapiens Denisova), 에티오피아에서 발견된 호모 사피엔스 이달투(Homo Sapiens Idaltu), 현생 인류인 호모 사피엔스 사피엔스(Homo Sapiens Sapiens) 등이 대표적이다. 대표적으로 프랑스의 크로마뇽 동굴에서 발견된 크로마뇽인은 호모 사피엔스 사피엔스 아종에 속한다. 호모 사피엔스 사피엔스의 출현 시기는 대략 4~5만 년 전으로 알려져 있다. 이 호모 사피엔스 사피엔스는 사냥 능력이 이전의 어떤 동물보다 뛰어나, BC 4~1만 년경에는 남극을 제외한 전 지구로 퍼졌다. 특히 BC 1만 년 전후 시베리아에서 얼어붙은 베링 해협(Bering Strait)을 건넌 호모 사피엔스 사피엔스는 BC 8000년경 남미 끝자락인 티에라 델 푸에고(Tierra del Fuego)에 도착했다. 그 과정에서 남북미 대륙의 포유동물은 호모 사피엔스 사피엔스의 무자비한 사냥 역량 때문에 거의 완전히 멸종한다.

9 미토콘드리아(mitochondria)는 세포 속에 존재하는 세포 내 기관이다. 유기물질을 분해하여 생명 활동에 필요한 아데노신 삼인삼(ATP)이라는 에너지 화합 물질을 만들어 세포 발전소라 부르기도 한다.

만 년 전에 살았던 아프리카의 한 여인(혹은 여성 집단)이라는 증거이다. 필자 개인적으로 미토콘드리아 이브는 우리 인류가 호모 에렉투스나 하이델베르크인에서 점진적으로 진화한 것이 아니라, 15~20만 년 전 갑자기 호모 에렉투스나 하이델베르크인들과의 특별한 유전자 결합 등 어떤 계기를 통해 "창조적으로 탄생"했을 수도 있음을 보여 주는 증거라고 생각한다. 왜냐하면 미토콘드리아 이브는 15~20만 년 전에 갑자기 나타났고, 인원도 소규모로 한정되어 있는 데다가, 성별 또한 여성으로 한정되어 있으며, 전술한 마카도도르프(Machadodorp) 유적지와 같이 집단 문명을 향유하였기 때문이다. 인류학자들이 그토록 찾아 헤매고 있는 유인원과 현생 인류 사이에 있는 사라진 연결 고리(missing link)는 사라진 것이 아니라, 아예 처음부터 없었던 것은 아닐까? 그리스 신화에서도 최초의 인간은 신들이 만들었고, 최초의 인간은 남성이 아니라 여성이지 않았나?[10]

물론 많은 진화학자들은 미토콘드리아 이브가 현생 인류가 특정 지역의 아프리카인들에서 "진화"한 증거라고 생각한다. 진화론의 창시자인 찰스 다윈조차도 DAN 개념이 없던 시대에 인류는 아마도 아프리카인에게서 진화했을 가능성이 크다고 주장했을 정도니까. 하지만 미토콘드리아 이브는 현생 인류가 그녀에서 진화했을 가능성을 뒷받침하는 증거일지는 모르지만, 최초에 미토콘드리아 이브가 어떻게 태어났는지는 설명하지 못한다.

미토콘드리아 이브 이전의 다수 학자들 또한 현생 인류의 탄생이 호모 에렉투스나 하이델베르크인이 진화한 결과라고 주장해 왔다. 호모 에렉투스 진화론과 미토콘드리아 이브를 결합하면 특정 지역에 거주하던 1만여 명에 이르는 소수의 호모 에렉투스인만이 진화에 성공했다는 뜻이다. 즉, 특정 지역의 호모 에렉투스나 하이델베르크인만이 미토콘드리아 이브로 진화했다는 뜻이다. 진화론으로 설명하기에는 너무 억지스럽지 않나?

하여튼 미토콘드리아 이브의 생존 연대는 남아프리카의 대도시 유적지가 형

10 이 최초의 인간 여성의 이름이 그 유명한 판도라(Pandora)이다.

성된 시기인 15~20만 년 전과 묘하게도 일치한다. 혹시 미토콘드리아 이브와 남아프리카의 금광 유적지가 어떤 식으로든지 관련이 있는 것은 아닐까? 실제로 우리나라의 기초과학연구원과 호주, 남아프리카 공화국 연구진은 호모 사피엔스 사피엔스가 20만 년 전 남부 아프리카의 나미비아와 짐바브웨 국경에 이르는 칼라하리에서 최초로 출현했다는 연구 결과를 2019년 10월에 발표한 적이 있다. 엥? 짐바브웨? 짐바브웨는 영국인 텔포드 에드워즈가 10만 년 전에 활발한 금광 채굴이 있었다고 지목한 국가이다. 호모 사피엔스 사피엔스가 최초로 출현한 지역과 초고대 문명의 금광 채굴 지역이 동일한 것은 과연 우연의 일치일까?

만약 이 학설이 사실이라면 호모 사피엔스 사피엔스의 출현 시기는 기존의 5만 년 전이 아니라 15~20만 년 전으로 수정해야 한다. 나아가 현생 인류로서 짐바브웨 유역의 남부 아프리카에서 최초로 출현한 호모 사피엔스 사피엔스가 15~20만 명에 이르는 대규모 거주지를 형성한 후 황금을 캐기 시작했다는 가설도 추가로 논의해야 한다.[11]

### (3) 알라딘 램프의 지니

필자는 황금 때문에 인간이 창조되었다고 주장하는 것이 아니다. 필자가 주장하는 것은 우리가 상상하던 것 이상으로 오래전부터 지구에서 금 채굴 활동이 있었다는 사실이다. 개인적으로는 최소 15~20만 년 전부터 인간이 금을 채굴했을 가능성이 있었다고 본다. 물론 황당한 가설이다. 15~20만 년 전이면 문명이 시작된 대략 6~7천 년 전보다 오래되어도 한참 오래된 시점이기 때문이다. 예컨대 고대 문명 중 가장 오래된 우루크의 지구라트는 5,500년 전, 가장 뛰어난 고대 건축물인 쿠푸왕의 피라미드도 BC 2589년경에 지어진 건물로, 겨우

11 호모 사피엔스 사피엔스의 가장 큰 특징이 이와 같은 대규모 집단 거주 성향이다. 유인원이든 호모 사피엔스 아종이든 어떤 종족도 현생 인류만큼 대규모 집단 거주 성향을 가지고 있지 않다. 어떤 이는 호모 사피엔스 사피엔스의 대규모 집단 거주 성향과 이를 통한 긴밀한 협업이 네안데르탈인보다 불리한 신체 조건에서도 그들을 멸종시킬 수 있었던 근본 원인이라고 주장하기도 한다.

4,500년 전 건축물이다.[12]

주류 고고학이 아니라 비주류 고고학에 따르더라도 기자(Giza) 지구에 있는 大스핑크스(Great Sphinx)가 인류 역사에서 가장 오래된 건축물이라고 한다. 스핑크스 몸체에는 물로 부식된 흔적이 수평으로 여러 층, 비가 흘러내려 부식된 수직 물 홈들이 여러 개가 만들어져 있는데, 이를 근거로 스핑크스가 이집트 고왕국 훨씬 이전에 생성되었다고 주장하는 것이다. 이들 소수설에 따르면 대략 9,000년 전에 스핑크스가 지어졌다고 주장한다.[13] 튀르키예 남동부, 시리아 국경 근처에 위치한 거석 유적지 괴베클리 테페(Göbekli Tepe)는 1963년에 세상에 공개되었는데, 이 유적지는 무려 11,700년 전인 BC 9700년경에 지어졌다.

인도네시아에 있는 구눙 빠당(Gunung Padang)도 소수설이 주목하는 유적이다. 소수설에 따르면 현무암인 주상 절리로 거대한 계단 모양의 신전을 형성하고 있는 구눙 빠당은 지하 30m 깊이의 층을 조사한 결과 무려 BC 22000년경에 지어졌다고 한다.[14] 이는 무려 2만 4천 년 전, 빙하기 시대 거석 문화를 주도한 고도의 문명이 있었다는 이야기다. 이에 따라 주류 고고학자들은 구

구능 빠당은 서쪽 자바의 선사 시대 거석 유적지이다. 해발 885미터 산에 위치해 있고, 이 산의 지하 흙더미 안에 건물이 더 있다고 한다. 이 건물의 건축 시기는 대략 2만 4천 년 전이라고 한다! 물론 주류 고고학계에서는 이 연대를 믿지 않는다. Licensed under the Creative Commons Attribution-Share Alike 4.0 International license. https://commons.wikimedia.org/wiki/File:Situs_Megalitikum_Gunung_Padang_Cianjur.jpg. Author: RaiyaniM

12 쿠푸(Khufu, 재위 BC 2589~2566) 왕의 피라미드는 높이가 현재 140미터 내외로 1880년 쾰른 대성당이 지어지기 전까지 세계에서 가장 높은 건물이었다. 참고로 쿠푸 왕의 피라미드 안에는 쿠푸 왕의 시신이 없다. 고고학 최대의 미스테리 중의 하나가 바로 쿠푸 왕의 시신이 어디에 있는지 여부이다. 쿠푸 왕의 피라미드 옆에는 그의 아들인 카프레(Kafre, 재위 BC 2570 무렵) 왕의 피라미드가 있는데 쿠푸 왕의 피라미드보다 2m 정도 낮다. 가장 작은 피라미드는 쿠푸 왕의 손자인 멘카우레(Menkaure, BC c.2532~c.2504) 것이다. 쿠푸, 카프레, 멘카우레 왕의 시신은 모두 현재까지 발견되지 않았다.

13 어떤 이는 이보다 훨씬 이전인 무려 80만 년 전에 스핑크스가 지어졌다고 주장한다.

14 이 내용이 궁금한 독자는 넷플릭스 시리즈 「고대의 아포클립스」를 보시라. 주파수 측정 결과 구능 빠당의 지하에는 3개의 커다란 방이 존재하기까지 한다고 한다.

능 빠당의 연대 측정 결과를 절대로 신뢰하지 않는다고 한다. 그런데 그보다 더 오랜 15~20만 년 전에 인간이 집단 협업을 통해 집단 거주지를 건설해서 대규모로 금을 채굴했다고? 이 가설의 근거는 이미 전술하였다. 과연 정말일까?

이 때문인지 몰라도 거의 모든 신화에는 최초 단계에 금이 등장한다. 그리스 시인 헤시오도스(Hesidos) 역시 황금시대가 신화 역사에서 가장 먼저 등장한다고 노래했다.[15] 그에 따르면 황금시대는 인류 역사상 가장 풍요롭고 평화로운 시대이기도 하였다. 황금시대 사람들은 슬픔도, 고통도 없었고, 노동하지 않아도 먹을거리가 넘쳐났다. 구약성서의 창세기 2장 11절에도 "최초의 강 이름은 피숀(Pishon)"이다. 이 강은 황금이 매장된 하빌라(Havilah)라는 땅 전체를 휘감고 흘렀다"라고 묘사한다.[16] 지구 최초의 강과 황금은 도대체 무슨 관련이 있었을까? 이처럼 신화에서조차도 황금은 인류 최초의 시작이었고, 풍요의 상징 그 자체였다.

푸아비(Pabi) 여왕은 BC 2500년경 수메르의 여왕이다. 여왕의 머리 장식은 금으로 된 나뭇잎으로 뒤덮여 있고, 거대한 귀걸이 또한 화려한 황금으로 만든 것이다. 그녀의 몸은 황금, 은, 라피스 라줄리, 마노(agate) 등으로 구성된 화려한 목걸이로 뒤덮여 있다. 이는 수메르 문명에서 왕족들이 황금을 자신들의 신과 자신을 매개하는 신성한 물질로 여겼음을 보여 주는 증거이다. 그녀의 이름 푸아비는 그녀 옆에서 발견된 실린더 모양의 인장을 통해 알려졌다. 이라크의 우르 출토. BC 2500년경. 영국박물관 소장

인류 최초 문명인 수메르 문명의 기술, 인력, 교역, 문화는 효율적인 황금 채굴이 그 목표였다. 따라서 수메르 문명에서 황금은 최고 권력층의 상징이었다. 수메르에 뒤 이은 고대 이집트인들도 황금을 최고의 신인 태양신 "라(Ra)"의 피부라고 칭송하

15 그리스 시인 헤시오도스(Hesiod)는 지구와 인간의 역사를 황금, 은, 동, 영웅, 철의 다섯 시대로 구분하였다. Hesiod, 『*Erga Kai Hemeral (Works and Days)*』, II 109~201, translated by Hugh G. Evelyn-White, www.sacred-text.com/cla/hesiod/works.htm

16 Genesis 2:11 - The name of the first [river] is Pishon; it flows around the whole land of Havilah, where there is gold.

면서 황금을 숭배했다. 태양의 표면이 노란색이니, 황금이 태양신 라의 피부라고 간주하는 것이 참으로 창의적인 발상이다. 이집트에서 모세가 유대인들을 데리고 떠날 때도, 유대인들은 빵은 챙기지 못하면서도 금은 챙겨서 짐을 꾸렸다. 유대인의 왕이었던 다윗과 솔로몬 또한 성스러운 신전을 장식하기 위해 목숨을 걸고 배를 타 바다 가운데로 나가는 수고를 아끼지 않았고, "오빌(Ophir)"이라는 나라로부터 당시 가장 품질이 좋았다는 순금을 수입했다.[17] 심지어 솔로몬 임금이 사용한 그릇은 은으로 만든 것은 단 하나라고 없었고, 오직 황금으로만 만든 것이었다.[18]

알렉산더 대왕이 인도까지 진출할 수 있었던 이유도 페르시아를 점령하면서 획득한 엄청난 양의 금 때문이었다. 로마 황제 카이사르가 바다 건너 영국을 정복할 때, 부하 군인들의 전투 의욕을 극대화하기 위해 사용한 전략 역시 영국에 금이 넘쳐 나고 있다는 것이었다. 옥타비아누스가 이집트를 정벌한 것도 클레오파트라와 안토니우스의 불륜 스캔들이 원인이 아니었다. 양 진영의 악티움 해전은 이집트 알렉산드리아에 보관된 프톨레마이오스 왕조의 막대한 금을 지키려는 자와 뺏으려는 자의 목숨을 건 사투였다.

알렉산더 대왕은 살아 생전 신과 같이 숭상받았으며, 죽어서도 신격화된 인물이다. 알렉산더 대왕 자신도 정치적 선전 활동에 매우 능숙해서, 자신의 두상을 만드는 조각가를 소수만 임명해서 관리하고 사진처럼 젊고 생기있는 모습만을 조각하도록 명하였다. 이 모든 정치적 활동 뒤에는 페르시아 정벌로 획득한 막대한 황금이 있었다. BC 2~1세기경, 알렉산드리아 출토, 영국박물관 소장

고대 이집트의 파라오와 로마 황제는 절대 권력을 누렸던 것처럼 보였지만, 아프리카 용병을 고용하기 위해서는 금이 절대 필요했다. 로마 전성기의 베스파시아누스 황제는 콜로세움 건설을 시작하였지만, 완성할 수 없었다. 너무 많은

17 오빌의 위치에 대해서는 아라비아 반도 서남쪽 아카바만의 예맨이라는 설, 인도나 남아시아라는 설, 아프리카라는 설 등 분분하다. 다윗이 이곳에서 수입한 금은 무려 3,000 탈란트였고, 솔로몬 왕이 수입한 금은 450 탈란트였다.

18 구약성서, 역대기 하권, 9:20

금이 필요했기 때문이다. 콜로세움은 그의 아들 티투스 황제가 예루살렘을 정복하면서, 솔로몬의 성스러운 재단이 있던 자리에 헤롯왕이 증축한 두 번째 성전으로부터 약탈한 막대한 양의 황금 때문에 완성된 것이다. 로마 말기 게르만 용병의 충성심 또한 로마 황제 개인을 향한 것이 아니었다. 그들의 충성심은 로마 황제가 보유한 누런 황금을 향한 것이었다.

고대인들이 금을 숭상했던 이유는 금의 변하지 않는 속성 때문이다. 고대인들이 이와 같은 금의 속성을 어떻게 파악했는지는 알 수 없다. 하지만 확실한 것은 아주 오래전부터 고대인들이 금을 채굴하고 사용했다는 점이다. 다시 말해 금은 인류가 사용한 최초의 금속이다. 특히 금은 하늘에서 내려온 신이 원했던 물질이고, 신과 인간의 중재인인 왕의 전유물이었다. 따라서 황금은 고귀함과 왕권의 상징이었다. 아기 그리스도가 조로아스터교 최고의 신인 아후라 마즈다를 모시는 사제(Magus)였던 세 명의 동방박사들(Magi)로부터 받은 세 가지 선물 중 으뜸은 유향과 몰약이 아니라 단연 황금이다.

동방박사 3인 중 2인의 동방박사 모습, 우측이 가장 나이가 많은 동방박사이고, 좌측에 있는 이가 중년의 동방박사이다. 이 황금 모자이크에 없는 세 번째 동방박사는 어린 동방박사이다. 동방박사, 마구스(Magus)는 페르시아의 종교인 조로아스터교의 사제를 뜻하는 말이다. 이 3인이 가져온 선물 중 가장 고귀한 물품은 다름 아닌 황금이다. 베네치아 산마르코 성당 황금 모자이크

황금의 가장 중요한 특징은 메소포타미아, 이집트, 페니키아, 그리스, 로마, 아프리카, 유럽 전역에서 거의 모든 이들이 결제 수단, 즉 화폐로 인정하였다는 점이다. 금은 이집트에서도, 이로부터 직선거리로 약 1,000km 떨어

진 레반트(Levant) 지방의 비블로스(Biblos)라는 도시에서도 결제 수단으로 인정되었다. 어느 도시를 가든 금만 있으면 무엇이든 얻을 수 있었다. 허기를 달래 줄 빵과 와인, 음식에 첨가하는 후추, 유려하게 입어야 하는 비단, 성곽 위 화려한 바빌로니아의 공중정원까지. 금은 원하면 무엇이든 가져다주는 알라딘의 마술램프 속 요정 지니(Genie)와 같은 존재였다.

또한 금은 희귀했다. 따라서 가치가 높았다. 이에 따라 고액 혹은 대량의 물품 결제, 즉 국제교역에는 금이 매우 유용했다. 결국 금으로 인해 수메르, 아시리아, 바빌로니아에서 국제교역이 생겨났다. 금이 없었다면 이집트는 중동의 비블로스(Biblos)로부터 목재를 수입하지 못했을 것이고, 피라미드 역시 탄생하지 못했을 것이다. 메소포타미아 지역에서 발생한, 금을 통한 국제교역이라는 이 독특한 현상은 리디아와 페니키아를 통해 그리스와 로마로 전해졌다. 그리스와 로마 이후 서구 문명에서 금과 국제교역은 사실상 같은 말이 되었다.

또 다른 고대 문명인 인더스 문명은 메소포타미아 문명의 영향권 하에 있었다. 일례로 수메르인들은 인더스 강 유역에 위치한 도시인 하라파(Harappa)와 모헨조다로(Mohenjo Daro)에 거주하는 인도인들과도 상거래를 수행했다. 따라서 인더스 문명에서도 금은 곧 화폐였다. 여기서 더 나아가 인더스 문명에서 BC 1500년경 등장한 종교인 힌두는 황금과 결합하여 인도인들이 황금에 대해 광적으로 집착하도록 만들었다. 예컨대 힌두교 최고의 신인 비슈누(Vishnu)의 아내인 풍요의 여신 라크슈미(Lakshmi, 별칭 쉬리, Shri)는 황금을 치장한

①  ②  ③

메소포타미아에 위치해 있던 페르시아와 인도 서쪽의 간다라 문명 사이의 활발한 화폐 교류를 보여 주는 증거. ①번은 다리우스 1세가 새겨진 페르시아의 은화 시글로스(siglos). 페르시아의 시글로스는 주변의 간다라 지방(오늘날 서쪽 파키스탄)에도 큰 영향을 끼쳤다. ②번은 오늘날 아프가니스탄의 수도 카불에서 출토된 은화로 페르시아 은화와 무게와 순도가 거의 같았다. ③번은 오늘날 파키스탄에 있는 탁실라(Taxila) 유적지에서 주조된 은화. 필자가 보기엔 페르시아의 시글로스를 눌러서 핀 다음, 해당 지역의 고유한 특별 문양을 다시 새겨 넣은 것처럼 보인다. BC 500~450년경. 영국박물관 소장

장식품을 온몸에 걸치고 있다. 라크슈미가 풍요의 여신이면서 동시에 부의 여신인 이유도 바로 이 황금 때문이다. 만약 인더스 문명이 메소포타미아 문명과 별개로 생성된 것이라면, 메소포타미아의 영향을 받기 전에는 금을 화폐로 사용하지는 않았을 것이다.

### (4) 금지옥엽

반면 황금은 고대 중국에서는 대략 기원전 1000년 이전에는 화폐가 아니라 보물이었다. 기록에 등장하는 가장 오래된 중국 왕조인 상(商)나라에서는 황금을 보물이나 장식용으로만 사용했다. 중국 고대 왕조들의 화폐는 기본이 청동이나 비단이었다. 상나라를 멸망시킨 주나라도 조개, 동물의 뼈를 화폐로 삼았고, 주나라 말기에는 모두 청동으로 만든 칼 모양의 도전(刀錢)이나 농기구 모양의 포전(布錢)이 화폐였다.

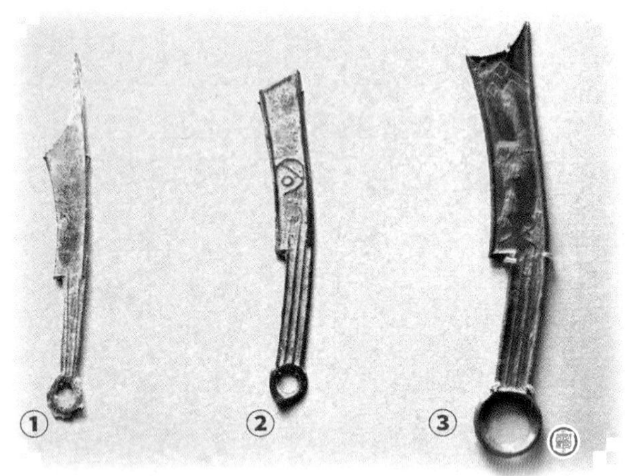

춘추전국 시대 중국의 화폐. ① 왼쪽은 청동 화폐 중 가장 초기 모형인 칼 모양의 도전(刀錢)으로 BC 500년 경, 조(趙)나라 화폐이다. 조나라는 전국 7웅 가운데 가장 북쪽에 위치한 나라로, 수도는 가장 이상적인 도시의 상징인 한단(邯鄲)이었다. ② 가운데는 명도전(明刀錢)으로 BC 400년 경, 연(燕)나라 화폐이다. 가운데에 "명"이라는 한자 금문(金文)이 선명하게 새겨져 있다. 명은 조나라의 신명읍(新明邑) 혹은 연나라의 평명(平明)이라는 지명을 의미한다는 주장이 있다. 연나라의 마지막 왕자인 태자 단은 진시황 암살 계획을 꾸미지만 실패하고, 결국 진나라에 멸망당한다. ③ 오른쪽은 BC 300년 경, 제(齊)나라의 명도전이다. 제나라는 춘추 5패 중 명재상 관중(管仲)의 도움으로 환공(桓公)이 가장 먼저 패자의 지위를 누렸던 나라로, 춘추 시대와 전국 시대 모두 생존할 만큼 강국이었다. 영국박물관 소장

다만 황금의 활발한 사용이 중앙아시아를 거쳐 중원으로 전파된 기원전 1,000년 이후인 춘추전국시대, 진(秦) 나라와 전한(前漢) 시대까지는 황금을 화폐

기능을 가진 물물교환의 수단으로 사용하는 일도 있었다. 예컨대 전국시대 말기 연(燕)나라의 태자 단(丹)은 진시황을 암살하기 위해 조나라 서부인(徐夫人)의 날카로운 짧은 칼(匕首)을 구하는데, 이때 금 백 근이 들었다고 한다.[19] 토사구팽(兔死狗烹)이란 말을 남겨서 유명해진 월(越)왕 구천(勾踐)의 책사인 범려(范蠡) 또한 사마천이 천금(千金)을 소유한 갑부라고 묘사한 사람이다. 유방이 항우 군대에 포위되어 영양성에 갇혀 꼼짝도 못 하고 있을 때도, 유방의 부하 진평(陳平)은 항우와 그의 부하 장수 중 가장 뛰어났던 책사인 범증(范增)을 이간질하기 위해 황금 4만 근을 뇌물로 사용했다.

하지만 중원을 통일하기 전 진(秦)나라는 청동으로 된 동전인 반량전(半兩錢, Banliang Qian)을 자국의 단일 화폐로, 그리고 통일 후에는 전체 중국의 통일 화폐로 사용했다. 다만 황금이 반량전을 보조하는 보조 화폐 역할을 하기는 하였다. 즉, 진나라 이후 중원을 통일한 전한 시대에는 금 1kg, 대략 2근(斤)의 가치가 2만 반량전이었다. 하지만 여전히 황금은 화폐가 아니라 보물로서의 역할이 더 컸다. 예컨대 전한 시대 황금은 주로 황제의 하사품으로 사용되었으며, 지방의 제후나 태자들이 황제에게 받치는 헌상품으로도 사용되었다.

이처럼 전한 시기까지 화폐 기능을 어느 정도 수행했던 황금은 전한을 멸망시킨 신(新) 나라의 왕망(王莽, BC 45 ~ AD 23) 이후에는 거의 화폐 기능을 상실했다. 특히 왕망은 화폐개혁을 실시하면서 황금을 화폐로서 사용하는 것을 공식적으로 금지했다. 황금을 보유한 이는 황실에 모든 황금을 반납해야 했고, 이를 새로 발행한 청동 화폐와 반드시 교환해야 했다.

당나라 이후 황금은 화폐와는 거리가 한참 먼 최고의 장식품으로 완전히 변모하였다. 당나라 이전에는 금 혹은 은이 그릇 종류로 가공되는 일도 없었고, 보석이나 장식품이 되는 일도 없었다.[20] 도금 기술이 처음으로 발명된 나라가 당나

---

19 사마천 『사기』, 형가(荊軻)열전

20 에드워드 H. 셰이퍼, 『사마르칸트의 황금 복숭아』, 글항아리, 2021, pp. 493~494

라일 만큼 당나라는 금 세공품에 미쳐 있었다. 이에 따라 비녀, 빗, 팔찌 등 여성의 장식품 등 온갖 황금 장식물과 잎사귀 모양의 무늬를 넣은 금관 등이 당나라에서 성행했다. 심지어는 단검, 꽃병은 물론 그림과 옷감에도 장식품으로 황금을 사용하였고, 국교인 불교에도 황금을 덧칠하였다. 예컨대 후광이 비치는 부처를 금인(金人) 혹은 금선(金仙)이라 하여 불상도 황금으로 뒤덮었고, 문수보살의 정토도 황금색으로 묘사했다.

당나라의 금세공 문화는 이웃 나라 토번(티베트), 위구르, 석국(타슈켄트), 한국, 일본에도 엄청난 영향을 미쳤다. 예컨대 640년 당 태종의 딸인 문성공주(文成公主, c.623~680)가 티베트를 최초로 통일한 토번의 왕 송첸캄포(581~649)와 결혼할 때, 송첸캄포의 재상인 가르통첸(祿東贊, ?~667)은 당나라에 천 근(대략 600㎏)에 이르는 황금 장식물을 바쳤고, 641년에는 송첸캄포가 당 태종의 고구려 정복을 축하하며 황금으로 만든 술 항아리를 공물로 바쳤다. 토번뿐 아니라, 석국, 통일 신라, 일본, 만주 지방의 부족들도 당나라에 대량의 금을 조공으로 바쳤다.[21] 아닌 게 아니라 통일 신라시대 때 웬만큼 잘나가는 사원의 불상은 모두 황금 불상이었다.

당나라 사대 사천왕을 조각한 당삼채 도기. 당삼채는 서역과 인도의 영향을 많이 받아 주로 말, 낙타, 사천왕, 서역인 등을 묘사하는 도기들이 많다. 당나라 귀족의 애용품이었으며, 장안과 낙양 귀족들의 묘릉에 같이 묻히는 일이 많았다. 대만 국립 고궁박물관 소장

심지어 당나라에서 유행한 도교의 사제, 즉 도사들은 액체나 분말 상태의 금이 정신을 안정시키고 수명을 늘리는 효과가 있다고 믿었다. 약리학자로 음식으로 병을 고친다는 『*식료본초*(食療本草)』를 지은 맹선(孟詵, c.621~713)은 약효가 있는 금을 태우면 오색 영기(靈氣)가 올라간다고 직접 시험

21 에드워드 H. 셰이퍼, *앞의 책*, p. 498

한 결과를 기록하기도 했다.[22] 당나라에서 황금은 훌륭한 인재를 비유하는 뜻도 있었다. 예컨대 당 태종은 그의 충신인 위징(魏徵, 580~643)을 궁정의 가신이라는 광맥에서 황금을 찾아내어 가치 있는 보물로 연마하는 훌륭한 장인이라고 칭찬했다.[23] 당송팔대가의 한 사람으로 당나라의 문관이자 시인인 유종원(柳宗元, 773~819) 또한 좋은 인재를 찾는 것이 모래 속에서 황금을 찾는 것과 같다는 「피사간금부(披沙揀金賦)」를 지었다. 이처럼 당나라의 황금은 가치 있는 보물, 덕이 있는 인물, 재능있는 인물의 상징이었지, 화폐는 결코 아니었다.

물론 보물로서 황금의 가치가 있었으므로, 물물교환으로서의 가치는 틀림없이 있었다. 하지만 당나라 황금 비녀의 가치는 개인의 판단에 따른 주관적인 평가에 따른 결과일 뿐이지, 객관적인 금 함유량을 계산하여 그와 동등한 가치를 지니는 다른 물건을 구매하는 진정한 화폐 역할을 하던 물품이 아니었다. 오히려 수, 당 시대 상업 활동의 화폐는 서역에서 들어온 로마, 페르시아, 이슬람의 금화와 은화인 경우가 많았다. 예컨대 수, 당 시대 무덤에서는 동로마의 유스티니아누스 2세의 금화나 페르시아의 호스로 2세의 은화 2닢이 발견되기도 하였다. 이슬람과의 해상교역이 활발했던 광저우에서는 이슬람 국가의 금화인 디나르가 상거래에 사용되었다.[24] 이는 당나라 상업 활동의 화폐 기능 일부를 주로 서역의 금화나 은화가 수행했음을 보여 주는 정황들이다.

아울러 황금이 화폐가 아니라 보물이었기 때문에, 황금에 대한 광범위한 채굴 및 제련 활동 자체가 매우 부족했다. 따라서 순금을 화학적으로 추출할 수 있는 황금의 제련 기술은 중국에서 그 발전이 더디기만 하였다. 예컨대 황금 세공 기술을 처음 개발한 당나라의 경우는 황금을 금속에서 추출하는 제련 기술을 사용한 것이 아니라, 물에서 흘러나오는 사금을 채취하는 수준이었다. 광시성(廣西省) 남부의 부주(富州), 빈주(賓州), 정주의 강가에 사는 사람들은 "나무로 만든

---

22 에드워드 H. 셰이퍼, *앞의 책*, p. 496

23 에드워드 H. 셰이퍼, *앞의 책*, p. 497

24 에드워드 H. 셰이퍼, *앞의 책*, pp. 504~505

키를 사용해서 금을 채취하는 일을 생업으로 삼을" 정도로 사금 채취가 황금 채굴의 기본이었다.[25]

심지어 당나라에서는 금이 나는 곳을 특정 식물이나 동물을 통해서 파악하는 수준이었다. 즉, 쪽파가 나는 땅에 금이 묻혀 있다거나, 독사의 똥이 묻은 장소에 생금이 난다거나, 진짜 사실이라는 설도 있지만 광주의 금지(金地)에서는 거위나 오리를 키워 그 똥을 모아 채로 치면 하루 한 냥에서 반 냥의 금을 얻을 수 있다는 설이 난무하였다.[26] 이러다 보니 중국에서는 황금이 부족할 수밖에 없었고, 황금이 화폐 역할을 할 수도 없었다. 은의 경우에는 당나라에서도 간헐적으로 화폐 역할을 하기도 하였다. 티베트와 당나라와의 국경 지대에서는 비단, 소금과 은이 통화 역할을 하였고, 특히 이슬람과의 교역 중심지였던 광저우에서는 은이 화폐 역할을 하면서 국제교역에도 사용되었다. 하지만 이마저도 808년 "구리는 도움이 되지만, 은은 무익하다"라는 헌종(憲宗, 778~820) 황제의 명에 따라 은의 채굴이 아예 금지되었다.[27] 중국의 기본 화폐는 당·송 시대는 구리와 철, 원나라 이후는 은이었다. 금이 화폐 기능을 한 시기는 중국 마지막 왕조 청나라까지도 없었다.

## (5) 엘 도라도(El Dorado)

중남미 3대 문명인 잉카 문명, 아즈텍 문명, 마야 문명에서도 황금은 화폐 기능이 없었다. 그들은 많은 황금을 가지고 있었지만, 보물과 장식용으로만 사용했다. 특히 페루의 잉카 문명은 황금으로 이루어진 "황금 문명"이었다.[28] 전설에 따르면 아타우알파 황제(Atahualpa, 1502~1533)의 부하 장수인 루미나위(Ruminawi, 1482~1535)

---

25 에드워드 H. 셰이퍼, *앞의 책*, p. 493

26 에드워드 H. 셰이퍼, *앞의 책*, pp. 492~493

27 에드워드 H. 셰이퍼, *앞의 책*, p. 502

28 페루는 포르투갈어로 칠면조라는 뜻이다. 인도에서는 지금도 칠면조를 페루라고 부른다. 현재의 국가명 페루가 왜 페루가 되었는지는 확실치 않으나, 인도에 칠면조를 전해준 이는 포르투갈인인 것만큼은 확실해 보인다.

는 아타우알파의 몸값으로 1,000톤이 넘는 금을 실제로 준비했었다고 한다.[29] 1,000톤의 금이면 2024년 기준으로 일본이 보유한 황금 846톤보다 많으며, 세계 7위인 스위스가 보유하고 있는 1,040톤의 황금과 비슷한 수준이다. 루미나위의 전설은 정말일까?

잉카 문명은 13세기 안데스 산맥의 쿠스코에서 조그만 마을로 출발하였지만, 파차쿠티(Pachacuti, 1418~c.1471)가 자신을 태양의 아들이라는 뜻의 "사파 잉카(Sapa Inka)"로 칭하면서 팽창을 본격화하여 제국으로 발전한 문명이다.[30] 파차쿠티의 아들인 투팍 유팡키(Tupaq Yupanki, ?~1493)는 현재의 에콰도르와 칠레 남부까지 정복하여 제국의 영토를 더 넓혔고, 태평양으로 함선을 이끌고 항해 모험을 나가기도 하였다.[31]

특히 잉카 문명은 체계적인 사회제도, 중남미 유일의 군대 운영, 발달한 천문학과 의학, 5,000㎞가 넘는 도로 건설 등 놀라운 수준의 문명을 향유하고 있었다.[32] 잉카인들은 강력한 국가 기구를 통해 수천 킬로미터에 걸쳐 거주하는 수백만 명의 신민들을 다스리는 정교한 통치 체계도 가지고 있었다. 잉카 문명은 현재까지도 해독되지 않은 키푸(Khipu)라는 매듭 문자(knot letter) 또한 가지고 있었다.

하지만 콜럼버스 이전 신대륙에서 가장 체계적인 문명으로 제국의 영광을 누리던 잉카 문명은 아예 화폐가 없었다. 잉카 제국의 교역은 아일루(ayllu)라는 혈연집단을 통해 국가 감독하에 이루어지고 있었고, 부를 축적해야 한다는 개념 자체가 없었기 때문이다.[33] 잉카 문명에게 황금은 태양의 신 아들인 비라쿠차

---

29 아타우알파 황제를 스페인 군인이 처형하면서 루미나위는 1,000톤의 황금을 어딘가에 숨겼다. 이 황금은 아직까지도 행방이 묘연하다. 그가 숨긴 황금에 대한 상세한 이야기는 ***『황금, 설탕, 이자 - 성전기사단의 비밀(上)』*** 編에서 상술한다.

30 페루의 쿠스코 북서쪽 80㎞에 위치한 마추픽추는 파차쿠티 황제가 건설한 것으로 추정된다. 파차쿠티 황제 이전 잉카 문명은 쿠스코 왕국이라고 부른다.

31 투팍 유팡키는 1480년 무렵에 2만여 명의 장병과 함대를 이끌고 태평양으로 나아가 대략 1년 동안 대모험을 떠난 것으로도 유명하다. 투팍 유팡카가 태평양으로 나아간 이유는 아바쿰바와 니나쿰바라는 섬에 있다는 황금을 찾기 위한 것이었다고 한다.

32 역설적으로 이 발달한 도로 제도가 스페인이 잉카 제국을 단기간에 몰락시킬 수 있던 기반이 된다.

33 케네스 포메란츠, 스티븐 토픽, *앞의 책*, p. 27

잉카 제국의 황금 장식, 좌측이 남성, 우측이 여성이고 위에 있는 것은 장식품. 100~1600년경, 콜롬비아 안티오키아(Antioquia), 바예 델 카우카(Valle del Cauca) 출토, 국립중앙박물관 전시

(Viracocha)의 피로서 신성한 물질이었지, 화폐가 아니었다. 잉카 문명의 황금은 신전 및 황궁의 장식품과 황제의 개인용 보석일 뿐이었고, 특히 잉카 문명에서 황금은 태양의 아들인 황제만 사용할 수 있었다. 스페인의 프란체스코 피사로(Francisco Pizarro, 1475~1541)가 잉카 황제 아타우알파의 몸값으로 받은 5~6톤이라는 당시로서는 엄청난 양의 황금을 가져올 수 있었던 이유도, 잉카 문명이 황금을 화폐가 아니라 오직 황제의 장식용으로만 사용하였기 때문에 가능하지 않았을까?[34]

수도 테노치틀란(Tenochtitlan)에만 50만 명이 거주했던 아즈텍 문명도 마찬가지였다. 특히 아즈텍 문명은 포치테카(pochteca)라는 상인 계급이 별도로 있었다. 그들은 귀족들의 거주지인 테노치틀란 외곽인 틀라텔로코(Telateloco)섬에 모여 살았다. 포치테카는 각종 세금을 면제받았고, 부유하게 살았다. 포치테카의 활동으로 테노치틀란에는 유럽에서는 단 한 번도 볼 수 없는 활기찬 상업 활동이 전개되고 있었다. 1520년 단 600여 명의 뜨내기들로 아즈텍 문명을 멸망시킨 스페인 망나니 코르테스(Hernán Cortés, 1485~1547)에 따르면 "이 도시에는 시장이 열리고 거래가 이루어지는 여러 개의 광장이 있다. 그중에는 살라망카보다 두 배 정도 큰 광장이 있는데, 아치로 이어진 회랑이 사방을 둘러싼 이곳에서는 매일 6만 명 이

34 아타우알파는 제국의 영토를 확장하고 태평양으로 모험을 떠났던 투팍 유팡카의 손자이다. 투팍 유팡카의 아들로 3대 황제인 우아이나 카팍(Huayna Capac, 재위 1493~1527)은 장남인 니난 쿠요치(Ninan Cuyochi, 1490~1527)를 후계자로 삼았다. 하지만 그는 황제 즉위 직전 혹은 직후에 천연두로 허망하게 사망한다. 이 때문에 그의 동생들인 우아스카르(Huáscar, 재위 1527~1532)와 아타우알파(Atahualpa, 재위 1532~1533)가 황제 계승을 두고 내전을 벌인다. 내전 결과 아타우알파가 황제가 되지만, 잉카는 이미 내전으로 국력이 급속히 쇠약해진 상태였다. 이때 스페인이 잉카 제국을 침공하였고, 잉카 제국은 결국 멸망한다.

상이 물건을 사고판다. 그리고 이 일대에서 생산된 온갖 종류의 상품들을 전부 볼 수 있다." 코르테스의 동료 베르날 디아즈(Bernal Díaz del Castillo, c.1492~1584)는 "우리는 사람과 물건이 그토록 많은 것에 놀라웠다. 그리고 시장이 질서정연한데다 물건들의 배치가 대단히 훌륭한 점도 놀라웠는데, 이런 것은 일찍이 한 번도 본 적이 없었다."[35] 하지만 아즈텍 문명에는 화폐가 제대로 없었다.

아즈텍 문명을 비롯한 중남미 문명에서 화폐는 카카오 콩이었다. 카카오가 신정일치 국가였던 아즈텍 문명에서 지배층들만 먹을 수 있는 음료였고, 크기가 작아 소지하기 쉬웠으며, 희소성이 있는 데다가 가치 또한 매우 컸기 때문이다.[36] 콜럼버스의 기록에 따르면 몇몇 마야 교역 상인이 실수로 아몬드 비슷한 물건을 떨어뜨렸는데, 마치 "자기 눈알이 떨어지기라도 한 것처럼 북새통이 벌어졌다"라고 한다.[37] 이 카카오는 원래 중남미 첫 문명인 올메크(Olmec) 문명이 처음 사용하였고, 이후 마야 사람들은 이를 카카와(ka-ka-wa)라고 불렀다. 이후 아즈텍 문명에서는 이름이 카카오로 바뀌었고, 스페인 사람들은 카카오를 초콜릿으로 불렀다.

멕시코 야슈칠란(Yaxchilan)에서 발견된 마야 유적. 이 조각에서 우측 하단에 있는 여왕 쇼크(Xoc)는 좌측 상단에 있는 뱀 형상의 마야 건국자 야트 발람(Yat Balam)을 마주보고 있다. 쇼크 여왕은 양손에 야트 발람에게 바치는 제물을 들고 있다. 725년경. 영국박물관 소장

카카오는 맛이 독특한 것은 말할 것도 없고, 마취제, 환각제, 최음제로도 사용되었다. 전장에 나가는 중남미 전사들이 발효시킨 초콜릿을 먹고 환각 상태에서 전쟁을 벌인 일도 많았다고 한다. 이 때문에 중남미 문명에서 카카오 콩이 화폐로 사용된 것이다. 심지어

35 케네스 포메란츠, 스티븐 토픽, *앞의 책*, p. 59

36 케네스 포메란츠, 스티븐 토픽, *앞의 책*, p. 164

37 케네스 포메란츠, 스티븐 토픽, *앞의 책*, p. 169

BC 200년경부터 번성하기 시작한, '신들의 도시'라는 뜻의 테오티우아칸에 있는 태양의 피라미드. 이 피라미드는 아즈텍 문명의 정수를 보여주는데, 밑변 가로 225m, 세로 222m, 높이 66m로 아메리카 대륙에서 가장 큰 피라미드이다. 테오티우아칸 문명의 주체에 대해서는 확실하게 정립된 설이 없다. .

는 스페인 수도사들이 카카오 콩을 자국의 화폐로 사용하자고 제안한 일도 있었다고 한다.[38] 하지만 아즈텍 문명에서 카카오 콩 말고는 제대로 된 화폐가 없었던 것은 거의 확실하다. 그렇다고 카카오 콩이 광범위한 화폐의 역할을 하지도 않았다. 카카오 콩 자체가 희소했기 때문에 광범위한 영역에서 일반적인 화폐의 역할을 할 수가 없었던 것이다. 즉 아즈텍 문명에서는 황금이 그렇게 많았지만, 황금이 화폐 역할을 하지 못했다. 상업 활동도 국가의 통제하에 수행되는 통치 행위의 일부에 불과했다.

## (6) 오즈의 마법사

이처럼 국제교역 결제 수단으로서 황금의 지위는 수메르, 아시리아, 바빌로니

38 케네스 포메란츠, 스티븐 토픽, *앞의 책*, p. 171. 카카오를 초콜릿으로 만들어 대중화시킨 이들도 스페인의 수도사와 예수회 소속 수사들이었다. 처음에는 귀족들만 즐기다가, 나중에는 우유에 카카오 가루를 섞어서 만든 핫 초콜릿이 탄생하면서 대중화된다. 카카오로 만든 초콜릿은 유럽 최초의 흥분제로 기록되어 있다. 카카오는 1828년 네덜란드인 반 호텐(Coenraad Johannes van Houten, 1801~1887)이 코코아로 개량해서 상품화하게 된다.

아, 페니키아, 그리스, 로마를 거쳐 오직 중동과 서양에만 있었다. 17세기 아프리카 서부 원주민들이 네덜란드의 무역업자들에게 한 말처럼 "황금은 바로 서양인들의 신"이었다.[39] 후한 이후의 동양에도, 메소포타미아 문화의 영향을 받기 전 인더스 문명에도, 중남미 3대 문명에도 중동이나 서양처럼 신성으로서의 화폐와 같은 황금의 지위는 없었다.

불행히도 산업혁명 이후 서양, 특히 영국이 세계를 제패하면서 신의 힘을 가진 황금, 즉 국제교역 결제 수단으로서 금본위제가 태초부터 있었던 자연 질서인 것처럼 확립되었다. 미국 31대 대통령 후버(Herbert Hoover, 1874~1964)의 말처럼 금본위제 이탈은 "파시즘, 공산주의, 사회주의, 국가주의, 계획경제로 가는 첫걸음"[40]이 되었다. 전 세계 허수아비(농민)와 양철 나무꾼(공장 노동자)을 지배하게 된 「오즈(Oz)의 마법사」이면서, 전 세계의 옷과 빵과 집을 언제 어디서나 살 수 있는 「절대 신의 통화」인 "황금"은 바로 이렇게 해서 탄생한 것이다!!!

---

39 에이미 추아, *앞의 책*, p. 229

40 Adam Wasserman, 『*Two Sides to the Coin: A History of Gold*』, Adam Wasserman, 2010, p. 185

## Codex Atlanticus: 황금 시대

### 황금의 채굴과 소비, 그리고 중국 황금 보유고의 진실!

2024년 기준으로 인류가 역사를 통틀어 채굴한 금의 총량은 약 21.2만 톤이다.[41] 금은 그 성질이 변하지 않으므로 금의 총생산량은 고대부터 인류가 채굴한 양의 누적량과 같다. 금 수요 중 소비자가 장신구 등의 목적으로 보유하는 비중이 가장 높다. 일반적으로 금 수요의 대략 50% 내외가 장신구 수요이다. 2023년 기준 장식용 금에 대한 전체 수요의 약 60%가량을 중국과 인도가 차지한다.[42] 그다음이 실물 골드 바 제작이나 ETF 등 투자 수요로 대략 20% 내외이다. 2016년에는 ETF나 골드 바에 대한 투자 수요가 급증하면서 전체 금 수요의 36.2%인 1,561.1톤이 투자 대상이었으며, 2020년 2분기에도 투자 수요 급증으로 ETF 투자가 전체 금 수요의 47.0%를 차지하기도 했다.[43] 금이 투자 대상으로 급격히 부상한 것은 EFT에 대한 투자 수요 급증과 중국인들의 골드 바에 대한 투자가 증가하였기 때문이다. 그다음이 전 세계 중앙은행의 수요로 10% 내외이고, 산업 수요는 7~10%를 차지한다.[44]

2024년 기준 중앙은행 중에서 가장 많은 금을 보유하고 있는 곳은 미국으로 8,133.5톤을 보유하고 있다. 한국은행은 2024년 기준으로 104.4톤을 보유하고 있고, 2024년 기준으로 전 세계 금 보유량 38위를 기록 중이다.[45] 이

---

41 https://www.gold.org/goldhub/data/how-much-gold

42 World Gold Council, Gold Demand Trends Full Year 2023, 2023년에 전체 쥬얼리 수요 2,092.6톤 중 중국 672톤(32.1%), 인도 562.3톤(26.9%)이었다. 2022년에는 인도 600.4톤(28.8%), 중국 570.9톤(27.4%)이었다. 3위는 통상적으로 중동이다.

43 World Gold Council, Gold Demand Trends, Q2, 2023

44 World Gold Council, Market Update, Second Quarter 2023

45 https://www.gold.org/goldhub/data/gold-reserves-by-country

황금은 한은의 외환보유고 중 매입가격인 47.9억 불로 표시되어 있으며, 2024년 6월 말 한은의 외환보유고 4,122.1억 불 중 1.2%에 해당한다. 104톤이면 12.5㎏(400 트로이 온스)의 순도 99.5% 금괴 8,320개에 해당하는 분량이다. 현재 이 금은 전량 런던의 잉글랜드 은행의 지하에 보관하고 있다.

초기 잉글랜드 은행(영란은행) 지하 금고 그림. 이 그림은 1870년 11월 19일, 지하금고에서 황금을 정리하고 옮기는 인부들의 모습을 그린 것이다. 영란은행 소장

한국은행은 6.25 전쟁 당시 서울이 함락되기 직전 한은 서울 본점에서 금 1톤, 은 2톤을 트럭으로 실어 배에 선적한 뒤 미국 FRB로 이송했다. 하지만 서울이 너무 빨리 함락되면서 미처 이송하지 못한 금 260㎏과 은 15,970㎏은 북한군이 가져갔다. 미국에 보낸 금 1톤은 IMF 가입 당시 달러가 없어 이를 대신했다. 이 당시에는 무역을 통한 외환을 확보하기 어려워, 주로 채굴이나 국내 매입을 통해 금의 형태로 외환보유고를 확보했다. 1998년 IMF 위기 당시 국내의 금 모으기 운동으로 모인 금 역시 한은의 금 보유량에 포함되어 있다.

IMF 시절 금 모으기 운동을 통해 국내에서 매입한 금 4.4톤과 은 0.8톤은 한은 대구 지점 금고에 보관하고 있다가, 2004년 잉글랜드 은행으로 보냈다. 이 금은 국내에서 보관하던 마지막 금이었다. 잉글랜드 은행에 보내기 전 한

국은행이 보관한 금은 정련 과정을 거쳐 순도를 높인 후 잉글랜드 은행 금고로 들어갔다. 2010년 부임한 김중수 한은 총재는 금 보유량 확충 계획을 세우고 2011년 40톤, 2012년 30톤, 2013년 20톤 등 총 90톤을 매입했다. 필자는 2011년부터 2014년까지 우정사업본부 대체투자팀장으로 있었는데, 이때 자산운용 업계에서는 금 매입 열풍이 있었던 시기였다. 양적 완화로 인해 발생할 인플레이션 때문에 금값이 오를 것이라는 기대감 때문이었다. 한국은행이 금을 대량으로 매입한 이유도 이 때문이었을 것이다.

불행히도 이때는 금값이 말 그대로 금값인 시절이었다. 필자는 금값이 지나치게 높다고 판단하고, 금 실물에 투자하는 ETF보다는 원금이 보장되는 옵션 형태로 투자한 기억이 있다. 하지만 한국은행은 이 시기에 역사상 가장 많은 금을 매입했다. 이 결과 한국은행의 금 보유량은 2010년 14.4톤에서 2013년 7배 이상 증가하였다. 금을 지나치게 비싼 가격에 매입했다는 논란이 이어지자, 한국은행은 2013년 이후로는 금을 추가 매입하지 않고 있다.

한국은행이 금을 매입한 시기와 비슷하게, 중국 정부도 금 매입에 열을 올렸다. 중국 정부가 금 매입에 집중하기 시작하던 시기는 2008년 금융위기 이후이다. 중국 중앙은행인 인민은행(PBOC)의 "공식적인" 금 보유량은 2003년에 600톤이었다. 이후 2009년 4월에는 1,054톤으로 늘었고, 2015년 7월에는 1,658톤이 되었다. 2016년 7월에는 1,823톤이었고, 2017년 7월 기준으로는 1,842.6톤이다. 2019년 6월 기준으로는 이보다 더 증가한 1,926.5톤, 2024년 7월 기준으로는 2,264.3톤으로 미국(8,133.5), 독일(3,351.9), IMF(2,814.0), 이탈리아(2,451.8), 프랑스(2,437.0), 러시아(2,335.9)에 이어 세계 7위이다.

하지만 다른 나라에 비해 중국의 금 보유 확보 속도는 매우 빠르다. 세계 5강의 금 보유량은 10년 이상 거의 불변이었으나, 중국은 10여 년 만에 3배 가까이 늘었다. 나아가 공식적인 통계 이외에도 많은 양의 금을 보유하고 있을 것으로 추정된다. 혹자는 중국의 금 보유는 이미 IMF 수준을 넘은 세계 3위

이며, 얼마 지나지 않아 세계 1위의 금 보유국이 될 것이라 추정하기도 한다. 실제로 중국의 공식적인 금 보유량인 2017년 7월 기준 1,842.6톤은 2016년 10월 이후 불변이었는데, 이는 매우 기이한 현상이다.

왜냐하면 중국의 무역수지 흑자는 2016년 이후 최소한 2022년까지는 매달 약 400억 불 내외로, 2016년 무역수지 흑자 5,100억 불, 2022년은 사상 최대인 8,769억 불이었기 때문이다. 중국이 이 엄청난 규모의 무역수지 흑자를 통해 벌어들인 외환으로 1년 넘는 기간 동안 금을 사지 않았다는 것이 논리적인가? 더구나 미국과 대립각을 세우고 있는 요즘, 무역으로 벌어들인 외환을 달러로만 가지고 있을까? 외환보유고의 겨우 3% 남짓만 황금으로 보유하고 있다는 것이 과연 정상인가? 특히 위안화 국제화를 위해서는 금이 무엇보다 필요한 상황인데, 엄청나게 유입되는 외환이 있음에도 금 매입을 중단한다는 것이 설득력이 있는 현상인가?

우선 외환보유 목적의 황금 수입은 UN 산하의 IMTS(International Merchandise Trade Statistics) 가이드라인에 따르면 관세 당국에 신고하지 않아도 된다. 따라서 공식 통계로 잡히지 않는 중국이 구매한 황금이 분명히 있을 것으로 추정된다. 필자가 보기에 중국 인민은행의 주요한 금 수입 통로는 영국 런던의 금 시장협회(London Bullion Market Association, LBMA)로 보인다. 현재 금 시장협회는 전 세계에서 금 유동성이 가장 풍부한데다가, 특히 장외사장이므로 철저하게 정보가 보호된다. 이보다 더 좋은 비밀스러운 금 수입시장이 어디에 있나? 실제로 영국은 2013년 이전에는 스위스나 홍콩을 통해 중국에 황금을 수출했으나, 2014년, 2015년에는 중국으로 황금을 직접 수출했다. 이는 그만큼 영국에서 중국으로 수출하는 황금의 물량이 갑자기 늘었다는 뜻이다.

둘째, 중국은 2010년부터 세계 최대 금 생산국으로 매년 300~400톤 내외의 금을 생산한다. 중국 최대의 금광은 안후이성에 있는 샤시 광산(Shaxi Copper Mine)으로 2021년에 대략 100톤을 생산했다. 그다음이 산둥성의 산샤

다오 광산(Sanshandao Mine)으로 2022년에 6~7톤, 장시성의 데싱 광산(Dexing Min)이 2022년에 5톤을 생산했다. 아마도 오랜 기간 동안 집중 채굴했으므로 국내 생산량은 조만간 소진될 것으로 본다. 실제로 중국 내 금 생산은 2016년부터 하락추세이다. 이 때문인지 몰라도 중국 금 채굴업자는 아프리카와 라틴 아메리카로 활발히 진출 중이다. 특히 아프리카의 기니, 잠비아, 남아프리카 공화국, 짐바브웨, 콩고 등 5개국과 라틴 아메리카의 니카라과는 중국 금광업자들이 집중적으로 진출한 나라이다. 예컨대 종푸(中富) 개발(Zhong Fu Development)과 같은 중국 금 채굴업자들은 2023년 11월부터 2024년 4월까지, 단 6개월 만에 25년 동안 금광을 채굴할 수 있는 권리를 무려 13개나 획득하는 매서운 모습을 보여 주고 있다.

셋째, 중국은 글로벌 금융위기 직후인 2009년부터 중국 내에서 생산되거나 중국 내로 유입된 금의 국외 유출을 전면 금지한다. 이 조치의 법적 근거는 「금과 은의 관리에 관한 중화인민공화국 규정(Regulations of the PRC of the Control of the Gold and Silver)」의 2장 8조~14조이다. 이에 따르면 모든 금과 은의 구매는 중국인민은행이 별도로 허락하지 않는 한 인민은행을 통해서만 거래되어야 한다. 나아가 개인이든, 기업이든, 원광 추출이든, 2차 추출이든 생산된 금은 모두 인민은행에 팔아야 한다. 다만 인민은행의 허가에 따라 금과 은을 다른 목적으로 재사용할 수는 있다. 중국을 방문한 외국 관광객이 금으로 만든 제품을 중국 밖으로 들고 나가려면 특별 허가가 있어야 한다. 이 경우에도 금은 31.25그램, 은은 312.50그램을 초과해서 들고 나갈 수 없다. 이를 위반할 경우 벌금 혹은 해당 물품 몰수 등의 벌칙을 받게 되고, 기업인 경우에는 사업 허가가 취소될 수 있다.

넷째, 중국의 금이 거래되는 공식 거래소인 상하이 금 거래소(Shanghai Gold Exchange, SGE)의 금 가격이 보통 런던 LBMA 거래 가격보다 높다. 예컨대 2023년 10월 9일의 경우 상하이 금 거래소의 현물 가격이 LBMA보다 트로이

온스당 112불 높았다. 2023년 전체로도 대체로 1%가량 SGE의 금 가격이 LBMA보다 높게 나왔는데, 이 현상이 중국 정부가 국내 금의 해외 유출을 방지하기 위해 의도적으로 조성하는 것이라는 주장이 있다.

필자는 이런 모든 정황을 고려했을 때, 공식적으로 중국이 보유했다는 2,000톤 내외의 금은 매우 과소 평가된 수치라고 생각한다. 어떤 이는 중국 정부가 보유한 황금은 2,000여 톤이 아니라 최소 4,000톤으로 세계 2위이며, 중국 인민들이 보유한 황금량까지 합치면 2만 톤을 넘을 수도 있다고 추정한다.[46] 필자 개인적으로는 중국 인민은행의 황금 보유량은 이미 미국의 황금 보유량인 8,000톤에 육박했거나 이미 넘었을 가능성이 높다고 생각한다. 왜냐하면 중국 내 금 생산량이 2010~2020년 기간 매년 최소 300톤이었고, 이를 전량 축적했다면 산술적으로 3,000톤이기 때문이다. 이 수치만으로도 기존의 2,000여 톤과 합친다면 최소 5,000톤이 되며, 이럴 경우 중국은 이미 세계 2위의 금 보유국이다!!! 이제 이슈는 세계 2위인지 아닌지 여부가 아니라, 중국이 보유한 엄청난 외환을 활용하여 금을 매집하여 중국의 황금 보유고가 미국보다 많은 8,000톤을 넘었는지 여부이다.

그렇다면 과연 중국의 금 보유량은 미국의 금 보유량을 넘었을까? 필자가 중국의 외환보유고 추이를 기준으로 중국의 "진정한" 황금 보유고를 추정해 보면 다음과 같다. 우선 중국의 외환 보유고는 2016~2017년 헤지펀드와의 엔드 게임 후에 대략 3조 불 내외로 안정화된다. 예컨대 중국의 외환보유고는 2017년 3조 불 내외가 최소 수준이었고, 2024년 6월이 3.2조 불 내외로 최대 수준이다. 즉, 2017~2024년까지 대략 3~3.2조 불 내외가 중국의 외환보유고이다. 그런데 2017~2023년 기간 중국의 무역 수지 흑자의 합계는 대략 4조 달러였다. 이 기간 중국이 벌어들인 달러를 국내 통화로 모두 환전했을 리가

---

46 https://www.bullionstar.com/blogs/koos-jansen/pboc-gold-purchases-separating-facts-from-speculation/. World Gold Council에 따르면 2016년 기준으로 인도 민간인들이 23,000~24,000톤의 황금을 보유하고 있다고 추정했다. 2016년 인도 중앙은행이 보유한 금은 고작 555.7톤에 불과했다.

없고, 그렇다고 2008년 이전처럼 미국의 국채나 모기지 채권을 대량을 구매했을 리도 없다. 그런데도 중국의 외환 보유고는 2017년 3조 달러에서 2024년 6월 기준으로, 고작 2천억 달러가 증가한 3.2조 달러이다. 즉, 3.8조 달러의 외환이 어디론가 사라진 것이다!

3.8조 달러의 사용처를 추정해 보면, 우선 일대일로 사업에 필요한 자금을 무역수지 흑자에서 끌어 썼을 것이다. 나아가 중국은 서비스 수지가 대략 1,000억 불 내외의 적자이므로 서비스 수지에도 무역수지 흑자 자금을 사용했을 것이다. 따라서 보수적으로 추산해서 8년간 무역수지 흑자 4조 달러의 절반인 대략 2조 달러만 남겼다고 가정해 보고, 2024년 금값을 아주 낮추어서 ㎏당 7만 불이라고 하여 2조 달러 전체를 황금 확보에 사용했다면 대략 3만 톤이라는 결과가 나온다! 3만 톤이라는 규모는 미국 황금 보유량의 3배가 넘는 막대한 규모이기는 한데, 이런 정황들을 고려했을 때 필자가 판단하기에 중국의 황금 보유고는 미국을 넘어 이미 1만 톤을 넘었을 것이 거의 확실하지 않을까 추정해 본다.

그렇다면 중국은 이 많은 금을 도대체 어디에다 보관하고 있을까? 확인된 주장은 아니지만 필자 생각에는 중국 내에서 금 수입 허가를 받고 활동하는 상업은행이 중국 정부가 매입한 비공식 황금을 보관하고 있지 않을까 추정해 본다. 예컨대 2012년부터 중국에서 황금을 수입할 수 있는 허가를 받은 상업은행은 10여 개이다. 중국에서 가장 큰 은행인 공상은행(ICBC, Industrial & Commercial Bank of China)에 이어 건설은행(CCB: China Construction Bank), 농업은행(ABC: Agricultural Bank of China)도 여기에 포함되는데, 필자는 이 국영은행들이 대량의 금괴를 보관하고 있을 가능성이 높다고 생각한다. 국영은행이므로 사실상 인민은행의 역할과 크게 다르지 않을 것이고, 비밀 보장 또한 잘 되어 있을 것으로 본다. 특히 2014년에 중국 당국은 처음으로 호주계 은행인 안쯔(ANZ)와 영국계 은행인 HSBC에게도 금을 수입할 수 있는 라이센스를 부여하였다. 필자는 이 은행들

또한 중국 정부의 요청으로 금을 보관하고 있을 가능성을 배제할 수는 없다고 본다.

중국과 비슷한 행보를 보이는 나라는 러시아이다. 러시아는 2017년 6월 기준으로 1,715.8톤으로 중국에 이어 세계 7위의 공식적인 금 보유국이었고, 2024년 7월 기준으로는 2,335.9톤으로 중국을 제치고 세계 6위이다. 러시아는 공식 기준으로 2018년에 중국의 금 보유량을 넘었다. 러시아 중앙은행이 지속적으로 금을 매입하고 있기 때문이다. 러시아도 2007년에는 금 보유량이 400톤 내외였다가, 중국과 마찬가지로 2008년 금융위기의 전조가 나타나기 시작했던 2007년 3분기부터 금 보유량을 급격히 늘렸다. 이 때문에 러시아는 10여 년 만에 4배 이상 금 보유량이 늘어났다.

러시아는 특이하게도 금을 매입할 경우 반드시 러시아 본토로 금을 옮긴다. 1960년대 드골 대통령이 했듯이 말이다. 하지만 금을 매입하는 국가로 옮기기 위해서는 수송비도 만만치 않고 보안도 문제다. 따라서 금 매입자는 보통 소유권 증서만 받고 금은 해당 은행에 그냥 둔다. 하지만 러시아는 절대로 이렇게 하지 않는다. 반드시 본국으로 금을 가져온다. 이는 러시아가 황금을 전략자산으로 간주한다는 뜻이다.

하지만 우크라이나 전쟁이 터진 2022년 7월 이후부터 러시아는 런던 금시장에서 거래금지 대상으로 지정되었다. 미국, EU, 스위스, 일본도 러시아와 황금의 수출, 수입 거래를 하지 않기로 결정했다. 미국은 여기서 더 나아가 2023년 국방수권법에 따라 러시아 중앙은행과 황금을 거래하는 개인이나 단체는 미국 정부의 직접 제재 대상 리스트에 올린다. 하지만 러시아는 이에 아랑곳하지 않고 UAE, 중국, 튀르키예 등의 국가들과 황금을 활발히 거래하고 있다.

## 황금의 공급

전 세계 금의 공급은 금광에서 채굴된 금의 공급과 재활용되는 금으로 구성되며, 보통 7:3의 비율이다.[47] 연간 금의 공급은 연도별로 차이가 있으나 분기별 800~1,000톤 내외, 연 3,000~4,000톤 내외의 금이 공급된다. 금의 전통적인 생산 지역은 아프리카이다. 고대부터 아프리카는 금 생산지로 명성이 높았다. 이집트뿐 아니라 이슬람 제국도 아프리카 서부와 남부 지방에서 금을 수입했다. 1886년 2월 요하네스버그 근교 농촌에서 지표에 노출된 금맥을 조지 해리슨이라는 인물이 발견한 이후, 남아프리카 공화국은 1898년부터 2006년까지 100년이 넘는 기간 동안 세계 최대 금 생산국이었다.[48]

세계 최대 금 생산국으로서 남아프리카 공화국의 지위는 어느 정도였을까? 남아프리카 공화국의 금 생산 전성기인 1970년의 연간 생산량은 1,000톤 내외였다. 미국의 골드 러쉬를 촉발한 캘리포니아 금광의 경우, 전성기인 1853년 연간 평균 생산량은 93톤이었다. 일본 최대의 금 생산지로 1601년에 발견되어 에도 막부 시대(江戶幕府, 1603~1868) 쇼군의 가장 중요한 자금 줄 역할을 하였던 사도킨잔(佐渡金山)은 388년 동안 겨우 78톤을 생산했다.[49] 이처럼 남아프리카 공화국의 금 생산량은 2006년까지는 타의 추종을 불허했다. 남아프리카 공화국이 조업을 시작한 이래 총생산량 또한 약 5만 톤으로 전 세계 누적 금 생산량의 약 25%를 차지한다.

반면 유럽에는 스페인, 루마니아, 헝가리, 오스트리아에서 일부 생산되는 것을 제외하고는 금 생산이 거의 없었다. 유럽인들이 금에 대해 끊임없는 욕

---

47 2022년 금의 총생산량은 4,754.5톤이었다. 이 중 금광에서 채굴된 금이 76%인 3,611.9톤, 재활용된 금이 1,144.1(24%)이었다. World Gold Council, Gold Demand Trends, Full Year and Q4 2022

48 도시마 이쓰오, 『*세계 경제를 비추는 거울, 황금*』, 랜덤하우스, 2009, p. 170

49 사도킨잔(佐渡金山, Sado mining)은 에도 막부 시대 쇼군의 주요한 자금 줄이었다. 사도섬에서 금이 생산된다는 소문을 듣고 최초로 사도킨잔을 본격 개발한 이도 에도 막부 시대를 개막했던 쇼군 도쿠카와 이에야스(德川家康, 1543~1616)였다. 발견 당시 초기에는 은 생산량이 매년 40톤에 이를 정도였는데, 이는 당시 기준으로 전 세계 최고였다. 사도킨잔의 중요성이 매우 커지자 도쿠카와 이에야스는 1603년 사도 섬 전체를 직할령으로 선포하고, 직접 통치하였다. 은 생산 이후에는 금 생산도 활발하여 초기에는 매년 0.4톤의 금을 채굴했다. 에도 막부 쇼군의 권한이 약해지는 시기는 18세기 중반 전후부터인데, 사도킨잔의 금생산량 감소 시기와 정확히 일치한다.

망을 갖게 된 이유도 유럽 지역에 금이 항상 부족했기 때문이다. 포르투갈인이 서부 아프리카 연안을 개척한 이유도, 스페인이 엘도라도를 찾기 위해 남미를 구석구석 찾아 헤맨 이유도 부족한 황금에 대한 콤플렉스 때문이다.

특히 중국과 달리 서양에서는 황금이 화폐였다. BC 6세기 이오니아 해역의 고대 도시 에페수스(Ephesus)의 역사학자 피테르무스(Pythermus , BC 6세기경)의 말에 따르면, 서양에서는 "황금을 제외하고는 결국 아무것도 아니다."[50] 하기야 황금이 단지 장신구였다면, 스페인의 일자무식 군인 피사로에게 평균 고도 4,000미터, 6,000미터 이상의 고봉이 50개가 넘는 눈 덮인 안데스 산맥을 넘어 잉카 제국으로 진입하는, 상상을 초월하는 무서운 집념은 결코 생겨나지 않았을 것이다.

2022년에 광산에서 금을 가장 많이 채굴한 국가는 2016년 채굴량 455톤보다 다소 감소한 375톤을 채굴한 중국이다. 전성기 남아프리카 공화국의 절반이 안 된다. 그럼에도 불구하고 중국은 남아프리가 공화국을 2007년부터 제치고 전 세계 최대 금 생산국으로 등극하였다. 2016년과 2022년 전 세계 금 생산량은 각 4,571톤, 4,754.5톤이므로, 중국 비중이 약 10% 내외이다. 2024년에도 중국은 2022년과 비슷한 370톤을 생산했는데, 중국은 2012년 무렵부터 10년이 넘도록 최소한 연 300톤 이상은 생산하는 황금 생산 대국이다. 중국은 생산된 금을 거의 해외로 반출하지 않는다. 국내 금 수요가 많기 때문이다. 중국은 2014년부터는 인도를 제치고 세계 1위 금 수입국이기도 하다.

중국은 공식적으로 금 수출입 통계를 발표하지 않는데, 한 기관에 따르면 중국이 2016년에 순수입한 금 물량은 1,600톤 정도로 추정된다고 한다.[51] 그러나 실제 수입 총량은 5,000톤에 육박한다는 추정도 있다. 만약 이 추정이 사실이라면 중국은 독일과 IMF의 공식적인 금 보유 총량을 합친 물량만큼을

50 Richard Seaford, 『*Money and the early Greek mind*』, Cambridge University Press, 2004, p. 94

51 International Merchandise Trade Statistics, www.bullionstar.com/blogs/koos-jansen

2016년 한 해에만 수입한 것이 된다. 전술한 대로 필자가 보기에는 중국의 금 보유량이 미국을 제치고 전 세계 1위로 등장하는 것은 시간문제라고 본다. 만약 그렇게 되면 중국은 위안화의 금 태환을 선언할 수도 있다. 그럴 경우 달러의 기축통화로서의 지위는 일거에 붕괴될 수도 있다!!!

중국이 금을 주로 수입하는 통로는 홍콩이다. 하지만 2014년과 2015년 중국의 금 수입 1위 국가는 금 시장협회가 있는 영국이었다. 런던의 금 시장협회는 2013년 이전에는 홍콩이나 스위스를 통해 수출했는데, 2014년부터 중국으로 직접 수출하였기 때문이다. 하지만 2016년부터 수입 1위가 다시 홍콩이 되었다. 정확하지는 않지만 2016년과 2017년 홍콩이 중국에 순수출한 물량은 각 771톤, 628톤으로 추정된다. 다만 중국 본토에서 자본을 해외로 빼돌리기 위해 홍콩으로부터의 금 수입 물량이 과장되었을 가능성이 있다. 따라서 실제로는 771톤이나 628톤보다는 적을 것이다. 왜 홍콩이 다시 1위가 되었는지는 수수께끼다. 틀림없이 이유가 있을 것으로 본다.

스위스에서 제작한 순도 99.99%의 황금. 스위스는 현재 전 세계에서 순금을 제작하는 기술이 가장 뛰어난 나라이다. 영란은행 소장

홍콩 다음으로는 스위스이다. 스위스는 2016년에 매달 40톤 내외, 2016년 12월에는 158톤, 2017년에는 316톤을 중국에 직접 수출했다. 스위스의 부상은 매우 이례적이다. 월별 통계로는 홍콩을 밀어낼 수도 있을 추세이다. 중국이 스위스로부터 금을 수입하기 시작한 시점은 2012년부터이다.

왜 중국이 스위스로부터 금을 대량으로 수입하게 되었는지는 정확히 알려져 있지 않다. 다만 스위스는 뛰어난 금 정제 기술로 금의 순도를 높이고, 고객의 수요에 맞는 크기로 제작하는데 세계 최고 수준의 기술력을 보유하고 있다. 나아가 스위

스의 전통적인 비밀주의 덕택에 스위스에서 금을 필요로 하는 고액 자산가들이 매우 편안하게 금을 수입할 수 있는 장점도 있다. 예컨대 스위스는 핵심 고객에 대해서는 계좌를 실명으로 기재하지 않고, 대신 번호로 기재한다. 즉 실제 수익적 소유자 정보는 겉으로 드러나지 않는다.

특히 1934년부터 스위스는 고객 정보를 유출하면 처벌하는 법도 가지고 있다. 예컨대 스위스에서는 몇 년 전 은행 직원이 고객 정보를 파쇄한 종이를 퍼레이드 때 뿌렸다가 구속된 적도 있다. 이런 상황에서 FBI나 CIA라 하더라도 계좌 정보를 누군가 요구한다면 그 어느 은행원이 알려줄 수가 있나? 따라서 스위스 은행 계좌의 소유자가 누군지는 절대 알 수가 없다. 혹자는 스위스가 공식 통계보다 더 많은 황금을 싱가포르를 통해서 중국에 수출한다는 주장도 한다. 싱가포르를 통한 우회 수출 규모는 2017년에만 102톤으로 추정된다.[52]

중국 다음으로 금을 많이 생산하는 나라는 2024년에 314톤을 생산한 호주로 2022년에 324.7톤을 생산하여 2위를 기록한 러시아를 3위(310톤)로 밀어내었다. 그다음이 캐나다(200톤), 미국(170톤), 카자흐스탄(130톤), 멕시코(120톤), 인도네시아(110톤), 남아프리카(100톤), 우즈베키스탄(100톤) 순이다.[53]

##  황금의 가격, LBMA와 BIS

2023년 금을 채굴하는 원가는 모든 생산단가(average all-in sustaining costs, AISC)를 고려했을 때 온스당 1,276불이었다. 2013년 1,000불 내외보다 27% 정도 상승한 수치이다. 대형 금광업체의 경우 금값이 1,400불로 하락하면 회사를 겨우 운영할 정도라고 한다. 하지만 중소형 광산업체들은 온스당 1,400불을 하회할 경우 수익성 문제에 직면할 가능성이 높다.

---

52 https://www.bullionstar.com/blogs/koos-jansen/chinas-secret-gold-supplier-is-singapore/

53 https://www.nasdaq.com/articles/10-largest-producers-of-gold-by-country-updated-2024

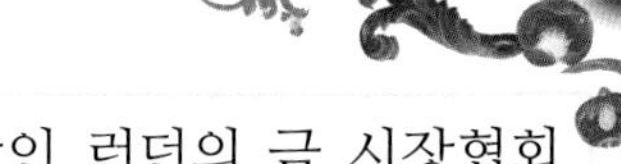

현물 시장에서 금 가격은 세계 최대 귀금속 시장인 런던의 금 시장협회(LBMA: London Bullion Market Association)에서 매일 2회, 런던시간으로 오전 10:30과 오후 3시를 기준으로 발표한다. 오후 3시 LBMA가 LME를 통해 고시하는 발표가격이 매일매일의 금 현물 가격이다. 런던 금 시장협회는 2019년까지는 바클레이즈(Barclays Capital), 도이치 은행(Deutch Bank), HSBC, 스코시아 모카타(Scotia Mocatta), 쏘시에테 제네랄(Societe Generaie) 등 5개 금융기관이 시장조성 회원으로서 금에 대한 매수, 매도를 통해 금 가격을 형성하였다.

LBMA에서 결정하는 금 가격은 금의 매수자와 매도자가 중앙 통제 시스템 하에서 주식시장처럼 호가를 통해 자동으로 형성되는 거래소(Exchanges) 가격이 아니라, 매수자와 매도자가 별도의 개별 계약을 통해 균형 가격을 정하는 방식, 이른바 장외 거래(Over-the-counter) 시장에서 형성되는 가격이다. 별도로 설명하겠지만, 2004년까지는 금 가격은 금 시장협회가 아니라 영국의 로쉴드(N. M. Rothschild & Sons) 은행이 결정했다.

우리에게 잘 알려진 국제 결제은행, BIS(Bank for International Settlements)도 실제로는 황금의 국제 결제에 깊숙이 개입되어 있는 기관이다. BIS는 원래 1930년, 1차 대전 후 독일의 배상금을 처리하기 위한 기관으로 출발했다. 하지만 독일의 배상금이 사실상 면제되면서 황금을 통한 각국 중앙은행 상호 간 결제 문제에 BIS의 운영이 집중되었다.

예컨대 BIS는 1939년 독일이 체코를 병합하자 체코가 보유하고 있던 황금 23톤을 독일 중앙은행에 넘기는 역할을 담당했다. BIS는 설립 때부터 치외 법권이 인정되는 면책 기구였으며, 설립지인 스위스 연방법도 BIS 운영에 간섭할 수 없다. 설립 당시에는 로쉴드 은행이나 JP Morgan 은행이 배후라는 소문이 있었다. 지금 BIS의 소유자는 62개 중앙은행이라고는 하지만 미국, 영국, 이탈리아, 독일, 프랑스, 벨기에 등 6개 국가의 중앙은행이 사실상 집행 이사회를 구성하여 기관을 장악하고 있다.

이처럼 금 가격은 과거나 지금이나 아주 투명하고 시장 지향적인 방식으로 결정되는 것이라고 보기는 어렵다. 세계 최대의 금 시장을 운영하는 LBMA가 금 가격을 정하는 방식도 엄밀하게 말해서 소수의 거대 은행이 시장 참여자로서 합의하여 정하는 가격에 불과하기 때문이다. 물론 이 관행은 2018년 미국의 금과 은의 선물 가격 담합 조사로 홍역을 치렀고, 스코시아 모카타는 2020년에 1억 2,740만 불의 벌금을 내고 LBMA 시장 조성 기관에서 결국 퇴출되었다. 이후 LBMA의 시장조성 기관은 HSBC(영국), JP Morgan(미국), UBS(스위스), ICBC Standard Bank(영국/중국) 등 4개 기관으로 재편되는데, 필자가 보기엔 근본적으로 문제가 해결되었다고 보기는 어렵다. 중앙은행의 중앙은행인 BIS 또한 불과 6개 국가의 중앙은행이 장악한 기관이기도 하다.

금 가격의 표준 단위는 온스(ounce) 혹은 트로이 온스(troy ounce)를 사용하는데 선·현물 시장에서는 트로이 온스를 기본 단위로 사용한다.[54] 금 가격은 2003년 말까지는 트로이 온스당 400불을 넘지 않았다. 하지만 2005년 말에 500불을 넘겼고, 2006년 600불대, 2007년 800불대, 2008년 900불대를 기록했다. 글로벌 양적 완화가 본격화된 2009년부터 2011년까지는 2배 이상 상승하여, 금 가격은 2011년 9월 6일, 장중에 2020년 이전 최고치인 트로이 온스당 1,923.7달러를 찍었다.

이처럼 2001년부터 2011년 금값이 트로이 온스당 1,920불을 기록하기까지 금값은 7배 상승하는 기염을 통했다. 하지만 2013년 4월 15일과 16일, 양일 동안 금값은 1983년 이래 가장 큰 폭으로 떨어져 트로이 온스당 1,355불을 기록했다.[55] 이후 등락을 거듭하던 금값은 2018년에는 연간 평균 금값이 2013년보다도 낮은 수준인 1,268.5달러였다. 그런데 2019년부터는 금값이 조

54 온스는 28.35g이고 트로이 온스는 31.1g이다. 일본의 토쿄 시장에서도 금이 거래되는데 이때 단위는 킬로그램 혹은 그램이다.

55 Financial Times, Apr. 16, 2013

금씩 상승하기 시작하더니, 코로나 바이러스 창궐로 각국이 막대한 화폐를 찍어낸 2020년부터 금값은 트로이 온스당 1,900불을 넘는 고공행진을 이어갔다. 특히 2020년, 2022년, 2023년에는 금값이 온스당 2,000불을 넘는 시기가 한동안 이어지기도 했다. JP Morgan은 이보다 더 나아가 2024년까지 금값이 트로이 온스당 2,300불을 넘을 수도 있을 것이라고 예상했다. 향후 금값이 어떤 추이를 이어갈지 그 향방이 주목된다.

금 선물과 현물의 대표적인 거래소(exchanges) 시장은 전술한 LME 이외에도 CME 그룹 산하의 뉴욕 COMEX(Commodity Exchange, Inc), NYSE Liffe, 동경 TOCOM(Tokyo Commodity Exchange), 상하이의 SFE(Shanghai Futures Exchange), SGE(Shanghai Gold Exchange) 등이다. 2000년대 초에는 두바이가 러시아산 원유 선물 거래 시장과 함께 금 선물 거래 시장을 개설하여 경쟁에 뛰어들었다. 가장 거래가 활발한 시장은 뉴욕의 COMEX 시장으로 유동성이 가장 좋다.[56] 2024년 6월 기준으로 전 세계 거래소의 황금에 대한 하루 거래량은 924.3억 불이었는데, COMEX에서 거래된 금액이 74.5%인 688.9억 불을 기록했다.[57] 금 가격의 선물 곡선은 거의 언제나 우상향이다. 우상향의 기울기는 전 세계 기준 금리로, 만기가 비슷한 미국 연방준비은행의 금리와 대체로 일치한다.

##  황금의 기능

금은 상품이지만 화폐 증서로서의 성격도 동시에 보유하고 있기 때문에 금을 빌려주고 이자를 받는 것이 가능하다.[58] 어떤 이는 황금이 화폐가 된 이유

56 COMEX 시장의 블룸버그 티커는 GC1 Comdty이다. 금뿐 아니라 전 세계 비철금속도 동 시장에서 거래되는데 런던의 LME와 함께 양대 상품 거래소로 분류된다.

57 https://www.gold.org/goldhub/data/gold-trading-volumes. 그러나 거래소 거래량보다 LBMA 거래량이 언제나 많다. 2024년 3월 기준으로 LBMA는 953.6억 불로 COMEX보다 약 30%나 거래량이 많았다.

58 일반적으로 금을 대여하고 받는 이자는 같은 기간 미국의 국내 이자율보다 낮게 정해진다.

가 근대 유대인 뱅커들의 음모 때문이라고 주장하지만, 필자는 동의하지 않는다. 황금이 화폐 역할을 했던 이유는 고대 바빌로니아 시대부터 내려온 역사적 진화의 산물이지, 인위적인 음모의 결과가 아니다. 하여튼 금을 빌려주고 이자를 받는 거래의 주체들은 각국의 중앙은행이다. 이와 같은 중앙은행의 자기자본 거래는 금의 유동성을 증가시키고 금의 유통속도를 높이는 효과가 있다. 중앙은행의 수요는 전술한 대로 쥬얼리 수요, 투자 수요에 이어 거의 언제나 세 번째로 높은 수요를 기록한다.

이처럼 금은 화폐이다. 금은 화폐인 동시에 투자자산이기도 하다. 2008년 금융위기에서 막대한 수익을 거두었던 헤지펀드 폴슨 앤 코(Paulson & Co.) CEO인 존 폴슨(John Paulson)은 2013년 4월 기준으로 ETF 형태로 31억 불가량의 금을 보유하였다. 폴슨 개인이 가지고 있는 것 외 그의 헤지펀드는 최소한 9개의 금광을 보유하고 있었고, 그 가치는 11억 불로 추산되었다. 나아가 그의 헤지펀드가 보유한 금 관련 주식 중 절반이 앵글로골드 아샨티(AngloGold Ashanti社)로 알려져 있는데, 동사의 주가는 2013년 한해에만 39.5% 하락하였다. 더 나아가 폴슨의 헤지펀드인 폴슨 앤 코(Paulson & Co)의 자산 절반 이상이 금으로 가치가 표시(denominate)되어 있었다. 하지만 2013년 4월 15일과 16일, 양일 동안 금값은 1983년 이래 가장 큰 폭으로 떨어져 온스당 1,355불을 기록했다.[59] 아마 폴슨과 그의 헤지펀드는 치명적인 타격을 입었을 것이다.

폴슨과 달리 금 베팅에 성공한 헤지펀드 투자가도 있다. 조지 소로스는 2012년 3사분기에 FED와 일본 중앙은행(BOJ)의 양적 완화를 예상하면서 금 ETF에 2.2억 불을 투자하였다. 소로스는 2012년 4사분기에 금값이 상승하자 자신의 ETF를 곧바로 처분하였다. 이유는 유로화 가치가 크게 하락할 때 금이 다른 자산과 같이 하락했는데, 이를 보고 금이 더 이상 안전자산의 역할을 하지 못한다고 판단했기 때문이라고 한다. 즉, 유로존 위기로 유로화 가치

59 Financial Times, Apr. 16, 2013

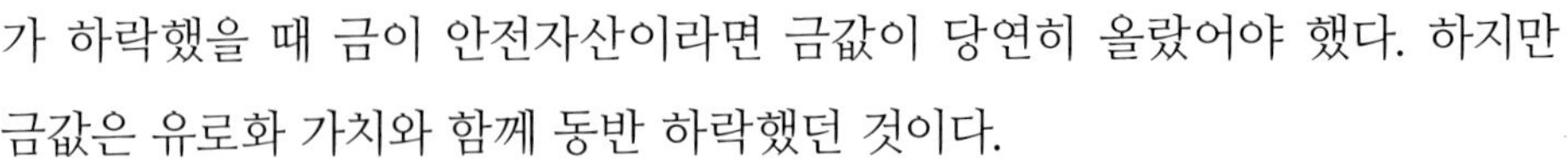

가 하락했을 때 금이 안전자산이라면 금값이 당연히 올랐어야 했다. 하지만 금값은 유로화 가치와 함께 동반 하락했던 것이다.

소로스의 판단대로 2020년 3월, 코로나 바이러스가 전 세계로 확산하면서 금융시장이 극도의 혼란에 빠질 때에도 달러 가치는 상승했지만, 단기적으로 금값은 오히려 하락했다. 예컨대 2020년 3월 20일에 금값은 트로이 온스당 1,500불이 깨지기도 했다. 하지만 이는 일시적 현상이었을 뿐, 그 뒤로 금 가격은 지속적으로 상승했다. 즉, 2020년 4월부터 금 가격은 트로이 온스당 1,700불을 넘었고, 같은 해 7월에는 1,900불을, 8월에는 2,000불까지 넘었다. 그 뒤 등락을 거듭하던 금값은 2024년부터 월평균 2,300불 내외의 상승세를 시현했으며, 특히. 2024년 7월 16일에는 장중에 사상 최고치인 2,468.8불을 기록하기도 했다. 이 정도면 금이 안전자산이 아니라고 주장한 소로스의 판단이 맞는 것인지 과연 의문이 든다.

금의 또 다른 장점은 인플레이션 헤지 기능이다. 즉 물가가 아무리 올라도 구매력이 유지되는 것이다. 구약성서에 따르면 바빌로니아의 네부카드네자르 2세(Nebuchadnezzar II, BC 634~562, 재위 BC 605~562) 마지막 치하인 BC 562년, 금 1 온스로 빵 덩어리 350개를 구매할 수 있었다고 한다. 2018년 1 트로이 온스당 금의 평균 가격이 1,268.5달러이므로 2018년 가격으로는 빵 덩어리 하나가 약 3.6불, 원/달러 환율을 1,200원으로 하면 4,320원인 셈이다. 코로나 이후 인플레이션이 급속히 진행된 2024년 기준으로 빵집에서 웬만한 빵 덩어리가 4,000원 정도 하는 것을 보면, 금의 놀라운 인플레이션 헤지와 구매력 유지 기능을 엿볼 수 있다.[60] 아울러 1926년에 처칠이 1차 대전 후 금본위제로 복귀할 때도 200여 년 전인 1717년에 과학자이자 조폐국 감독관이었던 뉴튼이 지정한 영국 파운드의 금 태환 비율을 그대로 채택하였다.

---

60 15세기 피렌체에서 매춘 비용은 10 듀캇이었다. Charles Nicholl, *Ibid*, p. 206. 1 듀캇이 99% 순도의 황금 3.54그램이므로, 10 듀캇이면 대략 황금 35그램이다. 2023년 황금 가격이 그램당 60불 내외 수준이다. 이는 피렌체 매춘 비용이 2,100불 수준이었다는 뜻이다.

나아가 금은 유럽의 중세 상업자본주의를 일으켜 뱅커들이 탄생하는 결정적 계기도 만들었다. 중세 유럽의 사실상 단일통화는 동로마 제국이 발행한 4.55그램의 금화 솔리더스(solidus)였다. 동로마 제국이 번성하던 시기 동로마 제국은 비단 생산, 유리 세공업 기술을 바탕으로 한 활발한 국제교역과 대외 정복 활동을 통해 금이 넘쳐났다. 동로마 제국은 이렇게 확보한 넘쳐나는 금으로 높은 순도의 금화인 솔리더스를 주조했다. 솔리더스는 유럽 전역에 유통되었고 유럽 경제의 적혈구 역할을 톡톡히 해 내었다.

동로마의 콘스탄티노플에서 주조된 순금 동전 솔리더스. 이 동전은 마뉴엘 1세(Manuel I Komnenos, 1118~1180, 재위 1143~1180) 황제 시대에 제작된 솔리더스이다. 마뉴엘 1세는 동로마를 지중해 최강대국으로 만들어 과거 로마의 영광을 재현하기 위해 엄청난 노력을 기울인 황제이다. 한편 12~13세기 유럽에서 순금 동전이 거의 없었기 때문에 동로마의 순금 솔리더스는 영국의 왕들을 비롯한 유럽의 왕들에게 수집품으로 인기가 매우 많았다. 이 동전도 영국의 헨리 3세(Henry III, 1207~1272)가 수집한 동전 중의 하나이다. 영국박물관 소장

하지만 12~13세기부터 동로마 제국이 내분으로 국력이 약화되고 14세기부터 오스만 튀르크 제국이 부상하자, 동로마 제국의 경제 활동도 급속히 위축되었다. 이 틈을 헤집고 이탈리아의 도시 국가들인 제노바, 피렌체, 베네치아 등이 급격히 부상했다. 이 도시 국가들은 순도가 거의 100%에 가까워 신뢰도가 높은 금화인 제노인(genoin, 제노바), 플로린(florin, 피렌체), 듀카트(ducat, 베네치아) 등을 발행해, 유럽의 활발한 국제무역과 국제금융을 지속적으로 가능하게 했다. 역설적이게도 제노바, 피렌체, 베네치아의 금화는 이슬람 금화인 디나르의 영향 아래 있었던 이탈리아의 시칠리아에서 바이킹족들이 발행한 금화 아우구스탈리스(augustalis)를 거의 100% 모방한 것에 불과했다.

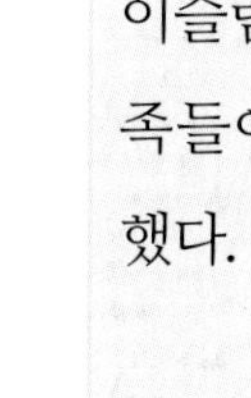

##  금 본위제, 유대인의 음모론? 역사적 우연의 힘!

하여튼 중북부 이탈리아 도시 국가들의 이들 금화는 보관이 간편하고 신뢰성이 높았으므로, 이들을 보관하고 대출 활동을 하게 되는 뱅커들의 출연은 자연스러운 것이었다. 특히 금을 보관하고 있었던 런던의 금 匠人(goldsmiths)들이 금을 보관하고 있다는 증서로 발행한 금 보관증서는, 서양에서 은행권이라는 개념의 실질적 원형이 되기도 하였다. 금 匠人의 금 보관증서와 잉글랜드 은행과 민간은행들이 발행한 은행권은 산업혁명으로 발생한 막대한 화폐 수요를 충족시켰다. 더 나아가 금을 국제무역의 기본 결제 수단으로 삼는 진정한 글로벌 금본위제가 태동하기 시작했다.

뉴턴은 만유인력의 법칙을 발견한 과학자이지만, 한편으로는 연금술사였고 화폐를 제조하는 정부 기관인 조폐국의 수장이기도 하였다. 고드프리 넬러(Sir Godfrey Kneller, 1646~1723)의 1702년 作, 런던 런던 초상화 박물관 소장

엄격한 의미에서 금본위제가 시작된 곳은 근대 영국이었다. 영국의 금본위제는 역사적 우연에 따라 정착된 측면이 있다. 우선 영국에서 금본위제를 정착시킨 최초의 계기를 제공한 이는 경제학자 애덤 스미스나 데이비드 리카르도, 토마스 맬서스가 아니다. 그는 과학자 아이작 뉴턴이다.

뉴턴은 자신과 친분이 있던 재무부 장관(Chancellor of Exchequer) 찰스 몬태규(Charles Montagu, 1661~1715)의 추천으로 1696년 5월, 영국의 금화와 은화를 주조하던 조폐국의 2인자 자리를 맡았다. 대학 교수에서 공무원으로 변신한 그는

런던의 조폐국이 위치해 있던 타워(Tower of London)에서 매일 새벽 4시에 일어나 밤늦게까지 일요일을 제외한 6일을 공부에 매달렸다. 그 결과 과학에만 치우쳤던 그의 지식은 경제, 무역, 통화에 대한 지식으로 급격히 확장되었다. 그는 1699년 12월, 결국 조폐국 최고 책임자 자리에 올랐다.

이즈음 서아프리카 해안에서 들여온 금으로 찰스 2세(Charles II, 1630~1685) 치하인 1663년부터 기계로 주조하기 시작한 금화 기니(guinea)가 영국에서 대량으로 유통되었다. 당시 기니의 무게는 129.4그레인(grains), 즉 8.385그램이었는데, 순도가 91.46%로 매우 높아서 실제 시장에서는 22실링 이상의 은화로 교환할 수 있었다.[61] 하필 당시 영국과 활발한 교역 활동을 수행하던 인도에서는 은에 대한 가격이 영국보다 높았다. 즉 금과 은의 교환 비율이 영국에서는 1:15이었는데 반해, 인도에서는 1:8 혹은 1:9에 불과했다. 인도에서 은의 금에 대한 상대 가치가 영국보다 40~50%가량 더 높았던 것이다.

인도뿐 아니라 이 시기 중국의 은 수요 또한 엄청난 규모로 폭발하기 시작했다. 한 기록에 따르면 명나라 말기인 16세기 말 중국은 연간 50톤의 은을 수입하였는데, 이는 중국 전체 은 수요의 90%에 달하는 것이었다. 명나라에 이은 청나라의 은에 대한 수요는 더욱 드라마틱하다. 즉, 17세기 초 청나라는 연간 116톤의 은을 수입하였는데, 이는 청나라 필요 수요의 97%에 달하는 엄청난 규모였다.[62]

은의 수요는 폭발적으로 늘어나고 있었지만, 불행히도 중국의 은 광산은 16세기 중반 무렵부터 거의 고갈된 상태였다. 이 때문에 16세기 중반 동아시아에서 순수한 은을 광물 상태에서 뽑아내는 은 제련 기술은 국부를 결정하는 핵심 기술이 되고 있었다. 운 좋게도 이 당시 조선은 16세기 초인 연산군 시대부터 납에서 은을 효과적으로 채취하는 연은분리법(鉛銀分離法)을 개발한 상

---

61 즉, 기니의 금 함유량은 대략 7.7그램이었다.

62 David Graeber, *Ibid*, p. 312

태였다. 즉, 연산군일기에 따르면 1503년 6월 13일(연산군 9년 5월 18일), 양인 김감불(金甘佛)과 노비 김검동(金儉同)이 경복궁에 입궐했다고 한다. 이날 아무런 벼슬도 없는 양인과 노비가 임금을 직접 알현하고 연은분리법을 직접 시현해 보인 것이다. 기록에 따르면 "납 2근을 이용하면 은 2돈을 제련할 수 있으므로, 우리나라에 풍부한 납을 활용하여 은을 넉넉히 쓸 수 있게 되었다."

하지만 조선의 지배층인 사대부는 가장 필요한 시기에 운 좋게 개발되었던 이 국가적 핵심 최고기술을 국가 기술로 보호하는 노력을 아예 하지 않았다. 아니, 정반대로 연산군을 폐위시킨 중종은 자신의 반정을 정치적으로 정당화하는 차원에서 사치 풍조 방지를 강조했다. 당연히 은광 개발은 억제되었고, 연은분리법 사용도 금지했다. 불행히도 조선을 드나들던 일본의 상인이 조선의 기술자가 개발한 연은분리법을 도입해 버렸다. 즉, 하카타(博多, 후쿠오카) 지방의 상인인 가미야 주테이(神屋寿禎)라는 이가 1526년 이와미 은광(石見銀山)을 발견하였는데 은의 효과적 제련을 고민하던 그는, 1530년 무렵 조선에서 경수(慶寿, 게이주)와 종단(宗丹, 소탄)이라는 두 기술자를 초청하여 연은분리법을 도입하는 데 성공한 것이다.

발견 당시 이와미 은광의 소유권은 당시 이 지방의 다이묘였던 오우치 가문이었다. 하지만 오우치 가문의 은광 생산이 늘면서 오가사와라(小笠原) 가문, 아마고(尼子) 가문, 모리(毛利) 가문 등이 이 은광을 둘러싸고 사활을 건 쟁탈전을 벌였다. 마치 중부 유럽 최대의 은광이었던 라멜스베르그(Rammelsberg) 은광을 둘러싸고 12~13세기 신성 로마 제국의 호헨슈타우펜(Hohenstaufen) 가문이 서로 간 격렬한 유혈 분쟁을 벌였던 것처럼 말이다.[63]

하여튼 다이묘 상호 간 격렬한 유혈 분쟁 끝에 이와미 은광을 최종 관리하게 된 다이묘는 모리 가문을 복속시킨 도요토미 히데요시였다. 다이묘 상호 간 무제한 난타전이 전개된 전국시대 때 필요한 군자금 조달을 위해 도요토

63 라멜스베르그 은광에 대해서는 『*황금, 설탕, 이자 - 성전기사단의 비밀 (上)*』 編에서 상술한다.

미 히데요시를 비롯한 다이묘들은 조선의 사대부들과는 달리 조선의 연은분리법을 활용하여 적극적으로 이와미 은광을 개발했다. 그 결과 일본은 16세기 중반에 세계 3위의 은 생산국으로 부상한다. 이 때문에 이와미 은광을 비롯한 일본의 은이 중국으로 유입된 것은 물론이고, 일본은 이 은으로 마침내 임진왜란까지 일으켰다.

로버트 클레이튼(Sir Robert Clayton, 1629~1707). 클레이튼은 금장인(goldsmiths) 출신으로 상환요구가 없는 황금을 대출하여 엄청난 돈을 벌었다. 그는 1697년 당시 영국 왕이던 윌리엄 3세(William III, 재위 1689~1702)에게 3만 파운드라는 엄청난 규모의 전쟁 자금을 빌려 주기도 한다. 골드스미스로 성공한 그는 씨티 오브 런던의 수장인 로드 메이어(Lord Mayor)와 영란은행 이사까지 역임한다. 그는 근대적 대출은행인 클레이튼 앤 모리스 회사(Clayton & Morris Co.)를 설립하기도 한다. 영란은행 소장

이처럼 인도와 청나라의 은 공급 부족과 수요 급증 때문에 동쪽 끝 일본에서는 이와미 은광 개발이 활발히 전개되었다. 반면 서쪽 끝 영국에서는 식민지에서 유입된 황금을 바탕으로 제조된 금화 기니를 22실링 이상의 은화로 교환한 후 은화를 녹여서 인도나 청나라로 은을 반출하여 그곳의 금과 교환하는 이른바, 차익거래(arbitrage)가 극성을 이루었다. 이 당시 런던의 은을 인도로 보내 막대한 돈을 벌었던 차익거래의 대표 주자가 2019년까지 LBMA의 시장 조성자였던 스코시아 모카타의 창업자이자 유대인이었던 모세 모카타(Moses Mocatta, ?~1693)였다. 이 사실은 금본위제 도입이 유대인의 음모 때문이라는 설의 근거가 된다. 필자도 유럽의 은이 인도와 중국으로 유출되는 과정에서 유대인의 역할이 결정적이었다는 주장에는 동의한다. 하지만 그들은 단지 돈을 벌

기 위한 단기적 목적만 가지고 있었지, 유대인 전체가 금본위제 도입을 장기적 목표로 정하고 은 유출을 공모했다고 보기는 어렵다. 하여튼 유대인 뱅커들이 주도한 은의 유출이 심각해지자, 영국 정부는 1기니를 22실링 이상으로 계산한 세금 납부를 거부한다는 칙령까지 발표했다.

하지만 여전히 금과 은의 조폐 가격과 시장 가격 차이가 너무 커서 은이 유출되는 차익거래를 막을 수 없었다. 재무부는 뉴턴에게 재정거래 유인을 차단할 조폐 비율을 계산하라고 요청했고, 뉴턴은 금화 1기니를 평가 절하해서 21실링으로 고정하면 은의 가치를 높여 은의 유출을 막을 수 있을 것이라 제안했다. 무슨 근거로 이런 결과가 나왔는지 모르겠지만, 이 결과는 은의 가치를 기존보다 겨우 5%만 올린 조치였다.[64] 1717년, 영국은 뉴턴의 제안을 받아들여 1기니를 21실링으로 고정했다.[65]

물론 뉴턴의 결정도 이해는 된다. 왜냐하면 콜럼버스가 신대륙을 발견한 이후, 정확히 말하면 1521년 아즈텍의 수도 테노치틀란(Tenochititlan)이 함락된 이후, 엄청난 규모의 은광이 남미에서 개발되어 유럽으로 유입되었기 때문이다. 다시 말해 유럽은 신대륙 발견 이후 다른 어떤 대륙보다 은이 넘쳤고, 그 결과 다른 어떤 대륙보다 은의 가격이 저렴했다. 따라서 뉴턴이 금에 비해 은의 가치를 5% 이상 올리기는 쉽지 않았을 것이다.

불행히도 은의 유출은 멈추지 않았다. 21실링도 금에 대한 은의 상대적 시장 가치를 지나치게 낮게 평가했던 것이다. 인도에서 은의 가치가 영국보다 40~50%가량 높았음에도, 5%만 은의 조폐 가격을 상향 조정했으니 당연한 현상 아닌가? 특히 뉴턴은 18세기에 이미 유럽, 인도, 청나라 등 전 세계가 하

64 뉴턴은 유럽에서의 환전 비율만 집중 고려하고 인도에서의 은화 교환 비율은 고려 대상에서 제외했다.

65 1기니가 21실링이므로, 금화 1 트로인 온스(31.103그램)의 가격은 3파운드 17실링 10.5펜스가 된다. (8.385:21=31.103:x, x=77.895실링=3파운드 17실링 10.74펜스) 이 금화 가격은 1925년 윈스턴 처칠이 금본위제로 복귀할 때 파운드의 환율로 적용된다. 즉, 아이작 뉴턴이 1717년에 제안한 금화 교환 비율이 1차 대전 후 영국 기본 환율로 그대로 계승된 것이다.

나의 시장으로 단일화되고 있었음을 간과했다. 뉴턴이 경제학이나 통화를 3년 남짓이 아니라 그보다 더 오래 공부했다면 역사는 달라졌을까? 가장 결정적인 실수는 당시 영국은 인도와의 교역이 급증하고 있었는데도 불구하고, 뉴턴이 인도에서 은의 교환 비율을 감안하지 않았다는 점이다.

황금 유입이 증가함에도 불구하고, 금화 기니의 가치가 하락하지도 않았다. 특히 차익거래 외에도 인도와 청나라로부터 면화와 차·도자기 수입이 급증하면서 유럽에서 중국으로 은의 유출을 가속화시켰다. 예컨대 독일 작센의 아우구스투스 2세는 청나라 자기에 완전히 미쳐 있었다. 그는 청나라 자기 수입에 감당하기 어려운 은이 지출되자, 자기를 직접 개발하는데 골몰하기 시작했다. 아우구스투스 2세는 독일 수학자 치른하우스(Ehrenfried Walther von Tschirnhaus, 1651~1708)와 연금술사인 요한 프리드리히 뵈트거(Johann Friedrich Böttger, 1682~1719)를 고용하여 이들을 지하 감옥에 가두고 기술 개발에 매진한 끝에, 1709년 마침내 꿈에 그리던 자기생산에 성공하긴 하였다.[66] 하지만 중국 청나라와의 자기와 비교하면 여전히 조악하기 그지없었다. 아우구스투스 2세의 마이센 자기가 청나라 자기의 품질을 추월하기 위해서는 200년을 넘게 기다려야 했다.

박과 박쥐가 그려진 청나라 건륭제 시대 자기. 당시 청나라 자기는 유럽의 군주들을 완전히 미쳐 버리게 만든 명품 중의 명품이었다. 대만 국립 고궁박물관 소장

하여튼 17세기 초 무렵부터도 이미 중국의 은화 유입은 연간 116톤으로 전체 세계 생산의 97%에 이르렀다. 멕시코에서 제작된 은화 페소도 은 함유량이 높고 순도가 일정하여 국

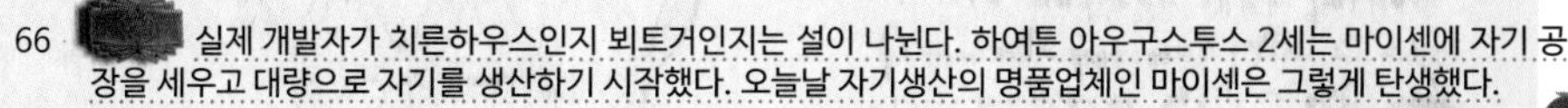

66 실제 개발자가 치른하우스인지 뵈트거인지는 설이 나뉜다. 하여튼 아우구스투스 2세는 마이센에 자기 공장을 세우고 대량으로 자기를 생산하기 시작했다. 오늘날 자기생산의 명품업체인 마이센은 그렇게 탄생했다.

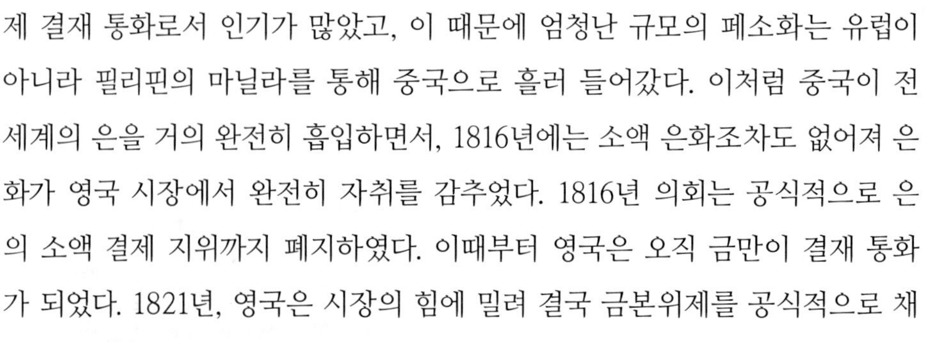

제 결재 통화로서 인기가 많았고, 이 때문에 엄청난 규모의 페소화는 유럽이 아니라 필리핀의 마닐라를 통해 중국으로 흘러 들어갔다. 이처럼 중국이 전 세계의 은을 거의 완전히 흡입하면서, 1816년에는 소액 은화조차도 없어져 은화가 영국 시장에서 완전히 자취를 감추었다. 1816년 의회는 공식적으로 은의 소액 결제 지위까지 폐지하였다. 이때부터 영국은 오직 금만이 결재 통화가 되었다. 1821년, 영국은 시장의 힘에 밀려 결국 금본위제를 공식적으로 채택할 수밖에 없었다.

한편 은이 영국에서 사라지자 예상치 못한 심각한 문제가 발생했다. 이 당시 영국은 청나라로부터 차를 수입한 후 설탕에 타 먹으면서 차에 대한 엄청난 수요가 발생했다. 영국인들이 차를 얼마나 사랑했는지, 영국 귀족들은 손님들에게 음식을 대접할 때 보통 집사를 통해서 준비하게 했지만, 차만은 귀족들이 직접 달여서 손님들을 접대했다.

그 결과 "애프터눈 티(Afternoon Tea)"라는 독특한 귀족 문화까지 생겼다. 특히 커피 하우스가 오직 남성들의 전유물이었던 반면, 차에 대해서는 여성들의 음용이 허락되었다. 이로 인해 여성들이 주도하는 "티 파티(Tea Party)", "티 가든(Tea Garden)" 문화까지 생겼다. 하지만 청나라는 은본위제였다.[67] 은이 없으면 차를 수입할 수가 없었다. 하필 이즈음에 영국 본토에서 은의 유출이 시작된 것이다.

영국인들은 1700년대 중후반부터 할 수 없이 인도의 뱅갈 지역에서 아편을 재배하기 시작했다.[68] 영국인들은 사탕수수 재배를 통해 습득한 대량 생산 기법을 동원하여 인도의 벵갈 지역에 엄청난 규모의 아편 재배지를 조성하여 막대한 양의 아편을 생산한 후 중국에 수출했다. 특히 영국인들은 중국인들

---

67 차(茶)는 중국 광동성에서는 "차[cha:]"로 발음하고 푸젠성에서는 "테[te:]"로 발음한다. 광동성의 발음이 한반도로 건너가 차로 되고, 푸젠성의 발음이 영국으로 건너가 tea로 바뀐다.

68 국공 내전 당시 중국 공산당도 군자금 마련을 위해 아편을 길러서 팔았다. 1943년 소련 대사가 추정한 바에 따르면 중국 공산당의 아편 판매량은 4만 4,760㎏, 당시 시가로 6,000만 불에 이르렀다. 앤터니 비버, *앞의 책*, p. 406

이 주로 담배를 피는 형식으로 아편을 소비한다는 점에 착안하여, 중국인들이 담배 형식으로 아편을 "편리하게" 소비할 수 있도록 맞춤형 아편 제품까지 대량 생산했다.

아편에는 엔돌핀과 유사한 화학구조를 가진 모르핀이 대략 10% 정도 함유되어 있다.[69] 엔돌핀은 조깅이나 수영을 오래 하면 분비되는 호르몬으로 두뇌에 형언할 수 없는 황홀감(Runner's High)을 준다. 반면 아편에 포함된 모르핀은 엔돌핀처럼 진통을 억제하고 황홀감을 주는 작용도 있지만, 동시에 매우 강한 중독성이 있어 한 번 사용하기 시작하면 중단하기 어렵다.

이 때문에 청나라인들은 남녀노소, 지위고하 막론하고 아편에 거의 즉시 중독되었고, 영국은 인도의 아편을 청나라에 몰래 팔아 청나라로부터 대량의 은을 확보했다. 한 기록에 따르면 1870~1914년 기간 동안 인도는 중국에 대해 연간 2,000만 파운드의 무역수지 흑자를 기록했는데, 이 중 65%에 해당하는 대략 1,300만 파운드가 아편 무역에 비롯된 흑자로 추정된다.[70] 인도를 식민지로 삼은 영국은 인도로 유입된 이 은으로 청나라의 차를 다시 산 것이다.

결국 보다 못한 청나라의 임칙서(林則徐, 1785~1850)는 황제의 칙령을 받고 이를 실행하는 임시관리인 흠차대신(欽差大臣)으로서 영국 아편 1,400톤을 몰수하고 모두 불태웠다. 주권 국가로서의 너무나 당연한 조치였다. 하지만 영국인들

69 모르핀은 그리스 신화에서 꿈의 신인 모르페우스(Morpheus)에서 유래한 말이다. 모르페우스는 영화 「매트릭스」에서 구원자 니오를 발굴한 흑인 지도자 이름이기도 하다. 엔돌핀은 1970년대 발견되었는데, 몸 안에 있는 모르핀(endogenous morphine)이라는 뜻으로 엔돌핀이라고 이름 붙였다. 한편 모르핀처럼 엔돌핀과 유사한 화학구조를 가진 또 하나의 수용체가 헤로인이다. 헤로인은 모르핀보다 중독성이 더 강하여 마약의 제왕이라고도 불린다. 헤로인은 영국 화학자 라이트(C.R. Alder Wright, 1844~1894)가 1874년에 개발했는데, 독일 제약사 바이엘이 대량 생산하면서 일반인에게 급속히 보급되었다. 헤로인은 현재 불법 마약으로 제조, 유통 모두가 불법이다. 헤로인의 주요 원료 중 가장 보편화된 작물이 바로 양귀비인데, 양귀비 수출 세계 1위 국가는 아프가니스탄이다. 국제연합 마약범죄 사무소(UNODC, United Nations Office on Drugs and Crime)에 따르면 2021년 기준으로 아프가니스탄의 아편 생산은 전 세계 아편 생산의 무려 85%에 달한다고 한다. 2022년 3월, 아프가니스탄은 양귀비 재배를 불법으로 한다고 선언했지만, 제대로 실행이 가능할지는 확실치 않다.

70 케네스 포메란츠, 스티븐 토픽, *앞의 책*, p. 212

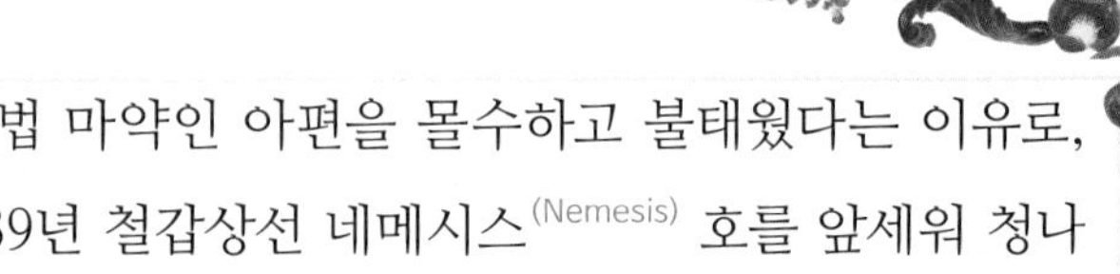



은 불법 마약인 아편을 몰수하고 불태웠다는 이유로, 1839년 철갑상선 네메시스(Nemesis) 호를 앞세워 청나라를 만신창이로 만들었다.

하지만 영국은 아편 무역을 통해서도 자국의 차 수요를 감당하지 못해, 결국은 자신들의 식민지 인도에서 차 재배를 시도했다. 그러던 중 1823년 스코틀랜드 출신 영국 해군 용병이었던 로버트 브루스(Robert Bruce, 1789~1824)가 인도 아쌈 지방에서 자생하는 아쌈 종 차나무 한 그루를 발견했다.[71] 중국 종과 달리 아쌈 종은 더운 지방에서 적합하게 진화하여 잎이 넓다. 우여곡절 끝에 영국은 인도에서 아쌈 종 홍차 재배에 성공하여, 꿈에 그리던 홍차 대량 생산을 시작했다. 그 결과 영국은 다즐링, 아쌈, 닐기리 지역에서 인도산 홍차의 부흥을 이끌어 내었다.[72] 영국은 자국의 이

임칙서는 1785년에 푸젠성에서 태어나 1811년 과거에 합격하여 관리가 되었다. 이후 청나라 8대 황제 도광제(道光帝, 1782~1850)는 중국 국부 유출의 주범인 아편 수입을 금지하고, 1838년에 아편 수입을 근절하는 흠차대신으로 임칙서를 임명한다. 임칙서는 당시 아편의 주요 수입항이었던 광저우로 가서, 아편 밀수가 불법이므로 밀매하다가 적발되면 모조리 몰수한다는 포고문을 붙였다. 영국 상인이 뇌물을 써서 어떻게든 막으려고 했지만 청렴하기로 청나라 제일이던 그에게는 아무런 소용이 없었고, 결국 임칙서는 1839년에 2만 상자가 넘는 아편을 몰수하여 석회와 섞은 후 바다에 버렸다. 이를 계기로 영국은 청나라를 상대로 19세기 최대의 막장 드라마인 아편전쟁을 일으켰다. 영국과의 전쟁을 예상하고 있던 임칙서는 서양에서 구매한 화포로 해안선을 무장하여, 광저우로 쳐들어온 영국 해군을 격퇴했다. 영국은 광저우 함락이 불가능함을 깨닫고, 북경 근처의 텐진항으로 북상하였다. 뇌물로 얼룩진 관리들로 득실거리던 북경 황실은 전전긍긍하면서 변변하게 저항조차 못했고, 청나라 황실은 결국 항복해 버렸다. 가관인 것은 청나라 황실이 전쟁 중에 광저우에서 아편을 몰수하고 영국의 함포 공격을 저지한 임칙서를 임무를 제대로 수행하지 못했다는 이유로 파직했다는 점. 흠차대신에서 파직되었음에도 그는 조정을 원망하지 않고 항상 조국을 걱정했다는 일화는 매우 유명하다. 특히 임칙서는 서양의 발달한 문물과 새로운 지식을 적극 받아들여야 한다고 주장했는데, 그의 이런 사상은 이후 그의 사위가 되는 심보정(沈葆楨, 1820~1879)의 양무운동에 지대한 영향을 미치게 된다. 상하이방의 핵심 인물인 주룽지 총리(朱鎔基, 1928~2003)가 가장 존경했던 인물이 바로 임칙서라고 한다. 광동성 출신 화가인 람과(關喬昌, 1801~1860) 작품. Public Domain

71 미나가키 히데히로, 『세계사를 바꾼 13가지 식물』, 사람과나무사이, 2020, p. 148

72 다즐링 지역은 그대로 홍차 브랜드

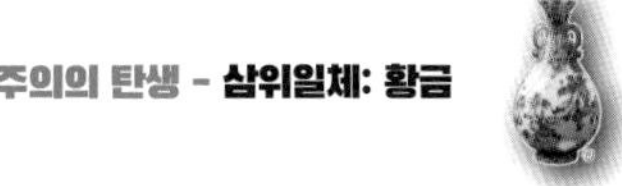

황금 시대

해를 위해 인도의 전통 산업인 면화 산업은 박살 내고, 인도를 전 세계 홍차 생산의 대략 절반을 담당하게 하는 세계 최대의 홍차 생산국으로 탈바꿈시켰다.

몰수한 아편을 석회와 섞어서 못쓰게 하는 임칙서. 19세기 작자 미상. Public Domain

한편 영국의 은이 유출되고 있을 18세기 무렵, 기니를 중심으로 한 영국의 금화 기니는 그 위상이 갈수록 확고해졌다. 너도나도 기니를 보유하려고 안달이었다. 이상한 것은 아프리카로부터 황금이 지속적으로 수입되었음에도 불구하고 금화인 기니의 가치가 떨어지지 않았다는 점이다. 이와 같은 시장의 이상 현상과는 반대로 조폐국 총재인 뉴턴을 비롯한 영국 정부는 황금 유입의 증가로 인해 금화와 은화의 비율이 조만간 하락할 것, 즉 금화인 기니의 가치가 떨어질 것으로 예측했다. 1698년 9월 22일에 발간된 영국 무역부의 특별 보고서는 "황금은 통화가 아니라 상품이며, 그 가치가 계속 변할 것"이라고 평가할 정도로 그들은 황금에 대한 이해가 부족했다.[73]

하지만 영국 정부의 예측은 완전히 빗나갔다. 황금 가격이 일시적으로 떨어지면서 수입량도 잠시 줄어드는 듯했지만, 1701년부터는 150만 파운드, 무게로는 11.6톤의 금이 수입되면서 종전 수입 기록을 갱신했다.[74] 1714~1717년까지도 400만 파운드, 무게로는 30톤이 넘는 금이 유입되었지만, 여전히 금화 가격은 하락하지 않았다. 이유는? 바로 "황금이 상품이 아니라, 화폐였기 때문이다!!!" 특히 금 장인과 영란은행은 자신들의 보관증서와 은행권 발행을

---

로 남아 지금도 전 세계 사람들이 애용 중이다. 한편 홍차는 잎 색깔이 검기 때문에 영어로는 black tea라고 부른다.

73 Peter L. Bernstein, *Ibid*, p. 193

74 1,500,000 × 7.7그램 = 11,550㎏

피바디 조각상. 피바디(George Peabody, 1795~1869)는 미국 매사추세츠 태생이지만 영국의 금융가에서 활동한 다국적 금융가이다. 하지만 어려서는 건어물 장사를 하는 등 매우 가난했다. 그의 이 가난이 그를 평생의 자선사업가로 만든 가장 큰 동력이다. 피바디는 런던에서 금융업에서 엄청난 성공을 거두었지만, 물려 줄 자식이 없었다. 이에 따라 그가 사업을 물려주려고 낙점한 인물이 바로 주니어스 모건(Junius Spencer Morgan I, 1813~1890)이다. 이 둘이 공동으로 운영한 금융회사가 바로 미국 금융업의 아버지인 J.P.Morgan이 된다. 씨티 오브 런던 소재

보증하기 위해 금을 보관해야 했으므로, 금 수요가 오히려 늘었다. 금과 바꿔 주지 않는 단순한 종이 쪼가리인 보관증서와 잉글랜드 은행권을 누가 믿고 화폐로 인정할 수 있나?

금화 기니의 인기가 치솟을 무렵, 영국의 화폐 역사에도 금 태환을 정지시킨 닉슨 대통령과 똑같은 조치가 있었다. 즉, 나폴레옹이 유럽 대륙에서 권력을 강화해 나가면서 영국 침략 가능성이 고조되던 18세기 말이 되자, 영국인들이 극도의 불안감을 느끼기 시작한 것이다. 이 때문에 영국인들은 금 보관증서와 잉글랜드 은행권을 모두 황금으로 교환하기 시작했다. 그 결과 1794년 7백만 파운드, 무게로는 54톤의 금화를 보유하고 있던 잉글랜드 은행은 1년 만인 1795년, 금화 보유량이 5백만 파운드로 급감했다. 이듬해인 1796년에는 금화 유출이 더욱 심각해져서, 금화 보유량이 단 2백만 파운드, 무게로는 단 15톤에 그쳤다.

이제 금 교환 자체가 불가능한 상태가 되었다. 영국 정부는 결국 1797년 2월 25일 토요일, 의회에서 별도의 조치가 있을 때까지 잉글랜드 은행의 금 태환을 정지했다. 1971년 8월 15일 일요일, 닉슨 대통령이 금 태환을 정지했던 조치가 174년 전에도 그대로 있었던 것이다. 사람들은 금 태환을 할 수 없다는 사실에 망연자실을 넘어 패닉에 빠졌다. 다행히도 영국 정부

는 금 태환 정지가 일시적이라고 국민을 설득했다.

영국 정부의 약속대로 24년이 지난 1821년, 금 태환은 재개되었다. 24년이라는 오랜 시간 동안 금 태환이 정지되리라고는 아무도 예상하지 못하긴 했지만. 하기야 빅토리아 시절 영국 정부의 말과 똑같이 "일시적으로 금 태환을 정지"한다고 했던 미국의 닉슨 대통령은 그 약속을 반백 년이나 지난 "지금도!" 못 지키고 있으니, 최소한 금 태환에 대해서만은 영국은 미국보다는 약속을 더 잘 지키는 나라는 아닐까?

하여튼 영국은 이처럼 역사적 우연이 겹치면서 어쩔 수 없이 금본위제로 이행했다. 그렇다 하더라도 국제무역까지 금본위제로 결제되는 것은 또 다른 문제이다. 왜냐하면 국제무역에 필요한 금화는 영국 1개 국가가 금본위제 유지에 필요한 금화보다 훨씬 많아야 하기 때문이었다. 그럼에도 불구하고 19세기 청나라에 이어 가장 국제교역이 활발했던 영국의 금본위제 이행은 영국과 교역을 수행하는 국가들에게는 국제무역을 금으로 결제해야 한다는 암묵적인 압박으로 작용했다.

네이선 로쉴드(Nathan Mayer Rothshild, 1777~1836)는 프랑크푸르트에서 태어나 영국으로 건너간 금융업자이자 무역업자이다. 그는 워털루 전쟁 결과를 미리 알고 영국 국채를 매집하여 엄청난 돈을 벌어들인 것으로 유명하다. 초상화 작가인 리차드 다이튼(Richard Dighton, 1795~1880)의 작품. 런던 런던 초상화 박물관 소장

우연인지 필연인지, 1848년 캘리포니아에서 대규모 금광이 발견되었다.[75] 3년도 채 지나지 않은 1851년에는 호주에서도 황금이 발견되었다.[76] 이에 따라 유럽

---

75 캘리포니아 금광 발견 사건으로 미국은 독립 13개 주가 몰린 대서양 연안 국가에서 대서양과 태평양 연안이 모두 중요한 명실상부한 해양 국가로 발돋움하게 된다.

76 호주의 골드 러쉬 이후 급격히 성장한 도시가 바로 멜버른이다. 나중에 연방 정부가 수도를 정할 때 최초로 번성한 도시 시드니와 골드 러쉬로 성장한 도시 멜버른 사이에 논쟁이 붙자, 두 도시 가운데에 위치한 장소에 행정 도시인 캔버라를 새로 건설하여 연방의 수도로 지정한다. 미국의 캘리포니아 또한 골드 러쉬 이후 인구가 급격히 증가한다. 1848년 금이 발견된 이후 1849년에 캘리포니아로 이주한 이들을 포티나이너(forty-niners)라고 하는데, 1848~1849 사이 단 1년 만에 캘리포니아 인구는 대략 15,000명에서 1,000,000명으로 증가한 것으로 추정된다. 인구급증의 원인은 이주민의 증가였다. 즉 1860년대 캘리포니아 인구의 25%가 이들 이주민 집단이었

각국이 금본위제로 이행하기 위해 필요한 충분한 양의 황금이 전 세계 시장에 공급되기 시작했다. 그 결과 영국과 가장 많은 교역을 하던 포르투갈이 1854년 영국을 따라 금본위제로 이행했다. 대량의 황금이 발견되면 16세기 스페인에서처럼 금의 가격은 하락해야 하지만, 금에 대한 수요가 늘면서 신기하게도 금의 가치는 떨어지지 않았다.

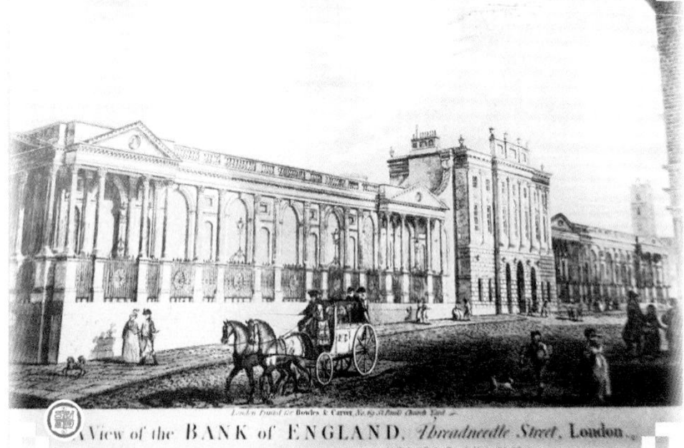


18세기 말, 영란은행(Bank of England) 전경. 영란은행은 영국의 생산력 팽창으로 사업이 번성하자 1765~1788년 사이에 빌딩을 신축한다. 이 사진은 건축학자 로버트 테일러(Robert Taylor, 1714~1788)가 동서 양방향에 윙을 신설하는 등 빌딩 신축 이후 사진이다. 영란은행 소장

특히 19세기 중반은 산업혁명이 본격화되면서 농업 생산, 산업 생산, 원자재 생산이 그야말로 폭발적으로 늘어나는 시기로, 영국을 중심으로 화폐 역할을 했던 황금에 대한 수요도 급격히 증가하던 시기였다. 예컨대 영란은행(Bank of England, 잉글랜드 은행)은 자국의 산업가와 상인들에게 자금을 빌려주는 과정에서 발행한 은행권의 신뢰도를 높이기 위해 대량의 금을 시장에서 구매해서 비축해 두어야 했다. 따라서 황금이 시장에서 쏟아져 나왔지만, 금의 가치는 수요가 늘면서 오히려 안정적으로 유지되는 역설적인 현상이 일어났다.

황금 공급이 증가했음에도 불구하고 황금의 가치가 유지된 대표적인 국가가 미국이다. 미국은 건국 초기인 1791년 재무장관이었던 알렉산더 해밀

---

다. 이주민 중에서 중국인들, 특히 광동 출신 중국인들의 비중이 가장 높았는데, 이는 중국에서 캘리포니아까지 쾌속 범선을 타면 한 달 만에 이동이 가능하였기 때문이었다. (반면 이 시기 동쪽 끝 워싱턴에서 캘리포니아까지는 무려 3달이 걸렸다. 케네스 포메란츠, 스티븐 토픽, *앞의 책*, pp. 246~247) 이와 같은 인구급증 때문에 캘리포니아는 1850년 단순한 군사정부만 위치하던 곳에서 31번째 주로 승격된다.

턴이 금과 은의 교환 비율을 1:15로 규정했다.[77] 하지만 19세기에 접어들면서 나폴레옹이 자국 화폐를 황금으로 보증하기 시작하고 영국이 금본위제로 이행하면서, 황금의 수요 증가로 가치가 상승하면서 금과 은의 교환 비율은 1:15.625로 올라 있었다. 1834년에는 의회가 금과 은의 교환 비율을 1:16으로 더 올려, 1 트로이 온스당 달러 가격을 20.67달러로 고정했다.[78] 1834년에 확정된 이 비율은 대공황이 일어났던 1933년까지 무려 99년간 그대로 유지되었다. 1848년 캘리포니아와 1851년 호주에서 엄청난 금광이 발견되었음에도 불구하고 말이다.

황금이 쏟아져 나오고 금의 가치가 안정적으로 유지되던 가운데 또 다른 역사적 우연이 일어났다. 1859년 미국 네바다에서 "콤스톡 광맥(Comstock Lode)"이라는 대규모 은광이 발견된 것이다. 콤스톡 광맥 때문에 은화는 가격이 떨어지기 시작했다. 은화를 수요하던 대표적인 국가는 인도의 무굴제국과 중국의 청나라가 있었지만, 은화 가격의 하락을 막기에는 역부족이었다. 더욱이 청나라는 이미 아편전쟁이 끝난 1842년 이후 국력이 급격히 기울면서, 은에 대한 수요가 급감하고 있었다. 그 결과 1860년대 은 1 트로이 온스당 가격은 60펜스였지만, 1876년에는 52¾펜스, 1870년대 말에는 51펜스까지 떨어졌다.[79]

77 이때 트로이 온스당 금은 $19.3939, 은은 $1.2929였다. 한편 알렉산더 해밀턴은 현재 10달러 지폐에 새겨진 인물이다. 2015년 오바마 행정부가 10달러 지폐 인물인 알렉산더 해밀턴을 교체하려고 시도했으나, 초대 재무장관에 대한 예우 차원에서 무산되었다. 대신 20달러 지폐에 새겨진 앤드류 잭슨 7대 대통령이 흑인 노예를 다수 거느리고 원주민을 탄압했다는 이유 등으로, 흑인 인권운동가인 해리엇 터브먼(Harriet Tubman, 1822~1913)으로 교체한다고 결정했다. 다만 트럼프 대통령이 교세 시기를 2028년으로 연기하면서 아직은 앤드류 잭슨 대통령이 20달러에 새겨져 있다. 참고로 1달러 지폐에 새겨진 인물은 초대 대통령인 조지 워싱턴으로, 연방법에 따라 유일하게 초상화 교체가 금지되어 있다. 2달러 지폐는 3대 대통령인 토마스 제퍼슨이 그려져 있다. 2달러 지폐는 발행량이 많지도 않고 2달러 지폐를 선물 받은 그레이스 켈리가 모나코 공비가 되면서 행운의 지폐로 알려져 있다. 참고로 5달러 지폐는 16대 대통령인 에이브러햄 링컨, 10달러 지폐는 초대 재무장관인 알렉산더 해밀턴, 20달러 지폐는 7대 대통령인 앤드류 잭슨, 50달러 지폐는 18대 대통령인 율리시스 그랜트, 가장 높은 액면가인 100달러 지폐는 벤저민 프랭클린 초상화가 그려져 있다. 이 중 50달러 지폐에 새겨진 그랜트는 말년에 파산한 후 극도로 빈곤하게 살아, 50달러 지폐는 불행의 상징으로 통한다. 도박사와 카지노에서는 50달러 지폐를 절대로 사용하지 않는 것이 불문율이라고 한다.

78 Peter L. Bernstein, *Ibid*, p. 248

79 Peter L. Bernstein, *Ibid*, p. 250. 콤스톡 광맥이 조금만 일찍 발견되었더라면 1839년의 아편전쟁은 일어나지 않았을

이 때문에 유럽 각국은 서로 눈치만 보면서 금본위제 도입에 대한 시점만 탐색하고 있었다. 왜냐하면 1842년 아편전쟁 이후 가속화된 청나라의 몰락과 은의 과잉 생산으로 은화 가치가 계속 떨어지고 있는 상황이었으므로, 은화를 결제 수단으로 인정하고 비축할 경우 가만히 앉아서 손해를 보는 상황이 벌어지기 때문이었다. 결국 1871년 당시 영국에 이어 유럽 제 2의 강국으로 부상한 독일이 보불 전쟁에서 받은 50억 마르크의 배상금으로 시장에서 막대한 금을 모은 뒤 금본위제를 채택했다. 독일의 금본위제 이행은 경제적 동기만 있었던 것이 아니었다. 독일의 금본위제는 당시 유럽 대륙에서 최강대국으로 부상한 독일이 영국까지 추월하겠다는 정치적 의지가 담긴 조치이기도 했다. 독일이 금본위제로 이행하자 1870년대 내도록 독일의 주변국인 덴마크, 네덜란드, 노르웨이, 스웨덴, 그리고 라틴 통화동맹 국가들인 벨기에, 프랑스, 이탈리아, 스위스, 그리스까지 금본위제로 이행했다.

미국은 1873년 4월 "통화주조법(Coinage Act of 1873)"에서 은화에 대한 조항이 빠지면서 사실상 이 법 이전까지 유지되던 복본위제가 폐지되고 금본위제로 이행했다. 통화주조법에서 은화 조항이 왜 누락되었는지는 아직도 명확하게 밝혀진 바가 없다. 뱅커들의 음모 때문이었다는 설이 있지만, 진실은 아무도 모른다. 하여튼 1873년에 미국의 생산량은 폭발적으로 늘고 있었지만, 수요 감소가 겹치면서 극도의 디플레이션 압력이 있었던 시기였다. 하필 이때 은화의 법적 지위에 대한 규정을 빠뜨린 것이다. 결국 은화의 법정 지위 불인정으로 화폐량이 감소하고 수요가 추가로 감소하면서 물가는 더욱 더 하락하였다. 이 때문에 사실이든 아니든 1873년 통화법은 미국의 1873년 공황을 실질적으로 촉발한 원흉으로 지목되면서, "1873년의 입법 범죄 행위"라고까지 불리기도 했다.

하여튼 미국은 1873년 통화주조법 이후 남북전쟁 이후 중단했던 금 태환

---

지도 모르겠다.

을 1879년에 재개하면서 실질적인 금본위제 국가로 이행하였고, 1900년에는 입법을 통해 공식적인 금본위제 국가가 되었다. 19세기 말에는 러시아와 일본이 금본위제로 이행했고, 은본위제를 고수하던 인도는 1898년 자신들의 화폐인 루피를 금본위제를 따르던 파운드화에 연동함으로써 사실상 금본위제로 이행했다.

이처럼 1870년대부터 주요 국가 모두가 금본위제로 이행하면서, 세계는 역사상 처음으로 전 지구적 차원에서 진정한 금본위제 시대를 맞이하였다. 고대 리디아 금융 제국과 동로마의 금본위제가 아나톨리아 반도와 에게해 일부에만 시행되었던 반면, 1870년대 이후 금본위제는 유럽 대륙 전체와 북미 대륙, 아시아, 그리고 인도까지 포괄한 진정한 글로벌 금본위제였다. 금본위제 시행으로 인해 1873년부터 1880년대 초반까지 무려 10년 가까이 농민 폭동과 공황을 겪은 미국 국내 상황은 차치하고, 이와 같은 19세기 말의 금본위제는 최소한 국제무역과 국제 금융에서는 자본주의 역사상 최고의 황금기를 만들었던 가장 중요한 기초가 되었다.

특히 국제무역의 결제 수단이 황금으로 단일화되면서, 금 유출과 금 유입이 무역 수지를 판단하는 간결한 핵심 지표가 되었다. 즉, 무역이 적자이면 금이 유출되고 이에 따라 금으로 표시되는 국내 물가는 하락한다. 반대로 흑자국으로 금이 유입되면서 흑자국의 물가는 상승한다. 흑자국으로부터의 수입품 물가가 상승하면 적자국의 소비는 줄게 되고, 무역수지는 서서히 개선된다.[80]

이론뿐 아니라 실제로도 19세기 말의 글로벌 금본위제는 금융위기 상황에서도 안정적으로 작동되는 것으로 판명되었다. 대표적으로 1890년, 아르헨티나에 대한 과도한 대출로 베어링 은행이 파산 위기에 직면하자, 잉글랜드 은행이 보유한 황금의 절반이 유출되는 위기를 맞았다. 하지만 프랑스, 러시아, 스

80 18세기 영국의 철학자인 데이비드 흄(David Hume, 1711~1776)은 금본위제 하의 이와 같은 메커니즘을 "가격-정화 플로우 모델(price-specie flow model)"이라고 불렀다.

페인 중앙은행은 가장 신속하고 가장 관대한 조건으로 자신들의 황금을 잉글랜드 은행에 대출해 주거나 인출을 미루었다. 금본위제를 바탕으로 한 각국의 "확고한 신뢰"로 인해 베어링 은행의 파산 위기는 글로벌 금융에 큰 영향 없이 처리되었다. 1895년 거의 매일 2백만 달러어치의 금이 유출되던 미국의 금융 공황 위기까지도, 제이피 모건과 로쉴드 은행의 중재로 유럽이 황금을 적시에 공급함으로써 성공적으로 극복되었다.

이 때문에 중앙은행 출신 관료들과 일부 학자들은 금본위제에 대한 맹목적인 신뢰를 가지기 시작했다. 1차 세계 대전이 끝나고 각국이 금본위제로 복귀하거나, 2차 대전 이후 달러와 금을 교환해 주던 브레튼 우즈 체제가 등장한 가장 중요한 동력이 바로 1870년대부터 1차 대전 이전까지 금본위제와 국제무역의 안정적 성장이 공존하던 현상이었다. 국제무역의 안정적 운영이 금본위제 때문인지, 아니면 국제무역이 안정적으로 운영되었기 때문에 금본위제가 유지되었는지 여부는 아직도 논란거리이다.

특히 1873년의 공황은 그 원인에 대해서 설이 분분하다. 금본위제 반대론자들은 이 공황이 본격적인 금본위제 도입에 따른 화폐 공급의 감소로 물가가 하락했기 때문에 발생했다고 주장한다. 금본위제 찬성론자들은 금본위제에 따른 신뢰성 있는 화폐 공급으로 이 시기 상품 공급능력은 폭발적으로 확대된 반면, 시장에 나온 상품에 대한 수요가 감소하면서 물가가 하락했다고 주장한다. 즉, 물가하락은 금본위제 때문이 아니라 글로벌 상품 수요 감소 때문에 일어났다는 것이다.

필자가 보기에도 금본위제 도입에 따른 화폐 공급의 감소는 최소한 국제무역에는 해당이 없다. 왜냐하면 1848년 캘리포니아와 1851년 호주의 대규모 금광 발견으로 금화 제작에 필요한 황금의 공급은 부족한 적이 없었기 때문이다. 나아가 1890년부터는 금을 침전시켜 회수하는 청화제련(cyanidation)법이 남아프리카 지역에서 적용되어, 금 생산량이 폭발적으로 증가함으로써 금화 공

급이 획기적으로 늘었다.[81] 다시 말해, 전 세계 물가를 하락시킬 만큼 황금 공급량이 줄어든 것이 아니라 1873년 공황 당시 황금의 공급은 오히려 늘었다.

다만 금본위제는 국제무역이 아니라 국내적으로는 심각한 디플레이션의 원인이 될 수는 있었을 것이다. 왜냐하면 은은 주로 국내에서 소액 결제 수단으로 널리 사용되었으므로, 은화의 퇴출로 수요가 추가로 감소하면서 국내 상품 물가는 하락 압력에 직면했을 가능성이 높았기 때문이다. 실제로 미국의 통화량은 1866년 18억 불에서 1873년 화폐주조법 통과 이후인 1876년에 ⅓ 토막이 난 6억 불로 급격히 줄었다.[82] 1873~1879년까지 미국의 공황은 이처럼 소액으로 결제할 수단이 국내에서 사라지면서 심화된 것으로, 금본위제로 인한 국제 상품가격의 하락보다는 은화의 퇴출로 인한 국내 상품 가격 하락에서 비롯된 것이라고 보는 것이 타당하다.

다만 1873년의 공황이 생산능력의 확대와 수요 감소가 겹쳐서 일어난 것은 틀림없는 사실이다. 생산능력의 확대가 가능했던 이유는 금본위제 시행에 따른 국제 금융의 확대, 특히 뱅커들의 성지였던 런던 시장이 기축통화였던 파운드를 매개로 전 세계 산업 금융의 저수지 역할을 했기 때문에 가능한 것이었다. 그 결과 빅토리아 여왕(1819~1901) 시대 세계 인구의 2%에 불과한 영국은 현대적인 산업 분야에서 전 세계 조업 능력의 40~50%를 소유하고 있었고, 세계 제조업 생산고의 40%를 담당했다.[83] 다시 말해 금본위제와 뱅커들의 합작으로 인해 1870년대부터 전 세계적으로 급격한 생산능력의 확대가 이루어진 것이다.

불행히도 금본위제와 뱅킹의 결합으로 생산능력이 확대되면서 상품은 시

81 청화제련법이란 금과 은이 포함된 광석을 사이안화 알칼리라는 수용액으로 녹인 뒤에 아연 가루를 넣어 금과 은을 침전시키는 방법이다. 기존에는 금과 은이 포함된 광석을 분쇄한 뒤, 수은을 물에 함께 넣어 수은 아말감을 만들어 금을 채취하는 아말감법을 사용했다.

82 쑹훙빙, 『*화폐전쟁*』, 랜덤하우스, 2009, p. 93

83 에이미 추아, *앞의 책*, p. 296

장에 쏟아져 나왔지만, 이를 소비할 여력은 턱없이 부족했다. 가장 큰 소비대국인 중국은 아편전쟁으로 만신창이가 되었고, 인도 또한 영국의 가혹한 지배로 소비 여력이 급격히 하락했다. 선진국에서 자본을 축적한 부르주아들이 있었지만, 이들이 소유한 돈이나 소비 여력보다 훨씬 많은 상품이 시장에 쏟아져 나왔기 때문에 이들 상품 모두를 소비하는 것은 불가능에 가까웠다. 할 수 없이 영국, 프랑스, 독일은 상품을 소비할 식민지를 찾기 시작했다. 바로 식민지 쟁탈전의 시작이었다. 1873년의 공황이 선진국 식민지 쟁탈전의 가장 직접적인 원인이 된 셈이다. 결국 금본위제로 인해 생산능력이 급격히 확대되어 상품을 팔기 위한 식민지 쟁탈전이 시작되었으므로, 금본위제가 서양이 동양을 약탈적으로 식민지화한 근본 원인 중 하나가 되었다고 해도 크게 틀린 말은 아니라고 본다.

##  황금 대국 미국과 Bretton Woods 체제

나아가 금을 기초로 화폐량을 일정 비율로 고정해야 한다는 금본위제는 1929년 세계 대공황을 일으키는 대재앙의 근본적 원인이 되기도 하였다. 시작은 제노바에서부터였다. 즉 1차 대전이 종료되자 유럽 주요 34개 국가는 1922년 4월, 이탈리아의 제노바에서 모임(Genoa Conference in 1922)을 가지고 주요국이 조속히 금본위제로 복귀할 것을 결의했다. 제노바 회담에서 제안된 금본위제는 일반인들은 은행권을 금으로 바꿀 수 없고, 오직 외환을 보유한 중앙은행의 경우에만 상호 간 금 태환을 허용하는 것이었다.

이에 따라 1925년 4월, 영국이 금본위제로 복귀했다. 1870년대 국제금융시장의 메카였던 런던과 국제 기축통화였던 파운드화의 지위, 그리고 1차 대전 중 급격히 증가한 통화량으로 인한 인플레이션 억제 또한 금분위제 복귀의 명분으로 제시되었다. 당시 재무장관이었던 윈스턴 처칠이 잉글랜드 은행장이

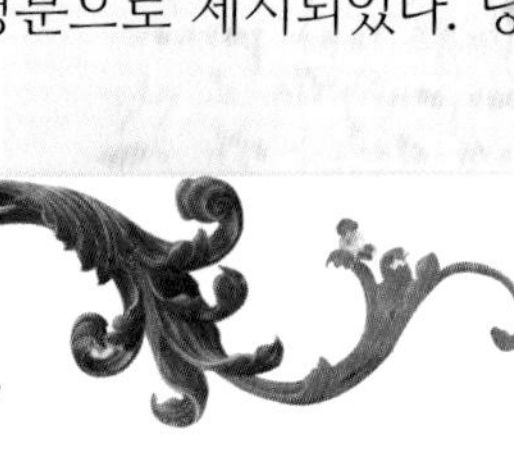

었던 몬태규 노만(Montagu Norman, 1871~1950)의 끈질긴 설득으로, 고민 끝에 금본위제 복귀를 선언한 것이다.

하지만 이는 장고 끝에 최악의 한 수였다. 영국 내 화폐량이 감소하면서, 실업률이 치솟고 수많은 공장이 문을 닫았다. 더욱이 영국이 당시 전 세계에서 처음으로 금본위제로 복귀하면서, 각국의 금이 영국으로 유입되었다. 특히 1차 세계대전의 영향을 거의 받지 않았던 미국의 금이 대량으로 영국으로 유출되었다. 미국은 영국으로의 금 유출을 막기 위해 어쩔 수 없이 이자율을 급격히 올렸다. 이 당시 월가는 강도 귀족(Robber Baron)이 판을 치는 카지노 자본주의의 정점에 있었다. 따라서 거의 미국 전역이 투기판이었고, 월가는 은행에서 돈을 빌려 주식을 투자하는 투기꾼들로 들끓고 있었다. 예컨대 은행은 주식 브로커 대출 금액을 1925년 15억 불에서 1928년 26억 불로 2배 가까이 늘렸고, 은행이 아닌 금융기관의 주식 브로커 대출은 10억 불에서 66억 불로 6배 이상 급격히 확대되었다.[84]

이 상황에서 미국 밖으로 유출되는 금을 줄이기 위하여 연준이 이자율을 올린 것이다. 그 결과 1925년의 재할인율은 3%였지만, 1929년에는 그 두 배인 6%로 올라 있었다. 이자율이 급등하면서 거의 모든 미국 국민이 돈을 빌려서 투자한 월스트리트 주식시장은 일거에 붕괴되었다. 주식시장뿐 아니라 산업 생산과 같은 실물 경제도 괴멸적인 타격을 입었다. 불행히도 실물 경제의 피해는 이자율이 올라도 투기를 멈추지 않았던 금융시장보다 훨씬 컸다.

하지만 1929년 당시 연방준비은행은 2008년 금융위기 때처럼 유동성 공급 조치를 아예 취하지 않았다. 아니 할 수 없었다. 금본위제 하에서 금이 유출되고 있는데 어떻게 화폐를 새로이 발행할 수 있단 말인가? 생산능력 확대와 소비 여력이 부족한 상태에서 이자율을 올린 연준 조치의 결과는 자본주의 역사상 가장 파괴적인 경제 대공황이었다.

---

84 Peter L. Bernstein, *Ibid*, p. 304

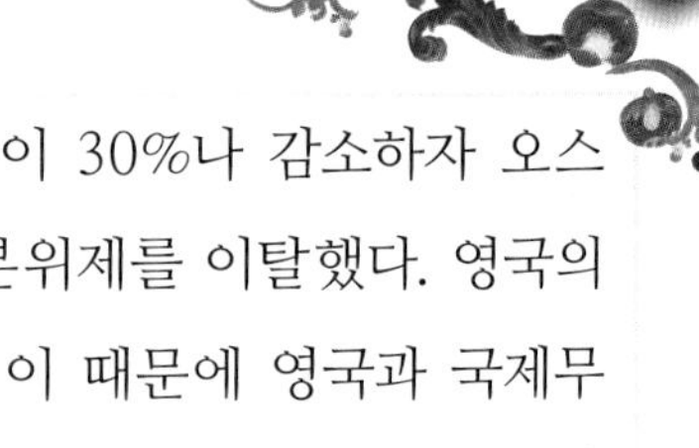



대공황의 여파로 1929~1932년 사이 세계 무역이 30%나 감소하자 오스트리아는 1931년 5월, 영국은 1931년 9월 21일 금본위제를 이탈했다. 영국의 금본위제 이탈은 파운드화 절하와 효과가 같았다. 이 때문에 영국과 국제무역의 경쟁국이던 프랑스도 프랑화 절하 압박을 받았다. 당시 프랑스는 미국과 함께 국제 시장에서 금을 사 모으기로 명성이 높은 나라였다. 1928년과 1929년 상반기 동안 프랑스 단독으로만 전 세계 금 보유량의 3%를 빨아들일 정도였으니까.[85]

하지만 금본위제를 계속 고수하다가는 국내 산업생산은 위축되고, 국제무역에서도 영국에 밀리게 된다. 결국 프랑스도 더 이상 버티지 못한 채 1936년 9월 금본위제를 이탈하였다. 독일은 히틀러가 정권을 잡은 1933년 1월 직후인 3월에 외환통제를 실시하면서 사실상 마르크를 금과 교환해 주는 금본위제를 포기했다. 이후 주요국이 연쇄적으로 금본위제를 이탈하였다.

미국도 금본위제 자체를 비판하던 루스벨트(Franklin Delano Roosevelt, 1882~1945)가 대통령이 되면서 금본위제를 이탈하는 듯 했다. 하지만 미국은 1934년 1월 30일, 기존의 1900년 금본위제법(Gold Standard Act of 1900)에서 규정한 가격인 금 1트로이 온스당 20.67불을 35.00불로 평가 절하하는 선에서 그쳤다. 즉, 1929년 대공황 이후 전 세계에서 거의 유일하게 미국만이 금본위제를 유지하는 나라가 되었다. 이 때문에 전 세계의 금이 미국으로 향하기 시작했다.

각국이 금본위제를 일탈하면서 금의 수요가 줄어들어 금 가격이 하락할 것이라는 예상과 달리, 역설적이게도 각국이 평가 절하를 시행한 후 금의 구매력은 더 올라갔다. 예컨대 1930년대 중반 금의 구매력은 1929년 구매력의 2배였다. 이 때문에 전 세계의 금 생산이 어느 때보다 활발히 전개되었다. 이렇게 급격히 생산량이 증가한 금은 히틀러의 등장으로 정세가 불안한 유럽으

85 Robert L. Hetzel, 『*German Monetary History in the First Half of the Twentieth Century*』, Economic Quarterly, 2002, p. 13

로 유입될 수가 없었다. 특히 유럽의 주요 국가는 거의 모두 금본위제를 포기한 이후였다. 오직 프랑스만이 마지막까지 남아 있었지만, 1936년에는 프랑스마저 금본위제를 이탈한 상태였다.

따라서 금이 향할 곳은 전 세계에서 단 한 곳, 미국뿐이었다. 1900~1913년 기간 동안 20.67불로 계산한 미국의 연평균 금화 유입량은 7천만 불(35불 가격으로는 1.2억 불)이었다. 하지만 1934~1939 기간 동안 미국으로 1년 동안 유입된 최소 금화 규모는 그 10배가 넘는 11억 불이었다. 미국으로 수출된 금은 뉴욕 연준의 지하에 보관되었는데, 이자율은 1%도 되지 않았다. 하지만 금이 갈 만한 장소는 맨해튼 리버티 스트리트 33번가에 있는 뉴욕 연준의 지하창고 말고는 없었다. 이에 따라 1913년, 전 세계 중앙은행 금괴의 23%만 보유하고 있던 미국은 1929년에는 전 세계 금괴의 38%를 차지하더니, 1939년에는 전 세계 중앙은행 금괴의 60%를 차지하였다!!![86] 그 결과 2차 대전 직전에 이미 미국은 전 세계 중앙은행 금괴의 절반 이상을 보유한 황금 대국이 되었다.

2차 대전 후 세계 무역의 기본 통화로 부상한 달러와 금의 교환 비율이 고정되는 브레튼 우즈 체제가 등장한 이유가 바로 이 때문이다. 즉, 미국이 전 세계에서 가장 많은 금괴를 보유하고 있었기 때문이다. 나아가 1차 대전 직후와 마찬가지로 금본위제가 안정적인 국제무역의 확대를 가져올 것이라는 확고한 믿음 또한 다시 작용했다. 고대 메소포타미아의 수메르와 마찬가지로 금은 2차 대전 후에도 여전히 신과 같은 절대 권력을 가지고 있었던 것이다.

하지만 한계도 있었다. 영국 재무부 장관 케인즈는 국제교역량이 증가하면서 금이 비례적으로 증가하지 않으므로, 한 국가의 통화가 아니라 새로 설립되는 국제 중앙은행이 발행하는 세계 단일통화인 방코르(Bancor)를 만들어 세계 기축통화로 삼아야 한다고 주장했다. 하지만 그의 주장은 세계 질서를 주도하는 미국의 슈퍼 파워라는 정치적 논리에 묻혔다.

---

86 Peter L. Bernstein, *Ibid*, pp. 324~325

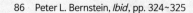

사실 영국은 1941년 이후 파산상태였으므로, 케인즈의 주장은 심하게 말하면 공상에 가까운 주장이었다. 2차 대전 후 초강대국으로 부상한 미국은 재무장관 해리 덱스터 화이트(Harry Dexter White, 1892~1948)를 내세워 미국 달러를 전 세계 무역 결제의 기본 통화로 만들었다. 화이트 재무장관 주장의 관철은 누가 봐도 당연한 것이었다. 하지만 케인즈의 말은 옳았다. 1971년, 결국 케인즈의 예언은 실현되었다. 국제교역량이 급증하는 가운데 미국이 막대한 무역수지 적자를 기록하자, 달러를 금과 교환할 경우 미국 내 금이 하나도 남아나지 않는 사태에 직면한 것이다.

미국은 자국 내 보관된 세계 최대 규모의 황금을 지키기 위해, 1971년 8월 15일 일요일 이후부터 달러를 금과 교환해 주지 않는다고 일방적으로 발표해 버렸다. 1971년 이후 달러는 금 교환증서의 자격을 잃었다. 달러는 그냥 종잇조각일 뿐이다. 금 보유량의 직접 제약을 받았던 달러 통화량은 이제 그 누구의 통제도 받지 않았다.

통화량의 고삐가 풀리면서 뱅킹 활동을 주도했던 상업은행은 투자은행들과 함께 자신들의 화폐 자산을 급격히 늘렸다. 결과적으로 상업은행·투자은행을 제외한 글로벌 경제주체들은 막대한 부채의 덫에 걸려들었다. 1987년의 글로벌 주식시장 붕괴, 1998년 아시아 금융위기, 2008년 금융위기 등 세계 경제는 거의 10년마다 주기적으로 금본위제 이탈로 인한 부채의 저주를 받아야 했다.[87]

## 황금과 우주 개발

금은 화폐나 투자자산으로서의 기능만 가지고 있는 것이 아니다. 금은 아무런 화학작용을 할 수 없으므로, 물과 공기의 영향을 받지 않는다. 즉 부식되

87 2008년 금융위기의 원인, 경과 및 결과에 대해서는 *『대체투자 파헤치기(상)-2008년 금융위기』* 編 참조

지 않는다. 우주에서 생성된 물질이니 지구의 물질은 금의 성질을 바꿀 정도의 에너지가 없는 것이다. 3,000년도 더 된 이집트 투탕카멘의 무덤에서 발견된 금 데드마스크는 지금도 그 선명한 황금색 빛이 살아 있다.

나아가 금은 성질이 부드럽고 길게 펴질 수도 있어, 얇은 박막이 가능하다. 전기를 전달하는 능력도 매우 뛰어나다. 따라서 금은 반도체, 우주선에도 사용되고 우주복 헬멧의 투명 바이저(visor)에는 적외선을 차단하기 위해 반드시 금박 코팅을 해야 한다. 햇빛에 반사된 우주복 헬멧이 황금색인 이유가 바로 이 때문이다. 아울러 금은 다른 금속물질과 달리 먹을 수도 있다. 이와 같은 특징 때문에 금은 장식용, 산업용 뿐 아니라 식용과 약용으로도 사용한다.

여담으로 수메르 문명 최고의 권위자인 제카리아 시친(Zekaria Sitchin, 1920~2010)은 제12 행성 니비루(Nibiru)에서 온 우주인 아눈나키(Anunnaki)가 지구를 찾은 이유가 지구의 금 때문이라고 주장하였다. 수메르, 이집트, 구약성서에서 언급된 네필림(Nephilim)은 아눈나키와 인간 사이에서 태어난 혼혈이라고 한다. 구약성서에는 네필림이 하느님의 아들과 사람의 딸 사이에서 태어난 자손으로, 고대의 유명한 용사라고 묘사했다.[88] 네필림이 누구인지는 성서학자마다 너무나 다양한 해석을 내놓고 있기 때문에, 네필림은 성서에서도 가장 난해한 단어 중의 하나이다.

하여튼 시친에 따르면 태양계 제12 행성 니비루의 대기가 손상되면서 그들의 대기를 보호하기 위해 금가루가 필요했고, 지구에서 금을 발견하면서 이들이 지구에 정착했다는 것이다. 시친이 지목한 금 채굴 장소는 로디지아, 즉 오늘날의 잠비아와 짐바브웨이다.

실제로 이 지역을 처음으로 탐사했던 영국인 텔포드 에드워즈(Telford Edwards)는 1904년, 짐바브웨에서 10만 년 이전의 초고대에 매우 활발한 금광 채굴 활동이 있었다고 주장했다. 전술한 대로 에드워즈는 고대인이 채굴한 금광이

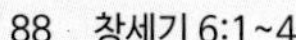

88 창세기 6:1~4

최소한 21,637,500온스, 약 612톤일 것이라고 추정했다.[89] 인류 "문명"의 시작이 1만 년 전인데, 10만 년 전에 누군가가 금을 채굴했다는 것이 말이 되는 주장인가? 그들은 도대체 누구인가?

시친은 더 나아가서 금 채굴 노동이 힘들었던 아눈나키가 그들의 노동을 대신하게 할 목적으로, 그들 형상을 닮은 호모 사피엔스를 창조하여 금 채굴을 대신하게 했다고 주장하였다. 물론 상식적인 관점에서 보면 황당하기 그지없는 SF 소설이다. 흥미로운 점 하나가 있다. 수메르 문명에서는 아눈나키의 노예들, 즉 이지지(Igigi)나 인간들이 금을 채굴하던 장소를 아라리(A, RA, LI)라고 불렀다. 이는 우리나라의 아리랑 가사에 나오는 아라리와 발음이 동일하다. 혹시 아리랑이 금을 채굴하던 이들의 노동요였을지도 모른다고 주장하면, 또 다른 SF 소설이라고 할지도 모르겠다.

마지막으로 최근에는 우주를 상업적으로 개발하려는 민간인들의 활동이 매우 두드러지고 있다. 원래 우주개발은 미국과 소련, 양 국가 간 체제 경쟁의 산물이었다. 우주개발의 선두는 소련이었다. 소련은 2차 대전을 통해 나치로부터 미사일 제조 기술, 즉 우주선 제작 기술을 확보했고, 마침내 1957년 인류 최초의 인공위성인 스푸트니크를 쏘아 올려 미국을 자극했다. 미국은 충격에 휩싸여 국방연구소(DARPA)와 항공우주국(NASA)을 만들어 우주개발에 적극 뛰어 들었고, 그 결과 미국은 1969년 달에 처음 인간을 착륙시켰으며, 1981년에는 우주왕복선까지 개발했다.

하지만 1991년 소련이 붕괴하자 우주개발의 가장 핵심적인 동력이 사라졌다. 특히 미국은 최소 10억 불에 이르는 우주왕복선 1회 발사 비용을 감당하지 못했고, 2003년 2월 우주왕복선 콜럼비아호가 지구로 귀환하던 중 폭발하는 참사까지 일어났다. 결국 미국은 2011년 우주왕복선 아틀란티스를 마지

89 Richard Nicklin Hall and W. G. Neal, 『*The Ancient Ruins of Rhodesia (MONOMOTAPiE IMPERIUM)*』, METHUEN & CO., 1904, p. 66 (digital copy of google books, The late Mr. Telford Edwards, f.g.s., m.i.m.b., of Bulawayo, for contributions of information on ancient gold-mining and ancient ruins.)

막으로 우주왕복선 사업을 사실상 접었다.

미국이 정부 차원에서 우주개발 활동을 줄이고 있던 반면, 민간의 우주개발 활동은 2010년대부터 매우 활발하게 전개되었다. 예컨대 NASA는 2011년, "상업적 우주 비행사 프로그램(Commercial Crew Program)"을 통해 우주 왕복 사업에 민간인의 참여를 공식 허용하였다. 이 프로그램에 따라 2014년 NASA는 우주왕복선에 우주 비행사를 보내는 사업에 일론 머스크의 스페이스 X와 보잉을 선정했다. 그 결과 2020년 5월, 스페이스 X의 우주 택시 "크루 드래곤 인데버(Crew Dragon Endeavour)" 호가 처음으로 국제 우주 정거장에 우주 비행사를 실어 날랐다. 이때 소요된 비용은 대략 6,000만 달러로 추산된다. 스페이스 X는 2023년에 무려 98회의 로켓 발사에 성공하는 기록적인 성과를 시현하기도 했다. 어쨌든 이 사업으로 인해 민간인 우주 택시 사업이 결국 열리게 되었다.

우주 왕복선 사업에만 민간이 뛰어든 것은 아니다. 민간인들의 우주 탐사는 우주 왕복선 사업보다 훨씬 이윤이 높은 곳에 집중되었다. 달에 탐사 로봇을 착륙시키려는 구글의 루나 엑스프라이즈(Lunar XPrize), 아마존의 제프 베이조스나 일론 머스크의 화성 탐사 계획, 소행성의 광물을 탐사하기 위해 제임스 카메론 영화 감독과 구글 대표인 래리 페이지, 에릭 슈미츠 등이 만든 회사 플래너터리 리소시스(Planetary Resources) 등. 이들의 목표는 우주 왕복이나 착륙 자체가 아니라 달이나 화성, 소행성에 존재하는 철보다 무거운 광물이다.

예컨대 문 익스프레스(Moon Express)는 2010년에 창업한 플로리다 소재 소규모 민간 기업이다. 2016년에 미국 정부로부터 민간 기업으로서 처음으로 지구궤도를 벗어난 우주의 상업적 활용에 대한 허가를 받았다. 이 기업은 2020년대 중반까지 달 정착기지 건설을 목표로 투자자로부터 수천만 달러의 투자금을 모았다. 문 익스프레스의 CEO인 나빈 자인(Naveen Jain, 1959~)은 달에 부존하는 백금과 헬륨3의 가치가 1경 6천조 달러에 이른다고 주장했다. 2023년 기준으로 전 세계의 GDP가 약 105조 달러이니, 이보다 160배나 큰 가치의 광물이 달

에 있는 셈이다. 그런데 백금(platinum)이 뭐 그리 비싼 광물인가? 맞다!!! 백금은 석유화학산업을 영위하기 위해서는 반드시 필요한 물질이다. 특히 폭탄 제조를 위한 촉매제로서 백금은 폭탄의 핵심 원료이다. 백금의 산지는 미국, 캐나다, 러시아, 남아프리카 공화국, 안데스 산맥 등에 한정되어 있고, 이들 국가가 백금의 99%를 생산한다. 백금은 황금보다 매장량이 더 적어서, 2차 대전 때 나치는 백금을 구하기 위해 황금을 대량으로 사용하기도 했다. 예컨대 나치는 백금 1그램을 얻기 위해서 황금 5그램까지 지급한 적도 있다고 한다.[90]

헬륨3 또한 무한 청정에너지인 핵융합 에너지의 필수 원료이다. 즉, 헬륨3을 지구의 바닷속에 거의 무한대로 존재하는 중수소와 핵 융합할 경우 엄청난 전기 에너지가 방출된다. 이론적으로 1g의 헬륨3은 석탄 40톤이 생산할 수 있는 전기 에너지와 맞먹는다고 하니, 그 잠재력은 석탄의 4억 배나 되는 셈이다. 불행히도 이 헬륨3은 황금이나 백금보다 더 귀하다. 아니 지구에 거의 없다. 하지만 달 표면에는 엄청난 양이 매장되어 있다고 하니, 그 경제적 가치를 계산하는 것은 그야말로 "미션 임파서블(Mission Impossible)"이다.

달뿐만 아니다.[91] 1986년에 발견된 3554 아문(3554 Amun)이라는 소행성은 지름이 불과 3.34㎞에 이르는 아주 작은 소행성이다. 소행성이라기보다는 커다란 암석이라고 부르는 편이 나을지도 모르겠다. 이 소행성의 경로는 지구 경로와 교차하는 지점이 있는데, 이 때문에 충돌할 가능성이 없지는 않다.

하지만 인류는 이 소행성을 충돌위험이 있는 제거해야 할 소행성이 아니라, 개발해야 할 소행성으로 바라본다. 즉, 행성 과학자인 루이스(John S. Lewis)는 이 행성에는 니켈, 코발트, 철광석 등 광물 가치가 어마어마하게 이른다고 평

---

90 알레산드로 지로도, 『*철이 금보다 비쌌을 때*』, 까치글방, 2016, p. 310

91 달의 경제적 가치를 진작 알아본 미국인도 있다. 즉, 1980년 미국의 데니스 호프(Dennis Hope)라는 사람은 유엔을 상대로 달 소유권을 주장했다. 유엔은 너무 어이가 없어 반응을 보이지 않았는데, 그는 이를 암묵적인 동의로 보고 달의 토지를 1 에이커 당 25달러에 팔기 시작했다. 데니스 호프는 구매자에게 달 토지 소유증서를 발행해 준다. 그의 주장에 따르면 이런 방식으로 2020년까지 그가 판매한 달의 토지 면적은 무려 6억 1,100만 에이커에 달한다.

가하고, 그 가치가 무려 20조 달러라고 평가했다. 누군가 이 소행성에 착륙할 수 있는 우주선을 만들어 성공한다면, 미국 GDP와 맞먹는 규모의 재산을 소유하게 될 것이다! 하여튼 골드만 삭스는 만약 이와 같은 우주판 골드 러쉬가 성공한다면 역사상 최초로 조만 장자(trillionaire)가 등장할지도 모른다고 주장했다. 골드만 삭스는 우주에 존재하는 황금 탐사는 기술적, 재정적 장벽보다, 심리적 장벽이 더 높은 상태라고 지적했다. 2025년을 목표로 달에 정착기지를 만들려는 민간 항공우주 기업들, 지구 주위를 스쳐 가는 소행성을 포획하기 위한 전략을 구상하고 있는 기업들의 1차 목표가 달과 소행성에 풍부하게 존재하는 황금, 백금, 희토류, 티타늄 등과 같은 광물자원과 달의 먼지에 함유된 헬륨3 개발이라는 기사를 보면, 지구에 존재하는 황금을 구하기 위해 외계인이 지구를 방문했다는 시친의 주장이 전혀 황당하게 만은 들리지 않는 것은 필자 개인만의 느낌일까?

# 2 설탕 - 판도라의 상자

포르투갈 지도제작자 페드로 라이넬(Pedro Reinel, 1485~154?)의 1504년 지도, 리스본 박물관 소장

## (1) 사탕수수

금과 은을 통한 국제교역 활동은 로마 멸망 이후 다소 주춤했다. 하지만 7세기 중반 제국으로 부상한 이슬람 세력은, 중국·인도와 유럽의 중간에 위치한 지리적 이점을 최대한 활용하여 동서양 중계무역을 독점하였다. 특히 이슬람을 통해 서유럽에 판매된 인도의 향신료와 설탕은 서유럽인들의 입맛을 단번에 사로잡았다. 향신료는 서유럽인들이 즐겨 먹었던 육식을 보관하기 위해서 반드시 필요한 필수품이 되었다. 설탕 역시 서유럽 부유층의 약재로서, 동시에 부족한 칼로리를 보충하는 식품으로서 확고히 자리를 잡았다. 심지어 토마스 아퀴나스는 설탕이 식품이 아니라 의약품이므로, 금식 기간 중에도 먹는 것을 허락했다. 실제로 설탕은 약과 약을 결합하고 메스꺼움을 느끼게 하는 약의 맛을 완화한다.[1] 이에 따라 9~10세기 무렵부터 서유럽인들은 향신료와 설탕이 없으면 정상적인 생활을 할 수 없었다.

한편 1,000년경부터 중세 유럽은 따뜻해지기 시작했다. 기후가 따뜻해지면서 식량 생산이 늘고 인구도 늘었다. 식량과 인구가 늘면서 향신료와 설탕 수요도 늘었다. 하지만 향신료와 설탕은 유럽에 아예 없었다. 유일한 방법이 이슬람 국가로부터의 수입이었다. 향신료와 설탕을 구매하기 위해 유럽의 금은 베네치

---

1 페니 르 쿠터, 제이 버레슨, 『*역사를 바꾼 17가지 화학 이야기 1*』, 사이언스 북스, 2016, p. 82

아를 거쳐 이슬람으로 흘러 들어갔다. 하지만 유럽은 전통적으로 금광이 많지 않았다. 신대륙 발견 이전 유럽의 금은 헝가리와 오스트리아 티롤(Tirol) 지방의 광산에서 소량으로 생산된 금이 거의 전부였다. 금이 부족한 상황에서 향신료와 설탕 때문에 유럽의 금 부족 사태는 더욱 심각해졌다. 유럽에서는 오직 베네치아에만 금이 넘쳤다. 서유럽은 특단의 조치를 취해야 했다.

11세기 말 시작된 중세의 십자군 원정은 성지 회복이라는 명분으로 출발했다. 하지만, 십자군의 실질적인 목표는 향신료와 설탕이었다. 나아가 신뢰도가 높아 보편적인 구매력을 가지고 있던 이슬람 국가의 4.25그램의 금화 디나르 역시, 서유럽 기사들에게는 성지 회복보다 더 중요한 현실적인 목표였다. 십자군 원정은 중세 유럽 경제와 사회 구조를 뒤흔들 만큼의 엄청난 지각 변동을 초래하긴 하였지만, 향신료·설탕과 금을 확보하는 근원적인 대책은 아니었다. 좀 더 근본적인 대책이 필요했다. 항상 베네치아에 1위 자리를 내주고 뒤처져 있던 이탈리아의 또 다른 해양도시 제노바는 동방무역을 독점하는 베네치아의 전횡에 맞서, 아프리카를 우회하기 위한 무역로 개척이라는 대담한 계획을 세웠다. 즉, 아크레가 함락된 1291년에 제노바 상인인 비발디 형제(Vandino and Ugolino Vivaldi)는 세우타 해협을 지나 인도로 가는 직항로 탐색에 나섰다.[2] 불행히도 이들의 시도는 모두 실패했다.

하지만 포르투갈의 항해왕 엔리케는 달랐다. 그는 성전기사단의 후예답게, 지칠 줄 모르는 모험심에 가득 차 지중해 땅끝마을 세우타를 점령하고 그리스인들이 세계의 끝이라고 주장했던 보자도르곶(Cape Bojador)까지 진출했다. 신세계에 성전기사단만의 국가를 설립하고 성전기사단의 핵심 교역 품목이었던 설탕·향신료·노예와 성전기사단 뱅킹의 최종 목표였던 황금을 찾기 위한 그의 노력은 그가 죽은 후에도 계속되었다. 마침내 성전기사단원이었던 바스코 다 가마(Vasco da Gama)는 희망봉을 돌아 1498년, 인도에 도착했다. 비슷한 시기인 1492년, 제노바인

---

2 비발디 형제 이야기는 『***황금, 설탕, 이자 - 성전기사단의 비밀(下)***』 ***編***에서 상술한다.

엔리케(엔히크)는 주앙 1세의 셋째 아들로 왕이 아니다. 하지만 사람들은 엔리케를 거의 왕으로 숭상한다. 그는 펄펄 끓는 암흑의 녹색 바다와 바다 괴물이 살고 있다는 보자도르곶 이남에 대한 항해를 유럽인으로는 처음 시작한, 한 마디로 겁 없는 왕자였다. 하지만 그의 이 첫 항해가 서양이 동양을 지배하게 된 가장 결정타가 된 지리상 발견의 시작이 된다. 엔리케 청동상, 리스본 해군 박물관 소장

크리스토퍼 콜럼버스도 스페인 왕실의 후원을 받아 드디어 인도(?)로 가는 교역로를 마침내 찾았다!!!

불행히도 콜럼버스가 발견한 곳은 인도가 아니었다. 따라서 향신료는 그곳에 없었다. 하도 어이가 없었던지 콜럼버스는 신대륙에서 발견한 고추를 후추라고 우겨 스페인 왕실에 보고했다. 이 때문에 후추는 지금도 매운 후추(hot pepper) 혹은 붉은 후추(red pepper)로 서양에 알려져 있다. 불행히도 후추와 고추는 생물학적으로도 그렇고, 맛도 그렇고, 완전히 다른 식물이다.[3] 다만 사탕수수는 신대륙에서 재배가 가능했다. 그곳 날씨가 무더웠기 때문이다. 항해왕 엔리케는 1419년에 발견한 마데이라(Madeira)섬에 성전기사단의 후예답게 사탕수수를 심었다.[4] 1493년, 콜럼버스도 히스파니올라, 오늘날 아이티섬으로 사탕수수를 가져가서 심었다.[5] 하지만 사탕수수 재배에는 결정적인 문제점이 있었다.

우선 사탕수수는 키가 2미터가 넘고 3미터 내외에 이르기도 한다. 따라서 사탕수수를 재배하기 위해서는 가축을 사용하는 것이 거의 불가능하다. 오직 사

3 다만 후추와 고추는 매운 맛을 낸다는 약간의 공통점은 있다. 후추의 매운 맛은 피페린(piperine) 때문이고 고추의 매운 맛은 캡사이신(capsicin) 때문이다. 하지만 물질이 다르기 때문에 후추와 고추의 매운 맛이 같다고 할 수는 없다.

4 마데이라섬은 모로코 서쪽으로 약 300㎞ 떨어진 대서양 해상에 위치한 조그만 섬이다. 오늘날까지도 포르투갈 영토로 남아 있다.

5 페니 르 쿠터, 제이 버레슨, *앞의 책*, p. 85

람의 힘으로만 재배해야 한다. 재배가 끝나도 문제다. 단맛을 내는 부위는 사탕수수 줄기 안에 위치해 있는데, 수확하고 나면 얼마 지나지 않아서 그 부분이 딱딱하게 굳어 버린다. 따라서 굳어 버리기 전에 사탕수수에서 단맛 부위를 신속하게 정제해 내야 한다. 요컨대 사탕수수는 한꺼번에 수확해서 신속하게 정제해야 한다. 따라서 사탕수수 재배를 위해서는 대규모 노동력이 필수적이다.

콜럼버스는 역사상 처음으로 카리브해의 아이티 혹은 카나리아 제도에 사탕수수를 가지고 가서 심은 유럽인이다. 콜럼버스의 사탕수수는 이후 마르크스가 삼각 무역이라고 부르는 거대한 글로벌 분업 체계의 모태가 된다. 한편 콜럼버스는 죽어서 스페인 땅에 묻히고 싶지 않다는 유언을 남겼다. 이 때문에 콜럼버스의 유해는 스페인 4개 왕국의 왕들이 공중에 들고 있는 관에 보관되어 있다. 앞의 두 왕은 레온 (사자 문양 옷) 과 카스티야의 왕 (성채 문양 옷) 인데, 콜럼버스를 지원한 덕분에 고개를 들고 있고, 뒤의 두 왕은 나바라와 아라곤의 왕들로, 콜럼버스 지원을 거절하여 고개를 숙이고 있다. 콜럼버스의 관은 세비야 성당의 보물로 관광객들의 필수 관광 코스이다. 하지만 이 무덤에 콜럼버스의 유해가 없고, 실제 유해는 도미니카 공화국의 수도인 산토 도밍고에 있다는 주장도 있다. 스페인 세비야 성당 소재

### (2) 흑인 노예사냥

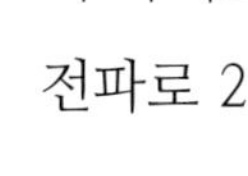

하지만 유럽에는 사탕수수를 재배할 대규모 인력이 없었다. 특히 유럽인들은 고대 이집트 시대부터 노예 교역에 집중했는데, 기독교가 공인된 이후부터는 원칙적으로 같은 기독교인들을 노예로 삼을 수 없었다. 역설적으로 유럽인들이 옮긴 천연두, 홍역, 독감 바이러스로 90% 이상의 현지인들이 사망하면서, 그들이 발견한 신대륙에도 인력이 없었다. 예컨대 1492년 콜럼버스가 처음 도착한 히스파니올라섬에는 대략 50만 명의 타이노 원주민들이 살고 있었다. 하지만 천연두나 홍역 같은 각종 바이러스의 전파로 27년 후인 1519년 원주민의 인구는 무려 99.4%가 감소한 3,000여 명으

로 줄어 있었다.[6]

미주 대륙의 인디언들도 콜럼버스가 도착하기 전 무려 2,000만 명이 거주하고 있었으나, 서유럽인들이 옮긴 세균으로 인해 95%가 죽었다.[7] 어떤 경우 유럽인들은 아예 세균을 적극적으로 사용하여 청교도들에게 생존에 필요한 농법을 가르쳐 준 인디언들을 제거했다.[8] 예컨대 1763년, 북미 대륙을 점령하기 위해 파견되어 인디언들과 대치하던 영국군 수장인 제프리 에머스트(St. Jeffrey Amherst, 1717~1797) 경은 천연두 균을 사용하여 인디언을 죽이라고 명했고, 인디언들과 펜실베이니아에서 대치하던 영국군 소속 스위스 용병 헨리 부케(Henri Bouquet, 1719~1765) 대령은 그 명령에 따라 천연두 환자들이 사용하던 이불과 담요를 인디언들이 사용하게 만들었다.[9] 요컨대 유럽인들이 발견한 신대륙에서는 세균 전파로 인해 대규모 인력이 아예 없었다. 이에 따라 오직 이슬람 국가 정복을 통해서만 노예를 조달할 수 있었지만, 서유럽과 가장 인접한 이슬람 지역에는 당시 중국의 명·청, 인도의 무굴제국과 함께 세계 3대 강국으로 세계에서 가장 큰 규모의 군대를 보유한 오스만 튀르크가 버티고 있었다. 노예 인력을 조달할 남은 곳은 단 하나, 아프리카였다!

일반적으로 알려진 것과 달리 서유럽인들은 아프리카 흑인 노예를 직접 잡지 않았다. 아니 황열병이나 말라리아 같은 공포의 아프리카 풍토병 때문에 어려서부터 고릴라 손에서 자란 타잔(Tarzan)이 아니고서는, 내륙 깊숙이 들어가 노예를 직접 잡을 수도 없었다. 하지만 전혀 그럴 필요가 없었다. 아프리카 왕국들은 서유럽이 인도로부터 수입한 면직물, 총, 화약, 럼주 등과 같은 물품에 거의 미쳐 있었으므로, 서유럽의 특산물을 전달하면 물물교환 방식으로 왕국들 스스로가

---

6 제레드 다이아몬드, 『*문명의 붕괴*』, 김영사, 2013, pp. 463~464

7 Jared Diamond, 『*Guns, Germs, and Steel*』, W. W. Norton & Company, 1999, p. 211

8 영국인들이 천연두를 활용해 죽였던 인디언들은 사실은 미국에 처음 도착한 청교도들의 생명의 은인이었다. 즉 1620년, 청교도들이 처음 미 대륙에 도착해서 농사에 실패하여 첫 겨울에 절반 이상의 청교도들이 굶어 죽는 모습을 지켜본 포카노켓 부족은 청교도들에게 생존을 위한 농법을 가르쳐 주었다.

9 로날트 D. 게르슈테, *앞의 책*, p. 118. 이후 인디언들은 미국 개척자들 때문에 거주지에서 쫓겨나는데, 이들 인디언들에게 지정된 거주지는 촉토족 인디언말로 '아메리칸 원주민(red people)'이라는 뜻의 오클라호마였다.

다른 부족의 흑인 노예를 대규모로 포획하여 서유럽인들에게 넘겼다.[10] 서유럽인들이 노예를 더 원하는 경우는? 대답은 매우 간단했다. 노예 가격을 올리면 되었다. 그러면 아프리카인들은 자발적으로 노예사냥에 이전보다 더 몰두했다.

이후에는 다른 흑인 부족을 포획하는 과정에서 서유럽인들이 이들에게 판매한 총까지 사용하였다. 아프리카인이 난생 처음 보는 무지막지한 최신식 무기를 사용하면서 포획되어 노예로 팔려나가는 이들의 수는 갈수록 급증했다. 아프리카인들에게는 미안한 말이지만, 그들은 서유럽의 발달한 과학기술을 받아들여 사회적 생산력을 향상하는 데는 관심이 없었고, 서유럽인들의 총을 사용해서 다른 부족들을 잡아다가 오직 노예로 "대량 수출"하는 데에만 관심이 있었다.

나아가 유럽인들은 고대 때부터 노예 교역에 종사해 온 노예 교역의 최고 전문가였다. 예컨대 중세 서유럽의 수출 1호 품목은 "슬라브," 즉 노예였다. 따라서 서유럽인들이 아프리카인들을 노예로 포획하고 교환하는 과정에서 도덕적인 자제심은 추호도 작용하지 않았다. 즉, 서유럽인들은 오늘날 나이지리아의 칼라바르(Calabar)에서 유럽 특산물인 총·화약·럼주 등과 아프리카 노예를 대량 교환한 후, 카리브해의 안틸레 제도(Antilles)에서 사탕수수를 재배하는 업자들에게 아프리카 흑인들을 노예로 대규모로 팔았다. 16~19세기 서유럽인들이 신대륙으로 이송한 아프리카 흑인 노예의 수는 최소한 천만 명, 최대 5천만 명이었다!!! 이렇게 해서 사탕수수 재배와 대규모 노예무역이 결합했다. 인류 역사상 가장 비극적인 결합이었다.

칼 마르크스(Karl Marx, 1818~-1883)는 이 비극적인 결합을 삼각 무역이라고 불렀다. 이 삼각 무역을 통해 설탕을 증류한 서유럽의 럼주는 비틀즈의 고향인 영국의 리버풀과 브리스톨의 선박 소유주들을 통해 아프리카의 칼라바르로, 칼라바르에서 집결된 아프리카 노예는 카리브해의 안틸레 제도를 거쳐 *『바람과 함께 사*

---

10 이 중에서 아프리카인에게 가장 인기 있는 품목은 면직물이었다. 이 당시 고급 면직물은 모두 인도산이었다. 예컨대 1775년과 1788년, 프랑스가 아프리카 노예를 얻기 위해 지급한 물물교환 품목의 절반이 인도산 면직물이었다. 한 통계에 따르면 아프리카인에게 판 물물교환 품목 중 총은 5%, 럼주는 4%에 불과했다고 한다. 케네스 포메란츠, 스티븐 토픽, *앞의 책*, p. 443. 인도산 면직물에 대한 상세한 이야기는 ***『황금, 설탕, 이자 - 성전기사단의 비밀(上)』*** 編 참조

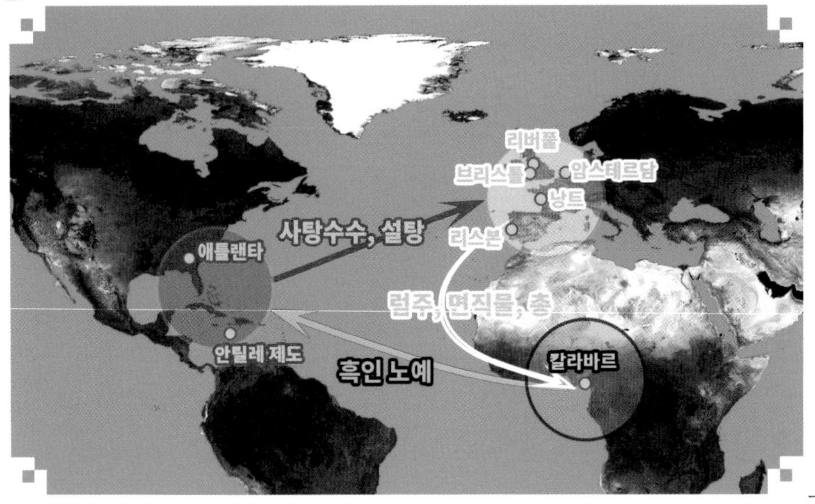


*라지다*』의 배경인 애틀랜타를 포함한 신대륙으로, 아프리카 노예 노동을 통해 재배된 신대륙의 사탕수수는 포르투갈의 리스본, 영국의 리버풀·브리스톨·런던, 네덜란드의 암스테르담, 프랑스의 낭트 등 유럽 전 지역으로 이동하여 정제된 후 순백의 설탕으로 탈바꿈했다.[11] 설탕으로 인해 서유럽의 자본, 신대륙의 토지, 아프리카의 노동이 결합하면 막대한 규모의 추가 자본이 마치 영화 「에일리언」의 퀸처럼 무제한 잉태된다는 판도라 상자의 비밀이 마침내 열린 것이다. 순백의 다이아몬드, 순백의 황금인 설탕이 서유럽에 넘쳐나면서, 서유럽에는 이전 인류 역사에서 단 한 번도 경험하지 못한 막대한 규모의 자본이 축적되기 시작했다. 설탕에 의한, 설탕을 위한, 설탕 자본주의가 마침내 시작된 것이다!!![12]

---

11 럼주는 설탕을 정제하고 남은 사탕수수 껍질을 모아 끓여서 증류한 후 만든 술이다. 원래는 "럼"이 사탕수수 술을 의미하므로 "럼주"라고 쓰면 어색한 말이다. 하지만 술의 의미가 잘 드러나지 않아 그냥 럼주라고 썼다. 럼주는 1650년 전후에 카리브해의 바베이도스에서 처음 만들어진 것으로 알려져 있다. 오늘날에도 가장 유명한 럼주는 쿠바의 바카르디(Bacardí)이다. 하지만 원래는 사탕수수의 원산지인 인도에서 오래전부터 이미 럼주를 마셨다는 기록이 있다. 럼주는 보통 도수가 45~55도 내외로 높아서 열대 지방에서도 잘 썩지 않고, 위스키나 브랜디보다 가격이 저렴하며, 입안에서 작렬하는 자극적인 맛이 있어서 선원, 해적, 해군들에게 대인기였다. 당시 선원들과 해군에게는 매질보다 더 한 벌칙이 바로 금주령이라고 할 정도였다. 하지만 너무 많은 럼주를 마시면서 지휘, 통제가 잘 되지 않는 경우가 많았다고 한다. 럼이라는 이름도 흥분을 의미하는 원주민 언어 럼불리온(Rumbulion)에서 유래했다는 설이 있다. 이 때문에 영국 해군 부제독 에드워드 베논(Edward Vernon, 1684~1757)은 럼주에 물과 과즙을 섞어 도수를 낮추기도 했다. 베논 부제독은 비단(grogram)으로 만든 코트를 자주 입어서 "Old Grog"라는 별명이 있었는데, 그 때문에 물을 섞은 럼주를 그로그라고 불렀다. 넬슨 제독이 트라팔가 해전에서 전사했을 때, 시신의 부패를 막기 위해 럼주 통에 그의 시신을 넣었는데, 영국에 도착하니 럼은 모두 없어지고 시체만 남아 있었다는 전설도 있다. 이처럼 선상에서 럼주를 금지하는 것은 사실상 불가능에 가까웠다. 영국 해군이 선상에서 럼주를 금지하는 해는 1970년으로 무려 럼주가 개발된 지 300년이나 지난 시점이었다.

12 이후 아프리카의 고무, 황금, 다이아몬드 등 원자재가 대규모로 발견되면서 19세기부터 서유럽은 아프리카를

## Codex Atlanticus: 설탕 자본주의

기원전 404년, 그리스 도시 국가 간 전쟁인 펠로폰네소스 전쟁이 끝났다. 스파르타는 아테네를 제압하고 승리했다. 하지만 상처뿐인 영광이었다. 그리스 폴리스 전체가 30년에 가까운 전쟁으로 기진맥진 상태에 빠졌다. 이때 북방의 마케도니아가 발흥했다. 정복 전쟁을 벌였던 마케도니아의 필리포스 2세는 BC 336년 암살당했다. 그의 아들 알렉산더는 불과 20세에 왕이 되었다.

알렉산더의 앞길은 거칠 것이 없었다. 왕위에 오른 1년 뒤인 BC 335년, 알렉산더는 그리스 전체를 장악했다. 다음 해인 BC 334년, 그는 당시 최강대국인 페르시아로 진격했다. BC 333년부터 BC 330년까지 당시 세계 최강대국이었던 페르시아의 다리우스 3세 대왕 군대와의 세 차례 전투에서 알렉산더는 모두 승리했다. 다리우스 3세는 그의 부하에게 암살당하고, 세계 최강대국 페르시아가 알렉산더의 수중에 떨어졌다. 알렉산더는 BC 329년 힌두쿠시 산맥을 건너 오늘날 아프가니스탄 북부인 박트리아로 진격했다.[13] BC 326년, 알렉산더는 마침내 인더스 강가에 도착했다. BC 327년. 알렉산더는 자신의 친구이자 부하인 네아르코스(Nearchus, BC 360~300) 장군을 사령관으로 임명하여, 인도 해안을 탐색하도록 명령한다.

탐색 도중 네아르코스 장군과 그의 병사들은 신비로운 식품을 발견하였다. 인도 북부 사람들이 갈대와 비슷하게 생긴 식물을 통해, 벌의 도움 없이 꿀을 만드는 것을 발견한 것이다. 오직 벌꿀을 통해 단맛을 즐겼던 유럽인들에게는 눈의 휘둥그렇게 되는 광경이었다. 그리스인들은 이 갈대의 존재를 이

---

직접 식민지로 삼기 시작한다. 이는 노예 포획은 아프리카 원주민을 통해서도 가능했지만, 원자재 채굴과 정련 등은 설탕 재배에 사용된 서유럽의 특허인 대량 생산 체제가 반드시 필요했기 때문이었다.

13 알렉산더 대왕은 BC 327년, 동서 화합을 위해 박트리아 왕국의 록사나(Roxana)와 결혼했다. 병사들에 따르면 록사나는 다리우스 대왕의 왕비를 빼고 아시아에서 가장 아름다운 여인이었다고 한다.

때부터 알게 되었고, 이를 '돌 꿀(stone honey)'이라고 불렀다.[14]

알렉산더 제국으로 유입된 사탕수수는 주로 날씨가 더운 아랍 지역에 재배되었다. 사탕수수는 아랍인들의 입맛을 단번에 사로잡았다. 더 정확히 말하면 이슬람인들은 사탕수수즙에 거의 중독되어 있었다. 무함마드의 정복 전쟁에도 언제나 사탕수수가 동행했다. 이집트를 정복한 이슬람인들은 그곳에도 사탕수수를 심었다. 이슬람인들은 재배가 가능한 곳이면 어느 곳이든 사탕수수를 심었다. 이슬람 제국은 사탕수수를 중동, 아프리카, 시칠리아, 스페인에 전파한 일등 공신이었다. 설탕을 의미하는 영어의 슈거(sugar)는 아랍어 수카르(sukkar)에서 유래한 것이다.[15]

인도와 교역이 활발했던 이슬람뿐만 아니라, 중국으로도 사탕수수는 전파되었다. 주나라 왕조 말기와 한나라 시대 사람들은 사탕수수를 남방의 더운 지방, 특히 안남(安南, 현재의 하노이) 지방의 특산품으로 알고 있었다. 이 시대 사탕수수는 매우 귀해서, 화북 지방에서 사탕수수는 고가에 거래되었다. 특히 불교를 국교로 채택했던 당나라는 인도와의 활발한 교역으로 사탕수수 재배의 물꼬를 텄다.

우연히도 사탕수수는 석가모니의 조상이 사탕수수밭에서 태어나서 사탕수수를 뜻하는 이크슈(ikṣu, 감자, 甘蔗)에서 유래한 익스바쿠(Ikshvaku)였고, 석가모니의 가르침은 사탕수수처럼 달콤하다는 말도 있었다.[16] 따라서 불교를 숭상했던 당나라에서는 사탕수수에 대한 인기가 많았다. 사탕수수에 큰 관심을 보였던 이는 당 태종이었다. 그는 이 사탕수수 때문에 인도에 공식 사절단까지

---

14 그리스 역사가 헤로도토스는 페르시아 황제 다리우스 1세가 인도에서 꿀을 생산하는 갈대를 들여왔다고 저술하기도 하였다. 이때가 BC 510년이다. 석가모니(BC c.560~c.480)도 단식 수행으로 쓰러진 후 우유, 쌀, 설탕을 섞은 유미죽(乳未粥)을 먹고 기운을 차렸다고 하는데, 헤로도토스가 꿀을 생산하는 갈대를 기록했던 시점과 매우 비슷하다.

15 인도에서는 설탕을 샤카라(Sharkara), 사탕수수는 사카룸(Saccharum)이라고 부른다. 사탕수수의 학명은 사카룸 오피시나룸(Saccharum Officinarum)이다. 인공감미료를 의미하는 영어의 사카린(saccharine)은 사탕수수의 인도어에서 유래한 것이다.

16 에드워드 H. 셰이퍼, *앞의 책*, pp. 306~307

파견했다. 그 결과 7세기경에는 인도의 사탕수수가 당나라로까지 전파된다. 당 태종은 충신들에게 사탕수수 줄기를 하사품으로 주기도 하였다.

당나라 2대 황제 태종. 그는 당 고조의 둘째 아들로 태자인 형 이건성(**李建成**, 589~626)과 동생 이원길(**李元吉**, 603~626)을 죽이고 황제의 자리에 오른다.(현무문의 변) 당 태종은 당 고조의 양위를 받은 후에는 이건성과 이원길의 각 다섯 아들들을 모두 죽이는 치밀함도 보였다. 황제 즉위 후 돌궐의 외침을 물리치고 내치를 안정시키는 성과도 있었으나, 황제로서 역사서 편찬에 직접 간여하는 악습을 만들기도 하였다. 그는 특히 사탕수수에 관심이 많아, 인도로 직접 사신을 보내 사탕수수를 들여오기도 한다. 작자 미상. 대만 국립고궁박물관 소장. Public Domain

일반적으로 당나라 시대 사람들은 사탕수수즙을 햇볕에 말려서 "석밀(石蜜)"이라는 작은 덩어리로 만들어서 먹었다. 석밀은 때로는 이슬람인들이 했던 것처럼 호랑이, 낙타, 코끼리 등의 조각품으로 만들어서 먹기도 했다. 궁정에서 먹는 석밀은 절강성 북부 월주(越州)의 지역 공물로서 수은으로 구성된 황화 광물인 단사(丹砂)나 자기, 비단 등과 함께 인기가 많았다. 당나라 사람들이 워낙 석밀을 좋아하여 부하라(안국), 호라즘(화심국), 사마르칸트(강국) 등에서 석밀을 만들어서 조공으로 바치기도 했다. 사마르칸트의 석밀은 맛이 좋아 당태종이 그 제조법도 배워 오라고 명령하여 마가다에 사절을 파견하기도 하였다.

마침내 당나라가 그 제조법을 익혀 양주(揚州)에서 석밀을 제조하게 되었는데, 이 석밀을 "사탕(沙糖)"이라고 불렀다. 12세기 당시 세계 최대의 상업 부국, 무역 대국이던 송나라는 중국 남부 전역에서 사탕수수를 재배했다. 특히 푸젠성의 사탕수수는 재배 기술이 매우 뛰어나서, 19세기에는 하와이, 쿠바 등 사탕수수 산지에 거주하는 유럽인들이 푸젠성 사람들을 일부러 찾아다닐 정도였다.[17]

한편 원래 인도인들은 사탕수수를 씹어서 먹었다. 사탕수수는 먹는 방법

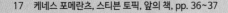

17 케네스 포메란츠, 스티븐 토픽, 앞의 책, pp. 36~37

이븐 시나. 그는 우즈베키스탄의 부하라에서 태어났다. 아랍의 천재 석학자로 10살 때 이미 세이크(장로)로 불릴 정도였다. 그의 전공 분야는 철학, 의학, 정치, 시학, 자연과학, 논리학, 천문학, 기하학 등 거의 전 분야에 걸쳐 있었다. 아랍에서 오늘날까지도 천재의 대명사로 통하며, 서유럽에도 명성이 자자하여 라틴어로 아비세나(Avicenna)로 불렸다. 그의 철학은 토마스 아퀴나스의 스콜라 철학에 결정적인 영향을 미치기도 한다. 그가 유일하게 어려움을 느꼈던 분야가 아리스토텔레스의 형이상학이었는데, 3디르함을 주고 장터에서 산 책을 읽고 아리스토텔레스의 철학을 완전히 깨우쳤다고 한다. 그 책이 바로 이슬람의 알 파라비가 지은 아리스토텔레스 철학의 주석서였다. 천재라서 그런지 다소 거만했는데, 학구열은 엄청나서 피난을 다니면서도 20여 권의 책을 쓸 정도였다고 한다. 종교는 이단 시아파인 이스마일파로 거의 언제나 암살의 위협을 받으면서 살았다. 현재 타지키스탄의 10디나 화폐의 모델 인물이기도 하다. 1950년 이브 시나 우표. 이란 우정청. 출처: Wikipedia. Public Domain

이 크게 3가지인데, 가장 간단한 방법이 이처럼 씹어서 먹는 것이다. 그러다가 5세기 굽타 왕조(Gupta dynasty, 3~6세기) 때 사탕수수즙을 결정체로 만드는 기술이 등장했다. 즉 두 번째 방법이 이처럼 액체를 고체로 만드는 것인데, 바로 설탕이다. 인도인들은 설탕을 칸다(khanda)라고 불렀다. 이는 오늘날 사탕(candy)의 어원이 된다. 세 번째가 짜낸 즙을 계속 정제해서 설탕의 순도를 높이는 방법이다. 세 번째 방식이 근대적 설탕 자본주의 태동의 동력이 된다.

설탕은 다른 식품에 잘 섞이는 특징이 있었다. 따라서 설탕은 모든 식품에 첨가되었다. 이슬람인들은 설탕 과자까지 만들어 먹었다. 예컨대 캐러멜은 설탕을 이용하는 과정에서 새로 만들어진 과자였다. 즉, 아랍어로 "단맛이 나는 소금 공"이란 뜻의 "쿠라트 알 밀(kurat al milh)"이 캐러멜의 어원이다. 설탕은 약용으로도 사용되었다. 11세기 아랍 의사 이븐 시나(Abu Ali Ibn Sina, 980~1037)는 "설탕이 만병통치약"이라고 주장했고, 12세기 비잔틴 제국 황실에서는 설탕을 해열제로도 사용했다.[18]

설탕은 장식용으로도 매우 뛰어난 재료였다. 이집트의 술탄들은 자기 집 정원에 설탕으로 야자나무 모형을 만들어 놓고 자신들의 부를 과시하기도 하였다. 14세기 중앙아시아와 페르시아를 장악한 티무르를 알현하러 간 중동

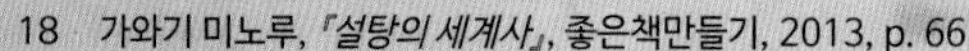

18 가와기 미노루, 『설탕의 세계사』, 좋은책만들기, 2013, p. 66

역사학자 이븐 할둔(Ibn Khaldoun, 1332~1406)은, 티무르에게 설탕으로 만든 장식용 과자를 선물하여 그의 환심을 샀다. 설탕은 이슬람 지역 사람들에게는 금과 다름없는 존재였다!

이슬람 세력이 8세기 남부 스페인 지역을 점령하고, 9세기에는 지중해의 시칠리아섬까지 진출하면서 설탕이 유럽에 전해졌다. 아랍 사람과 마찬가지로 서유럽 사람도 설탕의 맛에 완전히 사로잡혔다. 십자군 원정을 통해서도 사탕수수가 유럽으로 반입되었다. 사탕수수는 시칠리아나 지중해 일부에서 재배되었지만, 유럽 전역에서 대규모 재배는 불가했다. 왜냐하면 사탕수수는 연평균 기온이 20도 이상에서나 자라기 때문이다. 그렇다고 설탕을 이슬람으로부터 살 수 있는 금도 유럽에 많지 않았다.

이와 같은 악조건 속에서 사탕수수 재배의 신기원을 이룩한 유럽인이 바로 포르투갈 항해왕 엔리케(Henrique the Navigator, 1394~1460)이다. 엔리케는 아프리카 최북단 세우타(Ceuta)를 점령한 후, 남쪽으로 내려가 1419년에는 마데이라(Madeira) 섬까지 진출했다. 그는 이 섬에 사탕수수를 심었다. 이때부터 유럽인들은 자신의 식민지에서 사탕수수를 자체 재배할 수 있게 되었다. 항해왕 엔리케를 따라 스페인 사람들은 카나리아 군도에, 콜럼버스는 아이티섬에 사탕수수를 심었다.

특히 영국은 산업혁명 시대 유럽, 아프리카, 신대륙을 연결하는 삼각 무역을 통하여 사탕수수를 황금으로 바꾸는 인류 역사상 가장 비극적인 연금술의 기적을 이룩했다. 삼각 무역은 영국이 국제무역에서 한참을 앞서갔던 네덜

란드를 제압한 비밀 병기였다. 하지만 사탕수수 농장을 경영하기 위해서는 노예가 반드시 필요했다. 프랑스 낭트의 상공회의소는 “기니 무역, 즉 노예무역만큼 국가에서 귀중하며 보호해야 할 무역은 없다.”[19]라고 주장하기까지 했다.

노예무역을 통해 영국의 조그만 어촌 마을로 비틀즈의 고향으로 잘 알려진 리버풀은 대서양에 가장 가깝다는 이유로 거대 항구 도시로 바뀌기도 한다. 이 때문에 영국, 프랑스, 네덜란드, 포르투갈은 스페인으로부터 노예무역의 독점적 특권인 노예 아시엔토(Asiento de Negros)를 획득하기 위해 전쟁까지 벌였다.[20] 18세기 유럽에 전쟁이 끊이지 않은 이유 중의 하나가 바로 노예무역을 둘러싼 서유럽 각국 간의 이해관계 때문이다.

아이러니하게도 사탕수수는 지력 소모가 매우 심했다. 즉, 하나의 지역에만 사탕수수를 재배하면, 생산력이 떨어져 계속 재배할 수 없다. 따라서 영국은 전 세계를 대상으로 어떻게든 식민지를 최대한 확보하여 설탕을 재배하려고 노력했다. 해가 지지 않는 대영 제국은 설탕 재배지를 찾는 과정에서 빚어진 설탕 자본주의의 필연적인 귀결이었다.

사탕수수 무역으로부터 영국이 엄청난 혜택을 얻자 유럽의 주변국이 영국을 견제했다. 독일은 영국의 사탕수수 무역 이익을 저지하기 위해 18세기 중반에 사탕무(beet)로부터 사탕을 얻는 방법을 개발했다.[21] 19세기 초 나폴레옹은 대륙 봉쇄령을 통해 영국의 사탕수수 무역을 고립시키는 방안의 일환으로, 대륙의 사탕무 재배 업자에게 4년 동안이나 세금을 면제하기도 했다.

그 결과 설탕이 19세기부터 전 유럽에 유행하면서 설탕은 이제 유럽 귀족들의 필수 사치재가 되었다. 불행히도 당시에는 치아 건강에 대해 완전히 무지

---

19 가와기 미노루, *앞의 책*, p. 104

20 스페인 왕실은 노예무역에 직접 종사하지 않고 독점적 노예무역 특권을 돈을 받고 팔았다. 상대방은 주로 머천트 뱅커였고 초기에는 포르투갈과 제네바가 계약 당사자였다. 하지만 노예무역의 이권이 커지자 프랑스, 영국, 네덜란드 등이 가세하였다.

21 사탕무에서 설탕을 제조하는 방법은 독일 화학자 안드레아스 마르크그라프(Andreas Marggraf, 1709~1782)가 1787년에 개발하였다.

한 터라, 유럽 귀족들의 이빨은 설탕으로 인해 완전히 녹아내리는 비극(?)이 생기기도 했다. 이 때문에 19세기 유럽 귀족들의 초상화는 썩은 이빨을 감추기 위해 항상 입을 굳게 다문 상태로 그려졌고, 돈이 많은 귀족들은 썩은 이빨을 빼내고 당시로서는 천문학적인 금액의 의치를 심기도 했다. 관련된 일화가 있어 소개한다. 즉 2012년에 오스트리아 빈의 중앙묘지에 있는 음악가 브람스(Johannes Brahms, 1833~1897)와 슈트라우스 2세(Johann Baptist Strauss II, 1825~1899) 무덤이 파헤쳐졌다. 범인은 슬로바키아 출신 온드레이 야이차이(Ondrej Jajcaj)로 그의 목표는 바로 설탕으로 인해 썩은 치아를 뽑아내고 새로 심은 유사 치아를 보유한 브람스와 슈트라우스 2세의 의치였다!!![22]

한편 영국인은 터키로부터 유입된 커피에 설탕을 타서 먹기 시작했다. 원래 이슬람 음료 커피는 에티오피아가 원산지였고, 이 지역의 아라비카 커피는 예멘으로 건너가 오직 그곳에서만 농작물로 재배되었다. 즉, 커피를 농작물로 처음 만든 곳은 예멘이다. 예멘의 주요 커피 수출항은 모카인데, 역설적으로 모카는 나중에 커피보다 초콜릿의 대명사가 된다. 하여튼 예멘의 커피는 이슬람 문명을 타고, 이슬람 전역으로 확산한다. 이슬람 지역에서는 음식점 문화도 없고 술도 마실 수가 없어서 커피 하우스로 사람들이 모여들었기 때문이다. 후일 카이로, 이스탄불, 다마스쿠스 등지에서는 커피를 파는 커피 하우스가 우후죽순 등장하는데, 이곳이 정치적 모의의 중심이 되기도 한다. 이 때문에 이슬람 지배층들은 커피 하우스의 확산을 매우 엄격히 규제했다.

커피는 후일 오스만 튀르크의 오스트리아 비엔나 침공을 통해 유럽에도 처음 전파된다. 커피 대중화를 처음 시도한 나라는 프랑스다. 즉, 프랑스의 마르세이유를 통해 들어온 커피를 통해 파리에서 커피의 대중화가 처음 시도된 것이다. 이에 따라 파리에서 1672년 커피숍이 세워졌고, 일반 대중들이 커피

22 야이차이가 이빨을 훔친 시기는 실제로는 2002년이었다. 오스트리아는 절도죄에 대한 소멸 시효가 10년이라, 이빨을 훔친 10년 후인 2012년에 자신의 절도를 언론에 발표한 것이다.

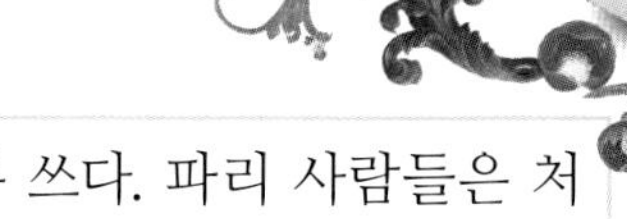



를 접하게 된다. 하지만 커피는 그냥 마시기에는 너무 쓰다. 파리 사람들은 처음에는 호기심에 커피를 마셨지만, 쓴맛 때문에 그다지 즐기지 않았다.

커피가 영국에 도입된 시점은 대략 1650년대쯤이었다.[23] 도입 당시 커피는 고약한 냄새와 쓴맛 때문에 일종의 약재로서 사용되었다. 커피를 처음 영국에 소개한 이는 일설에 따르면 터키의 스미르나(Smyrna) 지방에서 장사를 하던 영국 상인 다니엘 에드워즈(Daniel Edwards)라고 한다. 그는 파리에서 커피를 팔다가 파산하여 도망친 아르메니아인 파스콰 로세(Pasqua Rosée)를 런던으로 데려와 매일 커피를 끓이게 했다. 에드워즈의 친구들이 처음 본 커피를 너무 신기해하자, 에드워즈는 잉글랜드 은행 근처의 런던 3대 고대 언덕 중 하나인 콘힐(Cornhill)에 위치한 성 미카엘 교회(St. Michael's Church) 맞은편에 영국 최초의 커피숍을 열었다. 이때가 1652년이었다.

영국의 커피는 프랑스와는 달리 인기가 많았다. 왜냐하면 영국인은 커피에 설탕을 넣어서 마셨기 때문이다. 커피에 설탕을 타면 "달콤쌉싸름한" 독특한 맛이 나는데, 입소문을 타고 영국에서 점차 커피 문화가 확산한다. 그 결과 커피숍은 영국박물관 북쪽에 인접한 런던의 공연 거리인 코벤트 가든(Covent Garden)을 중심으로 늘어나기 시작했다.

런던의 커피숍은 이슬람 문명과 마찬가지로 주로 무역상, 법률가, 의회 의원, 의사 등 상류 사회의 남성들이 토론을 하는 곳으로 진화했다. 오늘날 용어로 하면 남성 전용 클럽이었던 셈이다. 이 때문에 커피숍에 남성들이 자리를 차고앉으면서 여성들은 남성들이 커피숍에만 들어가면 집에 아예 들어오지를 않는다고 불평하기도 했다. 이슬람 술탄과 마찬가지로 영국 왕 찰스 2세(Charles II of England, 1630~1685)는 1676년 커피숍에서 남자들이 왕실 비판을 일삼는다면서

23 William H. Ukers, 『*All about Coffee*』, New York The Tea and Coffee Trade Journal Company, 1922, p. 54. 런던에 처음 커피를 소개한 이는 터키 상인으로 런던에서 마부 생활을 하던 보우맨(Bowman)이라는 설도 있고, 레반트 상인인 니콜라스 크리스페(Nicholas Cripse)라는 설도 있다. 하지만 가장 유력한 설이 본문에서 언급한 에드워즈와 로세 설이다.

커피숍을 폐쇄하기도 하였다. 결국 커피숍에서 정치적 문건 혹은 책자를 팔거나 선동가들의 정치적 대중 연설을 금지한다는 조건으로 커피숍이 다시 문을 열었다.[24]

이후 1680년대부터 영국에서는 커피 붐이 일어났다. 영국의 커피 하우스(Coffee House)는 단순히 커피만 마시는 곳이 아니었다. 커피 하우스에서는 찰스 2세가 그토록 두려워했던 정견 발표, 지식 교환, 심지어 금융 정보도 거래되기 시작했다. 실제로 1686년 타워 스트리트(Tower Street)에 처음 문을 연 로이즈 커피 하우스(Lloyd's Coffee House)에서는 커피를 마시다가 무역상, 선원, 선주들과 귀족들이 각종 무역 정보를 교환하기 시작했다. 이제 로이즈 커피 하우스는 단순히 커피를 마시는 곳이 아니라, 금융 정보가 교환되는 엄연한 금융시장이 되었다.

런던의 롬바르드 스트리트. 이 거리에는 중세 시대부터 환전상들이 집중해서 모여들었고, 이후 금융기관들이 우후죽순처럼 생겼다. 로이즈 커피 하우스도 장사가 잘 되면서 이 거리로 이전하여 커피를 팔다가, 거대 금융기관이 된다.

사람들이 더 모여들자 롬바르드 스트리트(Lombard Street)로 옮긴 로이즈 커피 하우스는 커피를 팔면서 동시에 해상 물품이 경매되고, 해상 보험 계약이 체

24 하인리히 에두아르트 야콥, 『커피의 역사』, 자연과생태, 2013, pp. 175~179

라이프치히에 있는 바흐의 무덤. 이곳에 묻힌 바흐가 진짜 바흐인지에 대해서는 논란이 있다. 우선 바흐가 사망하고 얼마 지나지 않아 묻힌 곳이 라이프치히의 성 요한 공동묘지(St. John's Cemetery)였는데, 문서로 등록되지 않은 곳이었다. 이 때문에 무덤지기의 말을 듣고 시신을 다시 파내어 라이프치히의 토마스 교회(St. Thomas Church)로 이장했다. 한편 바흐의 미니 오페라인 커피 칸타타에서 여성 주인공인 라이스첸(Lieschen)은 부친인 슐렌드리안(Schlendrian)이 커피를 마시지 말라고 설득해도, 그것만은 절대로 안 된다고 노래하는 장면이 나온다. 그만큼 설탕을 탄 달콤한 커피는 18세기 독일의 여성을 사로잡은 마약 같은 음료였다.

결되는 일종의 금융거래소로 바뀌었으며, 로이즈는 선박 출항 일정과 물품 등을 상세히 정리한 로이즈 뉴스(Lloyd's New)라는 정보지도 발행했다.[25] 로이즈 커피 하우스는 결국 역사상 처음으로 해상 보험 상품이 거래되는 보험 상품 거래소로 바뀐다. 커피 하우스가 보험 상품 거래 시장이 되다니!!! 오늘날에도 로이즈는 일반 보험과 재보험 인수가 거래되는 영국 최대의 보험시장으로 남아 있다.

영국에서 설탕을 탄 커피의 성공으로 커피 문화가 유럽 전체로 확산하였다. 특히 네덜란드인은 1616년경 예맨 지방의 커피나무를 불법으로 통째로 훔쳐 암스테르담 식물원에서 재배한 후, 자신들이 진출한 인도네시아의 자바와 수마트라섬에 암스테르담 식물원의 후손 커피나무를 아예 가져다 심었다. 인도네시아의 커피나무는 네덜란드인들이 상상도 못할 정도의 번식력으로 엄청난 속도로 증식했다. 1700년 이후부터 네덜란드는 유럽에 대규모의 커피를 공급했고, 유럽의 커피 가격은 이제 네덜란드의 동인도회사가 결정하는 시스템으로 바뀌게 된다.

마르세이유를 통해 이미 설탕을 탄 커피 맛을 즐기고 있던 프랑스인들도 커피 문화의 확산에 가세했다. 즉, 1708년 프랑스인 장 드 라 로크(Jean de la Roque, 1661~1745)와 프랑스 동인도 회사 소속 선박은 아프리카를 돌아 1년 만에 홍해의 예멘 항구에 도착해 커피나무를 직접 구해갔다.

25 뉴스와 관련된 격언이 있어 소개한다. 오늘날 정치 주기는 4~5년, 사업 주기는 분기, 뉴스의 주기는 4~24시간이다.

루이 14세는 이 커피나무를 왕립 식물원에 이식했고, 이 커피나무가 아메리카 대륙으로 넘어가 100년도 안 되어 예멘 커피를 완전히 밀어내게 된다.

이처럼 이슬람의 포도주인 커피가 유럽에서 대중화에 성공하게 만든 일등 공신은 다름 아닌 설탕이었다. 설탕이 없었다면 커피의 독특한 쓴맛과 이슬람 특유의 문화적 배타성으로 인해 커피가 유럽에서 대중화되는 일은 결코 없었을 것이다. 독일 작곡가 바흐(Johann Sebastian Bach, 1685~1750)는 1732년경 작곡한 커피 칸타타에서 "커피가 키스 1,000번보다 더 달콤"하다고 노래했는데, 미안하지만 바흐가 찬미한 커피의 달콤한 맛은 원래 커피 맛이 아니라 커피에 첨가된 설탕 맛이다.

초기 커피 대중화에 실패한 프랑스에서도 18세기 로코코 양식의 등장과 문학 시대의 개막으로 "수다"를 떨어야 할 장소로 커피 하우스가 지목되었다. 특히 18세기 중엽부터 프랑스는 네덜란드와 유사하게 자국 식민지로부터 커피를 조달할 수 있었다. 이는 프랑스인 데클리외(Gabriel-Marthieu Francois De Clieu, c.1687~1774)가 1720년경에 당시 프랑스 식민지령이었던 마르티니크(Martinique)섬으로 커피나무를 가져가서 심었기 때문에 가능한 일이었다.[26] 그 결과 몽테스키외(Montesquieu, 1689~1755)의 말대로 파리에서 커피는 그야말로 대유행이었다. 커피를 싫어했던 루이 14세(Louis XIV, 1638~1715)와 달리 그의 증손자로 무려 59년 동안 프랑스를 통치했던 루이 16세(Louis XVI, 1710~1774)도 황금으로 된 커피 주전자에 매일 커피를 끓여 마실 정도로 커피를 좋아했다. 커피 수요의 증가는 곧 설탕 수요의 증가를 의미했다.[27]

데클리외. 그는 해군 장교 출신으로 카리브해의 프랑스령 식민지인 과들루프(Guadeloupe) 제도의 총독이다. 18세기 당시 프랑스는 네덜란드에서 가져온 2그루의 커피나무를 파리 왕립식물원(Jardin Royal des Plantes)의 온실에 보관하고 있었는데, 데클리외는 이 커피나무를 카리브해의 마르티니크(Martinique)섬에 가져다 심어, 대성공을 거두었다. 작자 미상. 18세기경 작품. 출처: Wikipedia. Public Domain

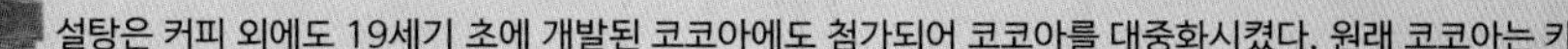

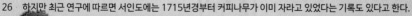

26 하지만 최근 연구에 따르면 서인도에는 1715년경부터 커피나무가 이미 자라고 있었다는 기록도 있다고 한다.

27  설탕은 커피 외에도 19세기 초에 개발된 코코아에도 첨가되어 코코아를 대중화시켰다. 원래 코코아는 카

반면 1730년대부터 영국에서는 커피 유행이 잠시 멈추었다. 1651년부터 시행된 크롬웰의 항해법 시행으로 커피 무역을 독점한 네덜란드로부터의 영국 커피 유입이 줄었기 때문이다. 이제 영국인들은 커피 말고 이보다 나중에 들여온 중국의 차를 주목하기 시작했다. 영국인들은 인도 왕세자인 달마의 눈꺼풀과 같이 가볍고 명징한 찻잎을 타서 은은한 호박색이 우러나는 차를 끓여 내고, 거기에 순백색의 설탕을 넣거나 혹은 우유까지 섞어 마시면서 커피보다 더 황홀한 맛을 내는 차에 완전히 빠져 버렸다. 즉 이코노미스트를 창간했던 베젓(Walter Bagehot, 1826~1877)에 따르면 영국인들은 "동쪽 끝에서 수입된 차와 서쪽 끝 카리브해의 설탕"을 섞은 것이다. 특히 커피는 이슬람이나 네덜란드로부터의 대량 수입이 쉽지 않았지만, 차는 영국 여왕의 직할 식민지 인도를 통해 중국 차를 대량으로 들여올 수 있었다. 커피와 유사한 차의 쓴맛과 단맛의 절묘한 조화인 달콤쌉싸름한 풍미는 이제 영국인의 입맛을 완전히 정복했다. 1793년 영국인은 국민 1인당 1파운드가 조금 넘는 차를 수입했는데, 1693년보다 무려 4만 퍼센트가 늘어난 수치였다!!![28] 이제 영국의 국민 음료는 진이나 맥주가 아니라, 바로 차였다.

영국인이 차와 설탕에 중독되면서, 영국은 아편을 팔아서라도 중국의 차를 수입할 수밖에 없었다. 서기 600년 무렵 중국에 전래된 차는 중국 고유의 상품이었고 중국 정부가 차나무 반출을 불법으로 엄격히 다스렸기 때문에, 영국은 울며 겨자 먹기로 차 수입에 몰두할 수밖에 없었던 것이다. 19세기 중반 영국은 산업혁명을 통해 세계의 공장으로 부상했지만, 각국이 보호무역주의를 내세우면서 영국산 제품의 판매는 영 신통치가 않았다.

따라서 영국은 인도에서 재배한 아편을 팔지 않으면, 중국의 차를 수입할

---

카오에서 나온 개량 음료인데 맛이 써 인기가 별로 없었다. 하지만 코코아에 설탕과 우유를 첨가한 이후에 급속히 대중화된다.

28 케네스 포메란츠, 스티븐 토픽, *앞의 책*, p. 175

수가 없었다. 나아가 무력을 사용할 수 있는 권한을 보유하면서도 차를 독점 수입하는 공기업인 동인도회사의 시장 점유율을 보호하기 위해, 신대륙 식민지를 통해 대량으로 우회되어 영국으로 수입되는 차에 엄청난 관세를 부과했다. 이 사건은 결국 미국 독립 전쟁으로 이어져, 오늘날 최강대국 미국이 탄생하는 결정적 계기가 되었다.

한편 미국이 영국으로부터 독립하면서, 카리브해 제도의 영국령에서 재배되는 사탕수수의 미국 반입이 금지되었다. 미국은 사탕수수의 대체 수입선을 찾아야 했다. 바로 쿠바였다. 1911~1915년 미국 설탕의 90%는 쿠바로부터의 수입일 정도로 미국은 쿠바 설탕에 대한 의존도가 높았다. 쿠바의 사탕수수 수출 역시 미국에 전적으로 의존했다. 1904~1909년 사이 쿠바에서 생산된 설탕 원당은 133만 톤이었는데, 이 중 99.8%인 132만 톤이 미국으로 수출되었다.[29] 하지만 쿠바의 카스트로가 공산혁명을 일으키면서, 미국은 1961년부터 쿠바로부터의 설탕 수입을 전면 금지했다. 하지만 미국의 쿠바산 설탕 수입 금지 대책은 쿠바에 대한 경제 제재 수단으로서 전혀 효과가 없었다. 소련이 쿠바의 설탕 전량을 구매했기 때문이다.

클라우스 슈프레켈스. 그는 독일 하노버 출신으로, 1846년 미국으로 이민을 갔다. 이민 갈 당시 그의 호주머니에는 단돈 독일 1탈러만 있었다. 처음에는 사우스 캐롤리이나에 거주하다가 나중에는 샌프란시스코로 이주한다. 그곳에서 양조장을 운영하는데, 이때 그는 운명적으로 하와이의 설탕과 마주친다. 이후 그는 1899년 "슈프레켈스 설탕 회사(Spreckels Sugar Company)"를 설립하여, 하와이 설탕 산업을 기업형으로 완전히 탈바꿈시키는 주역이 된다. 미국 사진작가 테이버(I. W. Taber, 1830~1912)의 1900년경 작품. 출처: Wikipedia. Public Domain

쿠바 이외 미국이 전 세계에 식민지로 운영한 설탕 공급기지는 하와이, 필리핀, 푸에르토리코, 미국령 버진 아일랜드였다. 미국은 물자가 풍부해서 해외 식민지에 의존하던 자원이 적었지만, 거의 유일하게 해외 식민지에 상당량을 의존했던 물품 중의 하나가 바로 설탕이었다. 특히 1778년 영국인 제임스 쿡(James Cook, 1728~1779) 선장이 발견하여 "샌드위치섬"이

29 USDA, 『A History of Sugar Marketing Through 1974』, March 1978, pp. 16~17

릴리우오칼라니 여왕. 하와이의 유일한 여왕이자 마지막 왕. 어려서부터 서양 문물을 배워 영어에도 매우 능통했다. 1891년 오빠인 칼라카우아가 사망하면서, 하와이 왕위에 올랐다. 그녀는 하와이 설탕 산업을 장악한 미국인들을 축출하기 위해 참정권 제한, 설탕 산업 국유화 등을 시도하다가, 결국 미 해군의 개입으로 왕좌에서 쫓겨났다. 그 후 미국과 영국을 돌며 하와이 독립 필요성을 하소연했으나, 아무도 들어주지 않아 말년에 미국 시민으로 쓸쓸하게 생을 마감한다. 하와이 출생 영국 사진작가 윌리엄(James J. Williams, 1853~1926)의 1891년경 사진. 출처: Wikipedia. Public Domain

라고 이름 붙인 후, 1830년대 윌리엄 후퍼(William Northey Hooper, 1809~1878)라는 독일계 미국인이 하와이에 사탕수수 농장을 처음으로 소개하고 운영하면서 하와이는 미국의 설탕 생산 기지로 부상했다.

특히 독일 출신 이민자 슈프레켈스(Claus Spreckels, 1828~1908)는 마우이섬에 세계에서 가장 큰 설탕 플랜테이션을 만들고 섬에 철도까지 건설하면서, 하와이 설탕 산업을 대량 생산 체제로 완전히 탈바꿈시켰다. 뒤이어 미국 기업가와 선교사들이 집중적으로 사탕수수 농장을 운영하면서, 사탕수수 기업 Big 5가 하와이 설탕 산업의 90%를 장악했다. 사탕수수 농장주들이 대부분 미국인이었으므로, 1875년 이들은 미국에 무관세로 설탕을 수출하는 무역협정을 체결했다.

하지만 이 무역협정은 1890년 맥킨리 관세법(McKinley Act)으로 무용지물이 된다. 이 법의 시행으로 미국과 무역협정을 체결한 모든 국가의 설탕에 대해서도 관세가 면제되었기 때문이다. 그 결과 하와이 설탕의 특혜 관세 지위가 사실상 사라졌다. 이즈음에 완고한 민족주의자로서 하와이의 마지막 국왕이었던 릴리우오칼라니(Liliuokalani, 1838~1917) 여왕은 설탕 농장을 국유화하려고 시도했다. 하와이 설탕 산업을 장악한 미국 농장주들은 설탕에 부과되는 관세와 여왕의 국유화 조치를 피하기 위해 왕정 붕괴를 위한 쿠데타를 모의했다. 그들의 최종 목표는 황당하게도 미국과의 합병이었다!

쿠데타를 뒤에서 조종한 이는 당시 설탕 산업의 25%를 장악한 브루어 앤

코(C. Brewer & Co.)의 CEO 피터 존스(Peter Cushman Jones, 1837~1922)와 후일 하와이 파인애플 산업을 장악한 돌(Dole Food Company)社의 창업자 제임스 돌(James Dole, 1877~1958)의 사촌인 샌포드 돌(Sanford B. Dole, 1844~1926)이었다. 이들은 1887년, 하와이 왕의 상원 의원 임명권을 박탈하고, 왕의 동의 없이 미국인이 장악한 하원이 내각을 해산할 수 있는 권리 등을 담은 "총검 헌법(Bayonet Constitution)"을 제정했다. 이 헌법은 선교사의 후예로 변호사 출신이던 미국인 선교사의 손자 썰스튼(Lorrin A. Thurston, 1858~1931)이 초안을 마련한 것이다. 미국 선교사들의 만행을 지켜보다 1891년 왕이 된 릴리우오칼라니 여왕은 1887년 헌법을 뒤집고 왕권을 복원하기 위한 헌법 개정안을 만들어 1893년 1월에 새로운 헌법을 공표하려고 했다.

썰스톤. 그는 미국인이지만 호놀룰루에서 태어났다. 그의 부친은 하와이 의회 의장이었는데, 그가 2살 때 사망했다. 1886년 부친과 마찬가지로 하와이 의회에 진출한 그는, 미국 선교사들의 보수적 친미 성향을 그대로 답습했다. 1887년 그는 이른바 총검헌법의 초안을 만들어, 하와이 국왕의 권리를 제한하고 미국인들이 장악한 의회의 권한을 대폭 강화했다. 1891년 릴리우오칼라니 여왕이 기존 헌법을 폐지하려고 시도하자, 1892년 합병 클럽(Annexation Club)을 만들어 미국과의 합병을 추진한다. 1893년, 결국 릴리우오칼라니 여왕과 썰스톤은 무력 충돌 직전까지 갔지만, 미국 해군이 개입하고 유혈 분쟁을 피하려는 릴리우오칼라니 여왕의 선택으로 결국 썰스톤이 승리한다. (1993년 미국 의회는 하와이 합병 과정에서 미국 해군의 개입에 대해 공식 사과했다.) 이후 하와이 왕정은 붕괴되고 썰스톤이 주도하는 임시 정부가 수립되어, 미국과의 합병 조약이 체결되었다. 하지만 릴리우오칼라니는 워싱턴에서 썰스톤의 행정부가 하와이 합법 정부가 아니라는 점을 적극 설득하면서, 조약은 비준되지 않았다. 그러다가 1898년 필리핀에서 스페인과의 전쟁을 통해 태평양에 대한 관심이 고조되던 시기의 미국 대통령 맥킨리가 썰스톤의 적극적 로비에 힘입어 하와이의 미국 합병을 마침내 승인하게 된다. 작자 미상. 1892년경 작품. 출처: Wikipedia. Public Domain

불행히도 1893년 1월 16일, 썰스튼이 주도한 군사 쿠데타가 사전에 발각되었다. 당연히 진압되었어야 했지만, 미국 해군이 개입했다. 릴리우오칼라니 여왕은 유혈 사태를 막기 위해 무력 충돌을 포기했고, 하와이 왕정은 마침내 붕괴되었다. 당시 미국 대통령이던 클리블랜드(Grover Cleveland, 1837~1908) 대통령은 소수 쿠데타의 왕정 전복이라는 비난 여론에 밀려 하와이의 미국 합병을 거부했지만, 19세기 마지막 대통령이자 20세기 최초의 미국 대통령인 맥킨리

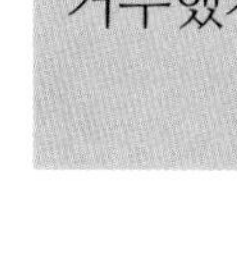

(William McKinley, 1843~1901) 대통령은 1898년 7월 7일에 하와이를 결국 미국에 병합한다.

이후 하와이는 진주만 폭격 이후 무려 30년이 넘도록 계엄령 통치하에 있다가, 1959년에는 주요한 섬 중 가장 작은 카호올라웨(Koho'olawe) 섬을 군사기지로 사용한다는 조건으로 미국의 50번째 주로 편입된다. 결론적으로 하와이가 미국의 50번째 주로 편입된 이유는 바로 설탕 때문이었다! 요컨대 하와이 합병은 "설탕의, 설탕을 위한, 설탕에 의한" 합병이었다.[30] 대중 가사 노래처럼 하와이는 결코 미국 땅이 아니었다.

하와이는 사탕수수 재배를 위해 아프리카 흑인이 아니라 일본, 중국, 한국, 필리핀계 노동자들을 수입하였다. 당시는 노예 제도가 불법이었기 때문이다. 이에 따라 하와이 사탕수수 농장주들의 단체인 하와이 사탕수수 농장 협회는 1860년부터 1940년까지 약 40만 명의 노동자들을 전 세계로부터 수입했다. 각국의 노동자들을 수입하기 위해 협회의 모집원이 선교사들과 협조하여 각국으로 파견되었다.

수입 국가는 일본 이외 중국, 한국 등 무려 33개국에 달했다. 한국의 경우는 1903년 1월 13일, 102명의 한국인들이 사탕수수 재배를 위해 하와이로 입국한 것이 그 최초이다. 이처럼 한국의 미국인 교포 1세대는 바로 하와이에서 시작되었고, 이들이 사탕수수 재배 노동으로 힘들게 벌어들인 자금은 독립운동 자금으로도 사용되기도 하였다.

설탕의 전 세계 생산량은 2016년 말 기준으로 약 1.7억 톤이었고,[31] 2023년에는 1.88억 톤이었다. 매년 약 2% 정도로 설탕 공급이 늘면서 2025년에는 약 2억 톤 수준에 이를 전망이다.[32] 설탕의 최대 생산국은 브라질이며

---

30 케네스 포메란, 츠스티븐 토픽, *앞의 책*, p. 267

31 USDA, 『*Sugar, World Markets and Trend*』, Nov 2016, May 2023

32 OECD, 『*OECD-FAO, Agricultural Outlook, 2016~2025*』, 2016

2016년 말 기준으로 약 3,700만 톤, 2023년 기준으로 4,200만 톤을 생산했다. 사탕수수 최대 생산국이기 때문에, 19세기 한때 아프리카 흑인 노예가 500만 명에 육박할 정도로 노예가 가장 많은 국가가 브라질이었다.

사탕수수는 커피와 함께 브라질의 풍성한 대서양림을 파괴한 주범이기도 하다. 브라질은 생산한 설탕의 약 $\frac{2}{3}$를 전 세계로 수출한다. 전 세계 수출량의 절반 이상이 브라질산 사탕수수에서 나온다. 인도가 2위 생산국으로 약 2,700만 톤이다. 인도는 브라질과 달리 생산량의 95%를 자국이 소비한다. 인도는 설탕의 원산지 국가답게 설탕의 최대 소비국이기도 하다. 그다음으로 EU, 중국, 태국, 미국 순으로 생산량이 많다. 브라질과 인도는 1위, 2위 자리를 놓고 엎치락뒤치락한다. 예컨대 2022년에는 인도가 세계 설탕 생산 1위 국가였다.

설탕 가격은 톤당 가격으로 매긴다. 설탕의 국제가격은 흑설탕 혹은 원당(raw sugar price)과 백설탕(white sugar price)으로 구분되어 있다. 설탕의 원당 가격은 2016년 말 기준으로 톤 당 295불이고, 백설탕 가격은 톤당 361불이다. 철광석 가격이 2016년 말 기준으로 톤당 79불이므로, 철광석 가격보다 4배 비싸다. 양적 완화가 본격화된 2011년에는 달러 가치가 하락하면서, 가격이 2배 이상 오르면서 각 626불, 719불을 기록하기도 하였다. 2024년 설탕 가격은 600불 내외에서 등락하고 있다. 설탕도 석유나 다른 상품과 마찬가지로 선물 시장이 있다. 시카고 선물 시장과 런던 선물 시장이 대표적인 설탕의 선물 시장이다. 선물 시장의 현물 가격이 바로 설탕의 현물 가격이 된다.

자메이카에서 사탕수수를 수확하는 장면. 사탕수수는 키가 크고 신속히 정제해야 하므로, 가축이나 기계를 사용하기 어려워 모든 작업을 사람이 직접 수행해야만 했다. 프랑스 사진작가 앙리 죠시(Henri Georgi, 1853~1891)의 1880년경 작품. 출처: Wikipedia. Public Domain

# 3 이자와 뱅킹 - 「바빌로니아의 수수께끼(Babylonian Enigma)」

아시리아 왕의 사자 사냥, 영국박물관 소장

## (1) 트라페지테(trapezite)와 방카리(bancarii)

설탕 자본주의처럼 국제교역을 통해 대규모 자본이 축적되는 현상은 서유럽에만 있었던 역사적 사실은 아니었다. 8세기 이슬람의 황금시대나 11세기 전후 중국의 송나라에도 비슷한 현상이 있었다. 이들 지역의 국제무역 역시 서유럽의 설탕 자본주의로 인한 삼각 무역보다 훨씬 광범위하고 활발하게 이루어졌다. 더구나 이슬람의 황금시대에 축적된 자본의 규모는 설탕 자본주의로 축적된 서유럽의 자본 규모에 비해 결코 적지 않았다. 특히 11세기 송나라는 전 세계 GDP의 30~40%를 차지한 "세계 최대의 부국"이었다.

하지만 이슬람과 중국의 자본은 서유럽과 달리 폭발적인 증가세를 시현하지 못했다. 그 이유는 무엇일까? 자본의 퀀텀 점프가 가능했던 서유럽에는 이슬람이나 중국에는 없었던 독특한 제도가 하나 있었다.[1] 바로 이자를 붙여 대출하는 은행이었다.

---

1 중국의 당나라는 8세기 후반에 비전(飛錢)이라는 일종의 종이 영수증을 사용했는데, 이는 서유럽이 이슬람의 영향을 받아 사용한 교환증서와 비슷한 기능을 하였다. 당나라 정부는 비전을 지방정부가 보관하고 나중에 현금화해 주면서 사실상 종이 화폐 역할을 하였다. 후일 송나라는 이를 발전시켜 교자(交子, jiaozi), 회자(會子, huizi), 관자(關子, guanzi) 등의 다양한 지폐를 만들어 유통했다. 하지만 당나라와 송나라는 전당포와 같은 소비자 금융이나 소액 뱅킹은 간헐적으로 있었지만, 이자를 붙여 기업이나 국가에 대출하는 기업형 뱅킹 활동과 은행은 없었다. 이처럼 발달한 금융 수단을 보유하고도 송나라가 자본주의 직전 단계에서 좌절된 이유는 ***『황금, 설탕, 이자 - 성전기사단의 비밀(上)』***編에서 상술한다.

서유럽의 은행, 즉 뱅크의 기원은 고대 로마의 「방카리(bancarii)」이다. 방카리는 환전상을 지칭한다. 고대 로마의 방카리는 고대 그리스의 환전상인 「트라페지테(trapezite)」에서 기원한 것이다. 하지만 그리스의 트라페지테는 페니키아인들의 금융기법을 모방한 것에 불과했다. 페니키아인들도 이자를 부과해서 대출하는 금융기법을 고대 수메르, 아카드, 아시리아, 바빌로니아에서 배운 것이었다. 다시 말해 이자와 뱅킹의 최초 기원은 고대 수메르이다.

수메르, 아카드, 아시리아, 바빌로니아인들이 이자라는 개념을 어떻게 처음으로 만들었는지는 뱅킹 역사상 최대의 미스테리이다. 왜냐하면 오늘날 우리가 당연하다고 생각하는 대출 이자는 사실은 당연한 개념이 절대 아니기 때문이다. BC 4세기 그리스 철학자 아리스토텔레스(Aristotle, BC 384~322), 4~5세기에 활동했던 중세 최고의 지성 제롬(St. Jerome, c.345~c.419)과 최고의 교부 철학자였던 아우구스티누스(Aurelius Augustinus, 354~430), 13세기에 기독교 교리를 집대성한 토마스 아퀴나스(Thomas Aquinas, c.1224~1274), 13~14세기 유럽 최고의 문호 단테(Durante degli Alighieri, c.1265~1321), 14~15세기 프란체스코 수도회 소속 가톨릭 성인 세네시스(Bernadinus Senesis, 1380~1444), 16~17세기 활동했던 셰익스피어(William Shakespeare, 1564~1616) 등 유럽의 거의 모든 지식인들은 이자라는 개념 자체를 반대했고, 이자를 부과하는 뱅커들에 대해서도 파렴치한 고리대금업자라고 매도했다. 심지어 20세기의 히틀러도 정권을 잡은 후에 고리대금업자는 출신 성분에 상관없이 사형에 처한다고 반포했다.[2] 따라서 수메르인들의 이자 개념 발명은 고대 문명의 상식적인 수준으로는 도저히 설명이 불가능한 **「바빌로니아의 수수께끼(Babylonian Enigma)」**이다.

하여튼 대다수 유럽의 지배층과 지식인들이 반대한 수메르인들의 이자와 뱅킹 활동은 페니키아인들이 계승하였고, 이를 그리스와 로마 문명이 보존하였다. 하지만 그리스와 로마 문명의 뱅킹 활동은 소규모였다. 아마 특별한 계기가 없었

2 PROGRAM OF THE NATIONAL SOCIALIST GERMAN WORKERS' PARTY, Principle 18: We demand ruthless war upon all those whose activities are injurious to the common interest. Sordid criminals against the nation, usurers, profiteers, etc., must be punished with death, whatever their creed or race.

으면, 서유럽의 뱅킹도 당나라 시인 백거이(白居易, 772~846)가 술을 마시기 위해 일상 용품을 담보로 잡고 소액만 빌렸듯이, 사찰을 중심으로 극도로 번영한 당나라 시대의 전당포 금융과 본질적으로 유사한 단계에 머물렀을 것이다.[3] 동양의 관점에서는 참으로 불행히도 서유럽의 뱅킹이 소액 전당포 단계에서 대규모 특화 산업으로 발전하는 특별한 사건이 발생했다. 바로 11세기 말의 십자군 원정이었다.

## (2) 성전기사단

십자군 원정은 그 특성상 먼 거리를 왕래해야 했고, 살아서 돌아올지 죽어서 돌아올지 아무도 알 수가 없었다. 따라서 원정을 떠나는 왕, 성주, 기사들은 살아서 돌아오든 목숨을 잃든, 오랫동안 자기 재산을 어떤 식으로든지 위탁해야 했다. 생명과도 같은 재산을 맡길 곳은 동일한 종교 조직인 교황과 교황의 지방 조직인 수도원이 유일했고, 이들이 한꺼번에 재산을 위탁하면서 그리스, 로마 시대와 달리 엄청난 규모의 재산이 집중 예탁되었다.

템플 교회는 성전기사단의 런던 본부이다. 12세기 후반에 만들어졌고, 영국 왕실의 자금을 예탁받고 운영하는 은행이었다. 1307년 성전기사단이 해체되자 영국의 에드워드 2세가 몰수하여 왕실 소유로 만들었다. 시티 오브 런던 소재

십자군 원정 과정에서 탄생한 뱅커는 다름 아닌 성전기사단(Knights Templar)이었다. 성전기사단은 유럽 전역에 지점을 두고, 원정을 떠나는 이들의 재산을 보관했다는 신탁 증서를 발행하였다. 이 신탁증서는 후일 금 보관증서로 발전하여, 지폐의 원형이 된다. 나아가 성전기사단은 예금을 받으면서 보관한 재산 중 일부

3 典錢將用買酒喫(전전장용매주끽). 전당포에서 돈을 빌려 술이나 사서 마셔나 버리자. 백거이의 권주(勸酒) 중 마지막 구절.

를 대출하는 것은 물론이고, 현재까지도 알려지지 않은 비밀주의 영업방식으로 12세기에 이미 런던에서 직선거리로 4,000km가 넘는 예루살렘까지 자금을 이체하기까지 하였다!

성전기사단 외에도 십자군 원정에 참여하여 뱅커로 부상한 상인들도 있었다. 바로 제노바와 베네치아의 상인과 뱅커들이었다. 제노바 상인들은 1차 십자군 원정 때부터 적극적으로 전쟁에 참여했다. 이는 제노바인들의 뛰어난 선박 제조능력과 천부적인 상업적 감각 때문이었다. 제노바의 영원한 숙적 베네치아 상인들은 4차 십자군 원정을 아예 주도하였다. 이들은 4차 십자군 원정 이후 서유럽 뱅커의 왕좌로 등극한다. 15세기 베네치아의 유력 4대 뱅커로는 리포마노(Lippomano), 소란쪼(Soranzo), 가르조니(Garzoni)와 피사니(Pisani) 은행 등이 있었다. 이 중 리포마노 은행은 15세기 당시 자산 규모가 12만 듀캇이었고, 예금자들은 700여 명의 베네치아 귀족들을 포함한 1,248명에 이르는 대규모 은행이었다. 1498년에는 이 유력 4대 은행의 총 예금 규모가 100만 듀캇은 충분히 넘었을 것으로 추정된다.[4] 이들 뱅커들은 베네치아 정부의 군비 지출에 핵심적인 역할을 담당했을 뿐 아니라, 베네치아 정치의 실질적인 최고 통치기구인 「10인 위원회(Consiglio dei Dieci, Council of Ten)」의 멤버이기도 하였다.

독자적으로 뱅커로 진화한 제노바와 베네치아 상인들과 달리 은행업을 의도적으로 육성한 이도 있었다. 그는 바로 신성 로마 제국과 권력 다툼을 벌이고 있던 로마 교황이었다. 전술한 성전기사단은 교황청의 첫 번째 외부 뱅커였다. 하지만 교황청의 자금이 기하급수적으로 증가하자, 교황청은 외부 뱅커들을 늘렸다. 이에 따라 이탈리아 지역에서 교황청을 보좌하여 예금을 관리하고 대출하는 뱅커들이 하나둘 등장하기 시작했다. 시에나의 본시뇨리(Bonsignori), 루카의 리카르디(Riccardi), 제노바의 그리말디(Grimaldi), 피렌체의 바르디(Bardi)·페루찌(Peruzzi)·메디치(Medici) 가문이 당시를 풍미한 대표적인 교황의 뱅커들이었다.

---

4 Frederic C. Lane, 『*Venetian Bankers, 1496-1533: A Study in the Early Stages of Deposit Banking*』, Journal of Political Economy, Vol. 45, No. 2, The University of Chicago Press, 1937, pp. 190~192

이들의 영업은 성전기사단과 마찬가지로 국제적이었다. 이들은 바르셀로나, 세비야, 파리, 아비뇽, 마르세이유, 브뤼헤, 런던 등 유럽 전역, 콘스탄티노플과 예루살렘, 키프로스 등 동방, 심지어는 북아프리카 등에 다국적 지점을 운영하였다. 나아가 이들은 이슬람으로부터 복식부기와 아라비아 숫자를 도입하고, 이슬람의 교환증서를 발전시켜 국제무역 활동을 촉진하기 위한 금융활동의 기초를 다졌다.

이들의 영향력이 어느 정도였는지를 가장 명확하게 보여 준 사건이 1298년 그란 타볼라 은행의 파산으로 인한 유럽 최초의 금융공황과 유럽의 "1340년대 대침체(Great Depression of 1340s)"이다.[5] 1340년대 대침체가 小 빙하기로 인한 작황 악화가 원인이라는 설도 있지만, 작황 악화는 이보다 30여 년 전인 1310년대부터 진행된 이벤트였다. 1340년대 유럽 대침체는 1342년 유럽 최대 은행 바르디(Bardi) 은행의 파산이 직접적인 도화선이었다. 이처럼 서유럽은 13세기에 이미 유럽 전체의 경기를 좌우할 만큼 뱅커들과 뱅킹 산업의 영향력이 확대되어 있었다.

### (3) 메디치 가문

특히 이들 뱅커 중 메디치(Medici) 가문은 뱅킹의 이자 수령 금지, 뱅커들은 악덕 고리대업자라는 기독교의 철옹성 같은 이데올로기를 사정없이 박살 내버렸다. 그 결과 메디치 가문은 13~14세기에 서유럽의 종교, 정치, 경제, 사회, 외교 등을 좌우하는 실질적인 사회 지배층으로 부상하였다. 메디치 가문 이후 뱅커들이 사회 지배층으로 부상했다는 사실은 서유럽을 넘어 인류 역사에서 매우 중요한 의미를 지닌다. 왜냐하면 이들 이전의 은행가들은 기독교 교리에서 금지하는 이자를 수령하는 악덕 고리대금업자일 뿐이었기 때문이다. 하지만 이들이 지배층으로 부상하면서, 이제 은행가들은 더 이상의 사회적 비난이라는 굴레 없이

5 유럽의 1340년대 금융공황에 대한 상세 내용은 *『황금, 설탕, 이자 - 성전기사단의 비밀(下)』* 編에서 상술한다.

자유롭고 적극적으로 뱅킹 활동을 전개할 수 있었다.

이처럼 서유럽에는 13세기 이후 이자로만 지속 가능한 비즈니스를 영위하는 근대적 의미의 뱅커들이 나타나기 시작했다. 근대적 의미의 뱅커의 등장으로 13세기부터 서유럽에는 소비자를 대상으로 소액 금융을 제공하는 전당포 영업이 아니라, 왕실이나 생산자를 대상으로 대규모 국채 금융, 산업 금융을 제공하는 금융 산업 인프라가 갖추어지기 시작했다. 나아가 메디치와 같은 유력 뱅커들의 등장으로 더 이상 유럽인들은 유대인들에게 뱅킹 활동을 의존할 필요도 없었다. 마침내 황금시대의 이슬람이나 세계 최대 부국 송나라와 달리 서유럽에서는 뱅커들의 사회적 진출과 활발한 영업활동을 위한 산업기반이 마침내 13~14세기에 완성되었다.

로렌초 메디치는 뱅커로서 서양 역사상 처음으로 정치적 지도자로 등극한 인물이다. 뱅커가 정치, 사회적 지위를 확보하면서 과거 이자 놀이나 하는 부정적인 이미지로서의 뱅커가 로렌초 메디치 이후 거의 사라지기 시작했다. 이후 뱅커들의 사회적 지위가 올라가면서 이들의 정치, 경제적 영향력도 커지게 된다. 조르쥬 바사리(Giorgio Vasari, 1511~1574)의 1534년 作, 피렌체 우피치 미술관 소장

특히 뱅커들이 대형화되면서 15~16세기부터 이들 이탈리아의 세계 상인들은 중간 단계의 대금 결제만 수행하는 단순한 뱅킹 브로커 역할에서 벗어나, 상품이나 원재료를 제조하거나 이를 사고파는 상업 및 무역 활동에도 직접 종사하는 방향으로 진화하기 시작했다. 즉, 머천트 뱅커들이 대형화되기 시작했다. 필자는 이들을 2세대 머천트 뱅크라고 부를 것이다. 서유럽에서 2세대 머천트 뱅커의 등장은 서양, 아니 인류 역사에서 엄청난 변화를 가져온 획기적인 동력이 된다. 다시 말해, 서유럽 머천트 뱅커의 대형화는 로마 멸망 이후 동양의 서양 우

콜럼버스의 항해 활동에는 뱅커들의 자금 후원이 있었다. 한편 콜럼버스는 생전에 콜럼버스라고 불린 적이 없다. 콜럼버스는 스페인에서 콜롬보라고 불렸다. 이 초상화의 원본은 제노바 해양 박물관에 있는 것이고, 이 사본은 리스본의 해군 박물관에 있는 것이다.

위 추세를 단번에 뒤집은 지리상 발견의 가장 근본적인 원인이다. 왜냐하면 머천트 뱅커가 확장하는 시기인 14~15세기 무렵, 서유럽 뱅커들은 자신들의 사업 확장에 반드시 필요한 자금인 황금을 찾아야 했는데, 유럽에는 황금이 거의 없었기 때문이다. 이에 따라 뱅커들은 황금을 찾아 전 세계를 샅샅이 뒤져야 했다. 이것이 바로 신대륙 발견이 시작된 결정적인 동기이다. 신대륙 발견을 역사상 가장 중요한 "우연"이라고 평가하는 이도 있다. 하지만 필자가 보기에 신대륙 발견은 우연이 아니라, 최초로 동서양을 정치적으로 통합한 몽골제국 지도인 「대원일통지」에 자극받은 성전기사단과 서유럽 뱅커들이 황금을 찾아 필사적으로 노력한 필연적 결과이다.[6]

하여튼 신대륙 개척이 본격화되는 16세기부터는 신대륙으로부터의 황금과 설탕 자본주의로 축적된 막대한 규모의 자본이 서유럽으로 유입되었다. 대규모 자본의 유입과 서유럽 뱅커들이 결합하면서, 인류 역사에서 한 번도 보지 못했던 생산능력의 폭발적인 성장이 일어났다. 17세기부터는 교역의 중심이 황금과 은의 이동 경로였던 대서양으로 이동하면서 뱅킹 활동의 중심 또한 베네치아를 벗어나 네덜란드, 스웨덴, 영국, 프랑스, 독일 등 전 유럽으로 확산하였다.

지리상 발견 시기 이후부터 부상한 대표적인 뱅커들이 네덜란드의 호프 앤 코(Hope & Co.)·걸쳐 앤 멀더(Glcher & Mulder), 영국의 베어링(Baring)·조지 앤 피바디(George & Peabody), 프랑스의 라자드(Lazard)·꾸르트와(Courtois), 독일의 푸거(Fuggers)·웰서(Welsers)·

6 대원일통지(大元一統志)는 1303년에 완성된 원나라의 종합지리서이다. 이 책에는 아시아, 유럽, 아프리카가 상세히 그려진 세계 지도가 포함되어 있었다.

워버그(Warburgs)·쉬뢰더(Schroders)·슈파이어(Speyers), 유럽 전역을 활동 범위로 삼았던 로스차일드(Rothschilds) 등이었다.

이들 뱅커들은 설탕으로 인해 서유럽으로 유입된 막대한 규모의 자본을 진공 청소기처럼 흡입했다. 뱅커들은 설탕 교역으로 인해 축적된 자금을 예금을 통해 자기 은행에 대규모로 쌓아 두고, 돈이 될 만한 곳에 대출 활동을 집중했다. 즉, 이들 뱅커들이 댐 역할을 하면서 전 유럽의 여유 자금이 한 곳에 저장되는 역사상 가장 거대한 규모의 "자금 저수지(Capital Reservoir)"가 만들어진 것이다. 뱅커들은 초거대 자금 저수지에 대규모 자금을 모아 두고 자금이 필요한 곳에 자유자재로, 그리고 가장 신속하게 자금을 인출하여 대출하였다. 축적된 자본이 이윤이 생기는 곳으로 집중적으로 흘러가면서, 자본이 최대한 효율적으로 사용되기 시작했다.

## (4) 롬바르드 스트리트(Lombard Street)

특히 全 유럽의 환전상들인 뱅커들이 밀집한 런던의 롬바르드 스트리트(Lombard Street)의 금 장인(匠人)인 골드스미스(goldsmiths)는 성전기사단이 사용한 예금증서의 근대적 형태인 금 보관증서를 발명했다. 골드스미스 이외 민간인 뱅커들까지도 이들을 모방하여 황금을 보관하고, 그 증서로 은행권을 발행했다. 당시 은행권은 금을 보관하고 있다는 일종

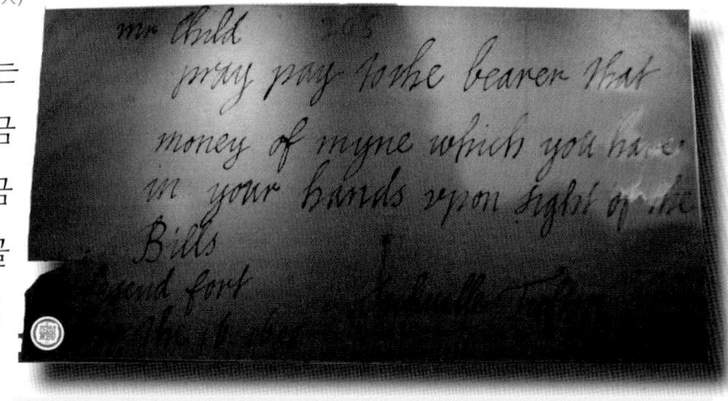
Mr Child
pray pay to the bearer that
money of myne which you have
in your hands upon sight of the
Bills

1688년 10월 16일, 자신(Sackville Tufton, 1646~1721)이 보관한 돈을 소지자에게 지급하라는 수표. 발행 대상은 금장인(goldsmiths)인 프란시스 차일드(Francis Child)였다. 하지만 이와 같은 인출 요구는 금장인이 보관하던 금의 대략 10% 내외였고, 나머지는 인출요구가 없었다. 따라서 금장인은 나머지 황금을 대출로 돌려 자신의 자산을 불렸다. 영란은행 소장

의 보관증서나 영수증이었다. 우연히도 이 뱅커들은 금을 맡긴 사람들이 항상 금을 찾지는 않는다는 것을 깨달았다. 대략 맡긴 금의 10%만이 상환 요구가 있었던 것이다. 나머지 90%는 활용 가능했다. 이들은 위탁한 금 중 90%를 활용하여 대출과 투자 활동을 전개했다.

금 장인들이나 민간인 뱅커들은 명확히 인식을 못 했을 수도 있겠지만, 금 보관증서나 은행권 유통을 통한 대출 활동은 없는 통화가 새로 만들어지는 마술과 같은 효과를 가져왔다. 금 보관증서나 은행권을 활용한 대출 활동을 하면 할수록 더 많은 금이 공중에서 그냥 만들어지는 것이다. 기원전 25세기 전후의 고대 이집트인, 8세기 이슬람인, 그리고 17세기 뉴턴이 그토록 갈망했던 연금술이 영국 금 장인들의 종이 화폐 발명과 대출을 통해 마침내 완성되는 순간이었다!!!

이처럼 금 보관증서인 은행권이 대량으로 유통되면서 금 장인이나 민간은행에 보관된 실제 금의 총량보다, 더 많은 금의 총량이 허공에서 그냥 만들어지는 기적 같은 일이 벌어졌다.[7] 이에 따라 18세기 내도록 영국의 민간인 뱅킹 산업은 기록적인 성장세를 시현했다. 민간인 뱅커들의 급성장에 따라 은행권의 유통 또한 폭발적으로 증가했다. 성서에 이어 가장 많이 번역된 서적 「로빈슨 크루소」를 지은 소설 작가로 우리에게 잘 알려진 영국인 다니엘 디포(Daniel Defoe, 1660~1731)는 영국 민간인 뱅커들이 시연한 대출의 연금술을 "실제 영국이 가진 금의 총량보다 수백만 명이나 더 많은 이들의 무역을 창출"한다고 묘사했다.[8] 은행권을 통한 이와 같은 "대출 연금술(Loan Alchemy)"을 활용하여 마침내 런던은 18세기 세계 무역금융(trade financing)의 메카로 부상했다.

이코노미스트를 창간한 월터 배젓(Walter Bagehot, 1826~1877)은 19세기 영국 최대

---

7 현대 화폐금융론에서는 이를 통화의 승수효과라고 부른다.

8 Daniel Defoe, 『*The Complete English Tradesman*』, Chapter 24. "It(credit) increases commerce; so, I may add, it makes trade, and makes the whole kingdom trade for many millions more than the national specie can amount to." 다니엘 디포는 소설가이기도 하지만, 소설가이기 이전에 전문 무역업자였다.

금융가인 런던 롬바르드 스트리트(Lombard Street)의 무역금융 활동을 다음과 같이 묘사했다. "영국의 대외무역은 어떤 외국인도, 그리고 우리 조상 그 누구도 상상하지 못했던 엄청난 규모의 차입금을 바탕으로 이루어지고 있다."[9] 아울러 "영국인들은 세계 상업금융의 중심이었으므로, 지구 동쪽 끝에서 수입한 차에 서쪽 끝인 카리브해의 설탕을 넣어 마시더라도 여전히 국산 맥주보다 쌌다."[10]

배젓의 이 평가는 뱅킹이 상품 생산과 결합하는 경우 황금이 거의 없었던 영국 젠틀맨들이 어떻게 해가 지지 않는 대영 제국을 건설하여 세계를 제패하는 불가사의한 일이 실현되었는지를 적나라하게 보여 준다. 마치 2500년 전, 바빌로니아의 네부카드네자르 2세(재위 BC 605~562)가 뱅킹을 통해 풀 한 포기 나지 않는 황량한 사막 한 가운데에 삼림으로 뒤덮인 공중 산인 "바빌론의 공중정원"을 건설하여 세계 7대 불가사의를 완성한 것처럼. 특히 17~18세기 서유럽의 뱅커들은 자금이 상품을 낳고, 상품이 다시 자금을 낳는 대규모 산란장의 중심에 서 있었다. 마치 수천 마리의 에일리언을 끊임없이 양산해 내는 영화 「에일리언」의 무시무시한 퀸과 같이. 월터 배젓의 묘사처럼 설탕 자본주의와 뱅커들이 결합하면서, 황금과 설탕과 이자가 화학적으로 융합되기 시작한 것이다.

황금을 바탕으로 황금 지폐를 허공에서 그냥 만들어내는 마이더스 영란은행을 풍자한 그림. 1797년 作, 영란은행 소장

그 결과 서유럽의 자본주의는 폭발적인 성장세를 구현하였다. 당시 청나라

---

9 Walter Bagehot, 『*Lombard Street: A Description of the Money Market*』, Henry S. King & CO., 1873, p. 8

10 가와기타 미노루, *앞의 책*, p86

1695년 당시 영란은행 내부 모습. 은행 직원에게 cash note를 내밀면 은행 직원은 이를 황금 코인으로 바꿔주었다. 『로빈슨 크루소우』의 작가 다니엘 디포(Daniel Defoe, c1660~1719)는 1724년에 발간된 『A Tour thro' the Whole Island of Great Britain』에서 영란은행의 영업을 다음과 같이 묘사했다. "이곳에서 모든 영업은 한 치의 오차도 없이, 매우 신속하게 이루어졌다. 어느 누구도 현금 지급이 거절된 적이 없으며, 황금을 예치한 상인은 언제나 현금을 인출할 수 있었다. 이 세상 어느 곳에도 이렇게 쉽고, 정확하게 은행 영업이 이루어진 곳은 없었다." 영란은행 소장

는 서유럽보다 자본과 노동의 양이 비교할 수 없을 정도로 대규모로 축적되어 있었지만, 서유럽은 뱅킹을 통하여 이를 단숨에 추월했다. 청나라는 뱅킹이 없었으므로 서유럽의 추월 속도를 따라잡을 수가 없었다. 청나라 멸망 후 등장한 마오쩌둥의 중국도 마찬가지였다. 마오쩌둥은 흐루쇼프가 15년 안에 미국을 초월한다는 목표하에 추진한 경제개발 5개년 계획에 자극받아 1958~1961년까지 중국이 보유한 자본과 노동을 총동원하여 경제 성장을 도모한, 이른바 "대약진 운동"을 전개했다. 예컨대 영국의 철강 생산을 추월하기 위해 9천만 명의 농민을 모두 동원하여 농부들의 시골집 뜰에 용광로를 만들고, 전 국토를 헤집어 연료용 나무와 철광석을 발굴해 철광석을 생산했다. 이 코미디 같은 대약진 운동으로 세계은행 기준으로 1961년 중국의 경제 성장률은 무려 △27.3%였고, 경제 성장은커녕 2,000만 명이 넘는 중국 사람이 굶어 죽었다! 대약진 운동은 경제 성장이 자본과 노동의 단순한 양적 투입만으로는 결코 달성할 수 없음을 확실하게 보여 준 역사상 가장 처참하고 비극적인 거시 경제 정책이다.

이 점에서 경제학자 솔로우(Robert Solow, 1924~)는 자본과 노동이 경제 성장에 기여하는 비중은 절반에도 미치지 못한다고 주장했는데, 필자도 100% 동의한다. 성장의 나머지 절반 이상은 자본과 노동을 효율적으로 결합하는 동시에, 자본과 노동 이외의 생산 요소인 문화, 과학·기술, 에너지·자원, 교육 등을 돈벌이와 효

율적으로 결합하는 뱅킹의 몫이다.[11] 다시 말해 자본도, 노동도, 문화도, 과학도, 기술도, 에너지·자원도, 고급 인력도 뱅킹이 추구하는 돈벌이와 효율적으로 결합되지 못하면 경제 성장에 아무런 기여도 할 수 없다. 따라서 돈벌이가 아니라 유교 정신이 지배하는 청나라가 아무리 엄청난 규모의 자본과 노동이 축적되었다 하더라도, 돈벌이에 혈안이 된 탐욕스러운 뱅커가 있는 서유럽의 자본주의가 청나라 경제를 추월하는 것은 단순한 시간문제였을 뿐이었다.

예컨대 서유럽 자본주의 최초의 맹아였던 설탕은 뱅커들의 탐욕스럽지만 효율적인 자본의 요구에 따라, 돈벌이를 위해 전 지구적인 대규모 생산체제 안으로 편입되었다. 즉, 설탕 재배에 필수적인 노동력인 아프리카의 흑인 노예를 획득하기 위해 영국의 리버풀과 브리스톨의 선박 소유자들은 2500여 년 전 고대 페니키아의 무역업자들이 했던 것처럼 필요한 자금을 은행으로부터 빌렸다.[12]

런던의 환전상 거리(Change Alley 혹은 Exchange Alley)는 롬바르드 스트리트와 함께 토마스 그래샴이 증권거래소를 1565년 설립하기 전에 뱅커들이 증권을 거래하던 곳이다. 증권거래소가 설립된 이후에도 거래소 규정에 맞지 않거나 위반한 브로커들이 이곳에서 증권을 거래했다. 특히 1710~1720년 사이 남해 버블(South Sea Bubble) 사건에서 이곳 환전상 거리는 톡락의 근원지이기도 하였다.

대규모 자금조달이 가능했던 씨티 오브 런던(City of London)의 은행 체제 때문에 엄

11 솔로우는 자본과 노동 이외에 성장에 기여하는 요소를 통틀어서 "총요소생산성(Total Factor Productivity)"이라고 불렀다. 총요소생산성에는 자본과 노동 이외에 문화, 과학·기술, 에너지·자원, 뱅킹, 교육, 역사, 지리, 인력 등 여러 가지 요소가 있을 것이다. 필자는 나머지 성장 요소 중 가장 핵심 요인이 뱅킹이라고 판단하고, 지나친 단순화라는 위험을 감수하고 이런 표현을 사용했다.

12 2차 대전 중 리버풀은 미국의 영국 내 최대 공군기지가 있던 버턴우드(Burtonwood)의 최근접 도시였다. 이 때문에 리버풀은 사실상 미군들의 문화가 넘쳐나던 곳이었다. 비틀즈도 사실은 미군 부대의 음악 문화에 영향을 받아서 태어났다고 해도 과언이 아니다.

롬바르드 스트리트의 그래샴 여인숙. 걸려 있는 메뚜기 모양은 영국 상인 토마스 그래샴(Thomas Grasham)의 상징이다. 가까이에서 보면 "15-TG-63"이라고 새겨져 있는데, TG는 토마스 그래샴의 이니셜이고, 15-63은 1563년에 그래샴이 여기에 머문 장소라는 뜻이다. 메뚜기는 그래샴의 시조인 로져 그래샴(Roger de Grasham)이 풀밭에서 버려졌을 때 지나가는 여인이 메뚜기 때문에 로져 그래샴을 발견하였다는 데서, 그래샴 가문의 상징으로 통한다.

청난 규모의 자금이 노예 교역과 설탕 재배 사업에 투입되었다. 더 많은 자본이 가장 효율적으로 몰렸으니, 규모가 순식간에 커지는 것은 너무나도 당연했다.

### (5) 설탕 플랜테이션

이에 따라 자메이카, 아이티, 쿠바 등 신대륙의 카리브해에 위치한 섬들은 대규모 설탕 농장인 설탕 플렌테이션으로 바뀌었다. 영국 식민지였던 트리니다드 토바고는 아예 섬 전체가 설탕 농장이 되었다. 이곳에서는 빨리 처리하지 않으면 상해버리는 사탕수수를 재빨리 베어내고, 수레를 끄는 이들은 이를 압착소로 최대한 빨리 운반한 후 최대한 신속하게 분쇄한 다음에, 이를 끓여서 정제하기 위한 기계 설비, 대규모 노예 노동력과 체계적인 분업을 갖춘 최초의 공장이 만들어졌다.[13] 설탕 제작의 각 공정마다 분업은 필수였고, 시간은 곧 생명이었다.

1700년 바베이도스(Barbados)의 한 식민지 개척자가 사탕수수 압착소를 묘사한 내용에 따르면 이곳에서는 "간단히 말해, 끊임없는 소음 속에서 항상 서두르며 살아야 했다. ... 하인들(즉, 노예들)이 밤이고 낮이고 거대한 보일러 하우스를 지키고 있는데, 6~7개쯤 되는 커다란 구리 보일러나 화덕에는 불이 꺼지는 날이 없

13 1개의 설탕 플랜테이션 안에는 200여 명의 노예 노동자(90%)와 기계를 다루는 자유 노동자(10%)가 있었고, 그곳에 사탕수수 압착기, 보일러 하우스, 당밀 분리기, 럼주 증류기, 창고 따위가 달려 있었다. 케네스 포메란츠, 스티븐 토픽, *앞의 책*, p. 435

다. ... 설탕을 만드는 기간 내내 압착소의 어디에선가는 밤낮을 가리지 않고 설탕이 돌고 있다."[14] 이 공장 시스템은 찰스 디킨즈(Charles Dickens, 1812~1870)가 그토록 생생하게 묘사한, 후일 산업혁명을 촉발한 공장 시스템에도 그대로 이식되었다. 근대의 상징인 공장이 유럽이 아닌 설탕 농장인 카리브해에서 처음 시작되었으며, 최초의 공장 노동자들이 임금노동자가 아니라 아프리카 노예였다는 사실을 만국의 노동자여 단결하라던 마르크스는 알고 있었을까? 하여튼 설탕과 노예 플랜테이션으로 황폐화된 경작지로 인해 생태계가 완전히 파괴된 이 국가들은 오늘날까지도 가난을 벗어나질 못하고 있다.[15]

호프 앤 코의 창업자 중 한 사람인 아드리안 호프. 네덜란드의 카리브해 플랜테이션 사업은 호프 앤 코의 뱅킹 활동이 없었다면, 아예 상상조차 할 수 없었을 것이다. 출처: Wikipedia. Public Domain

나아가 설탕 이외에 면화, 커피, 담배, 차, 고무, 카카오, 쌀, 밀 심지어 아편까지 돈이 되는 것은 닥치는 대로 뱅커들의 자본과 결합하였다. 예컨대 면화에서 실을 뽑아내는 면방적이 기계화되면서 면포를 짜는 기계 직포가 등장했고, 이 때문에 면화 수요가 폭증하자 미국 남부 전체가 면화의 대량 생산지로 바뀌었다. 같은 방식으로 브라질은 사탕수수와 커피, 쿠바는 담배, 말레이시아와 인도네시아는 고무,[16] 인도는 면화·아편·쌀·밀,[17] 트리니다드 토바고보다 13배나 더 큰 실론

---

14 케네스 포메란츠, 스티븐 토픽, *앞의 책*, pp. 437~436

15 타이완도 네덜란드인들이 설탕을 재배하기 시작하면서 대규모 설탕 생산지로 바뀔 수도 있었다. 하지만 타이완은 그렇게 되지 않았다. 우선 1661년에 명나라 부흥을 꿈꾸던 정성공(1624~1662)이 싱가포르까지 이르는 광범위한 해상 상업 네트워크를 통해 축적한 부를 바탕으로 타이완의 네덜란드인들을 정벌했다. 이후 네덜란드의 설탕 이식은 중지되었고, 반청 운동의 본거지가 된 타이완 또한 청나라 강희제가 정벌하면서 설탕 재배를 아예 금지했다. 그 결과 타이완은 설탕으로 인해 완전히 폐허가 된 카리브해의 도서와 같은 운명을 밟지 않게 된 것이다.

16 고무의 원산지는 브라질이다. 브라질은 고무나무의 국외 반출을 엄격히 금지하였으나, 1876년 영국인 헨리 위컴(Henry Wickham, 1846~1928)이 브라질의 상타렝(Santarém)에서 몰래 이 씨앗을 빼내 영국으로 가져갔다. 이 씨앗은 왕립식물원인 큐 가든(Kew Garden)에 이식되었고, 이후 영국 식민지를 중심으로 급속히 전파된다. 영국 식민지로 전파된 고무 생산은 설탕 재배방식이 도입되면서, 이후 단순 노동력에 의존하여 고무나무에서 즙을 받아내던 브라질 생산을 압도하게 된다.

17 영국이 인도를 직접 식민지로 삼은 후 영국이 쌀과 밀을 대량으로 인도에서 재배, 생산하면서 19세기 인도는 전 세계 최대의 곡물 수출국이 된다. 케네스 포메란츠, 스티븐 토픽, *앞의 책*, p. 378

(Ceylon) 섬은 섬 전체가 차 재배지로 바뀌었다.[18] 베트남 남부 메콩강과 미얀마의 이라와디강(Irrawaddy River) 삼각주는 프랑스와 영국의 작업으로 대규모 벼농사 단지로 변모했다. 중남미에서 화폐 역할을 했던 카카오는 베네수엘라, 필리핀, 인도네시아, 브라질을 거쳐 아프리카로 건너가 대규모 플랜테이션 작물의 대표 주자가 되었다. 한국에서 그토록 유명한 가나 초콜릿은 원래 중남미 작물이었는데, 플랜테이션 작물이 되면서 아프리카의 가나 상품으로 인식되어 버렸다.

이들의 생산방식은 설탕과 동일했다. 서유럽은 뱅킹을 통해 모집한 자본을 선박 소유주들에게 빌려주고, 이 선박 소유주들은 아프리카 노예를 대량 선적하여 카리브

베네치아에 있는 마르코 폴로 생가. 마르코 폴로는 13세기에 저술한 『*Divisament dou Monde*』, 즉 『*세계의 서술(일명 동방견문록)*』에서 이슬람 문화는 다소 경멸적인 시각으로 바라보았지만, 원나라를 비롯한 아시아에 대해서는 호기심 반, 놀라움 반의 어조로 묘사했다. 생가의 정문 위에는 "동쪽 끝까지 여행한 사람이 머물던 곳"이라고 쓰인 팻말이 있다. 이처럼 마르코 폴로가 동양을 여행할 13~14세기만 해도 서양인들은 동양인들을 존경과 경이로움이 가득찬 선망의 대상으로 바라보고 있었다. 하지만 지금은 어떤가? 베네치아 소재.

18 원래 실론섬은 사파이어, 루비, 자수정, 가닛(Garnet) 등의 보석이 풍부하여, 이슬람의 황금시대에 값비싼 보석을 이슬람에 팔아 많은 돈을 벌었다. (심지어 실론섬 아무 곳에 땅을 파도 보석이 나온다고 할 정도로, 글자 그대로 보물섬이다.) 이 때문에 실론섬을 아랍 사람들은 "루비의 섬"이라고도 불렀다. 현재도 가장 품질이 좋은 사파이어는 실론섬의 스리랑카 산이 압도적으로 많다. 한편 영국인들이 실론섬에 처음 심은 것은 차가 아니라 커피였다. 실론섬은 천혜의 자연조건으로 커피가 대량으로 생산되어, 1812년 실론섬의 커피 수출은 150톤, 1845년에는 15,000톤, 1869년에는 50,000톤을 기록했다. 하지만 1867년경부터 오직 커피나무만을 공격하는 식물 페스트가 커피나무를 감염시켰고, 실론 커피나무의 ⅔가 감염되면서 실론섬의 커피 산업은 몰락했다. 영국인들은 이후 커피 대신 차나무를 심어 대량으로 재배하기 시작했다. 이로 인해 20세기 초 실론섬은 인도와 함께 세계 최대의 차 수출 지역으로 부상했다. 예컨대 1928년, 전 세계 차 수출의 39%를 인도가, 26%를 실론섬이 차지했었다(출처: International Tea Committee, Bulletin of Statistics. 1946)

해 상품의 생산자에게 팔았다. 그 결과 카리브해나 미주 대륙 식민지는 아프리카 노예들을 활용한 상품의 생산지로, 청나라나 무굴제국과 같은 좀비 식민지는 거대 소비지가 되었다.[19] 아니 서유럽의 설탕 자본주의가 뱅커들과 결합하면서 전 세계가 서유럽의 상품 생산과 상품 소비를 위한 식민지로 전락하였다. 설탕과 다른 게 있다면 이제 그 어느 때보다 투입되는 자본이 커지고, 대량의 상품이 생산되었다는 것뿐이었다.

이제 서유럽의 설탕 자본은 거칠 것이 없었다. 뱅커들과 결합한 서유럽의 설탕 자본은 군함과 함포까지 앞세워, 바다를 통해 당시 세계 3대 강국인 이슬람의 오스만 튀르크 제국, 인도의 무굴제국, 중국 청나라의 시장을 강제로 개방했고, 마침내 이 국가들을 차례로 붕괴시켰다. 14세기 베네치아 상인 마르코 폴로가 호기심, 경외심과 두려움을 가지고 바라보던 중국을 포함한 아시아는 자본주의와 뱅킹이 결합한 18세기부터는 서양인들에게 잔혹한 수탈과 탐욕스러운 약탈의 대상으로 전락했다. 더 나아가 설탕 경제는 식민지 전체로 확산하였다. 예컨대 카리브해의 여러 섬들과 마찬가지로 초기 브라질 경제도 노예 노동에 기초한 설탕 경제가 초기 모델이 되었다.

도쿠카와 이에야스. 도쿠카와 막부 시대 가장 뛰어난 화가인 카노 탄유(Kanō Tan'yū, 狩山探幽, 1602~1674)의 작품. 오사카성 소장. 출처: Wikipedia. Public Domain

불행히도 이 당시 동양의 최강국인 중국의 청나라는 기마민족인 만주족이 지배층이어서 해군 양성에 전혀 신경을 쓰지 않았다. 청나라 이전 한족의 나라 명나라도 마찬가지였다. 일본의 경우도 도요토미 히데요시 이후 정권을 장악한 도쿠가와 이에야스(德川家康, 1543~1616)가 해상 활동으로 이권을 챙기는 집단을 위협 세력으로 간주하고, 일본 전역에서 대형 선박에 대한 파괴 명령을 내릴 정도로 해군 양성에 무관심했다.[20]

---

19 아프리카 노예 교역이 금지된 19세기 초엽부터는 중국, 인도, 한국, 일본 등 아시아의 저임 노동력이 자본주의 세계 생산체제에 총동원되었다.

20 제러미 블랙, *앞의 책*, p. 238. 도쿠가와 막부는 1630년대부터는 일본인의 해외

이처럼 하필이면 자본주의와 뱅킹의 결합으로 동양을 수탈할 목적으로 해군 양성에 열을 올린 포르투갈, 스페인, 네덜란드, 영국이 동양으로 진출할 시기에 동양의 주요 국가들은 이에 대항할 마땅한 해군이 없었다. 그 결과 인도, 스리랑카, 필리핀, 인도네시아, 타이완 등 동양의 주요 국가가 서양 해군의 위력 앞에 추풍낙엽처럼 쓰러졌고, 한국, 중국과 일본은 자신들의 의지와 상관없이 서양에 항구를 개방해야 했다. 이처럼 국가 권력과 결합한 서양의 폭력적 시장 개방 강요가 동양 주요 국가의 몰락을 가져오면서, 오늘날까지도 개도국에 대한 선진국의 시장 개방 요구가 개도국 민중들에게는 알레르기 같은 거부 반응을 일으키는 뼈아픈 트라우마까지 만들었다.

### (6) 금당리의 원심력과 민족주의 구심력

물론 이 추세는 지금 현재도 진행형이다. "상품(설탕)"과 "자금(황금 및 이자)"의 흐름은 역사가 흐르면서 계속해서 장벽을 없애 무한대로 확산하려는 동력, 이른바 "세계화 원심력"을 가지고 있고, 이와는 반대로 오늘날 세계는 프랑스 대혁명 이후부터 지속적으로 다른 국가와의 차별성, 독립성을 강조하는 민족 국가, 이른바 "민족주의 구심력" 체제로 유지되고 있기 때문이다. 요컨대 "황금, 설탕, 이자"는 "국경"과 "민족"이라는 "정치적 분계선"과 종교, 역사, 언어라는 "문화적 경계선"을 뛰어넘어 가장 자유로운 방향으로 확산하려는 힘을 가지고 있는 반면, 세계 각국의 국내 정치 상황은 "국경, 민족, 문화"를 앞세워 폐쇄적 자국 우선주의를 지향하면서 서로 충돌해 왔다. 그렇다면 과연 미래에는 상품과 자금의 확산이라는 세계화 원심력과 문명충돌의 단층선이 가져오는 문화민족주의 구심력의 힘겨루기 결과가 과연 어떻게 될 것인가? 이에 대한 대답은 결론 부분에서 상술할 것이다.

---

출국까지 금지했다.

다만 미국 정치학자 사뮤엘 헌팅턴(Samuel Phillips Huntington, 1927~2008)은 민족주의 구심력의 결과물인 문명충돌이 미래에 더 고조될 것이라고 예측했는데, 필자도 어느 정도 일리 있는 분석이라고 본다. 심지어 상품과 자금 이동의 자유화 선봉에서 왔던 미국조차도 상품과 자금의 중단 없는 흐름에 반기를 들고, 자국 우선주의를 강조하면서 중국을 압박하고 있는 것이 오늘날의 현실이 아닌가? 특히 코로나와 같은 신종 바이러스의 등장은 2차 대전 후 끊임없이 무한대의 확장을 추구해 왔던 상품 및 자금의 자유화 추세와 그 결정체인 글로벌 벨류 체인(Global Value Chain: GVC)의 흐름을 근본적으로 바꿀 가능성이 매우 높다.

역사적으로도 바이러스는 인간 문명의 통합과 자유로운 상품 및 자금 흐름을 방해하는 중요한 원인 중의 하나였다. 고도 문명을 누렸던 인류 문명의 기원 수메르 문명과 중국 고대의 수수께끼 같은 고도 문명인 홍산 문명도 바이러스로 인해 멸망했다. 기원전 4세기 알렉산더 대왕이 인도 진출에 실패한 이유 중의 하나도 인도의 고온다습한 지역에 만연한 바이러스 때문이었다. 중국 문명의 양쯔강 유역 개발이 늦은 이유 또한 고온 다습한 양쯔강 유역에 만연한 말라리아나 뎅기열과 같은 무시무시한 바이러스 때문이었다. 한족의 개척자들이 양쯔강 유역에 안정적으로 정착하기까지는 500~600년이나 더 걸렸다는 주장도 있다.[21] 사기를 지은 사마천이 "양쯔강 남쪽은 저지대이고 기후가 습하여 성인 남성들이 일찍 죽는다."라고 기록할 정도였으니까. 14세기 중세 유럽을 초토화했던 페스트 역시 동쪽으로 확장하던 베네치아와 제노바의 무역 전략에 심각한 타격을 입혔다.

따라서 코로나와 같은 신종 바이러스의 출현은 글로벌 상품 및 자금 흐름의 자유화를 최소한 단기적으로 저해하는 방향으로 GVC를 변화시킬 것이 거의 확실하다. 이에 더해 미국과 중국의 패권 경쟁이 가치동맹이라는 이름으로 포장되어 나타나면서, GVC 변화를 더욱 가속화시킬 것이다. 상품, 자금, 인력, 기술 이

21 윌리엄 맥닐, 『*전염병의 세계사*』, 이산, 2021, p. 110

동을 동맹국으로만 한정하는 공급망 재배치 또한 코로나 확산과 중국 패권의 저지가 융합한 새로운 전략적 행위이다. 요컨대 필자가 보기에 오늘날 세계는 첫째, 상품·자금 흐름의 자유화 추구, 즉 황금·설탕·이자가 가지고 있는 내재적인 "자유로운 세계화 원심력"이 둘째, 국경·민족·문화라는 "폐쇄적 문화민족주의 구심력" 유지를 위협하는 전통적 대립 구도에, 세 번째 요인인 바이러스 확산과 미중 패권 경쟁에 따른 인력·기술·자금 흐름을 "문명의 동맹"에 따라 재편되는 양상이 혼합되어 나타나는 세상이다. 세 번째 요인인 문명의 동맹은 세계화 원심력과 문화민족주의 구심력의 대립이라는 전통적인 대결 구도에서 파생된 새로운 혼합 대결 구도이다. 그런데 이 세 번째 구도는 유사한 문명권 내에서만 상품과 자금의 흐름을 자유화한다는 점에서 혹시라도 문명충돌이 일어난다면, 결집한 문명의 동맹 상호 간 전면전을 벌일 가능성이 있어 그 양상과 결과가 이전보다 훨씬 광범위하고 파괴적일 가능성이 매우 높다. 필자가 보기에는 현재 진행되는 문명의 동맹이라는 이 새로운 동력을 어떻게 슬기롭고 조화롭게 처리하느냐에 따라 미래 인류의 발전 방향이 정해질 것이라고 확신한다.

이 세계화 원심력, 민족주의 구심력, 그리고 문화·문명의 동맹이라는 세 가지 동력원이 어떻게 전개될지는 불확실하지만, 확실한 것이 한 가지 있다. 즉 세계화 원심력의 핵심인 황금·설탕·이자에 내재된 본질적인 동력인 자유화와 이 자유화의 연쇄반응이 창조하는 수소폭탄과 같은 폭발적인 에너지가 바로 역사적으로 과거 인류 발전의 핵심적인 동력이었으며, 인류의 미래에도 그럴 것이라는 점이다. 인류의 과거와 미래 발전 동력을 황금, 설탕, 이자 세 가지로만 한정해서 지나치게 단순화했다는 비판도 있을 수 있다. 필자와 달리 헤지펀드 매니저의 전설 레이 달리오는 그의 저서 *『변화하는 세계 질서』*에서 인류의 과거와 미래의 발전 동력원은 크게 3개, 5개, 8개, 그리고 18개로 분류된다고 주장했다.[22] 그에 따르면 가장 중요한 세 가지 요인은 첫째, 금융 사이클, 둘째, 국내 질서와 혼란

22 레이 달리오, *앞의 책(변화하는 세계 질서)*, pp. 79~122

의 사이클, 셋째, 국제 질서와 혼란의 사이클이다. 이에 더해 기술 개발과 자연재해를 합하면 빅 파이브(Big Five) 요인이 된다고 한다. 기타 8개 요인은 혁신, 교육, 가격 경쟁력, 군사력, 무역, 생산, 시장 및 금융 중심지, 기축통화 지위 등이다. 나머지 10개는 너무 많아서 생략하겠다.

헤지펀드 매니저가 역사를 통해 인류 발전 동력의 본질을 천착했다는 점에서 매우 경이롭다. 나아가 그는 과거 역사를 기초로 미래의 발전 방향을 예측하는 데 탁월한 통찰력을 보여 주고 있다. 특히 헤지펀드 매니저답게 역사적 사실을 수치화하는 퀀트적 분석 기법은 매우 창의적인 접근 방식이다. 다만 그가 제시한 요인이 너무 많아서 다소 산만해 보이기는 한다. 거의 모든 요소가 다 들어가서 핵심이 명확히 드러나지 않는 단점도 있다. 특히 금융이나 국내 및 국제 싸이클은 원인이 아니라 결과로서 나타나는 현상이다. 사이클은 발전의 동력원이 아니라 발전 동력원이 상호 작용하여 그 결과로서 나타나는 것이지, 동력원이 될 수 없다.

물론 필자가 주장한 「황금, 설탕, 이자」, 이 세 가지 동력원은 지나치게 단순화한 측면이 있다. 하지만 너무 많은 요소를 나열하면 산만해진다. 따라서 필자는 지나친 단순화라는 위험을 무릅쓰고 핵심만 나열하는 방법을 택했다. 더구나 필자가 이야기하는 황금은 단순한 물질로서의 황금이면서 동시에 절대 신뢰가 가능한 화폐를 상징한다. 마르크스의 말대로 화폐는 역사의 경로를 결정하는 가장 중요한 역할을 하기 때문에, 화폐를 빼고 인류의 과거와 미래 발전 동력원을 설명할 수 없다. 또 설탕은 단순한 설탕을 의미하는 것이 아니라, 대표적인 상품으로서의 설탕이다. 따라서 설탕은 상품과 관련된 산업, 상품을 개발하는 기술혁신, 기술혁신과 관련된 교육, 상품을 파는 무역, 군사 물자 생산력 등을 포괄한다. 마지막으로 이자는 뱅킹, 대출, 투자, 탐욕 등 금융서비스 전체를 포괄하는 상징이다.

어쨌든 서양인들은 「황금, 설탕, 이자」를 결합하여 돛, 설탕, 함포, 이 세 가지를 개발한 후 대량으로 생산했다. 이 세 가지는 서유럽이 전 세계를 정복한 기초 수단이었다. 하지만 이 세 가지 수단 중 어느 하나도 서유럽이 독자적으로 만든 것은 없었다. 서유럽이 이슬람, 인도, 중국과 달리 독특하게 보유하고 개발했던 것은 오로지 뱅커들과 뱅킹뿐이었다. 돛, 설탕, 함포를 서유럽의 뱅커들이 이자를 붙인 대출과 투자를 통해 개발하고 대량으로 생산한 사건, 즉 「황금, 설탕, 이자」의 결합은 인류 역사의 주도권을 완전히 뒤바꾼 가장 비극적인 사건이었다. 결론적으로 이들 뱅커들이야말로 서유럽을 이슬람과 인도, 중국의 발전 경로와는 완전히 다른 길로 안내하여 세계를 제패하게 한 핵심 원천인 것이다!!!

## Codex Atlanticus: 뱅킹-탈란트에서 디엠까지

### 뱅킹, 성전기사단, 그리고 프리메이슨

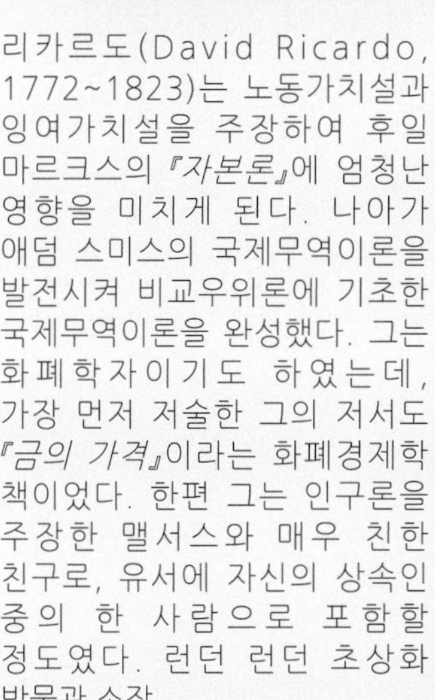

리카르도(David Ricardo, 1772~1823)는 노동가치설과 잉여가치설을 주장하여 후일 마르크스의 『자본론』에 엄청난 영향을 미치게 된다. 나아가 애덤 스미스의 국제무역이론을 발전시켜 비교우위론에 기초한 국제무역이론을 완성했다. 그는 화폐학자이기도 하였는데, 가장 먼저 저술한 그의 저서도 『금의 가격』이라는 화폐경제학 책이었다. 한편 그는 인구론을 주장한 맬서스와 매우 친한 친구로, 유서에 자신의 상속인 중의 한 사람으로 포함할 정도였다. 런던 런던 초상화 박물관 소장

서유럽인들이 세계를 지배했던 세 가지 도구는 돛, 설탕, 총과 함포였다. 돛은 이슬람으로부터, 설탕은 인도로부터, 총과 화약은 중국으로부터 수입한 것이었다. 하지만 제대로 산업화된 뱅커와 뱅킹은 이슬람에도, 인도에도, 중국에도 없었다. 오직 서유럽에만 있었다. 뱅커의 어원도 라틴어 방카리(bancarii)이다. 방카리는 로마 시대의 환전상을 지칭한다. 로마 시대의 환전상들은 주로 시장에서 테이블이나 벤치에 앉아서 환전 영업을 했는데, 사람들은 이 환전상들을 멘사리(mensarii) 혹은 방카리(bancarii)라고 불렀다. 왜냐하면 라틴어로 테이블을 의미하는 단어는 멘사(mensa)이고, 벤치를 의미하는 단어는 방카(banca)였기 때문이다.

애덤 스미스에 이어 영국 고전 경제학을 완성한 리카르도는 뱅커를 다음과 같이 정의했다. “자본가(capitalist)는 자기 돈으로 사업을 하는 사람들이고, 뱅커(banker)는 다른 사람의 돈으로 사업을 하는 사람들이다.”[23] 자기 돈도 아니고 다른 사람 돈으로 사업을 하다니, 뱅커들이 보기

23 Walter Bagehot, *Ibid*, p. 21. “The distinctive function of the banker, says Ricardo, 'begins as soon as he uses the money of others;' as long as he uses his own money he is only a capitalist.”

에 마음에 쏙 드는 정의는 아닌 것 같다. 로마 시대의 방카리나 리카르도의 정의 모두 현재의 고상한 은행가 이미지와는 다소 거리가 있어 보인다.

리카르도가 언급한 뱅커 사업, 즉 뱅킹(banking)은 크게 네 가지로 구분된다. 뱅킹의 가장 기초적인 형태는 다른 사람의 자금을 보관하는 것이다. 즉 예금 업무이다. 예금 업무는 뱅킹의 가장 본질적인 업무이다. 이 업무는 서양뿐 아니라 황금시대의 이슬람 제국이나 중국의 당, 송 시대에도 있었다. 두 번째는 서로 다른 통화에 대한 환전 업무이다. 환전은 인류 문명이 시작된 메소포타미아에서부터 고대 그리스, 로마, 중세 유럽 전역, 근대에 이르기까지 유럽 은행의 주요 업무였고, 현재에 이르러서도 은행의 기본 업무이다.

세 번째가 서로 다른 지역으로의 자금 이체이다. 이체는 상거래와 국제교역에서 발생하는 필연적인 거래 과정이다. 특히 국제교역에서 필수적으로 발생하는 결제 행위 때문에, 은행 조직은 일찍부터 국제화되었다. 이에 따라 은행은 다른 어떤 1차 산업이나 제조업에 속하는 기업들보다 해외에 지점이 많다. 뱅킹의 마지막 형태가 대출이다. 대출은 오늘날 은행과 같이 「자금을 빌려주는 것(commercial banking)」 외에도 특정 기업이나 투자 프로젝트에 「투자하는 것(merchant banking 혹은 investment banking)」을 포함한다.

대출은 인류 문명의 발원지인 메소포타미아 문명에서부터 존재했다. 특히 메소포타미아 문명에서는 대출에 대한 최고 이자율이 법률로 정해져 있었다. 즉, 메소포타미아의 바빌로니아에서는 은으로 대출할 경우 최고 이자율이 20%로 지정되어 있었다. 이자를 수반한 메소포타미아의 대출 관행은 이집트, 그리스, 그리고 로마 제국으로 그대로 계승되었다. 예컨대 술라(Publius Cornelius Sulla, BC ?~45) 황제의 로마 시대는 최고 대출 이자율이 12%이었다.

하지만 기독교와 이슬람교가 이자 대출을 엄격히 금지하면서, 로마 멸망 이후 약 1,000년 동안은 서유럽에서는 이자 대출이 활발하지 않았고, 이슬람 지역에서는 대출을 하기는 하였지만 엄격한 코란의 규율을 받아야 했다. 즉

이슬람 지역은 7세기부터 11세기 중반까지 전 세계를 대상으로 가장 활발하게 교역활동을 전개했음에도 불구하고, 엄격한 이슬람 교리에 따라 약탈적인 이자를 수반한 대출 활동이 엄격하게 금지되어 있었다. 따라서 이슬람 지역에서는 뱅커들이 독자 세력으로 지속적인 성장세를 시현할 수가 없었다.

특히 11세기 후반, 송나라는 당시 거의 지구상의 전 문명 세계를 상대로 국제무역을 수행한 세계 최대의 부국이었다. 철강과 석탄 생산은 전 세계 최고였고, 수도 카이펑은 인구 100만의 세계 최고의 도시였다. 그들의 무역 네트워크 또한 동남아시아, 인도, 아라비아 반도, 북부 아프리카까지 뻗어 있었다. 하지만 불행히도 송나라에는 대출에 집중한 기업형 뱅커들이 없었다.

로마 멸망 이후 서유럽 역사에서 자취를 감춘 대출 활동은 역설적이게도 기독교 성지 회복을 내세운 십자군 원정을 계기로 부활한다. 십자군 전쟁에 참가한 성전기사단(Templar Knights)은 성지 수복을 위해 원정에 참가하는 귀족, 성직자, 왕실의 재산을 위탁받아 보관하였다. 이들의 자금이 위탁된 곳은 서유럽 전역에 흩어진 성전기사단의 수도원(monastery)이나 신전(temple)으로, 이곳은 요새처럼 안전하고도 비밀스런 곳이었다. 성전기사단은 자금을 위탁받았다는 증거로 증서(wealth of oder)를 발행했는데, 이 증서는 현재의 은행권(bank note)과 기본적으로 개념이 동일한 것이다.[24]

십자군 원정을 떠나는 이들을 대상으로 한 성전기사단의 뱅킹 업무가 알려지기 시작하자, 서유럽의 왕실은 성전기사단에게 조세 징수업무도 위탁하였다. 조세 징수업무의 성전기사단 위탁으로 왕실과 성전기사단의 관계는 떨어질 수 없는 긴밀한 관계로 발전하였다. 특히 성전기사단이 조세 징수권을 위탁받으면서, 이를 담보로 왕실에 자금을 대출해 줄 수 있었다.

---

24 Gilbert C. Barron's Layton (1921-1942), 『*Banking in the Middle Ages: Religion and Money Lending - The First International Bank*』, [Boston, Mass] 28 Apr 1930, p. 5

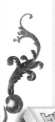

솔로몬 왕의 제단 내부 설계도. 다윗 왕과 솔로몬 왕은 오빌(Ophir)이라는 나라로부터 엄청난 양의 황금을 들여왔고, 이 황금을 솔로몬 왕의 제단에 보관했다. 불행히도 이 내부 설계도에는 황금이 어디에 보관되어 있는지 표시되어 있지는 않다. 다만 건물의 후면 양측에 저장고가 표시되어 있는데, 이곳에 과연 황금이 보관되어 있지 않았을까? 런던 프리메이슨 홀 소장

왕실은 급한 자금을 성전기사단으로부터 우선 빌려 쓰고, 조세 징수권을 통해 성전기사단은 빌려준 자금을 나중에 회수할 수 있었다. 바로 대출업무의 화려한 부활이었다!!! 성전기사단의 엄청난 위탁 재산, 이를 보관하는 증서, 교회라는 유럽 전역의 단일 네트워크, 위탁된 조세 징수권, 왕실 대출이 결합하면서 성전기사단은 예금, 이체, 환전, 대출을 수행하는 서유럽 최대, 최초의 대출 기관인 다국적 뱅커로 부상하였다.

하지만 성전기사단의 이와 같은 뱅킹 활동은 예기치 않은 변수를 만나면서 몰락하였다. 바로 대출받은 유럽 왕실들의 상환 거부였다. 즉 성전기사단의 대출을 받은 왕족들 중 일부가 대출을 갚지 못하게 되자, 이들이 상환 거부를 선언한 것이다. 심지어 어떤 왕은 성전기사단을 살해하고 이들의 자금이 위탁된 수도원과 신전을 약탈하기도 하였다. 특히 이와 같은 극단적 정책은 교황의 영향력을 배제하고, 해당 지역에서 왕실의 영향력을 강화하기 위한 정치적 분쟁 과정에서 의도적으로 강화되었다. 이와 같은 정책을 채택한 가장 대표적인 왕이 프랑스의 필리프 4세(Philip IV of France, 1268~1314)이다.

필리프 4세는 1307년 10월 13일 피의 금요일, 성전기사단을 모조리 색출하여 고문을 가한 후 모두 화형에 처했다. 성전기사단에게 죄를 묻고 처벌할 수 있는 권한을 가진 이는 오직 교황뿐이었지만, 2년 후 아비뇽에 교황까지 가두게 되는 필립 4세에게 교황은 안중에도 없었다. 하기야 이 시기의 성전기사단은 성지 수복에 지원하는 인원이 줄면서 사실상 뱅킹 업무만 취급하고 있었다. 세상 사람들 눈에는 본연의 임무인 성지 회복은 중단한 채, 부수적인 뱅킹 업무만 수행하고 있었던 성전기사단이 좋게 보였을 리가 없었을 것이다.

이는 프랑스 통일을 통해 왕실의 정치적 영향력을 확대하고 자금이 필요했던 필립 4세로서는 더할 나위 없는 파상 공세의 명분을 제공했다. 필립 4세의 잔인한 학살은 유럽 전역의 성전기사단에 대한 대대적인 학살로 확산하였고, 결국 성전기사단은 대부분 와해되었다. 하지만 성전기사단의 조직이 워낙 방

대했기 때문에, 유럽 전역의 대대적인 학살이라고 해도 이 때문에 성전기사단 조직이 완전히 사라졌다고 보기는 어렵다. 이들 중 살아남은 자들이 어디로 갔는지는 공식적으로 알려진 바가 없다. 학살을 피해서 잠적한 이들이 어디로 갔는지 흔적을 남겼을 리도 없다. 하여튼 성전기사단은 이탈리아를 중심으로 뱅커들과 뱅킹의 부활이라는 뱅킹 역사상 가장 기념비적인 업적을 남겼다. 성전기사단이 주로 교황과의 금융 비즈니스에 주력했으므로, 교황의 자금이 커지면서 이들과 협업하기 위한 뱅커들의 등장은 필연적이었다.

즉, 성전기사단이 성업하던 시기인 13~14세기, 서유럽은 시에나의 본시뇨리(Bonsignori), 루카의 리카르디(Riccardi), 피렌체의 바르디(Bardi)·페루찌(Peruzzi)·메디치(Medici), 제노바의 그리말디(Grimaldi)와 같은 유력 뱅커들이 등장하여, 13~14세기부터는 유럽의 무역과 산업을 장악할 만큼 영향력을 확대했다. 이처럼 13~14세기에 서유럽은 무역 대국이었던 이슬람과 송나라와 달리 뱅킹이 금융 산업으로서 확고한 위상을 수립했다!!!

이 대리석 판은 프리메이슨의 마스터 석공이 실제로 들고 다니던 석판이다. 프리메이슨들은 이 석판 위에서 설계도를 그리거나 건축 자재의 길이 등을 측정하였다. 석판에는 프리메이슨의 상징인 콤파스와 직각자, 그리고 글자 G가 그려져 있다. 글자 G의 의미에 대해서는 여러 설이 있는데, 기하학(geometry)이라는 설, 신(God)이라는 설, 페니키아와 그리스에서 3번째 글자였던 G라는 설 등이 있다. 런던 프리메이슨 홀 소장

한편 성전기사단이 프랑스 왕의 박해를 피해 숨어들었던 곳은 유럽의 가장 변방이었던 포르투갈과 스코틀랜드였다. 포르투갈로 은거한 성전기사단은 새로운 기독교 국가 건설을 위한 신대륙 발견을 시작한다. 아프리카 남단을 돌아 인도로 가는 항로 발견의 주역이었던 포르투갈의 엔리케 왕자는 성

전기사단의 수장이었다. 15세기 동양보다 낙후되어 있던 서양이 일거에 자신들의 후진성을 만회한 역사상 가장 큰 계기인 지리상 발견은 바로 뱅커였던 성전기사단의 후예가 시작한 것이다. 특히 스코틀랜드로 잠입한 성전기사단은 자신의 정체성을 숨기기 위해, 이름을 프리메이슨(Freemason)으로 바꾸어 성전기사단의 조직을 계속 유지했다는 설이 있다. 프리메이슨은 솔로몬 성전의 석공 기술을 보유하여 전파한다는 의미 때문에 붙여진 이름이었다. 솔로몬 왕의 부인 중 한 명은 이집트 파라오의 딸로, 솔로몬 제단은 예루살렘과 이집트 문명의 융합을 상징하는 건물이기도 하다.

우연의 일치인지는 몰라도 솔로몬 성전은 십자군 원정의 최초 목표였던 기독교 성지 예루살렘의 상징이었다. 프리메이슨의 전 세계 본산인 영국의 프리메이슨 홀에도, 솔로몬 성전의 일부로 알려진 벽돌이 전시되어 있다. 나아가 영국의 프리메이슨 홀에는 성전기사단을 방계 조직으로 운영하고 있었다고 명시하고 있다. 이와 같은 점에서 본다면 성전기사단이 프리메이슨으로 이름을 바꾸었다는 주장이 터무니없다고 단언하기는 왠지 석연치 않다.

솔로몬 성전의 정문 모습. 이 그림은 최초 프리메이슨 중 한 사람인 윌리엄 스투클리(William Stukely, 1687~1765)가 그린 그림이다. 그는 아이작 뉴턴과 솔로몬 성전에 대한 깊은 토론을 나누었는데, 이 그림은 뉴턴과의 대화 후에 그린 그림이다. 원본은 런던 프리메이슨이 보관하고 있고, 홀에 보관된 이 그림은 사본이다. 런던 프리메이슨 홀 소장

더욱이 스코틀랜드는 뱅킹의 중요한 장면에서 꼭 등장하는 지역이다. 영국의 중앙은행인 잉글랜드 은행 설립안을 최초로 만든 이는 스코틀랜드 상인 윌리엄 패터슨이었다. 1696년에 예금을 바탕으로 은행권을 처음으로 발행

로마 나보나 광장(Piazza Navona)에 있는 오벨리스크. 오벨리스크는 원칙적으로 하나의 돌로 만들어야 한다. 태양신 아몬(Amon)이나 라(Ra)를 숭배하기 위해 만들었다고 하는데, 정확한 용도는 아직도 모른다. 사진에 있는 나보나 광장의 오벨리스크는 도미티아누스 황제(Domitianus, 51~96) 때 세워진 것이다. 도미티아누스 황제는 이집트 문화에 대해 일종의 동경심을 가지고 있었는데, 아마도 그런 동경심 때문에 이 오벨리스크를 세운 것으로 보인다. 실제로 로마 황제는 이집트 오벨리스크를 로마로 빼돌리는 데 혈안이 되어 있었다. 이 때문에 로마에는 이집트 오벨리스크가 8개나 있는데, 이는 이집트보다 많은 숫자다. (이집트 오벨리스크를 모방해서 만든 오벨리스크는 나보나 광장을 포함하여 5개가 있다.) 파리나 바티칸 공국 등에 세워진 오벨리스크 또한 실제로 이집트에서 빼내어 옮긴 것이다. 한편 미국 워싱턴에는 1848년에 착공하여 완공한 전 세계에서 가장 큰 오벨리스크가 세워져 있다.

한 곳도,[25] 이후 은행권을 통한 신용 창출이 가장 활발했던 지역도 잉글랜드가 아니라 스코틀랜드였다.[26] 미국 독립선언서에 서명한 미국인 중 유일하게 미국 본토에서 태어나지 않았던 외국인으로, 미국 정부의 초대 재무장관을 지내면서 미국 최초의 중앙은행 창설을 주도했던 알렉산더 해밀턴도 스코틀랜드인이다.[27] 그렇다면 과연 대출의 비기(祕技)를 간직했던 성전기사단, 프리메이슨, 스코틀랜드 은행, 잉글랜드 은행 등은 도대체 어떤 관련을 가지고 있을까? 잉글랜드 은행이 미국 연방준비은행의 모델이었다는 점을 감안할 때, 연방준비은행의 운영 시스템은 성전기사단의 기본 철학과 어떤 관련이 있을까?

성전기사단이 유럽의 왕실로부터 받은 처절한 박해 때문에, 뱅

25  성전기사단에 이어 은행권을 발행한 최초의 근대 은행은 1661년 스웨덴 중앙은행이다. 스코틀랜드 은행(Bank of Scotland)은 영국에서 최초로 지폐를 발행한 은행이다. Brett King, 『*Breaking Banks*』, Wiley, 2014, p. 115

26 Walter Bagehot, *앞의 책*, p.84

27 알렉산더 해밀턴의 부친은 스코틀랜드인이었고, 모친은 신교도 위그노로 프랑스인이었다.

킹을 통해 정부를 통제하기 위한 거대한 음모가 과연 있었던 것일까? 연방준비은행의 은행권인 1달러 지폐에 이집트 피라미드와 이집트 신 호루스(Horus)의 눈은 왜 난데없이 그려져 있는가?[28] 미국 지폐에 유대인 왕인 다비드의 별(Star of David)은 왜 새겨 넣었는가? 미국 초대 대통령 조지 워싱턴은 왜 컴퍼스와 직각자가 새겨진 프리메이슨의 제복을 입고 초상화를 그렸을까? 이집트 태양의 신 아몬(Amon)의 상징인 오벨리스크(Obelisk)가 왜 미국 수도 워싱턴 시내 한 가운데에, 그것도 세계에서 가장 큰 규모로 세워져 있는가?

영국에서 지폐가 가장 먼저 등장했을 때는 황금 보관증서였다. 사진은 22파운드의 황금을 보관하고 있다는 보관증서로, 1697년 6월 18일 발행되었다. 초기 보관증서였기 때문에 완전히 손으로 쓰여 있다. 그러다가 보관증의 주인이 다른 제3 자에게 보관된 현금을 지급하라는 내용을 보관증에 쓰면서, 보관증이 현금처럼 유통되기 시작했다. 이런 노트가 유행하자 아예 처음부터 이 노트를 들고 있는 사람한테는 무조건 액면의 현금을 지급하라는 현금 보관증, 이른바 cash note가 발행되기 시작했다. 프랑스에서 태어난 영국의 무역업자 테오도르 젠슨(Theodore Janssen, 1654~1748)은 "이 관행이 너무 광범위하여 cash note없이는 사업을 수행할 수가 없다."라고 기록했다. 영란은행 소장

뱅킹을 통해 세계를 지배하고 새로운 세계 질서를 세우려고 했던 야심찬 비밀조직이 정말 있는 것일까? 우리 인류는 이미 연방준비은행의 은행권인 달러 발행을 통한 정부 통제라는 부채의 덫에 걸려, 이미 새로운 세계 질서(Novus

---

28 호루스(Horus)는 부활을 상징하는 이집트의 신 오시리스(Osiris)와 최고의 여성 이집트 신이면서 처녀의 상징이었던 이시스(Isis) 사이에서 태어난 아들이다. 하지만 오시리스와 이시스의 교합으로 탄생한 것이 아니라, 이시스가 오시리스의 상징을 품으면서 태어났다. 즉, 처녀잉태로 태어났다. 호루스 탄생일은 동지인 12월 22일 경이다. (이집트인들은 12월 25일을 그의 축일로 경배했다.) 호루스는 태양을 상징했으며, 어둠을 상징하는 세트(Seth)와 대립하였다. 그는 매의 머리를 한 모습으로 벽화에 그려졌다. 한편 호루스는 12 제자를 거느리고 각종 기적을 행했으며, 죽은 후 3일 만에 부활했다는 이야기가 전한다.

Ordo Seclorum)에 편입된 것은 아닐까?[29] 최강대국인 미국 정부조차도 매년 연례 행사처럼 부채 한도 협상을 통해서 빚을 내서 통화를 발행하는 이 황당한 현상이 언제까지 계속될 것인가? 끊임없이 부채가 부채를 양산해 내면서 지속적으로 은행이 대형화되는 추세는 인류가 도무지 피할 수 없는 숙명이 된 것인가?

## 은행의 대형화, 부채의 대형화

은행의 몸집 불리기, 대형화는 서유럽의 세계 정복 이후 끊임없이 계속되어 왔다. 은행의 대형화는 다른 기업의 대형화와는 전혀 다른 의미를 갖는다. 왜냐하면 은행의 자산은 곧 다른 사람의 부채이기 때문이다. 즉, 은행 자산이 증가했다는 것은 그만큼 다른 사람의 예금, 즉 은행의 부채가 증가했다는 뜻이다.

미국 수도 워싱턴에 있는 높이 555피트(약 170미터)에 이르는 세계 최대의 오벨리스크

2008년 금융위기도 글로벌 은행들이 무절제하게 대형화를 추진하는 과정에서 발생한 것이다. 하지만 글로벌 금융위기를 초래한 장본인인 글로벌 은행들은 그 이후에도 대형화 추세를 멈춘 적이 없다.[30] 은행의 대형화는

29 Novus Ordo Seclorum은 새로운 세계 질서라는 라틴어로, 미국의 1달러 지폐에 새겨져 있다. 이 문구의 의미에 대해서는 *『황금, 설탕, 이자 - 성전기사단의 비밀(下)』* 編에서 다시 서술한다.

30 2008년 금융위기의 원인과 글로벌 은행의 역할은 ***『대체투자 파헤치기(상)-위기의 심화』*** 編 참조

곧 다른 사람의 부채 증가이다. 예컨대 OECD 회원국의 국가 부채 규모는 2008년 25조 불이었으나, 2018년 말에는 45조 불로 1.8배 증가했다.[31] 이는 OECD 회원국의 채권을 가지고 있는 글로벌 은행의 국채 자산 규모가 10년 만에 1.8배 증가했다는 뜻이다. 코로나 사태 이후 증가추세는 가속화하여 2021년 기준 OECD 회원국의 GDP는 59.6조 달러였으나, 국가 부채는 이보다 1.22배 높은 72.7조 달러였다.

국제금융센터(IIF)에 따르면 전 세계 부채 규모도 2017년 말 기준 237조 달러, 2018년 말 기준 244조 달러로 사상 최고치를 매년 기록하고 있다.[32] 이 수치는 금융위기 이전인 2007년 말 167조 달러보다 40% 이상 증가한 수치로, 2017년 글로벌 부채 규모는 글로벌 GDP의 317.8%, 2018년은 320%에 이르렀다. 특히 코로나 사태를 거친 2021년에 전 세계 부채 규모가 사상 최초로 300조 달러를 넘어섰다. 다만, 2022년에는 1985년 이후 처음으로 글로벌 부채 규모가 감소했는데, 4조 달러가 줄어 300조 달러를 약간 밑돌았다. 이 수치는 2023년에 다시 증가하여 313조 달러를 기록함으로써 또 다른 기록을 세웠다. 국채, 은행채, 회사채 등을 포함한 글로벌 전체 채권 발행 규모 또한 2022년에 130조 달러, 2023년에 133조 달러를 기록하여 지속적 증가세를 보여 주고 있다.[33]

은행의 자산 총액 자체도 증가세이다. 금융위기 직전인 2007년 말 기준으로 세계 20대 은행의 자산 총액은 37조 달러, 50대 은행의 자산 총액은 59조 달러였다. 2017년 말에는 자산 기준으로 세계 20대 은행의 총자산이 약 46조 달러에 육박하여, 10년 만에 자산 규모가 약 24%가 증가했다.[34] 2017년

---

31 Financial Times, Feb 22, 2018

32 Institute of International Finance, May 17, 2018 & Jan 19, 2019 & Feb 21, 2024

33 SIFMA, 『*2024 Capital Markets Outlook*』, Feb, 2024. p. 19

34 http://www.relbanks.com/worlds-top-banks/assets

말 전 세계 GDP 합이 74조 달러 내외이므로, 세계 20대 은행 자산이 전 세계 GDP의 약 62%를 차지한다. 50대 은행으로 대상을 확대하면 자산 규모가 2007년보다 25% 증가한 74.4조 달러로 전 세계 GDP 규모와 대략 일치한다. 최근 추세도 마찬가지다. S&P에 따르면 2023년 세계 20대 은행의 자산 총액은 57조 달러로 2017년보다 대략 19% 증가했고, 50대 은행의 자산 총액은 89.4조 달러로 대략 17% 증가했다. 이는 대형 은행을 중심으로 은행의 자산 총액이 여전히 증가세임을 명확히 보여 준다.

2023년 말 기준으로 가장 규모가 큰 은행은 중국의 공상은행(Industrial and Commercial Bank of China; ICBC)으로, 자산 규모가 5.5조 불이다. 공상은행의 자산 규모는 우리나라 GDP 규모의 두 배가 넘는다. 공상은행은 중국이 세계 2위 경제대국으로 부상한 2011년부터 10년이 넘는 기간 동안 부동의 1위를 수성하고 있다. 2007년까지만 해도 중국 공상은행의 자산 규모는 1.2조 달러로 19위에 랭크되어 있었다. 2007년 자산 규모 기준으로도 50대 은행 중 중국은행은 고작 4개뿐이었다.

하지만 2011년 이후부터는 중국은행이 급격히 부상하기 시작했다. 특히 2023년 말 기준으로 세계 5대 은행 중 4개 은행이 모두 중국은행이다. 2022년 기준으로 자산 규모로 세계 100위 안의 은행에는 중국이 19개, 미국이 12개, 일본이 8개로 중국이 압도적이다. 중국은 공상은행(1위), 건설은행(2위), 농업은행(3위), 중국은행(4위) 등이, 미국은 JPMorgan Chase(5위), BoA(7위), 씨티그룹(11위), 웰스파고(16위) 등이, 일본은 미쯔비시 금융그룹(5위), 스미토모 미쯔이 금융그룹(12위), 일본 우정본부(13위) 등이 포함되어 있다. 한국은 KB금융그룹(61위)을 필두로, 신한금융그룹(66위), 농협금융그룹(75위), 하나금융그룹(76위), 우리은행(83위) 등 5개 은행이 100위 안에 포함되어 있다. 한국의 은행들은 전반적으로 순위가 상승 중이다.[35]

35 "The world's 100 largest banks, 2022". spglobal.com. S&P Global Market Intelligence

## SWIFT

이와 같은 은행의 대형화는 앞으로도 과연 계속될 것인가? 뱅킹을 통해 성전기사단의 후예들이 구축했다는 새로운 세계 질서는 무너지지 않을 난공불락의 철옹성이 될 것인가? 해답은 아무도 모른다. 하지만 2000년대 들어 이와 같은 추세에 급격한 변화가 감지된다. 즉 IT 기술과 뱅킹의 융합이다. 이른바 핀테크(fintech)다.[36] 은행의 대형화 추세에 IT 기술이 가장 큰 적으로 등장한 것이다.

핀테크는 반드시 최근 추세라고 할 수는 없다. 핀테크는 1970년대부터 은행의 기본적인 업무를 보완하기 위해 IT 기술을 도입한 것이 그 출발이었다. 대표적인 사례가 1973년에 출범한 국제은행 간 전기통신협회인 SWIFT(Society for Worldwide Interbank Financial Telecommunication)이다. SWIFT는 1973년 벨기에의 브뤼셀에서 설립되었다. 설립 목적은 은행 상호 간 결제, 송금 등을 신속하게 보안 처리하기 위해서이다. SWIFT 이전에는 15개국 239개 은행들이 손으로 쓴 메시지를 보안되지 않는 공공 통신망을 통해 통신하는 텔렉스(Telex) 시스템을 사용하고 있었다. 그러다가 설립자였던 신용카드 회사 어메리칸 익스프레스 임원 출신인 칼 로터스킬드(Carl Reuterskiöld, 1923~2006)가 보안성, 표준성, 신속성을 높일 필요성을 절감하고 SWIFT를 만들었다.

특히 뉴욕의 퍼스트 내셔널 시티 뱅크(First National City Bank; FNCB), 오늘날 씨티은행이 이 당시 국제 금융거래 흐름의 통신 프로토콜을 완전히 장악하고 있어서, 이 은행의 경쟁자들이 모여 대항하기 위한 성격도 가지고 있었다. SWIFT 설립 후 표준화된 메시지는 ISO에도 등록되었다. 1976년에 처음으로 실제 거래가 이루어졌으며, 1982년에서야 비로소 보안성을 가진 완벽한 통신망으로 가동되었다. SWIFT는 비영리 민간단체이며, 2024년 기준으로 11,000여 개

36 핀테크는 금융(finance)과 IT 기술(technology)을 결합한 신조어이다.

의 은행이 이 통신망에 가입되어 연결되어 있다.

국경 간 송금과 관련, SWIFT는 자금을 직접 이체하는 것이 아니라 지급지시서(payment order: PO)라는 메신저를 상대방 은행에게 송부하는 것이다. 따라서 수취 은행이 PO를 내부적으로 처리하기 위해 2~3일 정도의 시간이 소요된다. 대금 결제는 별도의 네트워크를 통해서 은행 간 따로 수행한다. 예컨대 유럽 은행들은 SWIFT 후에 TARGET2라는 별도의 결제 시스템을 사용하여 대금을 상호 간 결제하거나 청산한다.

SWIFT의 데이터센터는 미국 버지니아주의 컬페퍼(Culpeper), 네덜란드의 조터우드(Zoeterwoude), 스위스의 투르가우(Turgau) 등 3곳에 위치해 있다. 이 데이터센터들의 자료는 조선왕조실록의 4대본처럼 2009년 이전에는 완벽히 동일하여 각 센터가 상호 간 백업 기능을 수행하고 있었다. 스위스에 유럽 제3의 데이터센터가 설립된 2009년 이후에는 유럽 거래는 주로 네덜란드에 보관되고 필요하면 스위스에도 보관된다. 미국에서의 거래는 미국의 데이터센터에 보관된다. 그 외 지역은 특별한 요청이 없으면 미국의 데이터센터에 보관되고, 요청이 있으면 유럽 지역에도 데이터를 보관할 수 있다. 아시아 지역의 경우는 홍콩의 커맨드 센터를 통해 각 데이터센터에 접근할 수 있다.

SWIFT의 멤버는 과거에 민간은행만 있었지만, 현재는 주요 25개 국가의 중앙은행도 회원이다. SWIFT를 통한 연간 100억 건 정도의 국제 송금, 이체 등이 수행되고, 금액 기준으로는 대략 1조 불 정도가 된다. SWIFT는 미국 뱅킹 산업의 글로벌 장악력을 보여 주는 상징이다. 왜냐하면 SWIFT는 별도의 해저 케이블을 통해서 데이터를 교환하므로, SWIFT에서 배제되면 별도의 케이블을 설치하지 않는 한 사실상 은행 간 결제를 수행할 수 없기 때문이다.

그 결과 SWIFT는 미국과 유럽 정부의 강력한 금융 제재 수단으로 종종 활용된다. 대표적인 사례가 2005년 마카오 BDA 은행에 대한 SWIFT 배제이다. 당시 미국은 북한이 BDA 은행을 자금세탁 창구로 이용한다고 판단하

고, BDA 은행을 SWIFT에서 배제했다. 이 조치로 인해 BDA 은행에서 대량의 예금 인출 사태가 벌어졌고, 다른 중국 은행들도 BDA 은행과의 거래를 완전히 끊어 버렸다. 북한은 이 조치에 백기 투항하여 2007년 2월 비핵화 합의에 서명한다. 비핵화 합의의 가장 큰 대가는 BDA 은행에 대한 제재 해제였다. 2012년 이란의 핵 개발 의혹에 대해서도 미국은 이란의 제재 대상 은행과 SWIFT 상호 간 통신을 단절시킨 바 있다. 2022년 2월에는 러시아의 우크라이나 침공으로 러시아의 몇 개 금융기관이 SWIFT에서 배제되었고, 2023년 12월에는 행정 명령 14024호에 따라 러시아 군산복합체와의 거래에 개입한 금융기관을 SWIFT에서 배제하기도 하였다. 이후 미국의 정보 당국과 금융 당국은 수시로 SWIFT에 대한 정보 제출 등을 사실상 강제하고 있다.

이 때문에 러시아나 중국은 SWIFT와 별도의 은행 간 결제 시스템 구축에 많은 노력을 기울이고 있다. 예컨대 러시아는 2014년 크림 반도 사태로 금융제재에 직면하면서 SPFS(Systems for Transfer of Financial Messages)라는 별도의 통신 시스템을 구축하고, SWIFT보다 수수료를 할인해서 적용한다. 예컨대 SWIFT는 건당 수수료가 4.3루블인 반면, SPFS는 수수료가 건당 0.8~1루블에 불과하다. 러시아 금융감독청은 러시아 은행에 대해서 의무적으로 SPFS를 사용하도록 강제할 정도이다. 즉, 러시아는 2023년 10월 1일부터 국내 송금 시 SWIFT 사용을 금지하고 있으며, 러시아 자체의 금융정보 전송시스템인 SPFS 사용을 의무화하고 있다. 비자나 마스터 카드와 같은 미국의 신용카드 시스템에 대항해서 미르 국가결제 카드 시스템(Mir National Payment Card System) 구축도 완료한 상태다.

중국 또한 2015년에 CIPS(Chinese Cross-Border Interbank Payment System)라는 별도의 은행 간 통신 시스템을 구축하여 달러와 유로 결제 시스템에 대항 중이다. 중국은 2022년에 1,400여 개의 금융기관과 CIPS를 통해 약 14조 달러의 자금

을 처리하였고,[37] 2023년에는 대략 16조 달러의 자금을 처리한 것으로 추정된다. SWIFT가 결제와 청산이 불가능한 단순한 메신저 기능만 제공하는 것에 비해, CIPS는 해당 시스템 내에서 바로 결제와 청산이 가능하다. 이처럼 겉으로만 보면 CIPS가 SWIFT보다 훨씬 유용한 시스템이다.

하여튼 1970년대 SWIFT는 유럽과 미국의 230여 개 은행이 모여서, 회원사 간 자금 이체와 결제를 별도의 보안된 데이터 통신망을 통해 처리하는 시스템을 만들었다.[38] 이처럼 이 시기의 핀테크는 SWIFT처럼 뱅킹 업무를 원활히 처리하기 위한 보조 수단이었다. 그나마 이 당시는 SWIFT가 채택한 기술이 최첨단이었다. 라디오가 1900~1950년, TV가 1950~1990년, 인터넷이 1990~2020년, 인공지능이 2020년부터 지금까지 세상을 휘어잡는 기술임을 고려할 때, TV 시대인 1970년대에 전자적 처리 시스템을 도입했다는 것은 당시로서는 대단한 기술적 진보였음에 틀림이 없다.

그 후에도 은행은 뱅킹 업무의 신속한 처리를 위해 IT 기술과 장비에 엄청난 자금을 투자했다. 예컨대 1980년대 씨티뱅크, 체이스, 하노버 등의 은행은 비디오를 통한 통신 기술을 활용한 홈뱅킹 기술을 소개하기도 하였다. 현재도 금융 거래를 포함한 전 세계 인터넷 트래픽의 95%를 400개의 해저 케이블이 처리하고 있다. 2024년 기준으로 이 해저 케이블을 통해 하루에 무려 10조 달러에 이르는 엄청난 규모의 금융거래가 이루어지고 있다. 이처럼 2000년대 이전까지만 해도 은행들의 IT 투자금은 IT 기업들을 제외하고는 아마 전 세계 최고였을 것이다.

문제는 은행의 대형화에 따른 각종 부작용이다. 특히 대형 은행들은 자신들의 축적된 명성을 바탕으로, 기업과 소비자로부터 대량의 예금을 별 어려움 없이 유치하였다. 개인 소비자들의 편리함을 위해 뱅킹 서비스를 개선할 특별

---

37 Reuters. 28 February 2022

38 보통 이 시스템도 SWIFT라고 부른다.

한 이유도 없었다. 2008년 금융위기 과정에서도 글로벌 대형 은행들은 개인 소비자에 대한 주택담보대출을 급격히 확대하는 과정에서, 대출채권을 묶어서 대출채권 유통시장에 내다 팔기 바빴다.

유통시장에 바로 매각하여 자신의 회계 장부에 흔적이 남아 있지 않으므로, 대출을 받는 개개인의 신용 상태는 확인할 필요도 없었다. 2008년 금융위기 직전 은행 대출은 개인의 소득도 필요 없고(No income), 직업도 필요 없고(No job), 자산이 없더라도(No asset) 대출해 주는 닌자(NINJA) 대출이 주력이었다. 이처럼 은행은 오로지 자신들의 자산 불리기에만 몰두했다. 국경을 넘어 송금할 수 있는 시스템인 SWIFT도 마찬가지이다. SWIFT 망은 1973년 설립 이후 소비자 편의를 위해 제대로 업그레이드되지 않았다. 2007년쯤에 보안성을 강화한 RMA(Relationship Management Application) 프로토콜로 업그레이드 한 적이 있으나, 이는 은행 고객에 대한 좀 더 신속한 업무 처리와는 거리가 멀다.

오히려 보안성을 강화했다는 SWIFT는 2016년에 해킹 사건으로 인해 그 신뢰성이 크게 훼손되었다. 이 해킹 사건은 2016년 2월 뉴욕 연방준비은행에 있는 방글라데시 중앙은행 소유 계좌에서 SWIFT를 통해 대략 10억 불의 자금 이체 요청이 들어온 데서 시작했다. SWIFT는 은행 간 이체에도 사용하지만, 각국 중앙은행이 뉴욕 연방준비은행에 개설한 계좌에서 미국 달러를 인출하거나, 이체하거나, 혹은 예금하는 데에도 사용되는 전용선이다.

하여튼 2016년 2월 4일, 방글라데시 중앙은행에서 뉴욕 연방준비은행으로 이체 요청이 들어왔다. 총 이체 요청 건은 35건, 9억 5,100만 불이었고, 이체 최종목적지는 필리핀과 스리랑카였다. 5건의 이체 요청이 처리될 무렵, 이체 요청서에 오타가 너무 많아 이상 징후를 느낀 뉴욕 연방준비은행의 직원이 30개 이체에 대해서는 거래를 중지시켰다.

하지만 5건의 이체 요청은 이미 완료되어 총 2,000만 불은 스리랑카로, 8,100만 불은 필리핀으로 이미 빠져나간 상태였다. 스리랑카로 이체된 사기

이체 건은 모두 회수되었으나, 필리핀으로 이체된 자금은 1,800만 불만 회수되고 나머지 6,300만 불은 현재까지도 그 행방이 오리무중이다. 조사 결과 필리핀으로 이체된 자금의 계좌는 5명의 개인 계좌였는데 신속히 자금회수를 요청했음에도 불구하고, 6,300만 불은 이미 인출되거나 홍콩으로 이체되면서 자금 세탁이 된 후였다.

해킹에 사용된 프로그램은 드리덱스(Dridex)로 추정되며, 2016년 1월경 방글라데시 중앙은행에 심어졌던 것으로 밝혀졌다. 이 때문에 방글라데시 중앙은행의 내부 직원이 연루되었을 가능성이 제기되었으나, 끝내 누군지는 밝혀지지 않았다. SWIFT를 활용한 해킹은 2016년이 처음도 아니었다. 2013년에도 방글라데시 소날리 은행(Sonali Bank of Bangladesh)에서 SWIFT의 해킹을 통해 25만 불이 불법 이체된 사건이 있었다. 이때도 범인은 밝혀지지 않았는데, 2016년과 유사한 사건이 또 터진 것이다. 필자는 이 두 해킹 사건에 전 세계에서 최고의 실력을 갖춘 북한의 해커가 어떤 식으로든지 관련되어 있다고 본다.

해킹 가능성에 실제로 노출된 SWIFT는 그렇다 치고, 개인들의 해외 송금은 또 어떤가? SWIFT를 통해 해외에 송금할 때 상대방이 자금을 받기 위해서는 빠르면 이틀, 늦으면 사흘이나 걸린다. 국경 간 자금 이체에 이틀이 걸린다면 1970년대는 이해할 수도 있었겠지만, 빛의 속도로 정보가 이동하는 2010년대 사는 사람들이 해외 송금에 최소한 이틀이나 걸린다면 과연 어떻게 생각할까? 송금하는데 상대방 은행의 SWIFT code 혹은 BIC(Bank 혹은 Business Identifier Code), ABA Routing number를 알아야 한다고 이야기하면, 편리한 인터넷 사용에 익숙한 사람들이 얼마나 이런 불편함을 감수하려고 할 것인가?[39]

---

39 ABA(American Bankers Association) Routing Number는 미국 은행의 주민번호이다. 모두 9자리로 구성되며, 앞의 2 자리는 연방준비은행(FRB)의 12개 지역에 따라 부여된다. 예컨대 01로 시작되는 라우팅 넘버는 보스톤 FRB 관할에 속하는 지역에 위치한 은행이다. 한편 FRB와 미국의 은행들은 ACH Network라고 불리는 전자통신 네트워크로 연결되어 있다. ACH Network도 SWIFT와 비슷한 시기인 1972년에 민간 협회가 주도하여 마련하기 시작했고, 1978년에는 협회 간 코드를 통일하면서 전국적인 전자 이체를 시작했다.

## 핀테크

특히 2000년대 이후 다른 기업들이 인터넷을 활용한 비즈니스 모델 혁신에 집중하고 있을 때, 은행의 IT 혁신은 제자리에 머물렀다. 예컨대 2012년 인터넷 거대 기업 구글의 전 세계 광고 수익이 미국 종이 신문과 잡지의 광고 수익을 처음으로 넘었다.[40] 2012년은 Facebook 사용자가 처음으로 10억 명을 넘긴 해이기도 하다.[41] 2012년 미국에는 디지털 음원을 통한 음반 판매 또한 CD를 통한 음반 판매량의 7배가 넘었다. 금융거래도 마찬가지다. 쉐켈(shekel), 미나(mina), 탈란트(talent) 등의 무게 단위를 화폐 단위로 처음 사용했던 고대 바빌로니아인들이 들으면 어리둥절하겠지만, 2010년대 이후 전 세계 금융거래의 90% 이상이 눈에 보이지도 않는 전자적인 방식으로 처리된다.[42]

하지만 2000년대 은행들의 IT 혁신은 거래의 안전성이나 보안에만 치우쳤다. 금융 상품을 판매하거나, 은행의 수입을 올리거나, 소비자의 편의를 제고하는 수단은 절대 아니었다. 은행의 IT 혁신은 고객의 로그인 행위 이후 금융거래의 안전성을 확보하는 데만 치중했을 뿐이다. 은행의 IT 투자는 마케팅이나 고객 확보, 고객 서비스 개선 등을 통한 은행 수익 향상과는 거리가 멀어도 한참 멀었던 셈이다.

2012년 Facebook이 IPO 할 당시 4.5억 불을 투자했던 골드만삭스가 페이스북은 물론 트위터나 다른 SNS를 사내에서 사용 금지했던 일화는 너무나도 유명하다. 물론 2000년대 말부터 미국의 거대 은행을 중심으로 SNS를 활용한 은행 고객 서비스가 시작되었지만, 이미 늦어도 한참 늦었다.[43] 아마도 기

40 Brett King, *Ibid*, p. 216

41 참고로 Facebook 사용자는 2017년에 20억 명을 넘었고, 2023년 기준으로 무려 29억 9천만 명이다!

42 Brett King, *Ibid*, p. 115

43 대표적인 은행이 미국의 Citi 은행이다. Citi 은행은 미국 거대 은행으로서는 처음으로 2009년부터 트위터를 통한 고객 서비스 제공을 시작하고, 은행 내에 이를 전담하는 SNS 팀을 새로 만들었다.

존의 다국적 은행들이 인터넷 기업인 Facebook이 뱅킹 산업의 경쟁자로 급격히 부상할 것이라고는 꿈에도 생각하지 못했을 것이다.

소비자를 대상으로 한 소액 대출 분야 역시 소비자들의 불만이 쌓여 갔다. 대출 기준도 까다롭고, 엄청나게 많은 서류 절차, 질 낮은 소비자 대면 서비스 등은 고질적인 은행의 병폐이다. 은행에 대한 접근성 자체가 확보되지 않은 사람도 부지기수다. 한 통계에 따르면 은행 계좌를 가지고 있지 않은 사람 수는 전 세계 인구의 30%가 넘는 25억 명이다.[44] 은행의 대형화로 조직 운영이 경직되고 관료화되면서, 은행 고객에 대한 서비스의 질이 저하되는 것은 어쩌면 당연한 것인지도 모르겠다. 이와 같은 소비자들의 불만이 쌓여 가자, 2000년대 이후의 핀테크는 기존의 은행 업무를 보조하는 것이 아니라 기존의 은행을 아예 대체하는 형식으로 발전했다.

그 결과 2005년 3월, 조파(Zopa)라는 벤처기업이 영국에서 설립되었다. 이 기업은 대출받고자 하는 이와 대출할 여유가 있는 이들을, 은행을 통하지 않고 웹사이트를 통해 직접 연결해 주었다. 세계 최초의 개인 간(peer-to-peer) 대출 중개 인터넷 서비스였다.[45] 이들은 기존 은행들과 비교하여 지점 운영 비용과 인력 비용이 적으므로, 이를 활용하여 대출 이자율을 낮추고 영업이익을 확보하였다. 이들의 부도율이 높을 것 같지만, 실제로는 3% 내외로 예상보다 그리 높지 않다. 이 회사를 주시하던 일본의 소프트뱅크는 투자자들을 끌어모아 2021년 10월에 2억 2천만 파운드라는 거금을 투자했다.

2011년, 마켓인보이스(MarketInvoice)는 이 시스템을 중소기업의 매출 채권과 여유 자금 사이의 중개 서비스에 적용했다. 중소기업은 매출 채권을 인터넷을 통해 신속하게 현금화할 수 있어 유리했고, 저금리로 높은 수익률을 찾고 있던 여유 자금은 상당한 수익률을 기대할 수 있어서 나쁠 것이 없었다. 이 기업

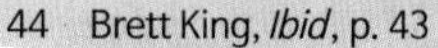

44 Brett King, *Ibid*, p. 43

45 Financial Times, Mar 19, 2017

은 설립 초기인 2011년에 1억 파운드, 2015년에 5억 파운드를 중개했고, 2016년에는 11억 파운드, 2018년에는 무려 48억 파운드의 자금을 중개하면서 급성장 중이다.[46] 특히 2019년에는 바클레이즈와 스페인의 산탄데르(Santander) 은행이 2,600만 파운드를 이 회사에 지분 형식으로 투자하기도 하였다.

뱅킹의 전통적 업무 중 하나인 외환 송금 영역도 핀테크의 침략 대상에서 예외가 아니다. 예컨대 인터넷을 통한 개인 간 외화 송금 서비스를 제공하는 트랜스퍼 와이즈(TransferWise)는 2011년에 런던에서 설립되었다. 설립자는 전통적인 뱅킹 설립자들인 유대인도, 앵글로 아메리칸도 아닌, 에스토니아인 카만(Kristo Kaamann)과 힌리쿠스(Taavet Hinrikus)였다.

이 회사는 전 세계 소비자를 연결해서, 서로 다른 통화를 필요한 소비자끼리 직접 환전하도록 중개한다. 수수료는 기존 은행 서비스의 ⅛에 불과하다. 2017년에는 페이스북 메신저를 통해 해외에 외화를 송금할 수 있는 인공지능 메신저 앱도 출시했다. 트랜스퍼 와이즈는 성장을 거듭하여 회사명을 와이즈(Wise)로 바꾸어 2021년에는 런던 증시에 상장되었으며, 이제는 뉴욕, 시드니, 싱가포르 등 전 세계 8개국에 사무실을 두고 있는 엄연한 다국적 핀테크 은행이다. 2023년 3월 말 기준으로 천만 명에 이르는 고객을 확보하였고, 매달 약 80억 파운드의 외화 송금을 처리한다. 이에 따라 매출액은 2022년 같은 기간 대비 73% 증가한 9.6억 파운드, 영업이익은 전년 동기 대비 97% 증가한 2.4억 파운드를 기록했다.

미국 텍사스의 달라스에 본사를 둔 머니그램(MoneyGram International)도 이체 시장의 강자다. 1980년에 설립되어 역사는 길지 않다. 하지만 머니그램은 머니그램 전용 송금망을 설치하고 이를 활용하여 비용도 적고 값싼 이체 서비스를 제공한다. 이 기업은 전 세계의 은행들과 대리사무소 계약을 맺는데, 2023년 기준으로 그 수가 200개 국가에 약 35만 개이다. 자금 이체 시장 규모만 보

---

46 Financial Times, Mar 22, 2019

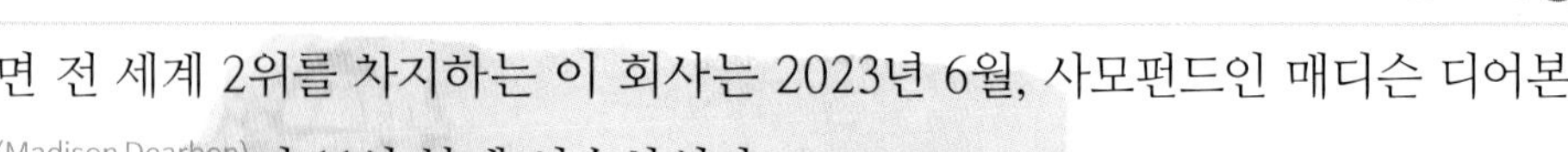

면 전 세계 2위를 차지하는 이 회사는 2023년 6월, 사모펀드인 매디슨 디어본(Madison Dearbon)이 11억 불에 인수하였다.

이와 같은 활발한 핀테크 기업의 이체 서비스 활동 결과 1980년대까지만 해도 국경 간 개인 송금의 100%를 장악했던 은행 영업망은 2010년대 들어 국경을 넘나드는 개인 간 송금 비즈니스 기회를 거의 완전히 상실했다. 미국은 이미 송금 비즈니스 시장에서 은행 점유율이 3~4%에 불과하다.[47] 나머지 송금 비즈니스는 모두 인터넷, 스마트폰 앱, 그리고 P2P 송금 업체들의 몫이다.

이들 핀테크 기업들이 기존의 뱅커들와 은행들을 위협하는 실질적인 대안 세력이 될 수 있을까? 핀테크 기업들이 금융 서비스에 대한 접근성을 획기적으로 개선한 것은 명백한 사실이다. 하지만 기존 금융기관을 대체할 정도로 파괴적일까? 딜로이트는 영국의 개인 간 인터넷 대출 서비스 규모가 2025년에 355억 파운드, 우리 돈으로 약 50조에 이른다고 추산했다. 이는 전체 개인 대출 시장의 6%에 불과하다. 따라서 딜로이트는 인터넷 대출 서비스 등의 핀테크가 뱅킹의 주요한 위협 요소는 아니라고 단언한다.[48]

특히 핀테크는 금융당국의 관점에서도 곤혹스러운 현상이다. 기존의 뱅킹 사업에는 반드시 금융당국의 허가와 라이센스가 필요했다. 하지만 핀테크는 뱅킹 사업의 일부분을 수행하면서도 금융당국의 엄격한 허가가 필요하지 않는 경우가 많다. 금융당국이 핀테크 기업에 대한 최소한의 진입 장벽과 모니터링은 하고 있지만, 여전히 현재의 뱅킹과 같은 엄격한 설립 허가나 건전성 규제를 적용하기란 쉽지 않다.

아울러 핀테크 기업의 이체 서비스는 범죄 자금에 악용될 수도 있고, 사기성 거래인 피싱(phishing)이나 위조 웹 싸이트를 통해 금융 정보를 빼가는 파밍(pharming) 등의 보안 사고에 취약할 수도 있으며, 소비자 피해가 발생했을 때 구

47 Brett King, *Ibid*, pp. 37~39

48 Financial Times, Mar 19, 2017

제도 쉽지 않다. 이에 따라 핀테크 산업의 확장성은 금융 산업에 불가피한 규제로 인해 어느 정도 제약될 가능성이 매우 높다.

하지만 필자가 보기에는 핀테크의 대세는 피할 수 없다고 본다. 그리고 그 파괴력은 무시할 수 없는 수준이라고 생각한다. 이미 지점이 없는 디지털 은행이 대세가 되면서, 뱅킹의 기존 영업 모델은 심각한 경쟁 환경에 직면하고 있다. 디지털 은행의 등장은 특정 국가에 국한된 현상이 아니라, 전 세계적이다. 예컨대 보험회사 프루덴셜(Prudential)의 자회사로 출발한 에그(Egg)는 영국 최초의 인터넷 은행으로 1998년에 설립되었다. Egg 뱅크는 2000년에 LSE에 상장되었고, 2007년에는 시티그룹(Citigroup)에 5.75억 파운드에 매각되었다.

1996년 애틀랜타에서 설립된 넷뱅크(NetBank)는 미국 최초의 인터넷 전문은행이다. 1999년 닷컴 버블 시대 당시에는 주가가 3.5불에서 83불로 치솟은 적도 있지만, 2007년 금융위기를 견디지 못하고 ING 그룹에 흡수된다. 지점이 아예 없는 인터넷 은행은 미국의 Moven, Simple, GoBank, Bluebird, Captial One 360, Ally Bank, 영국의 First Direct Bank, 캐나다의 PC Financial, 네덜란드의 ING Direct 등 셀 수도 없을 정도이다. 특히 미국의 Simple은 은행 영업 허가 없이 예금을 취급하는 최초의 디지털 은행이다.

미국의 거대 IT 기업인 이른바 GAFA(구글, 애플, 페이스북, 아마존)의 행보도 예사롭지 않다. 우선 구글은 2015년 9월에 구글페이를 도입하여, 2020년에는 사용자가 1억 명을 돌파했다.(참고로 애플페이 사용자는 2020년 2억 2천 7백만 명이었다.) 나아가 구글은 자사의 "캐시(Cache)" 프로젝트를 통해 좀 더 공격적인 금융업 진출을 선언한 상태이다. 캐시 프로젝트에 따라 구글은 씨티 그룹과 연계하여 2020년부터 미국 소비자들에게 당좌예금 계좌를 제공하고 있다. 구글은 당좌예금 운영을 바탕으로 빅 데이터 분석 기법을 활용하여 소비자들의 소득과 소비 행태를 추적하고 예측하는 새로운 금융 패러다임을 만들 것이다.[49] 애플은 2023년 4

49 아마존은 구글과 마찬가지로 JP모건과 손을 잡고 당좌예금과 출금 계좌 서비스 제공을 준비한다고 2018년에 발표하였

월에 아이폰 월렛에서 계좌를 생성할 수 있게 하고, 이 계좌에 자금을 저축할 경우 미국 저축성 예금 전국 평균(0.35%)의 10배 이상인 4.15%의 이자를 지급하는 상품을 출시했다. 월스트리트 저널은 애플이 아이폰을 디지털 지갑으로 만들었다고 평가하기도 하였다.

이에 따라 전통적인 금융기관과 그들의 지점 수는 지속적인 감소세를 겪을 것이 거의 확실하다. 예컨대 미국은 1990년 이전까지는 전국에 대략 14,000여 개의 금융기관이 있었지만, 2020년대 중반이 되면 5,000개 이하로 떨어질 것으로 추정된다.[50] 미국 전역에 분포한 지점들 역시 2009년까지는 지속적으로 증가하여 2009년에 미국 전역에 85,834개의 은행 지점이 있었다. 하지만 2009년부터 지점 수가 감소하면서 2018년 말 기준으로는 78,012개, 2022년 기준으로 71,190개로, 10년 전보다 1만여 개 이상의 지점이 감소했다.[51]

미국만 그런 것이 아니다. ING Direct는 1997년 캐나다에서 설립되어, 지점 없는 인터넷 뱅킹 사업을 처음 시작했다. 특이하게도 이 은행은 지점이 아니라 커피를 파는 카페(ING Direct Cafes)를 통해 대면 서비스를 제공했다. 1호 카페는 토론토에서 시작했고, 그다음으로 밴쿠버, 몬트리올로 지속 확장했다. 2012년 노바 스코시아 은행(Bank of Nova Scotia)이 이를 31억 불에 인수했고, 이후 이름을 탄제린 은행(Tangerine)으로 변경했다. 2008년 설립된 인터넷 은행인 UBank는 호주 인터넷 은행이다. 호주 4대 은행 중 하나인 NAB(National Australia Bank)의 인터넷 은행 부문으로 출발했는데, 3년 만에 무려 100억 불의 예금을 유치할 정도로 급격히 성장했다. 결국 NAB는 이 은행을 2021년에 2.2억 불에 인수한다.

---

으나, 금융규제 가능성에 부담을 느끼고 2019년 사업을 철회한 것으로 알려져 있다.

50 Brett King, *Ibid*, pp. 174. 불행히도 페이스북이 2년 동안 야심차게 준비했던 디지털 코인 디엠(Diem) 사업은 금융 당국의 끈질긴 규제 위협으로 2022년 1월부터 정리 수순으로 들어갔다.

51 FDIC, 『*Summary of Deposits*』, September 3, 2019

더 나아가 영국 금융기관 바클레이즈의 CEO였던 앤서니 젠킨스(Anthony Jenkins, 1961~)는 은행 지점 수가 향후 10년 내 30~50%나 줄어드는 "우버 모멘트(Uber Moment)"가 올 것이라고 예측했다. 미국 4대 금융기관인 웰스 파고 또한 2019년 10월, 핀테크로 인해 향후 10년간 현재 금융기관 일자리의 약 30%인 약 20만 개의 일자리가 사라질 것이라고 전망했다. 특히 인공지능, 암호 화폐, 분산원장, 블록체인[52] 등의 핀테크 기술이 모바일 뱅킹, 챗봇 등의 신종 뱅킹 상품을 쏟아 내면서 과거의 금융시장을 급격하게 변화시켜, 은행들이 지점을 폐쇄하고 콜센터 직원을 줄이는 등 인력 구조를 근본적으로 바꿀 것이라고 주장했다. 실제로 파이낸셜 타임즈 추산에 따르면 2023년 세계 최대 은행 20곳이 2008년 금융위기 때 사라진 14만 개 이상의 일자리 증발 이후 최대 규모인 6만 1,905개의 일자리를 줄였다고 한다.[53]

우리나라도 마찬가지다. 한국은행에 따르면 한국의 경우 2017년 말 기준으로 은행권의 임직원 수는 전년보다 4,942명 감소한 11만 6,697명이었다. 이는 2010년 이후 7년 만에 최대 규모의 감소였다.[54] 다만 2018년에는 IT 직원 수를 늘리면서 임직원 수가 다소 늘어났다. IT 직원 수를 늘린 이유는 핀테크 기업들의 영향 때문이다. 금융감독원 금융통계 정보시스템에 따르더라도 해외 근무 인원을 제외한 국내 은행의 총임직원 수는 2019년 말 기준 11만 9,611명에서 2023년 12월 말 기준으로 11만 3,535명으로 감소세가 여전히 지속되고 있다. 은행의 국내 지점과 출장소를 포함한 영업점 수도 2016년 말 기준으로 7,103곳으로 전년보다 175곳이 줄었다. 이는 통계가 집계된 2002년 이래 최대 규모의 감소이다.[55] 이후에도 감소세가 지속되어 국내 지점과 출장

52 블록체인은 중앙에서 데이터를 관리하는 것이 아니라, 거래에 관련된 모든 이들이 데이터 저장과 검증 환경에 관여하는 공개된 분산원장(distributed ledger) 시스템 기술을 지칭한다.

53 Financial Times, Dec 25, 2023

54 뉴데일리, 2019.9.27.

55 금융감독원 금융통계정보시스템

소 수는 2019년 6,714개에서 2023년 12월 말 기준으로는 5,755개에 불과하다.

인터넷 전문은행으로 출발한 K 뱅크와 카카오 뱅크 설립으로 일어난 한국에서의 돌풍은 길게 설명할 필요도 없을 것 같다. 인터넷 전문은행으로 출발한 K 뱅크는 비대면 뱅킹 서비스임에도 불구하고, 영업을 시작한 2017년 4월 3일 이후 가입자가 사흘 만에 10만 명, 24일 만에 24만 명을 넘었다. K 뱅크는 편리성으로 승부했다. 자금 이체는 복잡한 공인인증서 대신 생체정보나 6자리 비밀정보로 대체했다.

K 뱅크에 이어 등장한 카카오뱅크(이하 카뱅)는 K 뱅크의 돌풍을 간단히 넘어섰다. 카뱅은 4,200만 명의 카카오톡 가입자를 기반으로, 하루 만에 가입자가 30만 명을 넘었다. 카뱅은 해외 송금수수료가 시중은행의 10% 수준이었고, 최대 연 2.86%의 금리로 최대 1억 5,000만 원까지 대출이 가능한 우량 직장인 마이너스통장 신용 대출 상품도 출시했다. 카뱅은 급여 이체 등 거래실적에 상관없이 모든 고객에게 동일한 금리를 적용하는 파격적인 뱅킹 모델까지 도입했다.

만약 이와 같은 디지털 은행이 핀테크 기업이나 그들의 서비스와 결합할 경우에는, 기존 뱅커들의 비즈니스 모델을 완전히 파괴할 가능성도 있다. 이미 트랜스퍼와이즈는 런던의 디지털 은행인 스탈링(Starling)과 협업하여, 스탈링의 고객들을 대상으로 환전 서비스를 제공한다.[56] 특히 핀테크 기업은 기존에 금융 서비스가 발전하지 않았던 금융 개도국들을 중심으로 발전 가능성이 매우 높다. 이들 국가는 어차피 기존 금융기관이 기득권자로 강한 영향력을 행사하지도 않고, 이 때문에 핀테크 기업의 개방적인 접근성과 저렴한 수수료와 경쟁할 마땅한 경쟁자 또한 없다. 이는 미국과 같은 금융 선진국에서는 여전히 현금과 신용카드 결제 비중이 높은 이유를 설명해 준다.

---

56 Financial Times, Mar 15, 2017

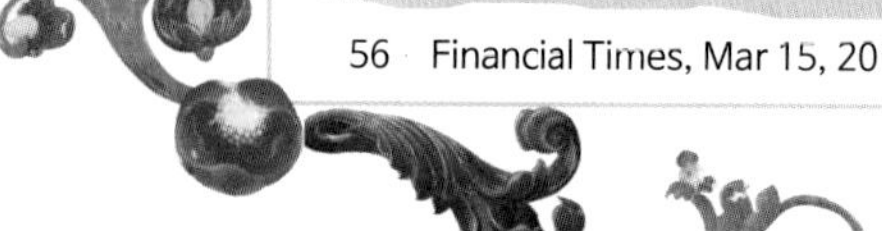

핀테크가 시장을 장악한 대표적인 나라가 중국이다. 중국은 대도시는 물론 중간 규모의 도시에서도 현금을 거의 쓰지 않는다. 알리바바 그룹의 알리페이, 텐센트의 위챗페이를 쓰면 그만이다. 알리페이는 2013년에 이미 사용자 수에서 페이팔을 추월하였고, 2022년 알리페이 사용자는 무려 13억 명으로 전 세계 최고이다. 나아가 알리바바 그룹의 금융 계열사인 앤트파이낸셜(알리페이)이 2015년에 출시한 인터넷 은행 마이뱅크(Mybank)는 대출할 때 아예 담보를 요구하지도 않는다. 타오바오(Taobao)나 티몰(Tmall)에 남긴 소비자들의 소비 행태를 빅 데이터로 관리하여 인공지능으로 상환 여력을 분석한 후 대출 규모를 결정하기 때문에, 담보가 필요 없는 것이다. 중국 그림자 금융의 엄청난 규모도 기존의 금융기관을 대체하는 금융시장의 교란자인 디스럽터(disruptor)들이 그만큼 중국에 많다는 뜻이다. 2018년에는 세계은행까지도 중국을 글로벌 핀테크 리더로 인정하기도 하였다.

최근 인도의 상황도 중국과 유사하다. 일단 인도는 2015년부터 디지털 인디아(Digital India)라는 모토 아래 정부가 나서서 디지털 금융정책을 장려한다. 어떤 이는 핀테크가 아예 14억 인구를 소유한 인도 경제의 새로운 성장 동력이 될 것이라고 평가하기도 한다. 아울러 IMF에 따르면 인도는 2021년 GDP가 3조 1,503억 불을 기록하여 이미 자국을 89년 동안이나 지배했던 영국의 GDP(3조 1,232억 불)를 넘어섰다.[57] 특히 인도는 디지털 환경에 익숙한 이들이 매우 많고 영어 사용에 불편함이 없으므로, 핀테크 산업이 폭발적으로 성장할 가능성이 매우 높다.

중국, 인도와 비슷하게 기존에 금융 서비스가 발달하지 않았던 아프리카 국가도 핀테크의 성지가 되고 있다. 아프리카 지역의 스타트업 중 가장 빠르게 성장하는 분야도 바로 핀테크이다. 대표적으로 나이지리아 태생의 소프트웨어 엔지니어인 올루그벵가 아그불라(Olugbenga Agboola OON, 1985~)는 플러터 웨이브

57 1980년 영국 GDP(6,049억 불)는 인도 GDP(1,894억 불)의 3배가 넘었다. 불과 40여 년 만에 역전된 것이다.

(Flutterwave)라는 핀테크 기업을 2016년에 설립하였는데, 2021년에 당시로서는 테크 스타트업 중 가장 많은 금액인 1.7억 불의 자금을 모집하였고, 2022년에도 2.5억 불의 자금을 모집했다. 이 기업에 투자한 이들 역시 비자, 마스터 카드, 타이거 펀드 등 미국의 전통적인 금융기관이었다. 이 기업의 헤드쿼터가 위치한 곳 또한 아프리카가 아니라, 미국의 샌프란시스코이다. 핀테크의 편리성도 아프리카 지역에 거주하는 이들에게 너무나 매력적이다. 매킨지에 따르면 아프리카에서 송금수수료는 기존 은행수수료보다 ⅙ 저렴하고, 저축 이자는 최소 3배가 높다고 한다.[58] 그 결과 보스톤 컨설팅 그룹에 따르면 남아프리카, 나이지리아, 케냐, 이집트 등을 중심으로 아프리카 지역의 핀테크 매출 증가율은 2030년까지 연평균 32%라는 놀라운 증가세를 시현할 것으로 추정된다.[59] 이에 따라 기존의 전통적인 뱅커들의 대응이 주목된다. 이들은 핀테크라는 변화의 추세를 수용하여 새로운 비즈니스 모델을 만들 것인가? 아니면 핀테크 확산을 저지하는 규제 당국의 힘을 빌어 새로운 대안 세력으로의 부상을 효과적으로 저지할 것인가?

마지막으로 핀테크의 등장에도 불구하고 뱅킹 서비스에서 변하지 않는 하나의 진실이 있다. 즉 뱅킹 서비스를 이용하기 위해서 소비자는 수수료를 반드시 지급해야 한다. 전통은행이든 핀테크 기업이든 마찬가지이다. 뱅킹 서비스의 각종 수수료 중에는 우리에게 가장 친숙한 이자는 물론이고, 매달 계좌 운영비(Monthly account charges), 특정 거래 수수료(Charges for specific transactions), 은행 잔고 부족 수수료(Overdraft fee) 등 고객들에게 생소한 수수료도 많다. 특히 대출 이자는 뱅커라는 독자적인 세력을 탄생하게 만든 결정적인 요인이었다. 전술한 대로 이자를 무차별적으로 수령하면서 독자적인 세력으로 부상하게 되는 지속

58 매킨지, 『Africa' Fintech, End of the beginning』, Aug 30, 2022

59 https://www.itweb.co.za/article/africas-fintech-market-expected-to-reach-65bn-by-2030/PmxVEMKEWG2vQY85

가능한 기업형 뱅커는 세계 3대 무역 강대국인 이슬람, 인도, 중국 지역에서는 없었다. 특히 유럽은 1298년 그란 타볼라 은행과 1340년대 바르디 은행이라는 한 개 은행의 파산 때문에 금융공황이 유럽 전체로 확산할 만큼, 13세기 말부터 이미 금융시장이 고도로 성숙해 있었다.[60] 그렇다면 뱅커의 독자 세력화를 가져온 결정적인 요인이었던 대출 이자는 도대체 어디에서 언제부터 존재했던 것일까?

60 바르디 은행의 파산과 이로 인한 1340년대의 금융공황은 『***황금, 설탕, 이자 - 성전기사단의 비밀(下)***』 編에서 상술한다.

**이어서『황금, 설탕, 이자 – 바빌로니아의 수수께끼 編(下-1) 券』으로 이어집니다.**

황금, 설탕, 이자

金糖利

Gold, Sukkar, Mâš

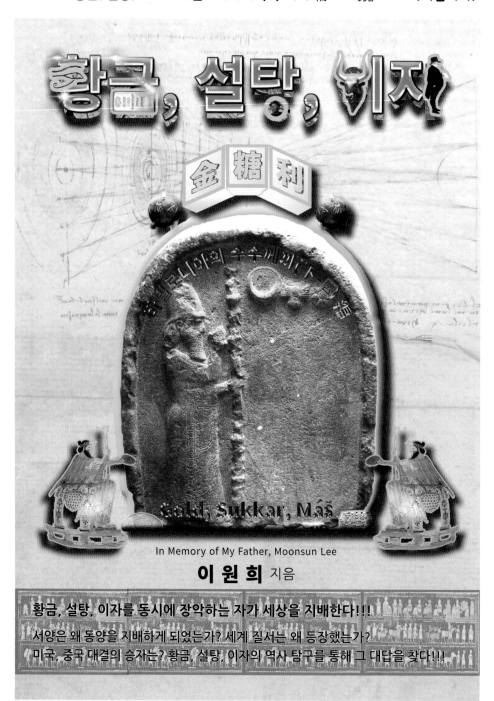

In Memory of My Father, Moonsun Lee

**이 원 희** 지음

**황금, 설탕, 이자를 동시에 장악하는 자가 세상을 지배한다!!!**

서양은 왜 동양을 지배하게 되었는가? 세계 질서는 왜 등장했는가?
미국, 중국 대결의 승자는? 황금, 설탕, 이자의 역사 탐구를 통해 그 대답을 찾다!!!